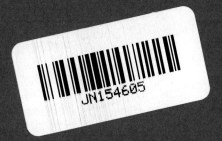

帝国後のインド

近世的発展のなかの植民地化

小川道大
Michihiro Ogawa 【著】

名古屋大学出版会

帝国後のインド

目　次

第Ⅰ部　前植民地期インド西部の農村社会

凡　例

I　アルファベット・カタカナ表記について

1　モディ体のマラーティー語で書かれた原文は，単語や文ごとに区切られずに一続きで書かれている。しかし，本書で原文を引用する際には，読みやすさを考慮して，アルファベットに転記したうえで単語間に区切りを入れて表記することとする。さらに，原文では表記上 a, i, u の短音と長音は区別されないが，本書ではモールズワース（Molesworth）『マラーティー語・英語辞典』にしたがってこれらを区別する表記をとる。

2　マラーティー語特有の音を示すために，以下の特殊記号を用いる。

(i) 長母音は母音文字の上に［¯］をつけて示す。

(ii) 反り舌音は子音字の下に［.］をつけて示す。

(iii) 無声歯擦音は［sh］によって示す。

(iv) 帯気音は子音字に続く［h］で示す。

3　マラーティー語化しているアラビア語やペルシア語については，マラーティー語の綴りにしたがってアルファベット化する。

4　本書で付記するアルファベットは，モディ体のアルファベット化における母音の長短の調整を除き，基本的に原文ママとする。本書はモディ体のマラーティー語史料のみならず英語史料をも用い，分析の手法として両史料を比較する。その際，同じ語が異なる表記で書かれている場合であっても，原史料にしたがってそのままの表記で引用し，両史料の違いを明確に表現する。

5　マラーティー語の地名・人名は，現地語の読み方にしたがってカタカナで表記する。ただし，日本語で広く通用する読み方がある場合は，その読み方を用いる。

6　マラーティー語以外の地名・人名については，日本語で広く通用する読み方を用いる。

7　税目，制度や社会集団などの名称は，研究上で日本語表記が定着している語を除いて，邦訳して記述する。邦訳のみを記載すると，他の用語と混同する恐れがある場合は，原語の綴りを，初出時および必要に応じて上記の規則に従ってアルファベットで付す。固有名詞は混同の恐れがより少ないため，本書では原則として原語の綴りを付さない。

II　暦・単位

1　マラーティー語史料では，シュフール暦とファスリ暦が併用されている。両者はともにイスラーム暦の影響を受けたとされ，イスラーム政権（前者はトゥグルク朝，後者はムガル帝国）のデカン支配の下で採用された。ただしいずれも，西暦 622 年に始まるイスラーム暦の紀元とはずれがあり，前者には 599〜600 年，後者には 590〜591 年を加えると西暦に換算される。

2　史料には，シュフール暦かファスリ暦かに関わりなく，ヒジュラ暦の月名やヒンドゥー暦の月名が記され，時には併記されている。本書における月名は，原史料にしたがって，マラーティー語の綴りで表記する。

3　本書では下記の単位を用いる。下位単位との換算率はそれぞれ以下の通りである。

〈通貨〉1 ルピー＝16 アンナ，1 アンナ＝12 アンナ
本書ではハイフン（-）で下位単位と結ぶことにより，表中で金額を略記する。たとえば表中の 5-3-4（ルピー）は，5 ルピー 3 アンナ 4 パイサを示すこととする。

〈面積〉1 チャーワル＝120 ビガ，1 ビガ＝20 パーンド
ビガはインド亜大陸で広く用いられた面積単位であるが，時代と場所によってそれが表す大きさは異なった。

〈重量〉1 カンディ＝20 マン，1 マン＝16 パーヤリ
1 マン＝40 セール，1 セール＝72 ターク
カンディやマンはインド亜大陸で広く用いられた重量単位であるが，時代と場所によってそれが表す大きさは異なった。管区都市ボンベイでは，1 マン＝25 重量ポンド（約 11.3 kg）と定められていた。

III　略語一覧

頻出する史料・文献については，註において文献情報の一部を略記した。用いた略語の一覧は以下の通りである。

IOR = India Office Records
GBP = Gazetteer of the Bombay Presidency
MSAM = Maharashtra State Archives, Mumbai
MSAP = Maharashtra State Archives, Pune
SRBG = Selections from the Records of the Bombay Government
SSRPD = Selections from the Satara Rajas' and the Peshwas' Diaries

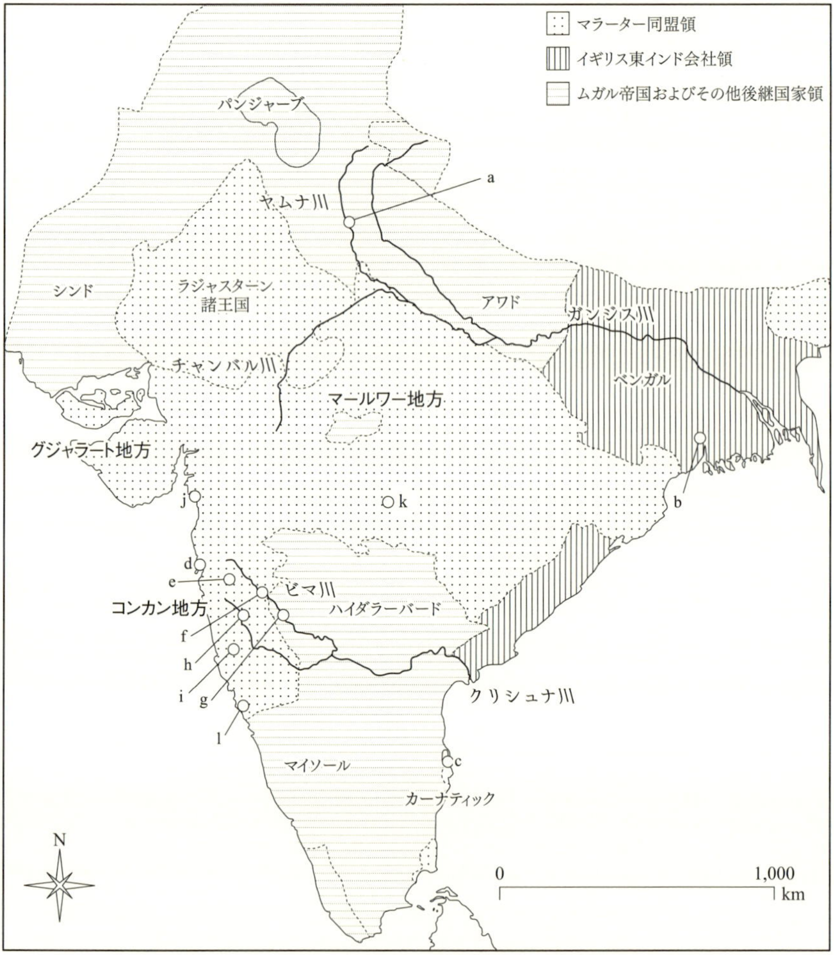

地図　1765年におけるマラーター同盟領と本書関連諸都市・町

出典）William Stevenson Meyer ed., *Imperial Gazetteer of India*, Vol. XXVI, Atlas, New (Revised) Edition, Oxford : The Clarendon Press, 1931, Plate 27 より筆者作成。

主要都市および本書関連都市・町

a：デリー　b：カルカッタ　c：マドラス　d：ボンベイ　e：プネー　f：インダプール町　g：ソーラプール
h：サタラ　i：コルハープル　j：スーラト　k：ナーグプル　l：ゴア
※ラジャスターン諸王国は，マラーター同盟の保護下に置かれていた。

序　章
「18世紀問題」とインド史上の近世

はじめに

本書は，インドの植民地化をインド近世の社会経済変化の中に位置づけ，前植民地期と植民地期のインド社会を連続的に考察することを目指すものである。インド史において近世は自明の区分ではなく，「伝統」的にインド史は古代・中世・近代に大きく区分されてきた。この区分は，インドの歴史をヒンドゥー王国が栄えた「古代」，ムスリムが侵入した「中世」，植民地「近代」に区分するもので，ムスリムの圧政からヒンドゥーを解放し文明化しようという，植民地支配を正当化する思想を背景にしていた。いわばこの区分は，植民地期につくられた「伝統」であるが，この歴史観は未だに健在である。たとえば，インド最大の歴史学会である「インド歴史学会（Indian History Congress）」の大会は，古代，中世，近代，現代の部門に分けられており，1947年以降の独立期が「現代」として加えられているが，基本的には「伝統」的な歴史観に基づくかたちで構成されている。本書は，中世から近代への移行期を近世と設定し，インドの植民地化を再考するものである。この再考において本書は，近世の社会経済変動の中に，すなわちインド史の流れの中に，植民地化を位置づけることを目指す。

アジア・アフリカの植民地化に関しては，前植民地期と植民地期の歴史は分断して研究される傾向にある。この傾向は，植民地期の史資料が宗主国言語で書かれているのに対し，前植民地期の史資料が現地語で書かれているという史料言語の問題や，そもそも前植民地期の史資料が存在しない，またはきわめて少ないなど史資料の残存状況に大きく起因している。本書は，これらの問題を克服し，近世という新たな時代設定によって前植民地期・植民地期という分断意識を払拭して，インドで起こった歴史として前植民地期と連続させるかたちでインドの植民地化を考察する。

本論に入る前にこの序章では，インド植民地化に関する研究動向の中に本書の研究を位置づけたうえで，対象地域を選定し，分析枠組みおよび研究課題を設定する。

1　インド植民地化に関する近年の研究動向

インドの植民地化に関しては，ほぼ同時代から現在に至るまで様々な研究がなされており，インド史の主要トピックの一つとなっている。インド植民地化に関する古典的な研究では，18 世紀をインドが植民地化するインド史上の「暗黒時代」とみなし，17 世紀にインド亜大陸をほぼ統一したムガル帝国がこの時期に崩壊し始めたことにより政治秩序が乱れ，経済が停滞したという説明がなされてきた。こうした 18 世紀の見方に異を唱える研究が，1980 年代から政治史や経済史の分野で現れた。2002 年にスィーマ・アラーヴィーが『インドにおける 18 世紀――インド歴史社会に関する議論』[1)]，2003 年に P. J. マーシャルが『インド史における 18 世紀――発展か変革か』[2)] という論文集を相次いで出版し，20 世紀末に出された 18 世紀見直し論の研究をまとめるとともに，同世紀を見直す自らの論考をも加え，インドの「暗黒時代」を再考する「18 世紀問題」という新たな研究潮流が生まれた。

第 6 代ムガル皇帝アウラングゼーブは，その治世（1658～1707 年）にインド亜大陸のほぼ全土をムガル帝国の支配下に置いたが，度重なる軍事遠征により帝国財政は逼迫した。彼の死後（1707 年）に帝国中央政府の影響力は弱体化し，

1　Seema Alavi ed., *The Eighteenth Century in India—Debates in Indian History and Society*, New Delhi : Oxford University Press, 2002.

2　P. J. Marshall ed., *The Eighteenth Century in Indian History—Evolution or Revolution?*, New Delhi : Oxford University Press, 2003/2005.

帝国の地方では州の太守（ナワーブ）が 18 世紀初頭に相次いで独立し，東インドのベンガル，北インドのアワド，中央インド・デカン東部のハイダラーバードに太守出身の独立政権が生まれた。インド西北では，ムガル帝国の支配を受け入れていたラージプート諸王国が帝国からの独立を果たした。他方で，本書が対象とするマラーター王国やマイソール王国のような新たな王権が樹立された。このように地方分権化していったのが 18 世紀のインド政治の特徴である。こうした地方分権化は必ずしもインド亜大陸に衰退をもたらさず，むしろ各地方政権の都を中心に地方経済が発展し，多極的・多中心的にインドの社会経済が安定・繁栄した時代が 18 世紀であったとする主張が，「暗黒時代」の見直しをはかる上記論文集の随所にみられる。

「18 世紀問題」の諸研究は，これらの地方政権がその出自によらず，多かれ少なかれムガル帝国の制度等を継承していたことを明らかにした。18 世紀に台頭したこれら地方政権は総じてムガル帝国の後継国家（Successor States）であるという議論が展開され，さらに 18 世紀後半に東インドで始まるイギリス東インド会社の植民地支配にもムガル帝国の支配体制の影響がみられるという指摘もなされるにいたった。「18 世紀問題」の議論に加わったすべての研究者が一様に 18 世紀を一つの連続する時代と捉えているわけではないが，『インド史における 18 世紀』の編者である P. J. マーシャルは，「18 世紀問題」の諸論点をまとめたうえで，1833 年の特許状によって英領インド全土を統治するインド総督が任命されるまではイギリス東インド会社もその他の後継国家と大きく変わらなかったことを指摘している。その上で彼は，アウラングゼーブ帝がインドの大部分を支配した 1680 年頃からインド総督が任命される 1830 年頃までを「長い 18 世紀」とみなし，この時期までをインド史上の「近世」の一部と位置づけている[3)]。イギリス東インド会社から貿易独占権を奪ったのも 1833 年の特許状であり，1830 年代は近世から近代への転換点とみなしうるのである[4)]。

3　P. J. Marshall, “Introduction,” in P. J. Marshall, ed., *op. cit.*, pp. 35–36.

4　神田さやこは，インド東部におけるイギリス東インド会社の塩政策に注目しながら，貿易独占権を失って統治機関となっていく東インド会社の転換期として 1830 年代を位置づけ，同時期における植民地支配のあり方およびインド社会経済の変化を論じた。神田

「18 世紀問題」の一連の議論に触発され，『モダン・エイジアン・スタディーズ』では 2004 年に「植民地支配への変遷——南アジアの 1780～1840 年」と題する特集が組まれ，特集の編者であったイアン・バロウとダグラス・ヘインズは，1780 年から 1840 年までの 60 年間に東インド会社とイギリス国王が南アジアで権力を集中させていったことを指摘し[5]，特集ではセイロン（現スリランカ）を含む南アジアの各地で植民地支配の仕組みが整っていったことを各論が示した。見方を変えると，この指摘はこの 60 年間（1780～1840 年）が植民地化への過渡期であったことを示している。ティルタンカル・ロイは，イギリス東インド会社に領土支配の契機を与えるプラッシーの戦いが起こった 1757 年から，インド大反乱が起こった 1857 年までの 1 世紀を，「植民地支配への過渡期」と位置づけた。ロイは領土の拡大に加えて，地税徴収制度の確立と，インド亜大陸の域内交易と世界貿易とが結びつけられたインドの海外貿易の発展により，19 世紀後半以降にインドの経済状況が大きく変化したことを指摘した[6]。インド大反乱の結果，1858 年にムガル帝国は滅亡し，イギリス東インド会社もインド統治の任を解かれ，イギリスによる直接支配が始まった。こうして 1858 年はインド植民地統治における転換点となった。「18 世紀問題」の議論は，インドの植民地化に関してさらなる議論を呼び起こし，最長で 1857 年までが「長い 18 世紀」に含まれるにいたった。

上述のように P. J. マーシャルの「長い 18 世紀」は，ムガル帝国がインド亜大陸をほぼ統一した 1680 年頃を出発点としている。マーシャルのこの時代区分に影響を与えたのが，デイヴィッド・ルッデンの近世史観である。ルッデンは農業および徴税制度に注目し，植民地支配が始まる時点で用いられていた徴税・農業関係の用語のほぼすべてがムガル帝国期に由来することを指摘したうえで，ムガル帝国前期の 1550 年から 1850 年の期間をインドの近世と位置づける[7]。1550 年を近世の開始時期とする根拠は，以下のようなものである。すな

さやこ『塩とインド——市場・商人・イギリス東インド会社』名古屋大学出版会，2017 年，286-288 頁。

5 Ian J. Barrow and Douglas E. Haynes, “The Colonial Transition : South Asia 1780-1840,” *Modern Asian Studies*, 38-3, 2004, pp. 469 and 477.

6 Tirthankar Roy, *The Economic History of India 1857-1947*, Second Edition, New Delhi : Oxford University Press, 2006/2010, pp. 46-47, 56-57, 60 and 72.

わち，1556 年に第 3 代ムガル皇帝のアクバルが即位し，彼の治世（1556〜1605 年）にムガル帝国は北インドでの支配を打ち立てたが，アクバルは統治の仕組みとして，文官・武官の位階を定めたマンサブ制や，報酬として武官へ徴収権を譲渡するジャーギール制（第 3 章参照）を確立した。この制度は 18 世紀の後継国家にも引き継がれ，18 世紀を通じて重要な統治システムとなる。この意味で，アクバルの治世は，インド史上における転換期であった。マーシャルは，この近世観を踏襲し，上述のように「長い 18 世紀」を近世の一部としていた。

本書もまたルッデンの近世史観を踏襲し，アクバルが即位した 1556 年からムガル帝国が滅亡する 1858 年までを近世と定義する。本書は，後述するように国家財政の基盤となる徴税制度に注目して，インドの植民地化を考察するものだが，ルッデンが指摘するように，植民地期の徴税制度やその用語はアクバル治世の時期に遡りうるものであり，近世の始まりを 16 世紀半ばに設定することは徴税制度を考察するうえで重要となる。たとえば，ムガル帝国下でジャーギール制と同義で扱われたイクター制はデリー・スルターン朝期に軍務に対する報酬として用いられており[8]，ジャーギール制度そのものはアクバル以前にインドに根付いていた。徴収権を譲渡する期間をムガル帝国が管理することで，ジャーギールダール（「ジャーギール保有者」の意味）による分権化を防いで国家の影響力を強化したのがアクバルの政策であった。特に 17 世紀以降のインドを対象とし，在地の長をはじめとするインドの在地共同体を扱った研究がみられるが，こうした研究の主史料はムガル帝国やその後継国家が発した文書であり，史料のあり方の変化に，国家の地方掌握の意図が見て取れる。筆者は，程度の差はあれども，国家がその権限を行使して台頭する時期として，16 世紀後半から 19 世紀前半までをインド史上の近世と位置づける。ただし，この設定に関しては史料論も含めて，より包括的な研究が必要であり，これは

7　David Ludden, *Agrarian History of South Asia, The New Cambridge History of India*, IV-4, Cambridge : Cambridge University Press, 1999, pp. 122-128.

8　Irfan Habib, "Agrarian Economy" in Tapan Raychaudhuri and Irfan Habib eds., *The Cambridge Economic History of India*, Vol. I, New Delhi : Cambridge University Press, 1982/2007, pp. 68-76, and Irfan Habib, *The Agrarian System of Mughal India*, the 2nd revised edition, New Delhi : Oxford University Press, 1999/2010, pp. 298-299.

筆者の今後の課題とする。

本書は，1707 年のアウラングゼーブ帝の死をもって，近世を前期と後期に二分する。近世前期は，ムガル帝国が主体となり，その統治機構が機能した時代であった。近世後期はムガル帝国の衰退とともに始まるが，同帝国の制度や地位は名目上であれ，存続した時代であった。ただし後期の統治制度の主体は，後継国家や東インド会社であり，主体やその社会経済状況に応じてムガル帝国の制度も変容していた[9)]。本書は，近世という時代設定を先行研究に依拠しつつ，それをさらに前期・後期に細分化したうえで，近世後期の変容を分析し，その枠組みの中でインドの植民地化を考察するものである。1707 年から 1857 年頃までの変化を考察し，植民地化を再考する点において，本書の目的は「18 世紀問題」の諸研究のそれと同一であり，本書は「18 世紀問題」およびそれに派生する一連の研究の中に含まれるといえる。

2　18 世紀の植民地化と社会経済変化——本書の研究対象地域の選定

ここでいま一度，「18 世紀問題」の論点に立ち戻り，近世インドの中で植民地化を再考するのに適した地域を選定する。上述したように「18 世紀問題」に関わるすべての研究が，18 世紀を一続きの時代と考えているわけではない。より具体的には，1757 年のプラッシーの戦いでの勝利に始まるイギリス東インド会社による植民地支配の開始をどのように捉えるかによって，18 世紀を一続きの継続した時代と捉える研究と，植民地化によって 18 世紀を二分する研究に大別される。イルファン・ハビーブは，1765 年にイギリス東インド会社がインド東部の徴税権を得たことに注目した。東インド会社は収集した税金を本国に送金したが，国外への税の送金とそれにともなう富の流出は，インド

9　水島司は，「18 世紀問題」と近世という時代区分との結びつきをより強固に考え，本書で定義される近世後期をインド史上の近世と位置づけている。水島司「インド近世をどう理解するか」『歴史学研究』821 号，2006 年，49–59 頁。

水島は自著の序論で「18 世紀問題」を整理するなかでその課題を挙げており，本書の問題設定を行なうにあたり，この序論の内容を参照したことを記しておく。水島司『前近代南インドの社会経済構造と社会空間』東京大学出版会，2008 年，4–20 頁。

が植民地化される以前はみられなかった経済状況であると指摘して，ハビーブは植民地化をもって 18 世紀を二分している[10]。イギリス東インド会社は，1760 年代以降，インド南部・西部の現地勢力と争い，その領土を拡大していった（第 5 章参照）。18 世紀後半のイギリス東インド会社の軍事活動は，インド亜大陸の地方政権に大きな混乱を与えたと考えられる。この混乱に，地方政権はどのように対応し，それにともなって在地社会はどのように変化したのか，そもそも 18 世紀後半の混乱期に在地社会は何らかの影響を受けたのかという疑問が，インドの植民地化を考察する際に現出してくる。しかし残念ながら，植民地化前夜の地方政権の内情は直接的には解明されていない。前植民地期の地方政権はペルシア語やインド諸語により文書を残したが，概してその数は少なく，「18 世紀問題」に関わる諸研究でも，18 世紀後半の地方政権や在地社会の情勢に関しては，植民地期初期の英語史料から間接的に再構築する手段が用いられている[11]。ただしこのことは，再構築が進んでいないことを意味しない。いち早く 18 世紀の見直しに取り組んだ C. A. ベイリーによる『支配者・町の人々・バザール――イギリス支配拡張期の北インド社会：1770–1870 年』は，インドの文書館に収蔵されている東インド会社政府が作成した報告書や，植民地期初期のイギリス人行政官による記録を用いて，前植民地期の町と都市を結ぶ商業ネットワークや都市内の中間層の存在を析出し，植民地期初期へのこれらの継承関係を示した[12]。しかし本書は再構築の手段自体に重点をおき，ペルシア語またはインド諸語を用いて，18 世紀後半における地方政権の内情をより直接的に考察し，植民地化を再考することを目指す。そのために本書は 18 世紀の地方政権のうち，インド西部を拠点としたマラーター王国・マラーター同盟を考察対象に選ぶ。

10　Irfan Habib, “Eighteen Century in Indian Economic History,” in P. J. Marshall, ed., *op. cit.*, p. 113.

11　たとえば，植民地化前夜および植民地期初期の北インド・ベナレス地方の社会階層の植民地化による変化を考察したバーナード・コーンによる下記の研究が『インドにおける 18 世紀』に収録されている。Bernard S. Cohn, “The Initial British Impact on India : A Case Study of the Banaras Region,” in Seema Alavi, *op. cit.*, pp. 225–248.

12　C. A. Bayly, *Rulers, Townsmen, and Bazaars, North Indian Society in the Age of British Expansion 1770–1870*, New Delhi : Oxford University Press, 1983/2004, pp. 110–162.

シヴァージーが1674年に建国したマラーター王国では，1730年代に名目的には国王，実質的には王国宰相を中心としたマラーター諸侯の連合であるマラーター同盟が成立した。マラーター同盟は北インドに進出して，ムガル帝国にかわる18世紀最大の現地勢力となったが，1818年にイギリス東インド会社によって宰相政府が滅ぼされ，同盟は解消された。マラーター王国・マラーター同盟の公文書の多くは，インド西部のマハーラーシュトラ州の公用語として現在も使用されているマラーティー語で記載され，18世紀インドの全般的な史料状況に比して例外的に多くの文書が残されている[13)]。そのため，インド西部を中心とするマラーター同盟の支配領域は，ラジャスターン地方の一部地域と並んで，植民地化前夜の内部情勢に詳細に知ることができる数少ない地域である。マラーター同盟はイギリス東インド会社と対峙して3度にわたるアングロ・マラーター戦争を戦い，東インド会社とインド南部のマイソール王国が争ったアングロ・マイソール戦争にも参戦するなど，18世紀後半の混乱に直接的に関わりながらも独立を保った政治勢力である。インド植民地化の混乱が地方政権の運営や在地社会に与えた影響を考察するのにも，マラーター同盟は適している。そこで本書は，18世紀および19世紀前半の近世後期について，マラーター王国・マラーター同盟の本拠地であったインド西部に注目して行政制度や社会経済における変化を考察し，1818年以降のインド西部における植民地化の過程を，より長期の歴史変動の中に位置づけることを目指す。

3　国家と在地社会——本書の分析視座

インド近世後期の制度変化や社会経済変動を考察するにあたり，本書はインドの農村社会に注目する。近世期のインド社会の主要産業は農業であり，人々の多くが農村に居住していた[14)]。本書は，農村の社会経済変動とそれに関わる

13　マラーティー語公文書が最も多く所蔵され，筆者が史料収集を行なった主な文書館である在インド・マハーラーシュトラ州立文書館プネー分館（以後，プネー文書館）には，約1000万通のマラーティー語公文書が保管されている。

14　急速な経済成長を経験した21世紀のインドにおいても，都市人口は約3割にとどまっ

制度変化を考察の対象とする。農村の社会経済構造の考察は，インド農村における村落共同体内の分業や，国家と在地社会の問題として，「18 世紀問題」が注目される以前からインド史の主要なテーマであった。

近世期のインドには村落またはその集合である郡を舞台とした在地共同体が存在し，生産物分配の仕組みが確立していたことを従来の研究は明らかにしてきた。穀物生産者たる農民が生産した穀物は，村内または郡内で財やサービスを提供する広義の職人[15]に分配されるという分業体制が成り立っており，その穀物の再分配を担ったのが村役人や郡役人といわれる在地の世襲役人であった[16]。在地共同体内での職務と，穀物の再分配を受ける権利などその職務に付随する諸権益とは総体として扱われ，世襲・売買・譲渡が可能であった。この総体はインド西部ではワタン，インド南部ではミーラースと呼ばれ[17]，近世日本の農村社会における株式に比するものであった。農民，職人，在地の世襲役人の職務と権益は基本的に株式化（ワタン化・ミーラース化）していたが，すべてのワタンやミーラースがあらゆる住民に広く開かれていたわけではなく，たとえば大工ワタンを享受できるのは基本的に大工カーストに限られるなど，同職集団であるカーストがワタンを運用する際に主体的な役割を果たしていた。

この再分配制度において，穀物は，国家，軍事領主，域外の有力寺院など在地共同体外の集団・組織にも分配された。すなわち国家への地税をはじめとする税納入，在地社会を守護する軍事領主への貢納，寺院への寄進・布施などは，すべて穀物の取り分として再解釈され，在地の再分配構造の中に組み込まれていった。これを小谷汪之はワタン体制，水島司はミーラース体制と呼んだ[18]。

ている。水島司「溶解する都市・農村への視角」水島司・柳澤悠（編）『現代インド 2 溶解する都市・農村』東京大学出版会，2015 年，3 頁。

15　大工や皮革工などの狭義の職人に加えて，洗濯人や床屋など日常生活に関わるサービスを提供する者や宗教サービスを提供するヒンドゥー教の占星術師などが広義の職人に含まれる。在地社会における職人の役割に関しては，本書第 4 章にて詳述する。

16　在地社会の穀物等の授受関係については水島が詳細な分析を行なった。水島司『18–20 世紀南インド在地社会の研究』東京外国語大学アジア・アフリカ言語文化研究所，1990 年，106–127 頁。

17　ワタンはアラビア語起源で郷土や祖国を意味し，ミーラースもアラビア語起源で相続を意味した。これらの語が西アジア起源であることは，ワタンやミーラースという制度がムスリム支配期に確立したことを示唆している。

国家の取り分は在地社会の仕組みの中ですでに規定されており，そのため国家の交替や勢力変動が，分業体制自体に影響を及ぼすことはなく，国家交替後も国家の取り分は保証されていたと水島は主張し，政治的混乱を克服しうるものとして，この在地社会の仕組みをインド在地社会における「社会的文法」と捉えた[19)]。近世史観を打ち出したデイヴィッド・ルッデンもワタンやミーラースによる再分配制度を近世期の在地社会の特徴と位置づけていた[20)]。

「18 世紀問題」の議論では，在地社会の再分配制度に関して，国家と在地社会の関係に重点がおかれた。この関係に注目したときに現出する重要な存在が，国家と在地社会を結んだ在地社会の長である。在地社会の長は，ムガル帝国下でザミンダール（ペルシア語で「土地もち」の意味）と呼ばれた。イルファン・ハビーブは，17 世紀後半にムガル帝国の地方行政機構が疲弊していくなかで，地税等の徴収を含めた地方統治においてザミンダールへの依存度が増したことを指摘し，さらに，17 世紀末の度重なる軍事遠征により制度疲労を起こしたムガル帝国の統治機構にザミンダールが反発・抵抗したために，内側からムガル帝国が衰退したことを示した[21)]。また，18 世紀の後継国家はザミンダールとの妥協・協力を通じて領域内の支配を確立させていったという見通しが，「18 世紀問題」の中で示されていた[22)]。P. J. マーシャルは，ザミンダールが 18 世紀のインド各地に遍在し，村の有力者から広大な領地を支配する王（Rājā）に至るまで様々な社会階層を含みこむ集団であったことを述べるとともに，多くはその起源がムガル帝国以前に遡るものであったことを指摘し，ザミンダールを国家と在地社会の間に立つ中間層と位置づけた[23)]。

マーシャルは，上述した C. A. ベイリーの研究に依拠しながら，国家と在地社会の中間に位置した他の重要な集団として商人を挙げている[24)]。都市の中間

---

18 小谷汪之『インドの中世社会——村・カースト・領主』岩波書店，1989 年，264-265 頁，水島司『前近代南インドの社会経済構造と社会空間』，53-55 頁。

19 水島司『前近代南インドの社会経済構造と社会空間』，10-14 頁。

20 David Ludden, *op. cit.*, pp. 128-129.

21 Irfan Habib, *op. cit.*, 1963/2001, pp. 384-405.

22 M. Athar Ali, “Recent Theories of Eighteenth Century,” in P. J. Marshall, *op. cit.*, p. 95.

23 P. J. Marshall, “Introduction,” in P. J. Marshall, ed., *op. cit.*, p. 7.

24 *Ibid.*, pp. 7-8.

層は，18 世紀の地方政権の時代において，在地の商取引や金融業に従事しただけではなく，地方政権が安定的かつ効率的に徴税を行なうために実施した徴税請負を担い，さらに軍事行財政にも資金提供を通じて関わるようになったとベイリーは主張し，地方政権で様々な役割を負うようになったこの新たな中間層を「ポートフォリオ資本家（Portfolio Capitalists）」[25] と名づけた。ベイリーはサンジャイ・スブラマニアムとの共著論文の中で，18 世紀にはポートフォリオ資本家が新しいザミンダールとして台頭したが，彼らはイギリス東インド会社がその政治勢力を強めていく時期にヨーロッパ人に取って代わられた短命な存在であったと説明し，この新たな中間層を 18 世紀の政治経済の特徴としている[26]。

以上をまとめると，18 世紀の地方政権下のインド農村には在地共同体が存在し，生産物の分配システムが機能していた。そして，このシステムの中では国家も一つのアクターにすぎなかった。このような状況で国家と在地社会を結びつけるのが，ムガル帝国以前から存在したとされるザミンダールや，18 世紀に新たに台頭したポートフォリオ資本家であった。近世後期のインド農村の社会経済変動とそれに関わる制度変化を考察する本書にとって，国家と在地社会を結びつける中間層の存在はきわめて重要であり，彼らの役割の変化を分析することが本書の最も重要な課題となる。ポートフォリオ資本家は様々な役目を担っていたが，ザミンダールとポートフォリオ資本家に共通する重要な役割は，地税の徴収であった。地税は，東インド会社政府を含めてインド近世期の国家にとって最大の歳入源であった。それと同時に，在地社会においては穀物が再分配されており，地税とはすなわち政府の穀物の取り分であったから，在地社会と国家の関係をより直接的に考察する方法は，在地における政府の取り

25　ポートフォリオは，金融・投資分野では様々な異なる分野への分散投資や，異なる資本の構成や種類を意味する。都市の中間層は，徴税請負人，銀行家，郡司財務官など様々な役割を果たすことで，さながら分散投資のようにリスクを減らしながら，事業全体を拡大させていた。そのためにポートフォリオの語が選ばれたと筆者は考える。金融・投資分野での意味を活かすために本書では Portfolio Capitalists に対して「ポートフォリオ資本家」の訳語を当てた。

26　Sanjay Surahmanyam and C. A. Bayly, “Portfolio Capitalists and the Political Economy of Early Modern India,” *Indian Economic and Social History Review*, 25-4, 1988, pp. 401-424.

分（地税）の流れを分析することにほかならない。よって本書は，地税（在地社会における政府の取り分）徴収の制度変化に注目しながら，近世後期における在地の社会経済変動を考察し，その中に植民地化を位置づける。

マラーター同盟の地税史資料については，村落・郡ごとに詳細な記録が残されている。前節で示したように，この史料状況は18世紀の地方政権の中では例外的であり，マラーター同盟は，徴税史料から中間層の役割や国家と在地社会の関係を分析するうえで，きわめて有用な研究対象であるといえる。マラーター同盟下の文書を用いた18世紀インド西部の研究では，地税徴収関係の史資料を主史料とする研究は限られており[27]，このアプローチによる研究が十分な成果を上げているとはいえない。後継国家の徴税関係文書という新たな史資料群を用いることで，本書は，国家と在地社会の関係や在地の分業体制といったトピックについて，「18世紀問題」の諸研究に新たな視座と研究成果を加えることとなる。次節では近世後期の地税制度を概観し，本書の具体的な課題を設定する。

4　近世後期の地税制度

近世後期の地税徴収システムは，18世紀の地方政権下での徴税システムと植民地支配下での徴税システムに大別できる。18世紀において，地方政権は村・土地の地税徴収権を武官[28]に譲渡するジャーギール制（第1章・第3章参照）などのムガル帝国の諸制度を継承し，やがて徴税請負などにより，ポート

27　マラーター史家のA. R. クルカルニーがマラーター同盟期の徴税史料を用いて，いくつかの論文を執筆している。本書との関係は次節にてその詳細を示す。

28　マラーター同盟期のジャーギール制においては，軍事規約が結ばれている期間に限り，ジャーギールが給与として与えられていた（第3章参照）。すなわちジャーギールを得た武人（ジャーギール保有者）は，契約に基づいた政府の軍事関連の官吏であったから，本書では政府との関係を明確に示すために彼らを「武官」と称する。「武官」の語には，終身官の意味合いが含まれる場合も多いが，マラーター同盟下でジャーギールを得た武人は，あくまで軍事規約という契約の上でマラーター同盟下の武官となっており，周辺の後継国家諸国や東インド会社に与することもありえた。そこで本書における「武官」は，終身官ではなく，契約に基づいた軍事関連の官吏と定義する。

フォリオ資本家と手を結びながら効率的かつ安定的に地税を徴収する制度を発展させた。国家の側ではこのような制度の展開がみられたが，在地社会において実際に地税徴収制度を運用するにあたっては，ムガル帝国下と同様にザミンダールなどの在地の長の助けが不可欠であった。マラーター王国・マラーター同盟が支配したインド西部では，ザミンダールの語は，特に村の集合である郡 (Pargaṇā) の在地世襲役人を指した[29)]。このことは，インド西部において郡が地方行政の重要な単位であったことを示唆している。

その後，18 世紀末から 19 世紀前半にかけて植民地化が進むなかで，複数の異なる地税徴収制度が地方別に実施された。英領インドの直轄地域は，インド東部・北部を管轄するベンガル管区，インド南部を管轄するマドラス管区，本書が対象とするインド西部を管轄するボンベイ管区に分けられる。新たな地税制度として，ベンガル管区では 1793 年に永代ザミンダーリー制が導入され，マドラス管区では 1810 年代以降，ライヤットワーリー制が段階的に実施された。本書の対象地域であるインド西部を含んだボンベイ管区でも 1830 年代後半以降，ライヤットワーリー制が段階的に導入されていった。北インドのベンガル管区北西州では，1819 年に地税徴収の基本方針が決められたのちに，長い年月をかけてマハールワーリー制とマールグザーリー制とよばれる徴税制度が確立していった[30)]。

ベンガル管区で実施された永代ザミンダーリー制とは，インド東部のザミンダールとベンガル管区政府が地税取り決めを結び，彼らが地税納入の責任者となる制度であり，インド東部でザミンダールの語は，上記の在地の長も含めて在地領主や豪族層など広範な層を指した。この制度の名称に冠されている「永代」の語は，地税額が永代で固定されていたことを意味しており，ザミンダールが徴収した地税額と政府へ支払う固定地税額の差額はザミンダールの取り分となった。すなわち永代ザミンダーリー制は，在地の有力者であるザミンダー

29　インド東部ではザミンダールは，P. J. マーシャルが指摘したとおり（前節参照），広範な有力者層を指しており，インド亜大陸内でも地域によってザミンダールの語が指す集団が異なったことがわかる。

30　中里成章「英領インドの形成」佐藤正哲・中里成章・水島司『世界の歴史 14　ムガル帝国から英領インドへ』中央公論社，1998 年，333 頁。

ルを用いた地税の徴収請負制度であった。他方でマドラス管区とボンベイ管区で実施されたライヤットワーリー制は，ライヤット（農民）を地税納入責任者として，政府と農民が直接的に地税取り決めを行なう制度であった。ライヤットはペルシア語で一般的に「農民」を意味する語であり，近世期にインド各地で用いられた。しかし，地域や状況によってこの語が指示する農民の階層は異なっていた。北西州で導入されたマールグザーリー制では，一つの村を何人かで共有する小ザミンダールから200〜300村を支配する大ザミンダールまで，支配規模の異なる様々なザミンダールがマールグザールとして地税納入者に認定され，彼らと政府が地税取り決めを行なった[31]。小ザミンダールは有力ライヤットに比するものであると推察され，マールグザーリー制はライヤットワーリー制とザミンダーリー制の間をうめる制度であったと考えられる。ライヤットワーリー制とマールグザーリー制では，地税額は据え置かれることはなく，20〜30年ごとに土地調査が行なわれて，前回の土地調査時からの種々の変化等を記載した「地税取り決め報告書」が作成され，それをもとに地税額が取り決められた。

本書が対象とするボンベイ管区では，1836年にライヤットワーリー制が導入された。先述のようにライヤットワーリー制は，農民とボンベイ政府が直接に地税の取り決めを行なうことを原則としており，中間層の排除が目指されていた。ライヤットワーリー制への制度転換に関する研究の最大の課題は，いかにしてザミンダールなどのインド西部の中間層が排除されたのかということである。これを考察するには，インド西部の中間層の実態を整理する必要があると同時に，インド西部の中で考察対象地域をより明確に設定する必要がある。ボンベイ管区でライヤットワーリー制が施行される際に作成された「地税取り決め報告書」は，村の集合である郡ごとに編纂されており，同制度の導入も郡ごとに行なわれた。18世紀のマラーター王国・マラーター同盟もその例にもれず，郡は地方行政の重要な単位であった。そこで，地税の記録を分析するにあたり，本書は郡に注目してデータを集約し，インド近世後期における地税制度の変遷と郡の社会経済変化を考察する。ボンベイ管区では1836年にプネー

31　中里成章「英領インドの形成」，334-336頁。

県インダプール郡で最初にライヤットワーリー制が施行され，19 世紀末までの約半世紀をかけて漸次的に同制度が管区全土に導入されていった。そこで本書は，プネー県インダプール郡を対象に[32]，1836 年のライヤットワーリー制の導入がいかにして可能となったかを，18 世紀のマラーター王国・マラーター同盟期に遡って考察する。その上で，1836 年以降にライヤットワーリー制がインダプール郡以外にまで拡大適用されていった状況を分析し，インド西部の植民地化を考察する。

5　本書の課題

本書の目的は，インド近世後期の農村における制度変化と社会経済変動を解明し，その中にインドの植民地化を位置づけることである。本書は近世後期の諸変化をより直接的に分析するために，多くの史資料が残されたマラーター同盟の本拠地であったインド西部に注目し，近世後期の国家と在地社会の双方にとって重要であった地税制度を中心に諸変化を考察する。具体的には下記の 2 課題を設定する。

第 1 の課題は，ボンベイ管区で最初にライヤットワーリー制度が導入されたインダプール郡において，いかにして同制度の導入が可能となったのか，より端的にはどのようにしてインダプール郡の中間層が排除されたのかを解明することである。本書の特徴は，同制度導入の淵源を前植民地期に求め，近世後期の長期変動の中にライヤットワーリー制の導入を位置づける点にある。次節で述べるようにインダプール郡に関しては 1761 年以降の詳細な史料が残されており，18 世紀後半以降のマラーター同盟下における地税制度の変遷とその社

32　A. R. クルカルニーは，本書が注目するインダプール郡のザミンダールやマラーター同盟下での地税制度について複数の論文を執筆しているが，個々の研究の関心や枠組みは異なっており，有機的に結びつけられていない。ただしその分析結果は，本書の考察に非常に有用であるため随所で引用する。たとえば，A. R. Kulkarni, "Towards a History of Indapur," in A. R. Kulkarni, *Medieval Maratha Country*, Pune : Diamond Publisher, 1996/2008, pp. 201–222, and A. R. Kulkarni, "The Deshmukhi Watan with Special Reference to Indapur," in A. R. Kulkarni, *Medieval Maharashtra*, Pune : Diamond Publisher, 1996/2008, pp. 190–209.

会経済的影響を考察することが可能である。さらに本書では，18 世紀後半の混乱が地税制度や在地社会に与えた影響を考慮する。これらを総合して国家と在地社会の関係を整理するとともに両者を結んだ中間層を析出して，その興亡を描く。

第 2 の課題は，インダプール郡へのライヤットワーリー制導入後に，ボンベイ管区において同制度がいかに拡大適用されたかを解明することである。インダプール郡とインド西部の他地域とを比較検証することで，より広い視野でインドの植民地化を考察する。第 2 の課題に関しても，特に中間層の排除に関わる問題を重視することで，長期変動の中にインド西部の植民地化を位置づけることを目指す。

以上の 2 課題を考察するにあたって，本書は次節で述べる史料と手法を用いる。

6　本書の史料と手法

本書は，18 世紀における最大の地方政権であったマラーター王国・マラーター同盟の公文書を主史料に用いる。この公文書は，マラーティー語の現代の字体とは異なるモディ体で記されており，その読解が困難であるために，原史料を用いた研究が進展していないのが現状である。モディ体のマラーティー文書が最も多く所蔵されているのがプネー文書館であり，筆者は 2007～12 年のインド留学中にモディ体の読解法を習得して，同文書館で 2008 年 4 月～12 年 8 月にかけて集中的に史資料収集を行い，留学後も断続的に収集を進めた。それらの史資料が本書の主史料となっている。

プネー文書館の史料は，マラーター同盟宰相（中央）政府の文書と地方政庁の文書に大別される。地方政庁の文書は様々な分類から成るが，中央に送られた地方政庁からの文書群（Prānt Ajmās）と，マラーター同盟下では地方政庁に保管されており，植民地期にイギリス人役人が中央に集めた地方政庁の文書群（Jamāv）が代表的な史料群である。前者に関しては州ごとに分類され，インダプール郡に関する文書はプネー州文書（Prānt Ajmās, Puṇe）の中に収められている[33]。また，後者の文書は郡別に整理されており，インダプール郡の部門（Pune Jamāv, Indāpūr Parganā）が存在する。地方政庁の文書は，ほとんどが地税などの税徴収に関係するものである。史料の年代については，前者の文書は 1761 年以降の文書が中心で，後者は部門（郡）によって異なるが，インダプール郡については 1680 年代から 1850 年代の長期にわたる詳細な税資料が残されている。文書は，貸方・借方からなる帳簿が史料群の多くを占め，インダプール郡全体の帳簿のほかに，郡を構成する各村の帳簿が存在する。そのほかに納税者リスト，減税・免税の嘆願書，納税者個人の年間の納税記録など個人レベルで分析できる詳細な記録から成っている。

中央政府の文書は多岐にわたるが，本書では，中央政府の帳簿群（Ghaḍṇī）から武官および軍事行政関係の帳簿を用いて，18 世紀後半の混乱のもとで生じた財政上の変化を検証する。さらに，中央政府の文書には通関税（Jakāt）部門があり，マラーター同盟下の各郡の通関税記録が保管されている。通関税記録は，品物，値段，取扱い商人，運送手段，出発地・目的地などの情報を含んでおり，本書ではインダプール郡の流通ネットワークの再構築に用いる。

これらの部門以外に，ライヤットワーリー制施行のための事前調査資料がモディ体マラーティー語文書で残されている。地方政庁の文書群には，英領期のマラーティー語史料が含まれているので，植民地期初期に関しては，英語とマラーティー語の両史料を用いることが可能になる。

また，マハーラーシュトラ州立文書館コルハープル分館には，コルハープルのマラーター王家（第 1 章参照）や周辺の有力武官に関するモディ体マラーティー語文書が収蔵されており，本書では書記が整理した王家文書（Chitnīs Rumāl）を用いる。

植民地化およびイギリス東インド会社の活動を考察する際には英語史料を用いる。本書に関わる英語史料は主に 3 文書館に収蔵されている。1818 年以前の前植民地期に，イギリス東インド会社は駐在官をマラーター同盟宰相政府に派遣している。駐在官の記録がインド国立公文書館（National Archives of India）の内務省（Home Department）部門に収蔵されており，イギリス東インド会社と

33　G. S. Sardesai ed., *Handbook to the Records in the Alienation office*, Bombay : the Government Central Press, 1933, pp. 1–5.

マラーター同盟の関係を考察する際に用いる。1818 年のマラーター同盟滅亡以降については，マハーラーシュトラ州立文書館ムンバイ本館に，省別に英語文書をまとめたファイルが保管されている。ライヤットワーリー制に関する文書は主に収税省（Revenue Department）部門に収められている。イギリスに報告された事案に関しては，大英図書館アジア・アフリカ・太平洋部門の旧インド省記録部門（IOR）の種々の部門に関連文書が保管されている。

これらの文書はいずれも文書館にある一次史料で，その大部分が手書き文書であるが，プネー文書館に収められたモディ体マラーティー語文書については，現代の字体に翻字された史料集が公刊されている。英語史料も「地税取り決め報告書」はその多くが公刊されており，植民地期初期の報告書にも公刊されているものが多い。これらの公刊史料も必要に応じて適宜用いていく。

これらをまとめると，本書の史料は，徴税記録を主とする①前植民地期マラーティー語史料，駐在官記録などの②前植民地期英語史料，植民地期初期の調査資料などの③植民地期マラーティー語史料，ボンベイ管区の諸資料を含む④植民地期英語史料の 4 群から成っている。こうした英語とマラーティー語の文書のクロスチェックを行ないながら，18 世紀後半から 19 世紀前半のインド西部についての詳細な分析を進める。

さらに 4 群の種類によらず，これらの文書は地名に関する多くのデータを含んでいる。そこで，地理情報システム（GIS）を用いてこれを可視化し，より多面的にインド西部の近世後期における諸変化を描く。

7　本書の構成

本書の内容は時系列で 3 部に分かれる。その詳細は下記の通りである。

第 I 部は 18 世紀を対象として，インダプール郡に注目しながら，マラーター同盟の地税徴収を中心とする諸制度およびその経済状況を論じる。第 1 章では 18 世紀前半のマラーター王国・マラーター同盟の興隆と制度変化を概観する。ここでは，18 世紀におけるマラーター王国とムガル帝国の関係，マラーター王国およびマラーター同盟内の諸関係における名目と実質を整理し，そのうえでマラーター同盟における地方支配の発展を検証する。

第 2 章ではマラーター同盟の地方行政をインダプール郡に注目して詳述する。マラーター同盟の地方行政では県と村の間の郡が要となり，政府が派遣した役人（Kamāvīsdār）と在地の長たるザミンダールが共同で治めていた。本章では，郡の徴税業務，司法業務，軍事業務に焦点を当てながら，両者の役割と関係を解明し，地方行政の特徴を示す。

第 3 章では，18 世紀後半の混乱期におけるインダプール郡の変化を議論する。特に 1760 年代後半以降に増加したジャーギール村とそこに駐屯した武官の役割に注目し，武官とインダプール郡行政の関係を論じながら，この時期のインダプール郡の特殊性を論じる。第 2 章のカマヴィスダール，ザミンダールおよび第 3 章の武官がインダプール郡の中間層を形成しており，郡における彼らの役割とその変化を示すのが第 I 部の目的である。

第 4 章では，18 世紀後半以降の税制史料を用いてインダプール郡の構成村における共同体のあり方を再考する。インド西部の在地共同体に関する従来の研究は，公刊マラーティー語史料に依拠しており，その中心は裁判史料や国家からの役人任命書などであった。ここでは税制という新たな視点から，在地共同体の核をなす職人の活動を再考し，共同体内の諸関係を見直す。この際に共同体外からの外来商人の活動もあわせて考察することで，共同体をめぐる 18 世紀後半の動的な変化を検証する。

第 II 部では，19 世紀初頭の宰相政府時代の末期を主な対象として植民地支配への移行期を論じる。まず第 5 章では，イギリス東インド会社のインド西部進出過程を扱う。イギリス東インド会社の進出は，インド東部や南部と異なり，西部の内陸部では遅れていた。しかし，18 世紀末の最後の宰相の即位以降にイギリス東インド会社と宰相政府・マラーター同盟の関係が大きく変化したことを示す。

第 6 章では，中央における宰相政府とイギリス東インド会社との関係の変化がインダプール郡に与えた影響を論じる。19 世紀初頭の宰相政府時代末期の混乱によって，インダプール郡行政および中間層の勢力がどのように変容したのかを検証し，植民地化前夜の状況を明らかにすることで，ライヤットワーリー制が最初にインダプール郡に導入された要因をこの時期に求める。

第7章では，混乱期におけるインダプール郡の地域経済を論じる。具体的には，通関税の記録を用いて同郡の流通ネットワークを再構築したうえで，郡行政の構造と比較検討することで，行政制度のみへの注目からは明らかにならないインダプール郡の社会経済変動を解明する。以上，第II部は，インダプール郡の行政制度が大きく変化した19世紀初頭を様々な角度から考察し，中間層の動向に注目しながら，植民地期との連続性を明らかにすることを目指す。

第III部では，19世紀の植民地期における植民地政策とその展開を議論する。第8章は，1818年にマラーター同盟宰相政府が滅亡した後の，初期の植民地支配体制を概観する。英領直轄地となるボンベイ管区の体制のみでなく，マラーター同盟の要人や武官の勢力が部分的に保持されるかたちで形成された周辺藩王国やボンベイ管区内のジャーギール権益についても考察を行ない，植民地体制に関して，宰相政府時代からの連続性を示す。

第9章では，インダプール郡におけるライヤットワーリー制導入の過程を論じる。同制度が成立した政策的背景をあらためて論じたうえで，植民地支配下のインダプール郡の状況を検証し，ライヤットワーリー制の導入過程を示す。さらに，インダプール郡を超えてボンベイ管区全土にライヤットワーリー制が広がる過程を，GISを用いて分析することで，インド西部における植民地化のあり方を可視化する。以上のように，第III部ではライヤットワーリー制に注目しながら，インド西部における植民地支配の確立を示す。

終章では，インド西部における植民地化を18世紀におけるマラーター王国・マラーター同盟期の長期変動の中で捉えることを目指した本書の分析をふまえて，インド近世の歴史的展開の中に植民地化を位置づける。

第I部　前植民地期インド西部の農村社会

第 1 章

ムガル帝国後継国家の成立

——マラーター同盟の版図拡大と挫折——

はじめに

第 2〜4 章では，本書の分析の対象となるプネー県インダプール郡に注目し，18 世紀後半のマラーター支配下におけるインダプール郡の統治制度と改革，社会経済構造を考察する。これによって植民地支配下においてライヤットワーリー制がインダプール郡に導入される淵源を 18 世紀後半に見出すのが第 I 部の目的である。本章では，次章以降の対象時期に先立つ 18 世紀前半にさかのぼり，マラーター王国およびマラーター同盟の発展を概観する。18 世紀前半にマラーター王国・同盟はインド亜大陸の最大勢力に成長するが，本章ではマラーター勢力がいかにしてインド最大の勢力となったかを示す。

マラーター国王シヴァージー・ボーンスレーが 1674 年に戴冠の儀式を行ない，初期の王国の都となったのは，インド西部西ガート山脈上のラーイガドであり，建国時にすでにムガル帝国の脅威にさらされていた。マラーター勢力は 18 世紀半ばにはインド西部のみならず，北部・中央部にも領土を拡大し，その他地域にも影響力を及ぼしていた。版図の大幅な拡大によってマラーター王国・同盟の内部構造も大きく変化したことは容易に想像されるが，その変化の過程は本章で検証する。この考察は，次章以降でプネー州インダプール郡の行政制度や社会経済の状況を論じるにあたり必要となるマラーター王国・マラーター同盟支配の全体像を示すことになる。

本章ではまず，マラーター王国の外延的な拡大を考察するうえで無視することができない，ムガル帝国とマラーター王国の間の 18 世紀初頭における関係を検証する（第 1 節）。次に領土拡大に伴う内部構造の変化を考察し，マラーター王国からマラーター同盟への中央での支配体制の移行を論じる。それと同時に，マラーター領に新たに編入された地域において地方支配制度がいかに発達していったかを論じ，18 世紀前半における中央と地方の支配制度の確立の過程を明らかにする（第 2 節）。最後に，マラーター同盟が 18 世紀半ばにインド最大の勢力となる過程を論じると同時に，その拡大路線の限界を示す（第 3 節）。最後に本章末で，マラーター支配全体の中におけるプネー県インダプール郡の位置づけを行なう。

1　マラーター王国の台頭と対ムガル関係

1）マラーター王国の台頭

序章で示したように，マラーター王国はムガル帝国に対抗するかたちで生まれた後継国家であるが，その国家形成はスムーズに進んだわけではなかった。建国者のシヴァージーが 1680 年に死去すると，息子のサンバージーが王位を継いだが，彼は 1689 年に，アウラングゼーブ帝率いるムガル軍に捕らえられて処刑される。サンバージーが処刑され，彼の息子のシャーフーが，デカン高原のサタラ城に幽閉されると，マラーター側ではサンバージーの弟のラージャー・ラームが後を継ぎ，サンバージーを滅ぼしてデカンを支配したムガル軍に対して，ゲリラ戦で抵抗した。ゲリラ戦はデカン全土に拡大したが，ラージャー・ラームはデカンの本拠地を攻撃され，南インドのジンジー（現タミル・ナードゥ州）に逃れ，抵抗を続けた。1698 年にムガル軍はジンジーを陥落させるが，マラーター軍はなおも抵抗した。1700 年 3 月にラージャー・ラームは死去したが，寡婦のターラーバーイーを中心にマラーター勢力はデカン攻略に尽力，翌月 4 月にサタラを包囲し，これを解放した[1)]。それ以後は，マラーター軍が優勢となり，ムガル軍の指揮をとっていたアウラングゼーブ帝は，1706 年にデカン北部のアウランガバードに退却し，翌年，失意のうちに同地

1　James Grant Duff, *A History of the Mahrattas*, Vol. I, London : the Exchange Press, 1826/1863, pp. 284–287.

で死去した。このように，1674 年に成立したマラーター王国は，建国後 15 年目の 1689 年に国王を殺害され，以後約 20 年の受難の時を過ごした。その間にゲリラ戦を行なうなかで，戦の指導者としての国王の下に，1700 年以降はターラーバーイーの下に，マラーター豪族が集結していった。マラーター勢力は，ムガル帝国とのデカン戦争の中で，国王を中心とした集団となったが，この戦争を実行したのは個々のマラーター豪族を核とするゲリラ集団であり，組織だった軍隊は形成されていなかった。当然，この時期に国家体制が整っていたとはいえず，組織づくりは 1707 年以降に行なわれることになる。

1708 年に，2 代国王サンバージーの息子で，アウラングゼーブ帝に捕らえられたシャーフーが釈放され，マラーター陣営に戻った。後述するように，シャーフーは幽閉中もアウラングゼーブの下で厚遇されており，幽閉を解かれたときもシャーフーはムガル帝国寄りの人物とみなされていた。ターラーバーイーは実戦経験のないシャーフーが国王として復帰することに反対した。シャーフーは 1708 年にサタラで即位したが，ターラーバーイーと，彼女に同意するマラーター豪族はこれを認めず，シャーフーを迎え入れた豪族との間で王位継承権の争いが生じ，両者の間で武力衝突が起こった。ターラーバーイーを支持したのは，ラージャー・ラーム以来，マラーター王国を支えてきたマラーター豪族たちで，彼らは現マハーラーシュトラ州の南部のコルハープルを根拠地として結束した。他方，シャーフーを支援したのは，現マハーラーシュトラ州北部の領主層と，プネー県の徴税官であったバーラージー・ヴィシュワナートであった。バーラージー・ヴィシュワナートの活躍とコルハープルの勢力内でのクーデターによってターラーバーイーが失脚したことにより，王位継承戦争にはシャーフーが勝利した。ただしそれ以降も，ラージャー・ラームの子孫が代々，コルハープル勢力の中心となり，マラーター王国内に分国が成立した。ラージャー・ラーム以来，マラーター王国を支えた旧来の豪族は，コルハープル分国に仕えるか，各自の所領に引退した。一方でシャーフーを支援した勢力は，マラーター王国の要職を占め，バーラージー・ヴィシュワナートは，1713 年にマラーター王国の宰相（Peshwā）となった[2)]。18 世紀初頭の王位継承

2　深沢宏「マラータとシク——地域民族国家の成立と崩壊」深沢宏『インド農村社会経済史の研究』東洋経済新報社，1971/1987 年，61–62 頁。James Grant Duff, *A History of*

戦争によって，マラーター王国を支える豪族や大臣の顔ぶれは，17 世紀後半と比べて大きく変わった。

2) ムガル帝国からの勅書とマラーター王国のデカン支配

この王位継承戦争後に，シャーフーを中心としたマラーター王国の国家形成が始まった。シャーフー王権は，ムガル帝国と 1711 年から幾度か取り決めを結んでおり，最終的には 1719 年に，ムガル宮廷で権力を掌握していたサイイド兄弟の弟で，デカン太守であったフサイン・アリー・ハーン・バラハウとの間で取り決めを結び，当時，名ばかりの皇帝であったムハンマド・シャーから勅書（ファルマーン）を得た[3)]。この条約でマラーター王国は，ムガル帝国下にあったデカン 6 州（アウランガバード，ベラール，ビーダル，ビージャプル，ハイダラーバード，カーンデーシュ：図 1-1 参照）でのチョウト（地税の 4 分の 1）の徴収権およびサルデーシュムキー（地税の 10 分の 1）の徴収権を獲得した。チョウトは，サンスクリット語に起源をもち，4 分の 1 を示す語であるが，特にインド西部でみられ，ザミンダールと呼ばれた在地の長に与えられた地税の 4 分の 1 の取り分を意味した。イルファン・ハビーブは，ムガル帝国下の各地に存在したザミンダールが在地での地税徴収や行政を担う職務に対して，地税の一部を報酬として得ていたことを指摘した。インド西部のデカン地方周辺では，この割合が 4 分の 1 で，その名称がチョウトであった[4)]。デカン地方周辺では，ザミンダールは郷主（Deshmukh）[5)] と呼ばれ，在地の長の頭（Sar）は，

Marathas, Vol. I, p. 306. 深沢は，シャーフーと王位継承争いをした人物をシヴァージー 3 世と表記しているが，これは 2 世の誤りである。

3　勅書の原書はムガル帝国の公用語であるペルシア語で作成されたが，マラーティー語に翻訳され，マラーター王国へペルシア語の原書とともに送られた。本章では，公刊されたマラーティー語版の勅書を用いる。G. C. Vad, ed., *Treaties, Agreements, and Sanads, Selections from the Government Records in the Alienation Office, Poona*（以後，*Treaties, Agreements, and Sanads*), Bombay : Nirnaya Sagar Press, 1914, pp. 1–2.

4　同様の取り分は，デカン周辺の他に，ムガル帝国下のグジャラート地方，インド北部，ベンガル地方などでみられた。Irfan Habib, *op. cit.*, p. 186.

5　デーシュムクは，郡（Pargaṇā）の長を指したが，日本語では，深沢や小谷が郷主と呼んできた。これまでの研究との連続性を保つために，本書でもデーシュムクを郷主と訳出する。

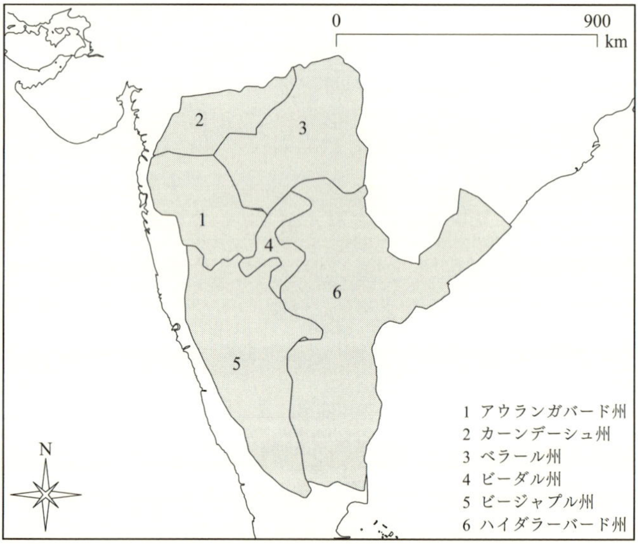

図 1-1　ムガル帝国におけるデカン 6 州

出典）M. A. Nayeem, *Mughal Administration of Deccan under Nizamul Mulk Asaf Jah* (*1720–48*), Bombay : Jaico Publishing House : Bombay, 1985, frontispieces, and Irfan Habib, *An Atlas of the Mughal Empire : Political and Economic Maps with Detailed Notes, Bibliography and Index*, Oxford University Press : Delhi, 1982, 14A and 16A より筆者作成。

総郷主（Sardeshmukh）と呼ばれた。デカン地方周辺では，総郷主がその権益として地税の 10 分の 1 を徴収していた。すなわち，シャーフーはムガル帝国下のデカン地方における在地の長の頭として認められ，デカン 6 州における地税徴収などの在地での補佐を求められたのである。その見返りとして，デカン 6 州の地税の 35 % がシャーフーに与えられた。同勅書によると，シャーフーは地税徴収の在地での補佐と治安維持のために，15,000 騎の騎兵をもってムガル帝国に奉仕することを求められた[6)]。

勅書におけるこうした条件は，ムガル帝国の軍事・官僚制度の中核にあるマンサブ制・ジャーギール制と無関係ではなかった。マンサブはペルシア語で「禄位」や「位階」を示し，ジャーギールは，ペルシア語で「給与地」を意味

6　*Treaties, Agreements, and Sanads*, p. 1.

した。マンサブはムガル帝国の文官と武官に与えられ，本人の官職上の地位と給与を示すザート（本人の意）と，維持しなければならない騎兵の数と維持費を示すサワール（騎兵の意）によって表された。たとえば「ザート 2000/サワール 1000」は，官職の位階は 2,000 で，維持すべき騎兵が 1,000 騎となる。帝国の給与は，土地や村，村の集合である郡などの地税の徴収権という形で与えられ，この徴収権がジャーギールと呼ばれた。このような地税徴収権は，ある一定の土地，村，郡とともに与えられたが，官僚の土着化を防ぐため，土地や村，郡は定期的に所替えがなされた。もっとも例外はあり，ラジャスターン地方のラージプート[7]など，帝国に降伏し，存続を認められたヒンドゥー王などには，世襲が認められたワタン・ジャーギールが与えられた[8]。

上記の勅書によってシャーフーに認められた地税徴収権はジャーギールと呼ばれることはなく，同勅書においてはマンサブに関する記述もみられない。しかし，マンサブを保有する武官と同じく，シャーフーには一定数の騎兵の維持が求められており，この点はジャーギール制に類似する。シャーフーは，実父のサンバージーがムガル皇帝アウラングゼーブに殺害され，自らは幽閉されて以降，名目的ではあったが，マンサブとして「ザート 7000/サワール 7000」を与えられていた。アウラングゼーブ帝は，帝国の有力貴族に比するほど高いマンサブをシャーフーに与えたが，最終的に彼を取り込むことに失敗した[9]。シャーフーを中心としたマラーター王国は 1719 年の勅令により，制度的には，皇帝の官僚としてではなく，デカン地方の有力な在地勢力として，ムガル帝国の行政組織に組み込まれていった。

しかし，マラーター王国側からみる勅書の意味は異なるものであった。インド西部でチョウトの名称が最初にみられたのは，インドの西海岸に位置するポ

7　ラージプートは北インドに侵入した外部勢力と土着勢力が混交して生まれた集団で，王族（クシャトリヤ）を自称してラジャスターン地方などインド北西部の各地に王国を建てた。

8　佐藤正哲「ムスリム王権の成立と展開」佐藤正哲・中里成章・水島司『世界の歴史 14　ムガル帝国から英領インドへ』中央公論社，1998 年，134-135 頁。マンサブ制およびジャーギール制の解説は上記の文献によった。ただし，佐藤はジャーギールを土地と解釈していたが，ジャーギールはあくまで地税徴収権であり，その点は訂正した。

9　M. Athar Ali, *The Mughal Nobility under Aurangzeb*, Revised Edition, New Delhi : Oxford University Press, pp. 29-30 and 217.

ルトガル領であったダマンの住民が，17 世紀前半にヒンドゥーのラームナガル王国[10]に対して行なった支払いであると S. N. センは指摘する。ダマンは，治安維持などに関してラームナガル王国の庇護を受けており，チョウトは庇護への見返りとして支払われた。シヴァージーは，マラーター王国建国（1674 年）直前の 1672 年にラームナガル王国を征服し，同王国にかわってダマンにチョウトの支払いを要求した。センは，シヴァージーとダマンにおけるポルトガル人との交渉を分析して，シヴァージーがインド西部で徴収が行なわれていた既存のチョウトを引き継ぐことを根拠としてチョウトの徴収を行なっていることを明らかにした[11]。シヴァージーは 1664 年にスーラトを襲撃した際にチョウトの支払いをすでに求めていたが，ダマンとの交渉は，在地の長である各地のザミンダールを屈服させ，その権利を引き継ぐことによって，シヴァージーがチョウト徴収の大義を得ようとしていたことを示している。この交渉に前後してシヴァージーは，各地でチョウトを要求していったが，このチョウトは実質的に，マラーター軍からの略奪を防ぐためにムガル帝国下の領民・役人に求めた軍事的貢納であった[12]。

サルデーシュムキー（＝総郷主（Sardeshmukh）の権利）の性格はチョウトと大きく異なり，その徴収は郷主（Deshmukh）が存在するインド西部に限定された。シヴァージーは，ムガル帝国と対峙しながらアーディル・シャーヒー朝（ビージャプル王国）[13]などのインド西部の諸勢力と争い，在地の郷主を束ねるにあたって，自らを総郷主と名乗るようになった。総郷主の権利はシヴァージーの権利であり，他の王朝の権益とは関係なく存続し，彼が世襲・処分できるものであったとセンは指摘している[14]。シヴァージーは，総郷主の権利（＝

10　ラームナガル王国は，ヒンドゥーのラージプートが代々の国王で，王都はダマンから内陸に 35 km 進んだ地点に存在した。後に示すように，一度はマラーター王国創始者のシヴァージーに滅ぼされるが，国王の末裔がダランプール王国を建国した。ダランプール王国は，1802 年に英領インドの藩王国となっている。

11　Surendra Nath Sen, *The Military System of the Marathas*, Calcutta : Orient Longman, 1958, pp. 20–25.

12　*Ibid*., p. 32.

13　アーディル・シャーヒー王国は 1490 年に成立したムスリム王国で，デカン南部を支配した。同王国は 1686 年にムガル帝国に滅ぼされて，その領土の大部分が帝国に併合され，ビージャプル州が形成された。

サルデーシュムキー）として地税の 10 % を各地で徴収していった。

第 2 代マラーター国王サンバージーは，シヴァージーの後継者としてチョウトとサルデーシュムキーを引き続き徴収した。彼の弟で，ムガル帝国にゲリラ的な抵抗をしたラージャー・ラームは，戦費調達のために，ムガル帝国領（すなわちデカン 6 州）において，チョウトとサルデーシュムキーの徴収という名目で略奪を繰り返した。1719 年にムガル皇帝がシャーフーに与えた勅書は，ラージャー・ラームが行なったデカン 6 州での無秩序な略奪を規制する一方で，彼の略奪の大義となっていたデカン 6 州でのチョウトとサルデーシュムキーの徴収を正式に許可していた。すなわち，マラーター王国が抗争の中で主張した利権をムガル帝国が追認したのである。この意味で，勅書はムガル帝国がマラーター王国に対して行なった大きな譲歩であった。

さらに本書の舞台となるインダプール郡や，プネー周辺，サタラ，コルハープルなどマラーター王国建国時の領土の大部分に，ラージャー・ラームがムガル帝国との抗争の中で事実上の支配権を得た領土の一部を加えた地域が，マラーター王国の固有の領土（Swarāja）と勅書の中で表現され，その支配権はマラーター王国に与えられた。固有の領土は，17 世紀末にマラーター王国を滅ぼして設置されたデカン 6 州の領域を含んでいた。すなわち 1719 年の勅令によって，ムガル帝国は領土の一部をマラーター王国に割譲したこととなる。こうした領地安堵の見返りとしてマラーター国王はムガル帝国に毎年 10 万ルピーを支払うことを義務づけられた[15)]。この支払いは，貢納金を意味するペーシュカシュ（Peshkash）の語で呼ばれ，マラーター王国は領地安堵と引きかえにムガル帝国の朝貢国となったといえる。

1719 年のムガル帝国からの勅令は，17 世紀末のムガル帝国とマラーター王国との抗争を終了させ，両国の関係を決定づけた。この勅令により，マラーター国王はデカン 6 州の在地の長の頭となり，同州の治安維持と軍事的奉仕が義務づけられた。さらにマラーター王国はデカン 6 州の西部を含む固有の領土を得て，その領土保持のために貢納金を支払うムガル帝国の朝貢国となった。すなわちマラーター王国は，この勅令によって制度的にムガル帝国の支配機構

14　Surendra Natn Sen, *The Military System of the Marathas*, pp. 41–43.

15　*Treaties, Agreements, and Sanads*, p. 5.

に組み入れられたといえる。「18 世紀問題」は，1707 年のムガル皇帝アウラングゼーブの死とその後のムガル帝国の衰退を始まりと位置づけ，マラーター王国をはじめとする地方勢力の台頭を 18 世紀の特徴の一つとしている。しかし，実質的な国力の衰退がみられたとはいえ，ムガル帝国の支配制度は存続しており，地方勢力の中でムガル帝国と最も対立したとされるマラーター王国でさえ，ムガル皇帝からの勅令によってデカン支配の正当性を得ていたことは注目に値する。そして，18 世紀においてもムガル帝国の支配制度自体は全インド的に健在であったことは，強調されなければならない。

他方で 1719 年の勅令によって，ムガル帝国は，マラーター王国のデカンにおける諸権限を追認し，同王国に大きく譲歩した。この背景には，ムガル帝国における政治的な変化があった。18 世紀初頭のムガル宮廷は混乱し，皇位継承争いが続くなかでサイイド兄弟が台頭し，皇帝を自らの都合で廃位するなど，帝国の権力を掌握していた。ムガル宮廷内で反サイイド勢力が台頭するに及んで，この動きに対抗するために，サイイド家はマラーターやラージプートなどの外部勢力と同盟を結び，さらに，アウラングゼーブ帝が復活させた，非ムスリムへの人頭税であったジズヤを再び廃止することでヒンドゥー教徒を懐柔し，自らの勢力に取り込もうとしていたと考えられる[16)]。次節で示すように，マラーター王国は，デカン 6 州でのチョウトおよびサルデーシュムキーの徴収をきっかけとしてその勢力を広域に拡大させていくこととなった。

本節を終えるにあたり，1719 年の勅令発布がマラーター王国の政治に与えた影響を考察する。ムガル帝国との取り決めに際して，デカン太守に加勢し，デリーでの政争においてサイイド家を手助けし，その後の交渉でも中心的な役割を果たしたのは，マラーター王国宰相のバーラージー・ヴィシュワナートであった。彼は宰相職に就くとともに，マラーターの有力豪族をシャーフーのマラーター王国に招き入れることで王国内での自らの地位も上昇させ，やがて王国の実権を握るようになった。バーラージー・ヴィシュワナートは，ムガル帝国との取り決めで得たチョウトとサルデーシュムキーを効率的に徴収するために，マラーター豪族を各地に配置し，彼らはこれらの徴収権を得たかわりに，

16　Satish Chandra, *Parties and Politics at the Mughal Court, 1707–1740*, New Delhi : Oxford University Press, 1959/2003, pp. 183–186.

配置された地域の治安を維持し，他勢力の侵入を防いだ。彼らは，マラーター王国の固有の領土を超えて，半ば自立的にマラーター勢力を拡大し[17]，名目的には国王に，実質的には宰相に忠誠を誓った。やがて，マラーター王国の地理的領域を超えて広がった，マラーター豪族の総体であるマラーター同盟[18]が成立したが，その実質的な盟主は宰相であった。1720 年にバーラージー・ヴィシュワナートが死去すると，息子のバージーラーオ 1 世に宰相職が世襲された。バージーラーオ 1 世は，1730 年頃，自らの領地であったプネーに宰相政府を設置し，マラーター国王の宮廷を形骸化した。これ以後，プネーはマラーター同盟の事実上の都となり，マラーター王国の統治も宰相が行なうようになった。対外的には，ムガル帝国と戦闘を繰り返し，チョウトやサルデーシュムキーを徴収できる領域を広めるとともに，マラーター王国の固有の領土を超えて，宰相に属する宰相政府領を拡大していった。

2　マラーター同盟の成立と領土拡大

1）マラーター同盟の成立

本節では，1719 年の勅令発布以降のマラーター同盟の勢力拡大について検証し，本書が注目する 18 世紀半ばのマラーター同盟をめぐる社会経済状況を明らかにする。第 2 代宰相のバージーラーオ 1 世（在位：1720～40 年）は対外拡張政策を進めたため，1719 年の勅令体制は長くは続かなかった。チョウトやサルデーシュムキーを徴収するためにデカン 6 州に派遣された武官たちは，決められた配分以上の取り分を要求したり，地税に関して彼らの取り分を除いた 65％を得ている勢力を攻撃したりして，その勢力を拡大させていった。バージーラーオ 1 世の治世にマラーター同盟は，インド西部のグジャラート，

17　深沢宏「マラータとシク——地域民族国家の成立と崩壊」，61-64 頁。

18　V. S. カッダムによると，マラーター勢力の集合を「同盟（Confederacy）」と表現したのは，マラーター諸侯のボーンスレー家に駐在したコールブルックで，1801 年にベンガル総督ウェルズリーへの書簡の中でこの言葉を用いている（同語使用の歴史的文脈は，本書第 6 章参照のこと）。V. S. Kadam, *Maratha Confederacy : A Study in Its Origin and Development*, New Delhi : Munshiram Namoharlal Publishers Pvt Ltd, 1993, p. 4.

中部のマールワーおよびブンデルカンドの一部を獲得した。宰相は，この新たな領土の地税徴収権を，戦功のあったマラーターの有力豪族に与え，軍務の報酬とした。地税徴収権が与えられた領土は実に広大で，スチュワート・ゴードンは，マールワーやグジャラートがマラーターの有力豪族と宰相の間で分割されたと表現している[19]。この時に徴税権を与えられた有力豪族は，マラーター同盟を維持するうえで非常に重要な役割を果たすようになった。

第 2 代宰相バージーラーオ 1 世は 1740 年に死去し，息子のバーラージー・バージーラーオが宰相職を世襲した。この宰相の治世にマラーター同盟の領土はさらに拡大したが，この時期の拡大を精力的に推し進めたのは，バージーラーオ 1 世の時代に領土を分割した，マラーターの有力豪族たちであった。東部では，ブンデルカンドを与えられたボーンスレー家が 1739 年にナーグプルを獲得し，ここを本拠地として東進して，インド東部のベンガル，ビハール，オリッサへの侵入を繰り返した。この三地方を治めていたベンガルの太守は，ボーンスレー家にチョウトを支払い，ついに 1751 年にはオリッサを，ボーンスレー家に割譲した。領土の西側では，バージーラーオ 1 世の時代に宰相政府軍と共にムガル帝国領であったグジャラートに遠征したガイクワード家が，一時は宰相と対立しながらも，バローダなどのインド亜大陸側の支配を確かなものにしていた。領土の北側では，マールワーにおいてホールカル家が勢力を確立し，シンデー家がマールワーよりさらに北方のグワーリヤルを勢力下においた。1740 年代に繰り返し起こったラジャスターンのラージプート諸家の相続争いに，シンデー家とホールカル家はたびたび介入し，ラジャスターンのコーター王国，ブンディ王国，ジャイプル王国，そしてウダイプル王国は両家に毎年貢納金を支払い，その勢力下に入った。シンデー家はさらに北上し，後述するようにデリーをもその支配下に入れた[20]。領土の南側には，カルナータカがあり，ハイダラーバード王国の支配下にあったが，内紛で動揺している機をうかがい，マラーター豪族らは，同地方でチョウトを徴収した。しかし第 3 代宰相のバーラージー・バージーラーオは北方への関心が強く，領土が南方へ拡大

19　Stewart Gordon, *The Marathas 1600–1818, The New Cambridge History of India II–4*, New Delhi : Cambridge University Press, 1998/2005, p. 131.

20　*Ibid.*, pp. 133–138.

することはなかった。宰相の思惑とは別にインド南東部のコロマンデル海岸においてはタンジャーヴールのマラーター支配が続いており[21)]，同勢力はマイソールと長期にわたり対立関係にあったなど，南インドの覇権抗争の中にいた。一方で宰相政府との繋がりは強くなく，マラーター同盟の領土拡張がタンジャーヴールのマラーター王家に大きな影響を与えはしなかった。

このように第 2 代および第 3 代の宰相の治世にマラーター同盟の領土は大きく拡大した。1719 年の勅命によるムガル帝国デカン 6 州のチョウトおよびサルデーシュムキーの徴収を契機として，同州においてマラーターは勢力を強め，第 3 代バーラージー・バージーラーオの治世（1740〜61 年）には，マラーター同盟の影響力はデカン 6 州を超え，インド亜大陸に広く及んでいた。このころには，ムガル帝国にかわりマラーター同盟が，インド最大の勢力となっていた。インド東部へ進出したボーンスレー家がベンガルの太守にチョウトを要求したように，デカン 6 州で得た権益をムガル帝国の旧領に拡大させるかたちで，マラーター同盟はインド全土で侵略を行なっていった。1719 年体制は早々に崩壊したが，その後もチョウトの徴収はマラーター同盟にとって非常に重要なものであり続け，デカン 6 州を超えて，インド各地にチョウトの徴税官が置かれた。

マラーター同盟の領土拡大に大きく貢献したグジャラートのガイクワード家，マールワーのホールカル家，グワーリヤルのシンデー家，ナーグプルのボーンスレー家は，第 3 代宰相の治世に自身の力を大きく拡大させた。そして彼らは領土を得るたびに，期限付きの地税徴収権すなわちジャーギールを与えられ，その地の守護とさらなる領地拡大を条件に税収を得ていた。これら 4 家は，勢力拡大にともなってジャーギールを世襲化し，地税徴収権を与えられた土地を自らの領土としていった。4 家に従って軍功をあげた豪族は，宰相からジャーギールを与えられていたが，やがて 4 家がジャーギールを支払う方式に変わり，

21　シヴァージーの弟で，彼と同じくアーディル・シャーヒー朝に属していたエンコージーが，同国のスルターンの命で在地勢力を破って占領したタンジャーヴール地方（現タミル・ナードゥ州）で 1675 年に建国し，アーディル・シャーヒー朝から独立した勢力が，タンジャーヴール王国である。17 世紀末のムガル帝国の南進にも抵抗し，1792 年にイギリス東インド会社の藩王国となるまで，サタラやコルハープルと並ぶ第 3 のマラーター王国として独自の勢力を保っていた。

そのなかで4家は彼らを家臣化していった。ただし4家は，宰相政府に貢納金を支払って，その命令に従っていたのであり，そこには宰相を長とするゆるやかな支配関係が成り立っており，宰相を中心としたマラーター同盟の形が整っていた。アンドレ・ウィンクは，4家の支配を同盟内の自治領（Dominion）と表現し[22]，マラーターの支配のあり方の変化を論じた。これら4家はマラーター・カーストを称したが，ナーグプルのボーンスレー家がマラーター王家の遠戚であったことを除けば，デカンの小豪族であり，小農や羊飼いから成り上がった社会集団を起源としていた。彼らは，軍事的才覚により，諸侯の座にまで上り詰めたのである。それに対し宰相は，海岸部のコンカン地方出身のチトパーヴァン・バラモンの家系が世襲し，宰相は同カーストのバラモンを宰相政府で重用した。為政者の社会集団に関して，中央のバラモン宰相と，地方のマラーター諸侯という明白な違いが生じており，深沢はこの差異が宰相政府からのマラーター諸侯の離反を生んだと指摘するが[23]，バーラージー・バージーラーオの治世に両者の目立った対立はみられなかった。

18世紀前半における支配のあり方に，宰相政府領と諸侯領では段階的な差異が生じていた。4家の支配領土，すなわちマラーター同盟の拡大領土の支配のあり方に関しては，ホールカル家が支配を拡大したマールワー地方に関する，スチュワート・ゴードンの詳細な研究が存在する。ここでは，ゴードンの研究に即して，王国固有の領土外におけるマラーター勢力による支配の確立過程を示す。

2）マラーター同盟下での支配機構の確立――マールワー地方に注目して

1562年にムガル帝国に併合されたマールワー地方は，17世紀の南進で征服された領土を基礎としたデカン6州には含まれず，地理的にはデカン6州のすぐ北に位置していた。ゴードンはマールワーにおけるマラーター勢力の支配の

22　Andre Wink, *Land and Sovereignty in India, Agrarian Society and Politics under the Eighteenth-century Maratha Svarājya*, Cambridge : Cambridge University Press, 1986/2008, pp. 124 and 137.

23　深沢宏「マラータとシク――地域民族国家の成立と崩壊」，63-64頁。スチュワート・ゴードンも，同様の観点で宰相とマラーター諸侯を対比させている。Stewart Gordon, *The Marathas 1600-1818*, p. 130.

確立を段階的に説明している。1719 年の勅令発布時にマールワー地方は，マラーター国王がチョウトとサルデーシュムキーを徴収することを認められた地域に含まれていなかった。しかし宰相は両税目の徴収権を主張し，ホールカル家をマールワー地方における両税目の徴収官に任命して[24)]，マールワー地方への侵入を繰り返した。1720 年代はまだムガル帝国の支配力が強く，同帝国の武官や帝国の支配を受け入れた現地勢力が同地の有力者であった。後者は，ムガル支配以前からこの地方に存在したヒンドゥーの領主・王（ラージプート）で，ムガル帝国下では在地の長としてザミンダールと呼ばれていた[25)]。このような状況下でマラーターの影響力は弱く，彼らは自らの軍事拠点の近くで小規模な略奪を行なったにすぎなかった[26)]。ゴードンは，1720 年代のマールワー地方のマラーター軍は 1,000 名以下で，ムガル軍の反撃を恐れて町やムガル勢力の軍事拠点などの要所は襲わずに，農村地帯でごく限られた略奪を行なうにとどまったと分析する。彼らは，マールワー地方に確固たる軍事拠点を有しておらず，雨季はデカン地方に引き返さざるをえなかった[27)]。

徐々にマラーター軍がマールワーで勢力を得ていくと，彼らは第 2 の段階として略奪ではなく，影響下にある農村で貢納を求めるようになった。しかしこの貢納は，定額で毎年支払われたものではなく，また貢納徴収のために役人（文官）が任命されたわけでもなく，実際にはマールワー地方に侵攻したマラーター武官が徴収を行なっていた。貢納の額や徴収時期は不安定で，ムガル帝国の税収の 20 分の 1 に満たないこともあった。この貢納の徴収は税金の徴収というよりも，貢納の名目で彼らが回収できた分だけ収入を得るというもので，軍事力に裏打ちされた略奪的な性格を残していた[28)]。第 1 段階および第 2 段階において，マラーター勢力の収入確保の手段は，マールワー地方農村部で

24　Andre Wink, *op. cit.*, pp. 129, 130, and 136. マラーター勢力のマールワー侵攻は，ラージャー・ラームがムガル帝国に対してゲリラ的な抵抗を繰り返していた 1699 年に遡るが，1719 年以降にマラーター軍による継続的な侵攻が行なわれるようになった。

25　Stewart Gordon, *Marathas, Marauders, and State Formation in Eighteenth-Century India*, New Delhi : Oxford University Press, 1994/1998, p. 29.

26　*Ibid.*, p. 30.

27　*Ibid.*, p. 58.

28　*Ibid.*, p. 32.

の略奪であり，17 世紀末にマラーター勢力の中心にいたラージャー・ラームがチョウト徴収の名目でデカン地方において展開した略奪と本質的には大きく変わらなかった。

1720 年代に中央では宰相が頭角を現すようになり，以前よりも大規模に，1,000〜5,000 人の軍団がマールワー地方へ派遣されるようになった。この軍団はムガル軍への朝貢を襲撃して妨害し，マラーター軍へ貢納を支払わせた。これによりムガル軍の町は孤立していった。1730 年代に入るとマラーター軍の侵攻はさらに激しさを増し，徐々にムガル軍を圧倒するようになった。在地のヒンドゥー王・領主であった有力ザミンダールは，ムガル帝国に対するマラーター同盟の優勢ぶりをみて，マラーター武官など，同勢力の現地代表者と合意書を交わし，定期的に貢納を支払うことを条件にマラーター同盟の庇護下に入った。これによりマラーター勢力は，略奪によらずに定期的に貢納を徴収することが可能となり，その一部はマラーター同盟宰相政府に送られた。この安定的な貢納の徴収を基盤として，マールワー地方での行政の祖型が形成された。

安定的な貢納が徴収されるようになっても，初期の貢納は，土地の生産力よりもザミンダールとマラーター勢力の力関係によって貢納額が影響されていた。この頃の合意書では，「保護」を意味する語（Rakhwālī）が貢納を指していた。すなわちここでの貢納は，貢納の徴収者であるマラーター武官から略奪を受けるかわりの支払いであり，言い換えれば略奪者となりうる貢納の徴収者からの「保護」を徴収者自身から受けるための支払いであった。この語がやがて一般的に貢納を意味する語（Khanḍṇī）に替わった。この語は「契約する（Khanḍṇe）」という語の派生形であり，このことからも契約を前提とした「貢納」に支払いの性格が変わったことがわかる。貢納（Khanḍṇī）の徴収の任についた役職はカマヴィスダール（Kamāvīsdār）と呼ばれたが，この役職はデカン地方では宰相政府が地税徴収のために各地に派遣した「政府の役人」を指し，彼らは軍事力を伴わない文官であった[29]。このように 1730 年代以降に，マラーター勢力をめぐるマールワー地方での力関係が変化し，文官が任用される行政制度が

29　*Ibid*., pp. 38–39 and 59. 貢納（Khanḍṇī）の語源に関しては，下記を参照した。J. T. Molesworth, *A Dictionary, Marathi and English*, Pune : Shubhada-Saraswat Prakashan, 1857/2010, p. 192.

整っていった。

カマヴィスダールはマラーター同盟の役人として，ザミンダールと貢納(Khanḍṇī）の支払いに関する長期の契約を結び，収入の安定化をはかった。しかし他方で，これは農業生産性が向上しても貢納額が増大しないことを意味したうえ，ザミンダールによっては契約の年限が経過するとともに許可なく貢納の額を減らしてくる者がいた。このような状況に対しては，マラーター軍はザミンダールを威嚇・襲撃することで貢納を契約時の額に戻すことを行なった。やがてマラーター同盟は貢納徴収の方針を変えて，威嚇・襲撃の際に，貢納額を罰として契約時よりも増加させるようにした。そしてザミンダールが支払い不可能となったときは，カマヴィスダールがザミンダールに代わって村から直接，貢納を徴収し，ザミンダールの不払いが数年続いた場合は，カマヴィスダールがザミンダールに取って替わってその領地を治めるようになった[30)]。このようにマラーター同盟およびその役人と，在地のザミンダールの関係は徐々に変化していき，マールワー地方においてマラーター同盟による直接支配が始まっていった。

マラーター同盟のマールワー地方での支配力は，1730年代末に劇的に変化した。マールワー地方におけるムガル帝国の主力軍と戦うために，宰相政府は1万騎の軍隊を編成し，1738年にマールワーの主要都市の一つであるボーパール近郊でマラーター軍とムガル主力軍が衝突した。ムガル主力軍は敗走し，最終的にムガル帝国の勅書によって帝国からマラーター同盟への領土割譲が決まったことで[31)]，マールワー地方でのムガル帝国の支配は終わりを告げた[32)]。

30　*Ibid*., p. 41.

31　マールワー地方は，ムガル皇帝から宰相へのジャーギール地として与えられた。Andre Wink, *op. cit*., pp. 132–133. ここで重要なのは，実質的には宰相をはじめとするマラーター同盟軍が武力により領土を獲得したにもかかわらず，マラーター同盟はジャーギール施与という形でマールワー地方獲得の正当性をムガル皇帝から得る必要があったということである。すなわち，ムガル帝国のインド亜大陸における名目上の重要性はこの時期になってもなお失われていなかったのである。さらに，マラーター国王ではなく宰相に直接ジャーギールが施与されたことも注目に値する。マラーター国王シャーフーは王国の都であるサタラに健在であったが，地方の支配は事実上のみならず，名目的にも宰相を中心に行なわれ，マラーター同盟の版図拡大により，宰相がますます政治・軍事力をつけて実権を握っていったことがわかる。

マラーター同盟の単独支配が始まると，マラーター勢力はザミンダールへの圧力を強め，時には宰相が自らプネーから大部隊を率いて遠征に赴いた。これによりマールワー地方の複数の有力ザミンダールが領地を追われ，その地に郡(Pargaṇā) が新たに設置され，カマヴィスダールが村から貢納金ではなく地税を徴収するマラーター同盟の直轄地が登場するようになった。ザミンダールの中には，貢納金の減免を条件に領地の一部をマラーター同盟に割譲する者もおり，直轄地は拡大していった。スチュワート・ゴードンは，1740 年代のマールワー地方は，マラーター同盟の単独支配の下に，直轄地と貢納を徴収する間接支配地とが混在する状況であったと分析している[33)]。

マラーター同盟の直轄地では，検地に基づく地税徴収がなされ，市場の統制などの一般行政が実施されていった。そのような状況下で，マラーター同盟の宰相政府，有力諸侯，カマヴィスダールは，マラーター勢力がかつて財を得る主要な手段としていた襲撃を嫌い，治安維持に努めるようになっていった[34)]。しかし，カマヴィスダールは文官であったため，治安維持のためであっても，許可なく私兵を雇用することはできなかった。次章で詳細な事例とともに検証するが，カマヴィスダールの管轄は 1～2 郡であり，マールワー地方における直轄地の拡大とともに，1740～55 年の間に約 50 名のカマヴィスダールが任命された。彼らは基本的にバラモンであり，その多くがチトパーヴァン・バラモンというカーストに属していたとゴードンは分析する。上述したようにチトパーヴァン・バラモンは宰相が属したカーストで，宰相は自らと同じカースト出身者を積極的に任用することで，同カーストの社会経済的な発展を導いたとされる。ただし武官に関してはマラーターが有力であり，チトパーヴァン・バラモンの任用はカマヴィスダールなどの文官に限られた[35)]。このことは，宰相が自身の勢力・行政力が及ぶ範囲においてチトパーヴァン・バラモンを地方でも重用していたことを示している。この結果，先に示したマラーター同盟上層

32　Stewart Gordon, *Marathas, Marauders, and State Formation in Eighteenth-Century India*, p. 59.

33　*Ibid.*, pp. 41–42. たとえば 1745 年のシロンジ郡では，167 村が直轄地の村で，289 村がザミンダールを通じた間接統治の村であった。*Ibid.*, p. 44.

34　*Ibid.*, pp. 59–60.

35　*Ibid.*, pp. 43–44.

部におけるバラモン宰相とマラーター諸侯との社会集団上の反目が，中央派遣のバラモン文官とマラーター武官の対峙として地方でも展開しうる状況が生じていた。

直轄地の増加とカマヴィスダールなどの文官の任用によって，マールワー地方のマラーター同盟下での行政機構は 18 世紀半ばまでに整っていった。この行政機構の頂点にはマラーター同盟の実質的な盟主であるプネーの宰相がいた。マールワー地方への侵攻にあたっては，宰相から徴税官に任じられたホールカル家に続いて，マラーター諸侯のシンデー家，パーワル家も軍を進めており，重要な局面では宰相政府軍も加わっていた。マラーター軍のムガル軍への進撃が勢いを増した時期にあたる 1732 年に宰相は，マールワー地方の領土の東半分を宰相政府が得て，西半分を上記 3 家で分割する取り決めをした。東半分では宰相が税徴収の責任者として実質的な支配を行ない，西半分はマラーター諸侯 3 家が支配していた。

マールワー地方における税収の分割方法は郡ごとに異なっていた[36)]。宰相やマラーター諸侯は，分割された所領の一部をジャーギールとしてマラーター武官に施与した[37)]。すなわち彼らの所領は，諸侯や宰相が直接地税収入を得る直轄地域と，マラーター武官が地税収入を得るジャーギール地域に分けられた。ジャーギール地域では，マラーター武官が内政に関わっており，彼らが為政者の下で統治を行なった。このように地方の東西や地税徴収の方法によって支配のあり方は異なったが，行政ヒエラルキーの最下層には等しくザミンダールが存在した[38)]。彼らは在地の長であるとともに世襲の地方役人であり，在地と国家を結ぶ役割を果たした。彼らは少数の兵士をもち，時には為政者に抵抗した。そしてムガル帝国とマラーター同盟の抗争期に自らの判断でその支配者を変え

36　*Ibid*., pp. 14, 15, and 62, Andre Wink, *op. cit*., p. 135, and V. S. Kadam, *op. cit*., pp. 105–107.

37　マールワー地方など中央から離れたマラーター同盟の拡大地域では，ジャーギールが，土地・村にとどまらず，郡全体や郡の半分など，郡単位で与えられることもあった。

38　マールワー地方北西部のチャンバル川沿いには，約 15 家系の有力ラージプートがおり，このうち数家系は数世紀前に外部からマールワー地方に侵入し，ムガル皇帝から支配の勅令を得ていた。彼らは行政ヒエラルキーにおいて，ザミンダールの上位に位置した。Stewart Gordon, *Marathas, Marauders, and State Formation in Eighteenth-Century India*, pp. 14–16.

たのは，上に見たとおりである。彼らの大多数はムガル皇帝から勅令を得ていたが，マラーター支配が確立すると宰相から勅令を得るにいたり，在地支配の要として，支配の継続を追認されていた。このようにマラーター勢力と在地のザミンダールの多層的な支配体制が確立していった[39)]。

前節で示したように，マラーター同盟は，マールワー地方を含めてデカン6州の外にその支配領域を大きく拡大させた。マラーター同盟による支配は，地方によって支配の終着段階が異なった。たとえばグジャラート地方では，宰相とマラーター諸侯のガイクワード家が，マールワー地方と同様の直接支配を行なう行政機構を整えた。上述のようにラジャスターンの諸王国はマラーター同盟に対して貢納金（Khanḍṇī）を支払う朝貢国となっており，マラーター諸侯のホールカル家，シンデー家，パーワル家が貢納金を受けた。貢納金の徴収は郡ごとに把握され3家で分割されたが，3家の中で2家のみが税収を得たり，3家で税収を3分したりとその分割の状況は郡によって異なっていた[40)]。インド東部では，マラーター諸侯のボーンスレー家がベンガル地方に幾度も侵入したが，その支配のあり方は，チョウトの徴収権を主張して襲撃を繰り返すというマールワー地方における最初期の段階にすぎなかった。上述したように，ボーンスレー家は襲撃を繰り返すことにより1751年にオリッサをベンガルの太守から割譲され，その直接支配を開始した[41)]。

デカン6州では，ムガル皇帝の勅令によりマラーター国王がチョウトとサルデーシュムキーの徴収権を得ていたが，この徴収権を根拠に襲撃を繰り返して支配権を拡大しようとするマラーター勢力の動きは，デカン6州の外部と変わらなかった。ムガル帝国のデカン太守であったカマルッディーン・ハーン（アーサフ・ジャー）は1724年にムガル帝国から独立していたため，1724年以降はハイダラーバードの太守（ニザーム）[42)]とマラーター勢力が対峙することに

39　本段落の多層構造の説明は下記に依拠した。*Ibid*., pp. 15–16.

40　V. S. Kadam, *op. cit*., pp. 95–107.

41　Andre Wink, *op. cit*., p. 111.

42　カマルッディーン・ハーンはアウラングゼーブ帝以降のムガル帝国の再建に尽力し，ニザーム・ウルムルク（「王権の秩序」の意）の称号を皇帝より与えられた。帝国の改革に挫折して彼は独立したが，彼の政権はこの称号にちなんでニザーム国と呼ばれる。彼の独立を追認するに及んで，帝国は彼にアーザフ・ジャーの称号を与えた。

なった。ニザームはデカン6州のハイダラーバード州を直轄領とし，その他の5州がマラーターにチョウトとサルデーシュムキーの徴収を認める地域となった。マラーター同盟の宰相は，ニザームとの取り決めで1752年にカーンデーシュ州をその支配下に入れた。残りの4州に関しては，基本的に郡によって支配権が異なり，①マラーター勢力がすべての徴税権を得た郡，②ニザームがすべての徴税権を得た郡，③1719年の勅令のままにマラーター勢力がチョウトとサルデーシュムキーの徴税権のみをもつ郡，④郡の徴税権を一定割合でマラーターとニザームが分割した郡が存在し，郡内の村レベルで地税徴収権が分割されることもあった[43]。④の郡・村における地税の分割状況とこの支配のあり方は，二重支配（Dutarfā）と呼ばれた。二重支配は1719年の勅令に端を発する，デカン6州においてムガル帝国および後継のニザームとの間で成立した支配のあり方であったが，後にこの支配の方法が，他の境界地域でも用いられるようになった。この1719年の勅令においてマラーター王国の固有の領土とされたデカン高原西部とコンカン地方では，マラーター国王，後に宰相による直接統治が行なわれた。次章でこの固有の領土に属したインダプール郡の支配機構を考察する。

以上のように18世紀におけるマラーター同盟の支配は，マールワー地方についてS. ゴードンが示したようなパターンに基づいて進行していた。しかし各地域で支配の進行段階や到達段階は異なっており，支配のあり方はきわめて多様に見えた。この支配のパターンを考えるときに最も重要なことは，支配パターンの最初期において，マラーター勢力が1719年にムガル皇帝の勅令によって認められたチョウトとサルデーシュムキーの徴収権を主張して略奪を開始したことである。両税目の徴収は，デカン6州のみで認められていたが，それをはるかに超えるインド亜大陸の各地で，マラーター勢力は両税目の徴収権を主張した。これは，事実であるかは別として，マラーター勢力の侵攻と支配がムガル帝国に正当化されたものであるという彼らの主張につながっており，マラーターの全インド的な勢力拡大はムガル帝国との取り決めに端を発していたことを示している。ゴードンも，ムガル帝国の影響力の継続に，18世紀の

43　*Treaties, Agreements, and Sanads*, pp. 10–30.

後継国家の特徴を見た。マラーターなどの後継国家が旧ムガル領を征服する際に，彼らは在地のザミンダールと対峙することになったのであるが，ザミンダールと後継国家の交渉において参照され，統治の初期に用いられたのはムガル帝国の制度であり，その中で税目もムガル帝国下での名称で呼ばれ，ムガル帝国下の方式で徴収された。それと同時にゴードンは，マラーターのマールワー支配が，最終的にはムガル帝国のコピーとは異なる組織を生じさせたと強調する。ムガル帝国期のマンサブ・ジャーギール制度による武官支配は，18世紀半ばにはカマヴィスダールによる文官支配に大きく変化したのである[44)]。

「18世紀問題」を議論したP. J. マーシャルは，マンサブ・ジャーギール制に代表される17世紀のムガル帝国の統治でさえ，帝国内で均一に実施されていたわけではなく，18世紀の後継国家の登場は革命的な転換ではなかったと主張する。そして，デカン東部におけるハイダラーバードのニザーム，インド北部のアワドおよび東部のベンガルの太守など，ムガル帝国から生まれた後継国家では，ムガル帝国の制度が存続していたことを指摘した。さらにマーシャルは，マラーターの支配拡大に関してもムガル帝国の至上権を一切否定するものではなかったと解釈し，その証左として，18世紀インドの外交の場では，ムガル帝国の公用語であったペルシア語が使用されていたことを挙げた。むしろマーシャルは，このようにムガル帝国の18世紀における影響力を認めながらも，後継国家の登場を支えたのは各地方の経済発展であったと主張していた[45)]。しかし，マラーター同盟を代表とする18世紀の後継国家がムガル帝国を実態面で凌駕し，支配域を拡大させたとしても，そうした実際の変化とは別の次元でムガル帝国の名目的重要性は保持されており，マーシャルが行なったような単純な重要度の比較はできないと筆者は考える。18世紀末にイギリスによる侵攻が本格化し，イギリスは様々な後継国家と複数回にわたり条約を結んだが，ムガル皇帝のみが「皇帝（Emperor）」とよばれ，後継国家の王（Rajah, Nawāb, King）とは明確に異なる待遇を受けたのである。こうした格の違いは，上記の筆者の主張を支持するものである。イギリス東インド会社の存在は考慮すべきであるが，1857年のインド大反乱後のムガル帝国の滅亡[46)]を待ってイギリス

44　Stewart Gordon, *Marathas, Marauders, and State Formation in Eighteenth-Century India*, p. 60.
45　P. J. Marshall, “Introduction,” pp. 5–7.

による直接統治が開始した事実は，実態的な支配力はどうであれ，19 世紀半ばまで名目的にはムガル帝国がインド亜大陸の長であったことを示唆している。

3　マラーター同盟の覇権獲得と領土拡大の挫折

1）宰相によるマラーター王国の実権掌握

マラーター同盟が領土を拡大させた頃，マラーター勢力の名目上の長であったサタラのマラーター王家に大きな変化が起こった。1749 年にマラーター国王シャーフーが死去したのである。シャーフーには嫡子がおらず，サタラのマラーター王家はコルハープルのマラーター王家から王子を迎えることで存続をはかった。1840 年代後半にコルハープルでは，ラージャー・ラームの息子であるサンバージー 2 世が王位についていた。ラージャー・ラームの妻であったターラーバーイーはコルハープル勢力内では失脚していたが[47]，シャーフーとはつながりがあり，自らの孫にあたるラーム・ラージャーをシャーフーに紹介し，シャーフーはラーム・ラージャーを養子とした。

さらにシャーフーは，死後のマラーター王政を案じて，生前に 2 通の命令書を宰相バーラージー・バージーラーオに送ったとされており，日付のない 2 通の書簡が現存している。同命令書を分析した V. S. カッダムによると，1 通はバーラージー・バージーラーオに軍隊の管理を任せたうえで，シヴァージーの後継者を守り，書記（Chiṭnīs）と相談しながら，マラーター国王に従い，その王政と王権を維持することを命じた書簡であった。この命令書はさらに，コルハープル王家から今後の後継者を立てることを禁じており，コルハープル王家

46　最後のムガル皇帝は廃位させられて英領ビルマのラングーンに追放され，1858 年にムガル帝国は滅亡した。

47　1708 年にシャーフーがムガル帝国から解放されたとき，ターラーバーイーの息子シヴァージー 2 世がラージャー・ラームの跡を継いでいたが，1714 年のクーデターにより，シヴァージー 2 世の腹違いの弟であったサンバージー 2 世がクーデターを起こし，王位を奪った。これによりシャーフーと対立していたターラーバーイーも失脚し，サタラの王家がマラーター王位継承争いに勝利したことは上述したとおりである。この後に，ターラーバーイーとシャーフーは和解していた。

との間で継承争いを起こすことにより王家の権威が失墜することをシャーフーは恐れていたと考えられる。そして王家を守るために，バーラージー・バージーラーオは軍事力をもつことおよび行使することを認められていたが，マラーター国王は他の命令書で宰相によるマラーター王国の軍事力掌握を明示的に認めておらず，その点からも本命令書は非常に興味深い。カッダムによるともう1通の命令書は，シャーフーの後継者が引き続き宰相職の継続を認めることを約束し，これを条件としてバーラージー・バージーラーオに，シャーフーの後継者に従ってマラーター王家を守ることを再度命じた書簡であった。カッダムが指摘するように，これら2通の命令書にはマラーター国王印やサインがなく，シャーフーが私的にバーラージー・バージーラーオに送ったものであるとされる。カッダムは，この命令書によって，マラーター王家の存続を条件にシャーフーが宰相に全権を委譲したとする従来の拡大解釈を否定し，シャーフーは宰相職の継続を認めただけで，ヴィシュワナート・バット以来のバット家による宰相職の世襲を認めたわけではないことを指摘する。実際は，宰相職はバット家によって世襲されるわけであるが，後の宰相もこの2通の命令書を引き合いに出して宰相職への全権委譲を主張してはいないことから，カッダムはバーラージー・バージーラーオ自身がこの2通の命令書を過大評価していなかったと主張する[48]。2通の命令書の分析は非常に適切であり，同命令書から少なくとも，シャーフーがマラーター王家の権威の維持を強く望んだことがわかる。

1749年12月26日にシャーフーは死去し，1750年1月4日にコルハープル王家出身のラーム・ラージャーがサタラのマラーター国王として戴冠した。ターラーバーイーは，ラーム・ラージャーを利用してマラーター王政を牛耳るつもりであったが，両者は対立にいたり，同年11月にターラーバーイーはラーム・ラージャーをサタラの王宮内に幽閉してしまった。この幽閉はターラーバーイーの死（1761年）後の1763年まで続けられ，その間は名目的にはラーム・ラージャーが国王であったが実質的には王家は途絶えて，サタラの王家の管理はターラーバーイーが行なっていた[49]。12年以上の実質的な国王の

48　V. S. Kadam, *op. cit.*, pp. 38–39.
49　*Ibid.*, pp. 38–39.

空位は，サタラのマラーター王家の権威を大きく失墜させ，シャーフーの権威維持の望みは彼の死後すぐに絶たれることとなった。王家の権威の失墜は当時の公文書に明確に現れることとなる。すなわちマラーター王国および同盟の公文書において，シャーフーの治世にはマラーター国王であるシャーフーの印が用いられていた。しかしシャーフーの死後は，マラーター王家ではなく宰相の印が用いられるようになる。カッダムが指摘するように，上記2通の命令書でシャーフーは宰相に全権を委譲したわけではなかった。しかしラーム・ラージャーの治世初期におけるサタラ王家の権威失墜にともない，名目としてのマラーター王家の役割も失われ，結果的には全権を委譲したのと同様の状況が生じていたことを指摘しておきたい。

バーラージー・バージーラーオから宰相職を受け継いだマーダヴラーオ1世がラーム・ラージャーを1763年に解放し，彼は1777年に死去するまでサタラのマラーター国王の王位についていた。その後マラーター国王は，サタラ周辺を治める小勢力へと凋落していった。マラーター王国の実権を失ったラーム・ラージャー以降のサタラのマラーター王の重要性に関しては，研究者によってその見解が異なる。アンドレ・ウィンクは軍事遠征をする際に宰相が必ず許可を得に来たことを例として挙げ，サタラ王家の政治的重要性の継続を示唆するが，軍事関係であってもシャーフーの死後は，宰相の印が使われていることを筆者は確認しており，そこにサタラ王の印は見られなかった。このことから実際の政治・軍事的決定権は宰相に完全に移っていたと筆者は判断する。それでもウィンクが指摘するように，サタラのマラーター王家は，国王としてすべての税負担を免除され，シヴァージー以来の世襲的な諸権益は，マラーター王家の政治的凋落に関わりなく存続された。1818年にマラーター同盟がイギリス東インド会社に滅ぼされたときも，デカン統治の責任者であったエルフィンストンは，インド西部の諸勢力の均衡を保つためにサタラのマラーター王家を英領インドの藩王国として存続させた[50]。エルフィンストンは，マラーター勢力統合の象徴としての王家の重要性を利用したと考えられる。ラーム・ラージャー以降もサタラのマラーター王家の象徴としての名目的な重要性は植民地

50　Andre Wink, *op. cit.*, pp. 79 and 84.

期まで減じることがなく，宰相はこの地位に取って代わることができなかった。マラーター王家がシヴァージー以前からの権益として世襲していた役職の中に，ライヤットワーリー制がボンベイ管区で最初に導入されたインダプール郡の郷主職が含まれていた点は非常に興味深い。この権益については次章にて詳述する。

2）宰相によるムガル皇帝の保護と外延的拡大の挫折

マラーター国王と宰相の関係が大きく変わった頃，ムガル帝国とマラーター同盟の実質的な関係も，マラーター同盟のデリー掌握により大きく変化していった。ムガル帝国がマールワー地方をはじめとして，マラーター勢力により南からの攻撃を受けていた1730年代の末に，ナーディル・シャーがムガル帝国の北西から侵入しデリーに侵攻した。ナーディル・シャーは，サファヴィー朝末期の1688年にイラン東部のホラーサーンに生まれ，1736年にサファヴィー朝を滅ぼし，アフシャール朝をペルシアに建国した。1739年に彼は東方遠征に向かい，アフガン地方を次々に征服してインドに向かい，同年2月24日にはデリー北方のカルナールでムガル皇帝ムハンマド・シャー自らが陣頭指揮を執ったムガル軍を撃退し，ムガル皇帝とともにデリーへ入場した。ナーディル・シャーはデリーを占領し，市民の反乱への報復として住民8,000人以上を殺害し，略奪を繰り返して，ムガル宮廷からも大量の財宝を奪った。さらにムガル帝国は，その故地であるインダス川以西の領土をアフシャール朝に割譲することを余儀なくされた。ナーディル・シャーのデリー占領は2年間に及び，この間にムガル皇帝の権威は大いに失墜するとともに，ムガル帝国の実効支配地域は急速に縮小した[51)]。

ナーディル・シャーはペルシアに帰還した後に中央アジアなど各地へ遠征し，アフシャール朝の領土を拡大させた。しかし，遠征の多大な軍事的負担を補うべく重税を課したため，各地で反乱が起こり，1747年にナーディル・シャーは暗殺され，アフシャール朝は分裂・衰退していった。ナーディル・シャーの領域の東部，すなわちアフガニスタン地域を継承したのが，アフガニスタン建

51　近藤信彰「補説13　ナーディル・シャーとアフマド・シャー・ドゥッラーニー」小谷汪之『世界歴史大系南アジア2　中世・近世』山川出版社，2007年，226-227頁。

国の父といわれるアフマド・シャー・ドゥッラーニーであった。彼は，1747 年にナーディル・シャーが暗殺されると，同年 7 月に正式に即位してアフガニスタンにドゥッラーニー朝を創始した。彼は 1748 年からインド西北部のパンジャーブに侵入し，ナーディル・シャーと同様にインダス川以西の徴税権を得るとともに，パンジャーブを勢力下におさめた[52]。

アフマド・シャー・ドゥッラーニーによるインド遠征に対抗したのがマラーター勢力であった。1748 年までは，宰相バーラージー・バージーラーオ自らが北インドに遠征し，デリーのムガル帝国やその周辺勢力に攻勢をかけていたが，1749 年以降，宰相は上述したシャーフー王との関係に集中することになり，北インド遠征は，マラーター諸侯のホールカル家とシンデー家に任された。当時，アフガン勢力としては，アフガニスタンのドゥッラーニー朝のみでなく，北インド北部からネパール西部にかけての地域に定住したアフガンのローヒラー族がおり，この勢力はムガル帝国下にあったが，ドゥッラーニー朝の侵攻に呼応して反旗を翻していた。ムガル帝国の宰相（Wazīr）は，ホールカル家とシンデー家の援軍を得て 1751 年にこの勢力の鎮圧に向かい，状況はムガル帝国に有利に運んだ。翌 1752 年にドゥッラーニー朝勢力が再びインドに侵入し，パンジャーブに進軍したため，ムガル皇帝はこの年の 7 月，デリー防衛のためにマラーター同盟宰相と取り決めを結んだ。この取り決めは，下記の 5 項目を含んでいた[53]。

⑴マラーター同盟宰相は，帝国内のパターン族［上述したアフガンのローヒラー族の別称］やラージプート族，その他の勢力による反乱から，そしてアフガンのアブダーリー［アフマド・シャー・ドゥッラーニーの別称］などの帝国外の敵対勢力から皇帝を守ること。

⑵マラーターの武力援助に対して，皇帝は 500 万ルピーを毎年，マラーター勢力に支払うこと。500 万ルピーのうち，300 万ルピーはアブダーリーとの対抗のために，200 万ルピーは，パターン族などの帝国内部の敵

52　近藤信彰「補説 13　ナーディル・シャーとアフマド・シャー・ドゥッラーニー」，227-228 頁。

53　5 項目の条文は，下記によった。G. S. Sardesai, *New History of the Marathas*, Vol. II, 1948/1958, Bombay : Phoenix Publication, pp. 379-380.

対勢力のために用いられる。

(3)500万ルピーに加えて，パンジャーブ，シンドおよび北インドのドアーブ地方[54]でチョウトを徴収する権利が宰相に与えられる。

(4)宰相には，アグラ州とアジメール州の太守職が与えられる。ムガル帝国の行政制度にしたがって，両州を治めること。

(5)宰相が皇帝のもとへすぐに参陣できない場合は，彼の武官を派遣すること。

取り決め成立の経緯および取り決めの条文から，これがムガル帝国内外のアフガン勢力からの防衛を意図して作成されたことは明らかであり，その防衛を担うのがマラーター勢力であった。ムガル帝国は，マラーター同盟の軍事的な保護下に入り，年間500万ルピーをそのために支払うこととなった。1719年の勅令の時点では，マラーター王国はムガル帝国の朝貢国であり，デカン地方の支配を部分的に任された存在であった。この従属関係は，マールワー地方の侵攻などが行なわれても名目的に続いていた。1752年の取り決めによってさえ，名目的な主従関係に変化はなかったが，ムガル皇帝がマラーター同盟の保護下に入るという，名目とは逆転した関係が実質的に成立することとなった。上述のように宰相はマラーター王家との関係に集中する必要があったため，上記引用文の第5項に従い，マラーター諸侯のシンデー家がムガル皇帝の保護の役目を任された[55]。

上記の取り決めでもう一つ注目すべきは，宰相に北インド諸地域の利権を正式に与えたことである。取り決めにあるインド北西部のパンジャーブはアフガンの勢力下にあったため，この利権の施与にはアフガン勢力の動きを抑える皇帝側の意図があったと考えられる。皇帝の意図がどのようなものであったにせよ，パンジャーブやシンドなど現在のパキスタンやその周辺地域までマラーター同盟の権力は及ぶようになった。18世紀半ばにおいてさえ，領土拡張への契機を与えたのがチョウトの徴収権の施与であった点は，先のマールワー地方の支配進展パターンと一致する注目すべき点である。さらに宰相には太守の

54　ガンジス川と支流のヤムナ川が交わる地域を指す。
55　深沢宏「マラータとシク——地域民族国家の成立と崩壊」，63頁。

地位が与えられ，名目的な主従関係はますます強化された。アグラはデリーの東側近郊の都市で，ここを中心にアグラ州が存在した。他方でアジメールは同名市とその周辺地域にあたり，ラジャスターン諸王国の只中にあったムガル帝国の直轄地であった。アジメール州はラジャスターン諸国とほぼ同じ地域を指し，太守の役目はラジャスターン諸王国の監視であった。前述したように，マラーター諸侯はすでにラジャスターン諸国を朝貢国にしていたが，太守という形でその関係がムガル皇帝に追認されると同時に，デリー西方のラジャスターン諸国を監視するには不可欠なアジメールが宰相に譲渡された（実際にはシンデー家が管理した）[56]。北インドを勢力範囲とするアフガンのローヒラー族を牽制するために，アグラ州やドアーブ地方など北インド・ガンジス川流域の権益も宰相に与えられた。その結果，マラーター同盟はデリー以南の領域支配をムガル皇帝によって追認され，さらにデリー以北への進出のきっかけを得たことにより，その支配領域は最大となった。

マラーター勢力は他地域と同様に，チョウトの徴収権を主張してアフガン勢力下のパンジャーブにたびたび侵入した。この時の主力は，マラーター諸侯のホールカル家とシンデー家，および宰相の実弟のラーグナートラーオであった。しかし 1757 年にはアフマド・シャーが再び南進し，マラーター軍を打ち破ると，デリーに入城して略奪を繰り返した。1758 年には，パンジャーブの中心都市ラホールに駐屯していたアフマド・シャーの息子であるティムール・シャーをマラーター勢力が追い立て，ティムール・シャーはアフガニスタンに引き上げていった。1750 年代のパンジャーブは，前節のマラーター支配段階でいえば第 1 段階にあたり，権益維持のために度重なる略奪・遠征が必要であった。デリー北部からパンジャーブにかけての地域を主戦場としながら，北インドの覇権をめぐってマラーター同盟とドゥッラーニー朝が一進一退の攻防を見せていた[57]。両者の最大の決戦となったのが，デリーの北にあるパーニーパットにおける 1761 年の戦闘である。マラーター同盟は，宰相の長男・次男らを指揮官とする大軍をプネーから派遣したが大敗し，マラーター同盟はパンジャーブでの覇権獲得を断念せざるをえなくなった[58]。1761 年，パーニーパッ

56　V. S. Kadam, *op. cit.*, p. 106.

57　G. S. Sardesai, *New History of the Marathas*, Vol. II, pp. 403–406 and 414.

トでの大敗北で，失意の内にバーラージー・バージーラーオは死亡した。さらに，最有力の後継者であった長男と次男もこの戦いで死亡したため，三男のマーダヴラーオ 1 世が宰相職を継いだ。第 3 章で詳述するように 1761 年のパーニーパットの戦いは，マラーター同盟の政策における重要な転換点となった。新たに宰相となったマーダヴラーオ 1 世は，北部への外延的拡大をやめ，デカン地方における内政改革に着手した。

おわりに

本章は 18 世紀前半におけるマラーター王国・同盟の台頭を概観したが，マラーター王国台頭の重要な契機となったのはムガル皇帝からの 1719 年の勅書であった。勅書によって認められたムガル帝国デカン 6 州でのチョウトおよびサルデーシュムキーの徴収権は，マラーター王国がデカン地方で勢力を拡大していく重要な根拠となった。マラーター国王シャーフーは名目的にではあれムガル帝国のマンサブを保有しており，マラーター王国下，さらに宰相が台頭した後のマラーター同盟下でもジャーギール制が用いられたことを考えると，マラーター王国・同盟はムガル帝国の制度を継承する後継国家であったといえる。1719 年の勅書発行に尽力した宰相ヴィシュワナート・バットが権力を握って宰相政府が誕生したことは，ムガル帝国との関係を考える際に興味深い。

宰相が権力を握り宰相政府が成立する 1730 年頃には，マラーター勢力は 1719 年のムガル皇帝からの勅書の規定を超えてデカン地方を自らの支配権に組み込むとともに，デカン地方の外へ勢力を拡大し，ムガル帝国の領土を征服

58　この戦いに勝利したアフマド・シャー・ドゥッラーニーも，アフガニスタンでの反乱のために早々にパンジャーブを去ることとなり，同地に強固な権力基盤を築くことができなかった。この権力の一時的な空白を利用して台頭したのがシク教徒の勢力であり，彼らは 1764 年にムガル帝国からの独立を宣言し，1799 年にラホールからアフガン勢力を追い出して，1801 年にシク王国を建国した。同王国は，1818 年のマラーター同盟の滅亡以降，イギリス東インド会社に抵抗するほぼ唯一の現地勢力となったが，1848 年のシク戦争でイギリスに敗北して 1849 年に英領に併合され，英領インドの領域が確定した。深沢宏「マラータとシク——地域民族国家の成立と崩壊」，77-82 頁。

し始めた。すなわちマラーター王国は，1719年の勅書に忠実に従うムガル帝国の属国としてではなく独自の勢力として領土を拡大し，18世紀半ばまでにムガル帝国の領土の多くを征服して実質的な力関係は逆転していた。その結果，1752年にムガル皇帝は名目的な関係は維持したまま，マラーター同盟宰相の保護下に入っていくこととなった。支配制度に注目すると，マラーター同盟はジャーギール制を用いつつも，カマヴィスダールと呼ばれる文官を任命するなどムガル帝国とは異なる統治機構を整備していった。マラーター同盟はインド最大の勢力として，18世紀前半に独自の発展を遂げていたのである。

マラーター王国・同盟の台頭を理解するうえで重要なのは，統治権の名目と実質の二面性がつねに一体となって，マラーター勢力の興隆が進行していったということである。マラーター同盟が実質的にムガル帝国を凌駕していた18世紀半ばにあっても，マラーター勢力はムガル皇帝職を廃するために動いてはおらず，ムガル帝国の名目的な地位は無視されることがなかった。この二面性は18世紀の他の後継国家にも共通してみられる特徴であり，名目的にはムガル皇帝がインドの長であり続けたのである。さらに注目すべきは，マラーター勢力内にもマラーター国王と宰相の間で統治権の名目と実質の二面性が存在したことである。宰相は，マラーター国王を抑えて実質的な統治権を行使していたが，ここでも国王職を廃することなくマラーター国王の名目・象徴的な統治権を完全に奪うことはしなかった。宰相政府は，ムガル皇帝とマラーター国王の両者に対して統治権の二面性を巧みに利用し，実質的にインドの覇権を手に入れるにいたったのである。

1750年代にデリー掌握によって得たマラーター同盟の北インドにおける覇権は長続きせず，1761年にパーニーパットの戦いでの敗北によって失われた。そしてマラーター同盟は外延的領土の拡大から内政改革へと方針を大きく転換することとなった。その内政改革の重要な舞台の一つとなったのが，本書が注目するプネー州インダプール郡であるが，同郡での改革については第3章で論じる。それに先立って，次章では本書の対象となるインダプール郡に注目してマラーター同盟の地方行政制度を考察する。

第2章
マラーター同盟の地方支配
──政府の統治と在地の自治の拮抗──

はじめに

1761年のパーニーパットの戦いでの敗北により，宰相政府は領土の外延的拡大を諦めざるをえず，これに替わってマラーター同盟の本拠地であるインド西部の内政改革に着手することとなった。本章では内政改革の一つの中心地となったインダプール郡の18世紀後半における支配体制を解明し，次章にて内政改革の実態を考察する。まず本章では，第1節で郡行政の担い手であった郡役人に注目し，第2節で彼らの職務，第3節で彼らの報酬体系を分析し，そこからインダプール郡の支配体制を解明していく。

1　インダプール郡とその郡役人

本節ではインド近世の地方支配における郡の役割を検討したうえで，インダプール郡で活動した種々の郡役人について一つずつ見ていき，郡行政の執行体制を概観する。

1）インド近世における郡

インダプール郡に注目するにあたり，マラーター同盟の地方支配について簡単にふれておく。マラーター同盟の宰相政府領は12の州（Subhā）に分けられ[1)]，各州はさらに，県（Sarkār）などに分けられる地域も存在したが，基本的には郡（Parganā）に細分化された[2)]。郡は村の集合であり，村の上位の行政単位であった。州 − 郡 − 村という 3 段層の行政構造の中で，中央から派遣された州の長官（Subhedār）が州の行政を担ったのに対し，村では世襲の在地役人である村長（Pāṭīl）が，村落共同体の長であるとともに，村落行政の責任者であった。州と村の中間に位置した郡では，中央（宰相）政府が派遣したカマヴィスダールと呼ばれる郡役人と，世襲の在地役人である郷主が共同で行政を担っていた。前者は，第 1 章で論じたマールワー地方のそれと変わりなく，中央政府との結びつきが強い文官であった。後者は，デカン地方では郷主（Deshmukh）とよばれ，村長たちの長であり，在地社会の長であった。すなわち郡においては，政府の代表と在地社会の代表が対峙することとなり，郡が地方支配の要であったことがわかる。

さらにデカン地方の歴史を考えるうえでも，郡（Parganā）は重要であった。郡を示す語であるパルガナはペルシア語起源であり，トゥグルク朝以降のデカン地方におけるムスリム支配の中で，この語が流入したと考えられる。この語の特徴とその歴史上の意義は，先行研究をもとに下記の 3 点に集約できる。第 1 は，この語はデカン地方において村の集合を指す最も一般的な語であり，ムスリムが支配した北インドでも広く用いられた点である。パルガナは，デカンでムスリム以前に用いられていたと考えられるヒンドゥスターニー語で地区・郡を示す語（Tappā）に取って代わった。第 2 は，郡が細分化して下位区分がうまれ，徴税区を示す語（Mahāl）もこの下位区分に位置づけられていた点であり[3)]，このことはパルガナが地方行政区の基礎となっていたことを示唆している。第 3 は，郡の長であった郷主の起源を，ムスリム支配以前に見出すことができると考えられる点であり，郷主は地方役人であると同時に，在地社会の長であった[4)]。第 1 と第 2 の特徴は，ムスリム支配期に郡を中心に地方の行政

1　ホールカル家やシンデー家の領土も宰相政府領と同様に州に分けられた。第 1 章で注目したマールワー地方も，ホールカル領の 1 州となっていた。

2　A. R. Kulkarni, *The Marathas (1600–1848)*, New Delhi : Books & Books, 1996, p. 181.

3　深沢宏「アーディル・シャーヒー王国（西暦 1489-1686）の地方支配に関する一研究」深沢宏『インド社会経済史研究』東洋経済新報社，1972 年，27-28 頁。

4　深沢宏「アーディル・シャーヒー王国（西暦 1489-1686）の地方支配に関する一研究」，37-40 頁。

機構が整い，徴税も制度化していったことを示している。さらに，第3の特徴は，郷主の職域である郡が，ムスリム支配以前から地方支配における要であったことを示唆している。

地方支配の要であった郡は，18世紀の宰相政府領に数多く存在したが，本章ではプネー州インダプール郡に注目する。序章で述べたようにインダプール郡は，ライヤットワーリー制がボンベイ管区で最初に施行された地域である。本書の目的は，ライヤットワーリー制導入の背景を考察し，インド西部の植民地化を前植民地期から連続的に描くことであるから，この点だけでもインダプール郡に注目する理由は十分である。そして興味深いことに，インダプール郡は以下の2点においても，インド西部の中で歴史的に意義のある地域となっている。

第1の点は，インダプール郡がマラーター王家の所領であったことである。マラーター王国を建国したシヴァージーの祖父にあたるマロージー・ボーンスレーは，15〜17世紀にかけてデカン北部を支配したニザーム・シャーヒー朝に仕えており，同国のスルターンから同王国領であったインダプール郡を含む地域をジャーギール地として与えられた。シヴァージーの父であるシャーハジー・ボーンスレーがこのジャーギール地を世襲したが，1636年にニザーム・シャーヒー朝がムガル帝国に敗れてその領土は併合された。その後，シャーハジー・ボーンスレーは，デカン南部を支配していたアーディル・シャーヒー朝に仕えることとなったが，その際にシャーハジーは，インダプール郡を含むジャーギール地とともにアーディル・シャーヒー朝に移動し，同王国のスルターンは彼のジャーギール地を安堵した。このことは，インダプール郡周辺のジャーギール地がボーンスレー家固有の領土として扱われたことを意味する。シャーハージーの息子であるシヴァージーは，このジャーギール地を世襲し，マラーター王国建国時に，このジャーギール地は王家の所領となっていた。17世紀末にいったん同地域はムガル帝国領になるものの，1719年の勅令によってマラーター王国の固有の領土となり，再び王家の所領となった。さらに興味深いことに，インダプール郡の郷主職および同郡の郡都であるインダプール町の町長（村長）職は，マラーター王家が代々世襲しており，シャーフーの死後に直系の王統が途絶えても，両職はサタラのマラーター国王が代々世襲していた。すなわちマラーター王家にとってもインダプール郡は代々の所領であり，そこに権益が存在していたのである。

第2の点は，インダプール郡が宰相政府にとって地勢的に重要であったことである。前章で述べたように，宰相はプネーに宮殿を建設し，1730年代以降，この地がマラーター同盟宰相政府の都となった。インダプール郡は，北の境界をビマ川，南の境界をニラ川が流れ，乾燥地帯のデカン高原の中では相対的に地味が良かった。そのため，宰相政府の都に最も近い肥沃な地域として，宰相政府の政策実施において重要視され，新たな政策は，まずインダプール郡で施行された。このようにインダプール郡は，マラーターの歴史の中で政治・社会経済的に非常に重要であり，多くの詳細な史料が残されている。次項では，この詳細な史資料を用いて，マラーター同盟宰相政府下での郡行政を分析する。

2）インダプール郡における郡役人

前項で示したように，インダプール郡では，政府を代表するカマヴィスダールと在地共同体を代表する郷主が，対峙しながら郡役人として行政に携わった。本項ではこれらの郡役人および補佐役の役割と関係を概観する。

①政府の郡役人

(a) カマヴィスダール

インダプール郡に限らず，郡における政府の役人の中心はカマヴィスダールであった。マラーター同盟宰相政府領では，地税の徴税区を単位としてカマヴィスダールが派遣されており，86村からなるインダプール郡には1徴税区(Mahāl) が少なくとも1761年から宰相政府が崩壊を迎える1818年まで設置されていた。インダプール郡の1徴税区に対して，基本的に1名のカマヴィスダールが宰相政府の役人として任命され，郡行政を担っていた。1761～1818年の間に少なくとも13名のカマヴィスダールが任命された[5)]。その13名のリストが表2-1である。カマヴィスダールは，政府との契約に基づいて業務を行

5　毎年発行される予算帳簿の表紙部分にカマヴィスダールの名前が記載されている。Ajmās Parganā Indāpūr, Prānt Ajmās, Puṇe, Rumāl nos. 58, 59, 60, 61, 62, 63, 64, Maharashtra State Archives, Pune (以後，MSAP).

表 2-1　インダプール郡における政府の役人（1761～1828年）

宰相政府支配下のカマヴィスダール（Kamāvīsdār）
不明：1761～1763年
マハーダジー・ナーラーヤン：1763～71年
ゴーパールラーオ・バグワント：1772～73年
マヒパトラーオ・プララード：1774～79年
カムラーカル・バースカル：1775年のみの臨時代役
サダーシヴ・ドーンドデーヴ：1780～82年
ガナパトラーオ・ジヴァージー：1781～99年
ゴーヴィンド・サカーラーム：1800～02年
不明：1803年
ガネーシャ・ラーマチャンドラ：1804年
不明：1805年
クリシュナジー・カンデーラーオ：1806年
マルハール・ムクンド：1807～18年
植民地支配下のインド人郡役人／マムラトダール（Māmlatdār）
マルタドラーオ・アッパージー：1818～22年
トリンバクラーオ・ナーラーヤン：1823～27年
アッパージー・ナーラーヤン：1827年～

出典）Tāḷēband Parganā Indāpūr, Shuhūr 1163-1218, Prānt Ajmās, Puṇe, Rumāl nos. 58-63, MSAP. Tāḷeband Parganā Indāpūr Shuhūr 1218-1228, Puṇe Jamāv Rumāl nos. 795-796, MSAP.
注）1781～82年はカマヴィスダールが2名任命されていた。

ない，契約はカマヴィスダールの職務を果たしている限りにおいて更新されえた。契約期間や更新回数も人や状況によって異なっていたため，インダプール郡のカマヴィスダールの任期年数には大きな差があった。最長は1783～99年の17年間にわたりカマヴィスダール職を務めたガナパトラーオ・ジヴァージーであり，少なくとも1782年，1794年，1795年に契約が更新されていた。

カマヴィスダールの職務として最も重要であったのは，徴税区において収集した税金を宰相政府に送金することであった。この送金は特に国庫への送金（Rasad）として区別して扱われた。宰相政府の中央の役人がこれまでの郡帳簿をもとに郡の収支の見積り（Beheḍā）を立て，それをもとにして，カマヴィスダールが任地に赴く前に，あらかじめ送金額を決めていた。そしてその送金額の一部または全額を，カマヴィスダールは事前に支払うこととなっていた[6)]。

インダプール郡の場合，事前に一部の税額が送金された場合は，任地に赴いた後に分割方式で残額が支払われることになっていたが，送金が滞った場合にカマヴィスダールは解任された。基本的に送金の滞納額を代納した人物が新たなカマヴィスダールに任命され，代納者との契約に基づいて国庫への送金を前払いして任地に赴いた[7]。この手続きにおいて，新しいカマヴィスダールが代納する滞納額の支払いには一定期間の猶予を設けられる場合や分割払いが認められる場合があり，任地の税収を滞納額の代納に充てられるようにすることで新たなカマヴィスダールが円滑に任命できるよう配慮されていたといえる。しかし，滞納額の猶予や分割計画に少しでも遅れが生じた場合は，即座にこのカマヴィスダールも解任された[8]。滞納額の支払いに関してはインダプール郡の興味深い事例がある。1792年時のカマヴィスダールであったガナパトラーオ・ジヴァージーは，1793年度の国庫への送金を行なうための財源確保に苦慮していた。そこでサダーシヴ・マヒパトラーオがその一部を支払い，ガナパトラーオ・ジヴァージーの契約に基づいた1793年の送金前払いは完了した。ガナパトラーオ・ジヴァージーはカマヴィスダールの職務の一部をサダーシヴ・マヒパトラーオに与え，1793年にはインダプール郡に2名のカマヴィスダールが立つこととなった[9]。カマヴィスダールがインダプール郡に2名存在した事例は他にもあり，国庫への送金は徴税区におけるカマヴィスダールのあり方を規定するほど重要であった。

カマヴィスダールの任免は国庫への送金を要としており，18世紀の後継国家で広く行なわれた徴税請負の制度と類似する。カマヴィスダールとインド西部以外の地域の徴税請負人との比較は，カマヴィスダールの職務・報酬を検討した後に本章末で行なうこととする。

なお，カマヴィスダールを任命するに際して，どのようなかたちで同職が募られたかという点は明らかにならなかった。インダプール郡のカマヴィスダー

6　S. N. Sen, *Administrative System of the Marathas*, Calcutta : K. P. Bagchi & Company, 1925/2002, pp. 157–158.

7　16 Moharam, Shuhūr 1174, Prānt Ajmās, Puṇe, Rumāl no. 547, MSAP.

8　1 Sābān 1193, Prānt Ajmās, Puṇe, Rumāl no. 547, MSAP.

9　Tāḷeband Pargaṇe Indāpūr Shuhūr 1193, Puṇe Jamāv Rumāl no. 793, MSAP.

ルに，バラモンが含まれていたことは確認できるものの，その出自や経歴等は現段階では明らかになっておらず，彼らが中央の役人であったのかも明らかでない。カマヴィスダールはマラーター同盟の地方支配の要であったにもかかわらず，多くのことがわかっていない。プロソフォグラフィを用いたカマヴィスダール研究は，マラーター同盟の統治機構の実態を解明するうえで重要であり，今後の課題としたい。

(b) 下級役人

宰相政府が円滑に地方行政を行なうために，郡にはカマヴィスダールの他に下級役人（Darakdār）が置かれた。郡によって下級役人の構成は若干異なったが，インダプール郡の下級役人は財務官（Diwāṇ），書記（Chiṭnīs），記録官（Faḍnīs），記録整理官（Daftardār），監査官（Majumdār），金庫管理官（Potnīs），試金官（Potdār）から成った。彼らは，インダプール郡の中心であるインダプール町の市場地区に置かれた郡庁に勤めていた。

財務官は下級役人の長であり，カマヴィスダールの行政執行を監視し，問題があるときはそれを宰相政府に報告した。さらに郡行政に関わるすべての命令書や書状にカマヴィスダールとともに署名した[10)]。カマヴィスダールの代理として徴税業務を行なうこともあり[11)]，カマヴィスダールの代理役となりうる権限を有していた。書記は郡庁発の公文書および中央からの命令書等への返書を作成した。宰相政府からの命令は，書記によって「書記作成文書（Chiṭnīs Patra)」の形に整理されてインダプール郡の郡庁へ送られていた。記録官は郡庁における日々の記録・命令書・覚書等を作成し，村の収支簿を日付ごとに整理して，諸書類を郡庁へ送った[12)]。記録官が作成したこれらの諸書類をもとに書

10　T. T. Mahajan, *Maratha Administration in the 18th Century*, New Delhi : Commonwealth Publishers, 1990, p. 28, James M. Campbell ed., *Gazetteer of the Bombay Presidency*（以後，*GBP*）Vol. XVIII, Poona District, Part 2, Bombay : Government Central Press, 1885, p. 332, and S. N. Sen, *Administrative System of the Marathas*, p. 156.

11　たとえばインダプール郡では，1767 年に財務官のカムラーカル・バースカルがカマヴィスダールに代わって諸税（Bāje Paṭṭī，後述）を徴収した。30 Ramājan Shuhūr 1167, Prānt Ajmās, Puṇe, Rumāl no. 503, MSAP.

12　James. M. Campbell ed., *GBP* Vol. XVIII, pt. 2, p. 332,

記が公文書を作成し，監査官は記録官と書記の業務を監査した[13)]。記録整理官は郡庁に置かれた記録庫（Daftar）で，インダプール郡の税帳簿[14)]などの公文書・諸書類を管理し，書記の照会に応じて文書等を示した[15)]。また，記録整理官は税帳簿の原版をまとめ，その月次報告を郡庁に提出し，記録官がこの報告に文書を添えた。記録官が不在の場合は，記録整理官が添付文書を作成した。金庫管理官は収税記録および郡の公庫残高の記録を保管し，記録整理官が税帳簿の原版を作成するのを補佐した。試金官は徴税や日々の取引で郡庁に入った貨幣を試金・試銀した。

以上のインダプール郡の下級役人は，連携して徴税に関する文書の作成・編集・保管を行なっていた。書記，記録官，監査官はカマヴィスダールの下で業務を行なっていたが，カマヴィスダールの任命書には，カマヴィスダールは記録官および監査官の職務に干渉しないことが規定されていた[16)]。すなわち下級役人は，たとえカマヴィスダールの管轄下で職務を果たしていようとも，その独立性は保たれていた。下級役人の契約書に明記されてはいないが，彼らの役職は基本的に世襲され[17)]，郡行政における彼らの役割の重要性を認識していた宰相政府は，下級役人職の略式での継承を認めるなどそれら役職の保護に努めていた[18)]。下級役人には固定給が支払われていたが，財務官の給与は他の役人

13　T. T. Mahajan, *Maratha Administration in the 18th Century*, pp. 28–32, James M. Campbell ed., *GBP* Vol. XIII, pt. 2, p. 332, and S. N. Sen, *Administrative System of the Marathas*, pp. 155–157.

14　カマヴィスダールは宰相の命令にしたがって作成した郡の税帳簿・支出簿などを必ず郡庁の記録庫に収めていた。Patra no. 33710, Faḍke no. 4, Chiṭnīs Daftar Rumāl no. 63, MSAP.

15　Sumitra Kulkarni, *The Satara Raja (1818–1848) : A Study in History, Administration and Culture*, New Delhi : Mittal Publications, 1995, p. 76.

16　文書作成と確認の役割は記録官と監査官が担うべきであることが明記されていた。21 Sābān Shuhūr 1175, Prānt Ajmās, Puṇe, Rumāl no. 547, MSAP.

17　たとえば，1770年に財務官のカムラーカル・バースカルが死去した際に，彼の息子パンドゥーラング・カムラーカルが同年に父の職務を継いで財務官の業務を果たしていた。28 Rajab Shuhūr 1170, Prānt Ajmās, Puṇe, Rumāl no. 503, MSAP.

18　1808年のインダプール郡の税見積り（Ajmās）には下記の事例が見える。「試金官のカンドー・ナーイクが死去したため，1804年に下級役人の給与から彼に支払うべき給与［100ルピー］を差し引いた。しかし郡庁に集められたルピー貨の試銀に試金官は不可欠であるから，［職務の継承を承認する任命証が発行されていないが，］故試金官に支払うべき給与［100ルピー］のうち50ルピーを彼の息子バーラージー・カンドーに与え，職務を行なうことを宰相政府は認める」。これは任命証の発行を待たない略式の典型的

表 2-2　18 世紀後半における郡の下級役人，カマヴィスダールの事務官の年給

（ルピー）

役職	財務官	書記	記録官	監査官	記録整理官	金庫管理官	試金官	カマヴィスダールの事務官
給与	1000	200	200	200	250	200	150	200

出典）Tāḷeband Pargaṇā Indāpūr, Prānt Ajmās, Puṇe, Rumāl nos. 58-63, MSAP.

よりも高く，1775 年に給与支払いのためにインダプール郡タカリー村の地税収入がジャーギールとして財務官に給与の代わりに与えられた（表 2-2 参照）。これは，数少ない文官へのジャーギール授与の例である。書記には固定給に加えて，郡庁が位置するインダプール町内に 2 チャーワルのイナーム地[19]が与えられた。他の役人は固定給のみであり，財務官と書記は下級役人の中でも特に重要であったと考えられる。下級役人の他に，カマヴィスダールを補佐する事務官がいたが，その給与はカマヴィスダールではなく郡財政から支払われた。任期が比較的短いカマヴィスダールに比べて，職務が世襲され，少なくとも 18 世紀後半は給与が固定されていた下級役人は，郡行政を安定的に支える重要な補佐役であった。

②在地の世襲役人

(a) 郷主（Deshmukh）

郡における在地の世襲役人として，デカン地方には，郷主（Deshmukh）と郷書記（Deshpāṇḍe）が存在した。前者は在地の長として郡の統治に関わり，後者は郡の統治に付随する文書の作成・管理を行なった。彼らは，史料中でしばしばザミンダールと呼ばれ，序章で指摘したように，国家と在地社会を結びつける存在として，18 世紀に全インド的に地方の繁栄を牽引したといえる。デカン地方のザミンダールであり，在地社会の長であった郷主の職務と権益は，在地社会の原理の中で規定され，代々世襲された。近世のデカンにおいて，この

な事例である。Ajmās Pargaṇe Indāpūr Shuhūr 1208, Prānt Ajmās, Puṇe, Rumāl no. 16, MSAP.

19　一般的に，イナームとは，政府が特定の人物または団体に与えた税徴収権を指し，土地の場合はイナーム地，村の場合はイナーム村と呼ばれた。税徴収権付与の形態に関わりなく，被施与者はイナームダール（「イナームもち」の意味）と呼ばれた。

職務と権益の総体はワタンと呼ばれ，世襲によって引き継がれ，譲渡・売買も可能であった（序章参照）。ワタンは在地社会の制度として機能し，郷主以外にも，村役人，農民，職人などの多くの職とそれに付随する得分がワタンによって規定され，動産化していた。郷主ワタンは政府が発行した安堵状（Abhaya Patra）にその内実が記載され，小谷は安堵状を用いて郷主の職務と権益に関する詳細な分析を行なっている[20]。本章は郡役人としての郷主の職務と権益に注目し，ワタンと在地社会の関係は第4章にて詳述する。

上述のようにインダプール郡の郷主はマラーター国王であった。18世紀前半に関してはシャーフー王が郷主職を担い，郷主ワタンを有していた。マラーター同盟滅亡までの期間に関しては，シャーフー王の死後，ラーム・ラージャー（在位：1761～77年），シャーフー2世（在位：1777～1808年）そしてプラタプシン（在位：1808～39年）が，サタラのマラーター国王に就任している限りにおいて，この郷主職を兼任していた。しかし彼らはサタラの王宮にいたため，インダプール郡では郷主代官が郷主の役割を代行し，ワタンの収支簿をつけてマラーター国王へ報告し，その収益を送金した。郷主は在地の長であるためにその職務と権益が明記された公文書は得難く，国からの安堵状が主要な史料となっている地域が多い。しかしインダプール郡の場合は，郷主が不在であっためにその経年の収支簿が残っており，他の郷主とは史資料の状況が大きく異なっている。ここではこの収支簿を用いて，郷主ワタンの実態を詳述する。

(b) 郷主代官（Nāḍgawanḍā）

ナードガウンダーは，本来はデカン地方南部のカルナータカ地方において郷主を指す語である。カルナータカ地方を根拠地とするアーディル・シャーヒー朝の支配が17世紀にデカン北部にまで及んだため，南部の語彙がデカン北部にも広まったとも考えられるが，これは推測の域を出ない。そしてインダプール郡では，郷主ではなく，郷主の代官を指すためにこの語が使われていた。同郡の郷主代官のあり方をよく示しているのが下記の命令書である。この命令書は1768年に発行され，理由は定かではないが，代官に代わって一時的に宰相

20　小谷汪之『インドの中世社会――村・カースト・領主』，312-351頁。

政府に郷主の代理を行なわせることをマラーター国王が命じている。

> シュフール暦 1168 年［西暦 1768 年］，宰相殿へ。インダプール郡の郷主代理とインダプール町およびその市場地区の町長代理の，古くから続くワタンを，ナーゴーラーム・メーグシャンが保有していた。彼に従来通りワタンに関わる職務に従事し，イナーム村などの運営を始めさせるということで，かつて貴君［宰相］にも書類が提出された。過去にこのような手紙が［宰相に］送られていたが，郷主代理と町長代理の職務を，先の人物［すなわちナーゴーラーム・メーグシャン］の手から取り上げ，慣習や規則にしたがって［宰相政府が］職務を行なうこと。疑いをもたず，書簡（Yādī）で与えたとおりに行動すること。ジャマーディラーワル月 6 日[21)]

宰相政府はインダプール郡の郷主とインダプール町の町長の代理を務めることをサタラのマラーター国王から命じられ，それに従って，インダプール郡における宰相政府の代理人であるカマヴィスダールに代理職への就任を命じたと考えられる。上記の書簡から，郷主代理の職務と権益もワタンとして長期にわたり存在したこと，また代理の職域は，インダプール郡の郷主職のみならず，同郡の中心町であるインダプール町の町長職に及んでいたことがわかる。郷主の代理を行なうに際して，郷主代官は，サタラの国王に代わり自らの名で署名し，その書類は効力をもった。ただし，印はサタラの国王のものが用いられた。

植民地支配下で郷主代官の既得権益を調査したイナーム調査委員会（第 9 章参照）の調査報告書によると，1852 年の調査時点での郷主代官の家系の祖先は，1746 年にシャーフーによって郷主代官に任命されていた[22)]。彼の死後，息子のナーゴーラーム・メーグシャン（任期：1760〜82 年）が跡を継ぎ[23)]，彼の家系のメーグシャン・ナーグナート（任期：1782〜1808 年）とクリシュナラー

21　6 Jamādilāwal, Puṇe Jamāv, Rumāl no. 797, MSAP.

22　Inam Commissioner Northern Division to Revenue Department, no. 1021 of 1859 dated 30 June 1859, "Indapur Deshmukh's Watan," File no. 134, Rumāl no. 8, List no. 13, pp. 22 and 29, MSAP. そして 1836 年に代理職を務めていたメーグシャン・バームラーオも，彼の祖先が 1746 年に代理職に任命されたと証言している。Sanshodhakānī Niwaḍlele Kāgaḍ, Indāpūr Sanbandhī Rumāl no. 50, MSAP.

23　21 Rabilākhar Shuhūr 1182, Faḍke on Meghshamrāv Nāgnāth, Ghaḍṇī Rumāl no. 408, MSAP.

オ・メーグシャン(任期：1808〜24年)が宰相政府時代に任命された。1818年のマラーター同盟崩壊後，サタラのマラーター国王は英領インドの藩王となり，サタラの国王領とその権益の大部分はイギリス東インド会社に安堵された。国王のインダプール郡の権益も安堵されたため，引き続きクリシュナラーオが代官職を務めた。A. R. クルカルニーは，シャーフーが1724年にマーダヴラーオ・シャンカルを郷主と町長の代理人に任命したと指摘している[24)]。すなわち郷主の代理人は1746年以前も存在し，英領期に代理職を世襲していた家系とは別の系統がこの職に就いていたと考えられる。1724年から1746年にどのような人物が郷主代理を務めていたかは明らかにならなかったが，少なくとも1746年以降，代官ワタンは世襲されていたことがわかる。郷主代官も，原史料では郷主・郷書記とともにザミンダールと呼ばれていた。

(c) 郷主下の下級役人

郷主も，インダプール郡の在地世襲役人としての職務を果たすために，記録役（Faḍnīs）と監査役（Majumdār）を自身で雇っていた。記録役は郷主職に関わる文書の形式を整えて記録を整理したうえで帳簿を作成し，監査役は帳簿の内容を管理して帳簿を中心に文書を監査した[25)]。前項で示した郡の下級役人と同様の職務を彼らは行なっていたが，史料では，郷主の下には記録役と監査役以外の下級役人はみられなかった。イナーム調査委員会は，郷主が雇った記録役と監査役を，「郷主の利益のために」働く彼の私的な職員であると位置づけていた[26)]。郷主の台帳では，「郷主の記録役」と「郷主の監査役」という表現が用いられており，本書もこの表現を用いる。郷主の記録役，郷主の監査役にはそれぞれ，年200ルピーの固定給が与えられた。郷主代官と異なり，彼らの職務と得分はワタン化しておらず，彼らは在地社会に何らの得分も有していなかったため，郷主からの給与が唯一の収入源となった[27)]。このことからも，彼

24　A. R. Kulkarani, “The Deshmukhi Watan (with Special Reference to Indapur),” p. 193.

25　T. T. Mahajan, *Maratha Administration in the 18th Century*, pp. 30–32, and James M. Campbell ed, *GBP* Vol. XVIII, Poona District, Part 2, p. 332.

26　Inam Commissioner Northern Division to Revenue Department, no. 1021 of 1859 dated 30 June 1859, “Indapur Deshmukhs Watan,” File no. 134, Rumāl no. 8, List no. 13, p. 41, MSAP.

27　郷主の記録役は，インダプール町の町長の職務も補佐しており，町長ワタンの得分とし

らが郷主の私的な職員であったことがわかる。郷主の下級役人職は世襲された事例がみられ[28)]，郡の下級役人との間に多くの共通点を見出すことができるが，政府の下級役人の方が職種が多く，この点からもカマヴィスダールと郷主の郡行政における役割の違いを推測できる。

本項では，政府の役人であったカマヴィスダールと在地の世襲役人であった郷主の二頭関係を軸に，郡役人とその役割を概観した。両者の郡における役割は同等ではなく，郷主の不在，郡の下級役人の配置など非対称な部分も多かった。次節以降では郡行政をより詳細に検証するために，第2節でカマヴィスダールと郷主・郷主代官の職務，第3節で彼らの報酬を分析する。カマヴィスダールと異なり，郷主の職務と報酬は表裏一体であったため，第2節においてその報酬にも言及しながら郷主の職務を論じる。これに対してカマヴィスダールと郷主代官の職務と報酬の区分は明白であったため，各節で考察する。

2　郡役人の職務と郡行政

郡の行政は政府の役人であるカマヴィスダールと在地の長である郷主が担っていた。インダプール郡においてもカマヴィスダールと，郷主，正確には郷主代官が郡の行政を実行していた。他方で前節でも指摘したように，カマヴィスダールと郷主の役割は完全に対称ではなく，その職務における両者の役割の違いをもって郡行政が成立していた。そこで本節では，郡行政の主要な部門であった徴税業務，司法業務，軍事業務および社会的慣行に伴う業務について個

て郷主兼町長が集めた穀物（モロコシ）と飼葉の一部を，毎年与えられた。しかし，この場合も町長を介して与えられ，郷主の記録役は在地社会の授受関係に直接の関わりをもってはいなかった。Michihiro Ogawa, "Internal Structure of *Qasbā* (Town) in the Marāṭhā Kingdom with Special Reference to Qasbā Indāpūr in Pune Subha (District)," *International Journal of South Asian Studies*, Vol. 7, 2015, p. 151.

28　郷主の記録役ヤーダヴ・バープージー・ファドニースは1772年に死亡し，彼の息子のサダーシヴ・ヤーダヴ・ファドニースが父の職を受け継ぎ，200ルピーを郷主から受け取った。Tāḷeband Deshmukhī Watan, Puṇe Jamāv, Rumāl no. 797, MSAP.

別に項目を立て，両者の役割を統合的に考察する。なお，本節で示す郷主の業務は実際には例外なく郷主の代官が執行していたものであるが，本章にはインダプール郡を事例にマラーター同盟の地方行政の体系を示す意図があるため，あえて「郷主の職務」と表現する。ただし，郷主不在のために起こるインダプール郡の特殊事情を示す場合は，郷主の代官にも言及してその実態を記す。

1）徴税業務

カマヴィスダールの最も重要な職務が税徴収と中央政府への送金であったように，郡行政においても徴税業務が最も重要であった。本項では主要な税目の徴税方法とカマヴィスダールおよび郷主の役割を検討する。カマヴィスダールの税送金は，彼の報酬とも深い関わりがあったので次節で注目する。

①本税（地税）

マラーター同盟下での税は大きく本税（Ain Jamā）と付加税に分けられ，本税は地税を指した。地税が最重要の税であり，地税徴収が徴税業務の大部分を占めたことから，本項では地税の取り決めおよび地税徴収権の施与に注目してその徴収プロセスを検討する。

(a) 地税の取り決め

18 世紀前半の地税額はタンカー（Tankhā）[29] と呼ばれる査定制度によって定められており，この査定制度は，ニザーム・シャーヒー朝の宰相であったマリク・アンバル（任期：1606～26 年）が 17 世紀初頭に導入したとされる。タンカー制によって定められた地税額は，本地税（Ain Tankhā）とサルデーシュムキー（本地税の 10％）に分けられた[30]。前章で示したようにサルデーシュムキーは，シヴァージーが総郷主を称して徴収した取り分であり，その後もマラーター勢力の影響力を示すものとして徴収が続けられた。注目すべきは，18 世紀前半にインド西部にマラーター王国およびマラーター同盟の支配権が確立

29　タンカーはペルシア語源のマラーティー語で「村の土地台帳」を意味したが，やがて 17 世紀に導入された地税査定法自体を指すようになった。

30　A. R. Kulkarni, “Towards a History of Indapur,” p. 203.

した後も，この取り分が行政機構に取り込まれ，宰相政府の下で税目の一つとして徴収されていた点である。一般的に村の収量の3分の1が，タンカー制が定める地税額とされていた[31]。この制度の下で政府の取り分があらかじめ定められていたため，カマヴィスダールの主な役割は本地税（収量の3分の1）およびサルデーシュムキー（本地税の10％）を減じることなく確保することであり，村長や郷主等の在地の役人が実際の徴税行政を担っていた。

1761年のパーニーパットの戦いでの敗北以後の内政改革の中で，宰相マーダヴラーオ1世は，カマール（Kamāl）制を導入した。カマールはアラビア語起源で「最大」または「完璧」を意味し，この制度の下では村ごとに耕作地の調査（Najar Pahāṇī：「周りを見回す」の意）が行なわれて土地が等級に分けられ，政府が徴収できる限りにおいて「最大限」，地税を徴収した[32]。この新しい査定制度が最初に導入されたのが，プネー最寄りの肥沃地帯であるインダプール郡であった。

インダプール郡の郡予算簿，郡（徴税）帳簿，カマヴィスダール任命の勅令など税徴収業務に関連する史資料を精査すると，1761年以後の地税徴収に関して，カマール制度による地税額だけでなく，タンカー制による地税額も記載されていることがわかる。これらの史資料を総合すると，1761年から1804年までのインダプール郡の本地税額は，毎年103,821ルピー3アンナで固定されており，帳簿によっても差異がなかった。この本地税額に従って，サルデーシュムキーは10,382ルピー10アンナと定められていた。郡予算簿や郡（徴税）帳簿では，本地税とサルデーシュムキーが記載された後に，現地調査に基づいて，さらに様々な要因が考慮され，カマール制度による地税額が算出されていた。この算出に際して本地税額は考慮されず，両値は全く関わりのないものであった。カマヴィスダールは，本地税額ではなく，カマール査定による地税額に従って徴税業務を行なっていた。この意味で本地税額は象徴的なものであり，実際の徴税業務に関わりがなかった。おそらくは象徴的な値であるがゆえに，異なる文書間で値が変わることがなかったと考えられる。ただしカマヴィスダール任命の勅令には，本地税額のみが記載され，カマール査定法による地税

31　*Ibid.*, p. 203.
32　*Ibid.*, p. 204.

額は記されていなかった[33]。カマヴィスダールは給与を得ていたが，給与の額は本地税額をもとに算出されていた[34]。おそらく任地に赴くまでは，固定かつ象徴的な本地税額にしたがって，宰相政府直轄領内での郡行政の難易度が固定され，それにしたがって報酬も決定されたと考えられる。当該年の生産性などが重視されるのは，カマヴィスダールの赴任後のことであったようである。

インダプール郡に赴任したカマヴィスダール任命の勅令によると，カマヴィスダールは任地に赴いてから農地を調査し，カマール査定法によって地税額を決め，さらに耕作を奨励することが求められた。その後，カマヴィスダールが地税徴収の簡易見積り報告書を作成し，当該年の地税徴収について中央政府と取り決めを行なった[35]。たとえば，1772年にカマヴィスダールのマハーダジー・ナーラーヤンは詳細な地税調査を行ない，インダプール郡の地税額について202,096ルピーと見積りを立て，諸経費を加えて229,069ルピー12アンナを1772年の最終的な地税額とした。その後，1772～76年は地税額がこの額に据え置かれることが決められた。地税を据え置くことで，宰相政府はインダプール郡の耕作奨励をはかったと考えられる[36]。1776年以降は，1772年の調査後の見積り額であった202,096ルピーを基準に地税額が決定されるようになり，より略式の査定方法が実践されて1802年まで続いた。

インダプール郡の構成村では村ごとの地税納税者に関する文書が村書記の名で作成されており，各納税者の耕作地面積と天水地・灌漑地の別が示されてい

33　インダプール郡以外のカマヴィスダール任命の勅令でも，本地税額のみが記載され，カマール査定法による地税額は記されていなかった。G. C. Vad eds., *Selections from the Satara Rajas' and the Peshwas' Diaries*（以後，*SSRPD*），Vol. VI, Sawai Madhavrav Peshwa, Vol. II, Poona : The Poona Deccan Vernacular Translation Society, 1909, no. 755, and Vol. VII, Peshwa Madhavrao I, Vol. II, Poona : The Poona Deccan Vernacular Translation Society, 1911, nos. 447 and 456.

34　たとえば，16 Moharam Shuhūr 1175, Prānt Ajmās, Puṇe, Rumāl no. 547, MSAP.

35　28 Sawāl Shuhūr 1166 and 16 Moharam Shuhūr 1175, Prānt Ajmās, Puṇe, Rumāl no. 547, MSAP.

36　実際は，1774～76年に飢饉が起こり，プネー州の方針にしたがって減税が行なわれた。このことからも，地税額の据え置きは宰相政府の財源確保というよりは，インダプール郡に収量増加を見込み，それを奨励した結果であると考えられる。Tāḷeband Parganā Indāpūr Shuhūr 1174, Prānt Ajmās, Puṇe, Rumāl no. 59 and Tāḷeband Parganā Indāpūr Shuhūr 1175 and 1176, Prānt Ajmās, Puṇe, Rumāl no. 60, MSAP.

た。おそらく村役人（村長・村書記）が行なった調査により耕作地面積とその種類が明らかとなり，それに応じて宰相政府が徴収しうる最大限の地税額が設定されたと考えられる。ただし村落での農業生産分に関して，宰相政府が唯一絶対の取得者であったわけではなく，村落内で農業生産物は分配され，宰相政府はその一部を取得したにすぎなかった。カマール制は政府の取り分が確保されれば，他者の農業生産物の取得を否定するものではなかった。この点は第4章で詳述する。いずれにせよ，カマヴィスダールは，管轄となる各村の村長と当該村の地税額の取り決めを行なって，その額が郡の税帳簿に記載された。郷主は在地の長としてこの取り決めを監視して承認し，カマヴィスダールに対して土地の耕作と地税納入を保証した[37)]。郷主による承認をもって村長の納税同意書（Kabulāyat[38)]）が発行され，この際に郷主は村長から手数料（Paṭṭī）を徴収した。郷主代官が作成した郷主の収支簿では，この手数料は「納入同意手数料（Kabulāyat Paṭṭī）」として記載され，郷主の諸手当（Nemnūk）の一項目となっていた。この項目には「86村での納入同意手数料」というフレーズがつねに用いられており，郷主が在地共同体の長として，インダプール郡を構成する86村すべての地税取り決めに立ち合い，その納入を保証する立場にあったことがわかる。

1775年に出された下記の命令書は地税取り決め時のカマヴィスダールと郷主の関係を最も明確に示しており，ここでその全文を引用する。

> シュフール暦1175年［西暦1775年］ジッレージュ月［イスラーム暦第12月］30日。［カマヴィスダールである］ゴーパール・バグワントは以下のような請願を行なった。我々［カマヴィスダールおよび郡役人］はザミンダール［郷主と郷書記］の立ち合いのもとで1772年の税額を取り決めた。もし税額に不足が生じた場合は，責任をもって不足分を補填することをザミンダールは同

37　T. T. マハザンは他郡の事例を参照しながら，地税取り決め時の郷主の役割を示している。T. T. Mahajan, *Maratha Administration in the 18th century*, p. 38.

38　証書（Kabulāyat）は，特に「納税者が政府またはザミンダールに査定額の通りに税を支払うことを同意した証書」を示す。H. H. Wilson, *A Glossary of Judicial and Revenue Terms and of Useful Words Occurring in Official Documents relating to the Administration of the Government of British India*, New Delhi : Munshiram Manoharlal Publishers 1855/1997, p. 194.

意した。1772年に税額の不足が生じたため，不足分の半額を［郷書記である］サワージ・バカール・デーシュパンデーとマルハール・ラーグナート・デーシュパンデーが支払うことを取り決めた。［しかし彼らは支払うことができなかったので,］金貸し（Sāvkār）のニーシャ・バワジー・ナーイクラムがこの額を支払った。残りの額は，郷主代官であるナーゴーラーム・メーグシャンを介して郷主が支払うはずであった。しかし彼［郷主代官］は支払いをしなかった。そこで［宰相］政府は，郷主代官職に関わる諸受け取り，郷主代官ワタン，イナーム村，ジャーギール村，諸手当，イナーム地を差し押さえ，ここから上がる収入を，利子を含めて不足分に達するまでカマヴィスダールに徴収させる命令書を発した。しかしバープーラーオ・サダーシヴ［・ナーイク］は，郷主代官職ワタンや［郷主代官の］ジャーギール等の差し押さえを撤回するように宰相政府に陳情した。［この陳情の後に精査して,］宰相政府は，［カマヴィスダールである］ゴーパール・バグワントが出した税額の不足分の半額を郷主代官が支払うことができるであろうと判断し，代官の差し押さえを撤回した。差し押さえ解除後に1年が経過したが，郷主代官は支払いを行なわなかった。この状況を打開する新たな命令が必要であった。［郷主代官の］ナーゴーラーオ・メーグシャンは［税の］不足額の半分を支払うべきであったが，それを行なわなかった。それにもかかわらず，郷主代官職，同職ワタン，イナーム村，イナーム地，インダプール町の町長の代理職，カルタン村およびワルクーテ小村からなるジャーギール村［より得られる利益］をナーゴーラーオ・メーグシャンは享受し続けた。宰相政府は，彼の諸権益を再び差し押さえ，そこからの収入徴収を［カマヴィスダールである］ゴーパール・バグワントに任せた。利子も含めた不足分の回収まで，差し押さえた諸権益からの収入徴収を続けるようにという［カマヴィスダールへの］命令書[39)]

本命令書は，徴収税額に不足が生じた場合に，在地の世襲役人である郷主・郷書記がこれを補塡すべきであったことを明確に示しており，税徴収の失敗に関してカマヴィスダールに責任追及が向かわなかった点は注目に値する。財の差

39　30 Jilhej Shuhūr 1175, Faḍke Nagorām Medhsham, Ghaḍṇī Rumāl no. 406, MSAP.

し押さえは，郷主に代わって税徴収を実行する郷主代官にまで及んでおり，郷主が在地の世襲役人として地税の取り決めを承認して行なった税納入の保証は，書面上の問題にとどまらず，税に不足分が生じた際にはそれを補填する必要があるというきわめて実効的な保証であった。そのため，郷主ないし郷主代官は上記引用のように自らの財を失う危険性をはらんでいた。そうした危険性の対価として納入同意手数料の徴収が設定されていたと考えられる。ちなみに不足税額の半分が金貸しによって支払われたことは，マラーター同盟の地方税制に商人・金貸しが深く介入していたことを示唆している。この点に関しては，次節でカマヴィスダールによる税送金を扱う際にあらためて検討する。

最後に，地税徴収の取り決め後に変更を生じさせることとなった，飢饉による地税の減免について付言しておく。18 世紀のデカンでは天災や人災により飢饉が頻発した。近世インドにおいて，灌漑設備が不十分であったために少雨が天災による飢饉の主な要因となったことは，イルファン・ハビーブなど多くの研究者が指摘しており[40]，18 世紀後半のインダプール郡も同様の状況にあった。インダプール郡のカマヴィスダール任命の勅令には，「災害や戦乱が拡大した場合は，カマヴィスダールはいち早く状況を把握し，在地の慣習にしたがって税金を減免すること」[41]という条項が必ず含まれていた。すなわち，郡の状況に応じて税を減免して在地に過度の負担をかけないことはカマヴィスダールの重要な役割の一つであり，この場合の減免項目は基本的に地税を指した。たとえば 1774 年の春と秋の不作時には，宰相政府はカマヴィスダールに，インダプール郡に自身で赴いて検見を行なうこと，地税の見積りをやりなおし，農民に地税支払いを部分的に猶予し，宰相政府からの指示にしたがって地税を徐々に徴収することを命じた[42]。飢饉が生じた場合，または飢饉を防ぐために宰相政府からの命令で[43]，カマヴィスダールは地税取り決めをやりなおし，徴収計画を改めることもあり，郡の実情に即するかたちで徴税を実行する方針が

40　Irfan Habib, *op. cit*., p. 112.

41　Ajmās Parganā Indāpūr Shuhūr 1207, Prānt Ajmās, Puṇe, Rumāl no. 16, MSAP.

42　*SSRPD* Vol. VI, no. 722.

43　不作など飢饉を誘発しうる状況となった時に郷主が宰相政府に窮状を知らせ，これを受けて宰相政府が命令を発することがあった。次章第 3 節第 2 項でこのような事例を取り上げる。

とられていた。しかし上記の1774年の事例においては，カマヴィスダールが政府の許可なしに満額の地税を徴収していると財務官が報告しており[44)]，カマヴィスダールがつねに宰相政府に従順であったわけではなかった。それと同時にこの事例は，インダプール郡において財務官がカマヴィスダールの業務監視を行なっていたことを明確にしている。

(b) 地税徴収権の施与

マラーター同盟下において，宰相政府は給与や賞与を与えるかわりに地税徴収権を施与することがあった。インダプール郡を構成する86村は，村長がカマヴィスダールに地税を納めた「政府村」，武官に地税徴収権が与えられ，村長が武官に地税を納めた「ジャーギール村」，その他の人物・団体に地税徴収権が与えられた「イナーム村」に大別された。インダプール郡86村における政府村，ジャーギール村の構成数は変化したが，これについての検討はジャーギール村の検証とともに次章にて行なう。イナーム村は18世紀後半を通じて5.5村で変動がなかった。具体的には，ルイ村の半分，ボリ村，ナヴィ村（2.5村）は郷主へ，ピンプリー分村は郷主代官へ，タクリ村は郷書記へイナーム村[45)]として与えられた。すなわちイナーム村の大部分が在地の世襲役人の報酬となっていたのである。さらに，イナーム村であるナルシングプール村ではバラモン集団が共同で地税徴収権を管理していた。これらの村では，村長がカマヴィスダールに代わってイナーム村保有者へ地税を支払い，地税の一部を自らの収入とした。

郷主がイナーム村として保有したボリ村，ナヴィ村，ルイ村（地税の半分）でも，名目的な値として本地税（Ain Tankhā）額が定められていたが，実際は郷主代官が村の調査を行ない，実際の地税額を定めたようである。地税額はカ

44　1 Jamādilāwal Shuhūr 1182, Prānt Ajmās, Puṇe, Rumāl no. 503, MSAP.

45　郷主の帳簿では，郷主のイナーム村を指して Izāfat Gānv という語が用いられた。Izāfat はアラビア語起源で，本来の意味は「付加」である。これは，当該の村の税収が在地の世襲役人の報酬に「付加」されるという意味で，在地の世襲役人，特に郷主・郷書記に与えられたイナーム村に対してこの語が用いられた。Wilson, *op. cit.*, p. 222. Izāfat Gānv も実質はイナーム村に変わらないため，混乱を避けるために，本書では Izāfat Gānv もイナーム村と訳出する。

マヴィスダールに知らされており[46]，カマヴィスダールはイナーム村やその土地の調査を直接行なったわけではないものの，郷主代官が過大な徴収を行なわないように監視していたと考えられる。郷主の帳簿によると，1770〜80年代の2.5村のイナーム村からの地税の合計徴収額は2,500ルピーで固定されていた。イナーム村からの地税が，インダプール郡の郷主にとって最大の収入であった。

ただし，雨量不足などによりイナーム村の農業に被害が出た場合は，郷主代官が徴税前に再調査をして減税した[47]。1761年のパーニーパットでのマラーター同盟の敗北とその後の混乱に乗じて1763年にハイダラーバードのニザーム軍が宰相政府領に進撃し[48]，インダプール郡でもニザーム軍による略奪がなされたため，秋作物が育たず，春作物も収量が激減した。そのため1764年は，2.5村のイナーム村のうち，ナヴィ村とボリ村では大幅に減税がなされ，村の半分がイナーム村であったルイ村では徴税が行なわれず，イナーム村の合計徴税額は953ルピーに留まった[49]。翌年からその額は再び増え始めた。

②付加税

カマヴィスダールは付加税を徴収したが，その項目は非常に多岐にわたっており，年によって税目が異なった。本項では，毎年，徴収が行なわれた主要な税目のみを取り上げる。

主要付加税の中で毎年の課税が制度的に決められていた項目が3つある。その中で徴収額が最大であったのが通関税（Jakāt）である。マラーター同盟下のプネー州では，通関税は郡単位で徴収された。インダプール郡も通関税の徴税区の一つとなっていたが，カマヴィスダールは通関税の徴収を請負に出しており，実際は通関税請負人（Jakātdār）が通関税を徴収した。通関税に関する税資料は，前植民地期において在地の流通を理解するうえで最も重要な史料となる。

46　Tāḷeband Deshmukhī Watan, Parganā Indāpūr, Prānt Ajmās, Puṇe, Rumāl no. 64, MSAP.

47　Tāḷeband Deshmukhī Watan Parganā Indāpūr, Shuhūr 1189, Puṇe Jamāv, Rumāl no. 797, MSAP.

48　Steward Gordon, *The Marathas* (*1600-1818*), The New Cambridge History of India II-4, New Delhi : Cambridge University Press, 1998/2005, p. 155.

49　Tāḷeband Deshmukhī Watan, Parganā Indāpūr, Shuhur 1164, Prānt Ajmās, Puṇe, Rumāl no. 64, MSAP.

本書では，第7章でインダプール郡の流通構造を考察する際に，通関税の徴収方法や記録自体についてより詳細に分析する。

郷主の帳簿にも通関税が毎年の項目として記載されており，定額の通関税を郷主が得ていたことがわかる[50)]。インダプール郡の通関税の帳簿には，支出項目の中に定額の「郷主への支払い」を見出すことができる。この項目は，郡内の役人・有力者（Hakkdār：権益保持者の意）への支払いの一部をなし，他には郷書記，郷主代官，インダプール町市場長（Seṭh），同市場書記（Mahājan）に定額が支払われていた[51)]。すなわち，インダプール郡における在地の役人は通関税に対して定額の取り分を有しており，郷主も毎年203ルピーをカマヴィスダールから受け取っていた[52)]。つまり，通関税は付加徴収の項目に含まれるが，郷主自身が通関税を徴収していたわけではなく，在地の長として郡の役人から通関税の取り分を受け取っていたというのが実際であり，1775年の郷主の帳簿にも，これが定額の慣行的役得であることが明記されていた[53)]。

2つ目の付加税の項目は諸税（Bāje Paṭṭī）である。この語は，アラビア語起源で「雑多」や「種々」を意味する語（Bāje）とマラーティー語で「課税」や「税」を意味する語（Paṭṭī）の合成語で，字義的には「諸税」を指す[54)]。しかし実際には，この税目の課税対象と目的は明確であった。この税は，まず郷主と郷書記に課された。前述のように郷主はインダプール郡内に，ボリ村，ナヴィ村，そしてルイ村の半分をイナーム村として保有していた。このうち，全村のイナーム村である前2村の保有について，郷主は定額748ルピーを本税目として支払っていた。郷書記も郡内のタクリ村をイナーム村として保有しており，そのために40ルピーを支払っていた。イナーム村の他に，インダプール郡にはジャーギール村が存在した。マラーター諸侯のシンデー家の配下はインダ

50　たとえば，Tāḷeband Deshmukhī Watan, Indāpūr Pargaṇā, Shuhūr 1182, Prānt Ajmās, Puṇe, Rumāl no. 64, MSAP.

51　Jakātī Tāḷeband, Indāpūr Pargaṇā, Shuhūr 1182, 1185, and 1192, Prānt Ajmās, Puṇe, Rumāl no. 64, MSAP.

52　Tāḷeband Deshmukhī Watan, Indāpūr Pargaṇā, Shuhūr 1175, Prānt Ajmās, Puṇe, Rumāl no. 64, MSAP.

53　Tāḷeband Deshmukhī Watan Shuhūr 1175, Prānt Ajmās, Puṇe, Rumāl no. 412, MSAP.

54　H. H. Wilson, *op. cit*., pp. 69 and 411.

プール郡内のアンサリ村，バド村，ガジワラン村を，ホールカル家の配下はニンブサーカル村とワルクーテ本村をそれぞれジャーギール村として有していた。シンデー家の家臣は前3村の保有のために135ルピーを，ホールカル家の家臣は後2村のために121ルピー12アンナを支払っていた[55]。ジャーギール保有者はマラーター諸侯の配下以外にも存在したが，他の保有者にこの税が課されることはなく，さらにこの税目は在地の世襲の郡役人にのみ課され，村役人には課されなかった。郡内の有力者がイナーム村・ジャーギール村などの利益の大きな特権を享受した場合に，その特権の許可料として諸税（Bāje Paṭṭī）が課されたと考えられる。このことは翻って，郷主，郷書記，マラーター諸侯の配下を宰相政府がインダプール郡内の有力者だとみなしていたことを示している。

第3の項目は貢物（Nazar Bheṭ）である。「査定の際に耕作民が送る品物」[56]がこの語の意味であるが，帳簿によると毎年金納されていた。1811年の帳簿では「各村の地税調査に関して（Gāvganā Pahāṇībaddal）」という語が，この税目に付されていた[57]。このことから，地税調査をする際に各村でカマヴィスダールがこの税目を徴収したと考えられる。郡全体の徴収額が，1780年代から90年代で18～19ルピーであった。この数値は政府村の数と一致し，政府村で地税取り決めをする際に村ごとに1ルピーを徴収していたと考えられる。

郷主も貢物（Nazar Bheṭ）に相応する貢物（Bheṭ）を徴収した。18世紀後半のインダプール郡における貢物（Bheṭ）の総額は85ルピーであった。付加税の貢物（Nazar Bheṭ）と同様に村ごとに1ルピーが課されていたと考えられる。すなわち郷主は政府村のみならず，イナーム村やジャーギール村の保有者が行なう取り決めなど，全村の地税取り決めに立ち会って貢物を徴収したと考えられる。これに対してカマヴィスダールは政府村の地税取り決めのみを行なったので，貢物の徴収額が18～19ルピーに留まった。バラモンに徴税権が譲渡されたイナーム村であるナルシングプール村のみが郷主による貢物徴収を免じられ

55　これら諸税（Bāje Paṭṭī）の金額は，郡（徴税）帳簿に記載されており，18世紀後半を通じて記載通りの額が徴収された。たとえば，Tāḷeband Pargaṇā Indāpūr shuhūr 1193, Puṇe Jamāv, Rumāl no. 793, MSAP.

56　Wilson, *op. cit.*, p. 80.

57　Tāḷeband Pargaṇā Indāpūr Shuhūr 1211, Prānt Ajmās, Puṇe, Rumāl no. 63, MSAP.

ていた。ただし郷主は税の納入同意手数料をこの村からも徴収しており，地税額の取り決め自体は，イナーム村でも行なわれたことがわかる。ナルシングプール村は，宗教的理由で与えられた唯一のイナーム村で，社会・文化的に他村と異なる地位を得ていたために，貢物の支払いが免除されたと考えられる。地税取り決めの際に，納入同意手数料は行政的な手数料として徴収されたのに対し，貢物は，慣習的な支払いとして与えられていたことがわかる。

制度的に毎年課される税以外に，課税の状況が毎年生じるために，結果として郡帳簿に毎年項目が記載される付加税が3種類あった。この種の第1の税目は，召喚手数料（Chiṭṭī Masālā）である。後述する郡の司法手続きや監査などで地方政府（郡庁）が，ある人物を召喚して取り調べ等を行なった場合に，召喚と取り調べ等にかかった経費について，当該人物またはその関係者に手数料が課された。たとえば，地税の取り決めに関して村長や村書記が郡庁に呼ばれた場合は，彼らから召喚手数料が徴収された[58]。他にも地税徴収関係の行政事件や刑事事件で地方政府（郡庁）が取り調べを行なった場合に，その費用を地方政府は召喚者から徴収した[59]。

第2の税目は，司法手数料（Khanḍfuroī）である。カマヴィスダールは郡の司法も統括しており，司法手続きの中で必要に応じて司法手数料を徴収した。カマヴィスダールの司法管轄は，民事事件と刑事事件の両方に及び，種々の罰金（Gunegārī）の徴収もカマヴィスダールが行ない，罰金は司法手数料の中に含まれた。郷主の帳簿にも司法手数料（Khanḍfuroī）の項が含まれており，刑事・民事ともに郷主は，カマヴィスダールが徴収した司法手数料の中に取り分を有した。司法行政におけるカマヴィスダールの役割，カマヴィスダールと郷主の関係，司法手数料の詳細に関しては，次項で詳述する。

最後の項目は両替手数料（Baṭṭā）である。18世紀のデカン地方では，様々な金貨，銀貨，銅貨が流通していた[60]。この地方では，銀貨であるルピーの流

58　Tāḷeband Pargaṇā Indāpūr Shuhūr 1209 and 1210, Prānt Ajmās, Puṇe, Rumāl no. 63, MSAP.

59　Tāḷeband Pargaṇā Indāpūr Shuhūr 1210, Prānt Ajmās, Puṇe, Rumāl no. 63, MSAP.

60　A. R. Kulkarni, “Money and Banking under the Marathas Seventeenth Century to AD 1848,” in Amiya Kumar Bagchi ed., *Money & Credit in Indian History from Early Medieval Times*, New Delhi : Tulika Books, 2002, pp. 100 and 103.

通力が相対的に強く，デカン地方の地域ごとに，価値が異なる様々なルピー銀貨が通用していた[61]。地域または用途[62]によって通用するルピー銀貨が異なったために，取引の地域や用途に合わせてルピー銀貨間の両替を行なう必要があった。この時に，市場町の両替商（Shroff）が重要な役割を果たし，彼らに支払う手数料が，両替手数料（Baṭṭā）と呼ばれた。カマヴィスダールは，様々なルピー銀貨または現物で地税を集めたが，送金のために両替が必要で，この時の手数料（Baṭṭā）に相当する額が両替手数料の税目で徴収された。

これ以外にほぼ毎年徴収している税目として，従者・傭兵への支払い（Masālā）があった。カマヴィスダールは実際の税の徴収のために従者・傭兵（Nāikwādī）を雇った。彼らは，カマヴィスダールが担っている警察業務の補佐役を務め，犯罪者の逮捕，行方不明者の捜索などの際に実動部隊として働いていた[63]。彼らへの給与（Masālā）と同額をカマヴィスダールがインダプール郡で徴収した。18 世紀後半については，数年の例外を除いてほぼ毎年，この徴収が行なわれた。郷主の付加徴収にも，従者・傭兵への支払い（Masālā）が含まれていた。郷主も従者・傭兵（Nāikwādī）を雇っており，その給与（Masālā）相当分が付加徴収の一項目となっていた。郷主による従者・傭兵への支払いは 2 項目に分かれていて，一方は郷主のイナーム村（ルイ村，ボリ村，ナヴィ村）での傭兵への支払いで，他方はインダプール郡のその他の村での傭兵への支払いであった[64]。郷主のイナーム村では，村ごとに 1 名の傭兵が置かれた[65]。1764 年の郷主の帳簿によると，イナーム村の傭兵には合計で 100 ルピーが支

61　ルピー銀貨は，鋳造された場所の名前，または鋳造された時期の為政者の名前にちなんで名づけられていた。*Ibid*., p. 104.

62　たとえば，チャンドワニー・ルピーのみが宰相政府の国庫で受け入れられたため，郡庁から宰相政府への送金などの徴税業務では，このルピー銀貨のみが用いられた。

63　A. R. Kulkarni, “The Deshmukhi Watan with Special Reference to Indapur,” p. 197 and V. T. Gune, *The Judicial System of the Marathas*, Poona : Deccan College Post Graduation and Research Institute, 1953, p. 31.

64　Tāḷeband Deshmukhī Watan, Indāpūr Pargaṇā, Prānt Ajmās, Puṇe, Rumāl no. 64, MSAP.

65　たとえば 1768 年には，30 ルピーがボリ村の傭兵であるラームジー・ナーイクワーディーに支払われ，同額がナヴィ村のシヴァージー・ナーイクワーディーに支払われ，20 ルピーがルイ村のマハードゥー・ナーイクワーディーに支払われた。Tāḷeband Deshmukhī Watan, Indūpūr Pargaṇā, Shuhūr 1168, Prānt Ajmās, Puṇe, Rumāl no. 64, MSAP.

払われたのに対し，残りの 83 村では，置かれた傭兵の人数は明らかにならなかったが，224 ルピー 15 アンナが支払われた[66)]。この金額配分からも，郷主の主たる収入源であるイナーム村で地税徴収を行なう傭兵が重要な存在であったことがわかる。視点を変えてみると，直接の利益を得られるわけではない，イナーム村以外の村のためにも，郷主は従者・傭兵を配置しており，在地の長として，インダプール郡の治安維持にあたっていたことがうかがえる。従者・傭兵は，郷や村落の治安を維持し，安定的に地税を徴収するうえで，政府にとっても，在地社会にとっても不可欠な存在であり，郷主とカマヴィスダールの双方が従者・傭兵を雇っていた。

本項の内容を簡単にまとめておこう。1761 年以降の内部改革の中でインダプール郡にカマール制が導入され，耕地面積や土地調査の資料をもとに地税額が決められた。カマヴィスダールは地税額の決定に先だって送金を始めており，宰相政府とカマヴィスダールの関係は徴税請負の形をとっていた。郡内でカマヴィスダールは，自身の管轄となる政府村で地税取り決めを村長と行ない，政府村の地税徴収に応じて分割で請負額を宰相政府へ送金した。郷主は，カマヴィスダールと村長の地税取り決めに立ち合い，さらに地税不払いの際にそれを実際に補塡する役割を担った。郷主は政府村のみならず，イナーム村やジャーギール村でも同様の役割を担い，納入同意手数料と貢物をほぼ全村で受け取った。在地の世襲の郡役人として郷主が管轄する徴税の範囲は，カマヴィスダールよりも広く，全村に及んでいた。同時に郷主は，自身もイナーム村を保有する郡の有力者という側面をもち，有力者として通関税からの慣習的な取り分があり，他方で有力者として諸税を支払った。ここからは，カマヴィスダールを補佐する徴税役人であると同時に，有力者として納税する郷主の二面性が認められるのに対し，宰相政府が送ったカマヴィスダールはあくまで徴税役人であり，二面性をもたなかった。

66　Tāḷeband Deshmukhī Watan, Indāpūr Pargaṇā, Shuhūr 1164, Prānt Ajmās, Puṇe, Rumāl no. 64, MSAP.

2）郡における司法業務

カマヴィスダールは政府の役人として郡の司法で一定の役割を果たした。マラーター同盟下の司法は，刑事と民事に大別された。殺人や窃盗のみでなく，倫理的・宗教的な罪と穢れの問題も手続き上は刑事に含まれた。他方，ワタンの争いや金銭問題，境界争いなどが民事に分類された[67]。

①刑事事件における司法業務

刑事事件において，カマヴィスダールは傭兵（Nāikwādī）などの助けを得て，殺人や窃盗の捜査を行なった。郡の警察権はカマヴィスダールが行使し，事件に関わる村の村長がこれを補佐した。カマヴィスダールは警察権を行使するにあたり，傭兵の他にも補佐員を雇い入れることがあった。この場合の補佐員への給与も司法手数料として郡から徴収された[68]。郡の刑事事件に関しては，軽罪の事件はカマヴィスダールが裁決を行なったが，重罪の事件はカマヴィスダールが中央の宰相政府に報告し，彼が宰相政府の裁決に従って罪人を罰した[69]。刑罰には禁固刑や罰金刑があり，カマヴィスダールが罰金（Gunegārī）を徴収した。インダプール郡の帳簿によると，彼が罰金を徴収した事件の大部分が窃盗で，特に高価であった家畜の窃盗が頻繁に起こっていた[70]。郷主は，殺人・窃盗などの捜査プロセスに関わることはなかったが，カマヴィスダールが司法手数料を徴収した際に，その中に郷主の取り分があった[71]。この取り分は，司法手続きが在地の長である郷主の認可も得て行なわれていたことを示唆している。

67　V. T. Gune, *op. cit.*, p. 70.

68　たとえば，行方知れずの女婢（Kunbīn）を捜索するために，補佐員が臨時で雇われた。T. T. Mahajan, *Maratha Administration in the 18th century*, p. 167.

69　V. T. Gune, *op. cit.*, p. 105.

70　家畜の種類によって罰金の額は異なったようである。インダプール郡の帳簿によると馬を盗んだ場合は60ルピーの罰金で，役牛を盗んだ場合は10〜15ルピーであった。馬は軍事的に重要で，次章にて詳述するようにインダプール郡が軍馬の生産基地であった。行政・軍事的な重要性，飼育の難しさなどに鑑みて，馬の罰金が高く設定されたものと考える。ただし帳簿を見る限りでは，役牛の窃盗が馬よりもはるかに頻発していた。Tāḷeband Pargaṇā Indāpūr, Prānt Ajmās, Puṇe, Rumāl nos. 60–63, MSAP.

71　Tāḷeband Pargaṇā Indāpūr Deshmukhī Watan, Prānt Ajmās, Puṇe, Rumāl no. 64, MSAP.

公文書偽造などの行政上の違反行為も刑事事件に属した。しばしばイナーム証書の偽造がみられ，これが発覚した場合はイナーム地などのイナーム権益が政府に収公され，イナーム保有者に刑事罰が課された[72)]。インダプール郡コティ村のバヒーラオ・パティール（村長）は，1786年に村の税帳簿の記載に誤りがあり，70ルピーの罰金が科された[73)]。帳簿から故意であるか否かは判断できなかったが，悪影響を及ぼしうる行政上の過失は刑事事件とされ，過失を犯した役人に罰金が科されたことが他の事例からもわかる。

倫理的・宗教的な事件に関しては刑事罰を科した後に，社会的・宗教的な罪業を浄める儀式が行なわれた[74)]。罪業に対してカースト集団がカースト追放を行なった場合は，その解消のために，追放された者が食事をカースト構成員にふるまい，共食をした[75)]。この共食において再加入を認められた人物がカマヴィスダールに司法手数料を支払った[76)]。郷主もこの司法手数料の中に自らの取り分を有したが，やはりこの取り分にも，郷主が在地の長としてカースト集団への復帰を承認したという意味合いがあると考えられる。たとえば1761年にインダプール郡パラスデーオ村のサンバージー・マーラーは牛殺しでカーストを追放された。共食においてサンバージーはカマヴィスダールに司法手数料として100ルピーを支払い，郷主は手数料の中で10ルピーを自らの取り分として得た[77)]。他方，郷主のイナーム村であるボリ村で，ドービー・クンバールのカースト再加入のための共食が1761年に行なわれたときは，郷主が100ル

72　Tāḷeband Parganā Indāpūr, Prānt Ajmās, Puṇe, Rumāl no. 62, MSAP. インダプール郡以外の事例では，文書と印を偽造した者が収監された。G. C. Vad ed., *SSRPD* Vol. VIII, Sawai Madhavrao Peeshwa, Vol. III, Poona : The Poona Deccan Vernacular Translation Society, 1911, no. 912.

73　Tāḷeband Parganā Indāpūr, Shuhūr 1186, Prānt Ajmās, Puṇe, Rumāl no. 62, MSAP.

74　ヒンドゥーの教えでは，浄めの儀式を受けないと，死後地獄に落ちたり，心身の障害をもって生まれかわったりすると信じられていた。また，罪は社会的交際（Sansarga）により罪人から伝染すると信じられており，罪がうつった者も浄めの儀式を受ける必要があった。小谷汪之『インド社会・文化史論――「伝統」社会から植民地近代へ』明石書店，2010年，30頁。

75　V. T. Gune, *op. cit.*, pp. 109 and 114.

76　Tāḷeband Parganā Indāpūr Shuhūr 1186, Prānt Ajmās, Puṇe, Rumāl no. 62, MSAP.

77　Tāḷeband Parganā Indāpūr Deshmukhī Watan, Shuhūr 1161, Prānt Ajmās, Puṇe, Rumāl no. 64, MSAP.

ピーもの司法手数料をドービーから受け取った。この事例においてカマヴィスダールの司法手数料は言及されていなかった[78)]。同年に起きた2事例の大きな違いは，当該村が郷主のイナーム村であったか否かである。おそらく郷主は，自身のイナーム村ではカマヴィスダールに代わって司法手数料を満額で徴収し，そのすべてを自らの取り分とした。ここではカマヴィスダールすなわち宰相政府が手数料を受け取る余地はなく，郷主が司法役人の役割を担っていたと考えられる[79)]。イナーム村以外では，カマヴィスダールが政府の役人として司法手数料を徴収し，在地の長である郷主にその一部を在地共同体からの承認への対価として与えていた。

②民事事件における司法業務

パンチャーヤトはマラーター同盟下で最も重要な民事事件の裁定手段であった。パンチャーヤトの原義は「5人会議」であり，有力者を中心に紛争・問題を解決する在地の自決機関として近世インドに広くみられた[80)]。パンチャーヤトには招集する集団に応じて様々な種類が存在したが，下記の3種が代表的であった。第1は村内の民事事件を解決する村パンチャーヤトであり[81)]，村長がこれを招集した[82)]。第2は郡を単位とした郡パンチャーヤトであり，史料では

78　Tāḷeband Pargaṇā Indāpūr Deshmukhī Watan, Shuhūr 1161, Prānt Ajmās, Puṇe, Rumāl no. 64, MSAP.

79　1783年にインダプール郡のロニ村とナヴィ村で境界線争いが起こった。争いは民事事件として扱われたが，その司法プロセスの中でナヴィ村の村長のスバナ・パティールが書類を偽造していることが明らかになった。郷主は，刑事に属する行政事件としてこれを扱ったうえでスバナ・パティールから自ら司法手数料を徴収し，カマヴィスダールはこの行政事件に関与していないようであった。ナヴィ村が郷主のイナーム村であったため，郷主が手数料を徴収したと考えられる。このように行政事件に対しても，郷主は自身のイナーム村の司法責任者であった。Tāḷeband Pargaṇā Indāpūr Deshmukhī Watan, Shuhūr 1183, Puṇe Jamāv, Rumāl no. 797, MSAP.

80　現在のインドにみられるパンチャーヤトは地方自治組織の単位であり，在地の調停機関であった近世期のパンチャーヤトとは性格を異にする。

81　小谷汪之『インドの中世社会――村・カースト・領主』，120–124頁。

82　Sumitra Kulkarni, *The Satara Raja (1818–1848) : A Study in History, Administration, and Culture*, p. 136. この説明の中でスミトラ・クルカルニーは，村で開催される村パンチャーヤトとは別に，市場長や市場書記が招集し，町で開催される町パンチャーヤトが存在したことを指摘している。

地域社会集会（Got Sabhā）とも呼ばれている。在地社会の権益は村で完結しているものではなく，郡の空間とも密接につながっていたため，在地社会において郡パンチャーヤトはきわめて重要な役割を果たした。そしてこの集会を招集したのが郷主であり，彼がその指揮者となった[83]。第3は，カースト集団内の問題を解決するカースト・パンチャーヤトである。カーストの権益もやはり郡という空間と密接につながっており，カースト集団には郡ごとにカースト頭が存在した（第4章参照）。カースト頭が主体となり，主に郡を単位として開かれるのがカースト・パンチャーヤトであったが，時には複数の郡の同一カーストが集まる大規模なパンチャーヤトが開かれることもあった[84]。これらのパンチャーヤトにおいて，その管轄内で起きた様々な種類の民事事件が裁定された[85]。ここで注目すべきは，郡パンチャーヤトでは郷主が主体となっていた点である。上述したように，郡パンチャーヤトが，地域社会集会として村パンチャーヤト以上に重要な役割を果たしていることを考えると，刑事事件とは異なり，民事事件においては郷主が郡の司法に深く関わっていたことがわかる。

郡における民事事件はパンチャーヤトで裁かれたが，その裁定は，政府の役人であるカマヴィスダールによって行政的に正当化された。この正当化の際に双方から勝者の司法手数料（Sherṇī または Harkī）と敗者の司法手数料（Gune-gārī：罰金と同語）を徴収し，勝者には勝者の司法手数料の支払いの後にパンチャーヤトの裁定書（Niwaḍpatra）が手渡された[86]。これらもカマヴィスダールが徴収する司法手数料（Khanḍfuroī）の一部となり，郷主もこの司法手数料の中に自らの取り分を有した[87]。S. N. センが指摘するように[88]，カマヴィス

83　小谷汪之『インドの中世社会——村・カースト・領主』，124，277-278頁。
84　小谷汪之『インドの中世社会——村・カースト・領主』，163-166頁。
85　T. T. Mahajan, *Maratha Administration in the 18th century*, pp. 162-163.
86　V. T. Gune, *op. cit.*, pp. 83, 85, and 86.
87　民事訴訟の中にはパンチャーヤトに訴えずに当事者間で解決された事件もあったが，当事者間の同意を正当化して効力を与えるために，政府からの命令が必要となった。そのために当事者はカマヴィスダールに司法手数料を支払い，郷主もこの手数料の中に取り分を有していた。Tāḷeband Pargaṇā Indāpūr Deshmukhī Watan Shuhūr 1165, Prānt Ajmās, Puṇe, Rumāl no. 64, and Tāḷeband Pargaṇā Indāpūr Deshmukhī Watan, Shuhūr 1184, Puṇe Jamāv, Rumāl no. 797, MSAP.
88　Surendra Nath Sen, *Administrative System of the Marathas*, p. 227.

ダールはパンチャーヤトで行なわれている裁判自体に干渉することはなかったようである。この点において，カマヴィスダールは主体的な役割を果たした郷主と大きく異なる。インダプール郡の帳簿には，ワタンをめぐる争いやインダプール町の常設市での取引のトラブルが多く記録されていた。

ワタン関連の紛争では，村長ワタンに関する紛争が最も頻発していた。たとえば 1777 年に，アジョティ村のジャーギールを得た武官のダルコージー・ニンバルカルが，アジョティ村の村長職を代々担ってきたアドジ・パーワルに替えて，サンバージー・パーワルを村長職に就けた。アドジ・パーワルが属するマラーター・カースト集団[89]とインダプール郡の郷主・郷書記は，サンバージー・パーワルは偽造文書によって村長職を得たと指摘し，武官のニンバルカルがアドジの一家を虐げて，サンバージー・パーワルを強引に村長にしたと陳情した。これにしたがって，インダプール郡のカマヴィスダールはパンチャーヤトを招集した。そしてパンチャーヤトでの「現状を調査し，紛争を解決するために 5 村の村長を任命する」という裁定に従って，宰相政府はカマヴィスダールに 5 名の村長への調査委託を命じた。5 村の村長の調査結果を受けて，最終的にサンバージー・パーワルの不正が確定し，カマヴィスダールはアドジ・パーワルから勝者の司法手数料を，サンバージー・パーワルから敗者の司法手数料を徴収した[90]。

この事件は，村長職が村の重要ポストであるために実入りがよいこと[91]，そしてそのために武官などの有力者から村長職が干渉を受けたことを示している。カマヴィスダールなどの政府の役人が共同体内の問題に関わることは非常に困難であったため，宰相政府はパンチャーヤトが紛争を解決することを期待していた。今回の事件でも，あくまでパンチャーヤトの裁定に従って村長の調査チームを編成しており，カマヴィスダールは裁定プロセスには干渉しなかった。なお，このように村長ワタンに関する紛争がパンチャーヤトで裁定されている

89　サンバージー・パーワルも同じマラーター・カースト出身であるが，アドジ・パーワルとの関係は明らかにならなかった。

90　29 Jilhej Shuhūr 1177, Prānt Ajmās, Puṇe, Rumāl no. 503, MSAP.

91　村長ワタンが，大工ワタンなどの専門職と異なりより多くのカーストに開かれていたことに起因すると考えられる。農村社会におけるワタンの役割は第 4 章で詳述する。

間は，村長に代わってカマヴィスダールが地税を徴収し，これも司法手数料となった。

カーストやワタンの争いに加えて，インダプール郡における村と村の境界線争いも民事事件に属し，問題解決のためにパンチャーヤトが開かれた。パンチャーヤトによる調停が失敗した場合は神裁によって神意が問われ，主に不可触民のマハール[92)]がこれを実行した[93)]。パンチャーヤトの調停や神裁によって裁定が下った後に，カマヴィスダールがそれを正当と認め，司法手数料を徴収した。ここでも郷主は司法手数料に対して取り分を有した。村の境界線争いが生じると，係争中の境界付近の土地からの地税は，村長ではなく，カマヴィスダールが郡役人として直接徴収した[94)]。これは司法手数料に属さず，郡の本税の一部として郡財政に加えられた。

司法手数料の徴収に関わって帳簿に頻出した村長ワタンや村の境界線争いは，郡行政にも影響を与えうる問題であった。これらの問題を解決する機関がパンチャーヤトであったことから，パンチャーヤトは郡行政において重要な役割を果たしていたことがわかる。他方でパンチャーヤトはあくまで裁定機関であり，カマヴィスダールが司法手数料を徴収したことが示しているように，行政的な強制力を与えるのは政府による正当化であった。その意味で，カマヴィスダールは民事事件においても欠くことのできない存在であったことは指摘しておきたい。また，カマヴィスダールは少額の民事事件を裁くことができ，正当化の

92　不可触民は，バラモン，クシャトリヤ，ヴァイシャ，シュードラの 4 ヴァルナのさらに下に位置する，社会の最下層の人々を指す。インドの村落社会の中では，誰よりも低い身分の人々として，村役人の下で雑用をしたり，村の見張りをし，実際には重要な役割を担っていた。その不可触民の諸集団の一つにマハールがある。

93　V. T. Gune, *op. cit.*, p. 100. 小谷によると神裁には「流れの神裁」や「火の神裁」などがあり，たとえば後者に関しては，マハールが真っ赤に焼けた鍛冶屋の鉄敷を手に取って，手が焼けただれなかったら神意にかなったとする方法や，器の中で油と精製バターを熱し，その中に鉄片を入れて，それを素手で摑んで傷がなかったら神意にかなったとみなす方法があった。神裁において神意を問う神はヒンドゥーの神々ではなく，彼らとは相いれない地母神であった。不可触民のマハールはアーリア文化が広まる以前からデカンに住み，独自の文化を保持してきた人々で，彼らの神が地母神であったために，彼らを通じて神意が問われることとなった。小谷汪之『インドの中世社会——村・カースト・領主』，108–119 頁。

94　Tāḷeband Parganạ Indāpūr Shuhūr 1173, Puṇe Jamāv, Rumāl no. 790, MSAP.

ために司法手数料を勝者と敗者からそれぞれ徴収した。この正当化の手続きにおいて勝者の司法手数料が支払われないか，額が十分ではない場合に，決定は覆り，カマヴィスダールはもう一方（敗者）から勝者の司法手数料を徴収した。少額の事件に関しては，カマヴィスダールの権限が及んでいたことがわかる。

このようにカマヴィスダールは郡の政府役人として，刑事・民事事件に様々な形で関わり，司法手数料を徴収した。郷主は，ほぼ例外なくカマヴィスダールが徴収する手数料に取り分を有した。この取り分は，在地の長としての司法手続きへの承認に由来していた。司法手数料の徴収に関して，郷主のイナーム村においては，郷主自身がカマヴィスダールの役割を担い，行政からの司法責任者となっていた点は注目に値する。そしてより重要なのは，民事事件において郷主が在地の長としてパンチャーヤトで主体的な役割を担っていたということである。すなわち，刑事事件においては政府がより重要であったのに対し，民事事件においては，郷主が代表する在地社会がより重要であったことがわかる。ただし，民事事件においても政府の認可が裁定に効力を与えていたことを考えると，必ずしも在地の原理だけで郡の司法が動いていたわけではなく，司法において政府の原理と在地の原理は密接に絡まっていた。

3）郡における軍事業務

①インダプール郡の軍隊

マラーター勢力の軍隊は機動力のある騎馬兵が主力であり，それ以外に歩兵，ラクダ騎兵やゾウ騎兵，さらに砲兵がいた。ジャーギールを得てインダプール郡に駐屯していた武官は騎馬兵であったが，彼らの活動は18世紀後半の軍制改革とあわせて次章で検証するため，本章では騎馬兵には注目しない。武官の騎馬兵は宰相政府の命令で中心都市プネーを防備するほかに，必要に応じてインダプール郡における郡の騎兵（Pāgā）として編成された。インダプール郡を含めて，マラーター同盟下のデカン地方においては，郡の騎兵と郡の警備兵(Shibandī)[95]がともにカマヴィスダールに属する郡の軍隊であった。すなわち

95　シバンディーは字義的には雑兵や警備役など非正規の軍隊を指すが，インダプール郡の場合は集団としては固定給を得ており，雑兵の集まりに比べて，より恒常的な存在で

カマヴィスダールは，政府の役人として郡における軍事に責任を負い，そのために彼は郡の軍隊を維持していたのである[96)]。インダプール郡のカマヴィスダールを任命する証書には，郡の下級役人に加えて，郡の警備兵にも給与を支払うべきことが明記されていた[97)]。郡帳簿を見ると，郡内支出の項目の中に郡の警備兵への給与（Baddal Mushāhirā）が毎年含まれていた[98)]。郡の騎兵を構成する武官が宰相政府からのジャーギールを報酬としたのに対し，郡の警備兵は郡財政を財源としてカマヴィスダールから給与を与えられたことを考えると，郡の警備兵はより厳密な意味でカマヴィスダールおよび地方官憲に服属した組織であったことがわかる。郡財政から郡の警備兵に支出された給与は，1760年代と70年代前半は3,300ルピーに保たれていたが，1778年に2,860ルピーに減額されて以降，段階的にその額は減少していった[99)]。これはジャーギール村が1770年代以降に増加し，郡の警備兵の財源となる宰相政府の地税収入が減少したためと考えられる。この点は次章にて詳述するため，本章では18世紀最後の四半世紀に郡の騎兵の重要性が高まったことのみを指摘しておく。いずれにせよカマヴィスダールは郡の軍隊の助けを得て郡の治安を維持し，郡の軍隊は交通路や郡庫・郡役所の警備にあたり，必要に応じて軍事行動を行なった。彼らは時には税徴収のためにカマヴィスダールや郡の下級役人を補佐することもあった[100)]。各村では村長が村の治安維持の責任を負い，事件等が生じた場合に管轄村との関連においてカマヴィスダールを補佐した[101)]。

このように，カマヴィスダールは郡の軍事行政の担当官であった。彼らは担当官として，郡単位を超える軍事行政・軍事行動に対しても様々な補佐を行なった。インダプール郡は，上述のように中心都市プネーの防備に欠かせない地域で，カルナータカ州など，プネー州以南の騎馬兵がビマ川沿いにプネーを

あったと考えられる。そこで「警備兵」という訳語を当てた。

96　T. T. Mahajan, *Maratha Administration in the 18th Century*, p. 170.

97　Prānt Ajmās, Puṇe, Rumāl no. 547, MSAP.

98　Tāḷeband Pargaṇā Indapūr, Shuhūr 1193, Puṇe Jamāv, Rumāl no. 793, MSAP.

99　Tāḷeband Pargaṇā Indāpūr, Prānt Ajmās, Puṇe, Rumāl nos. 60–62, MSAP.

100　T. T. Mahajan, *Maratha Adinistration in the 18th Century*, p. 27, and Sumitra Kulkarni, *The Satara Raja (1818–1848): A Study in History, Administration, Culture*, p. 88.

101　T. T. Mahajan, *Maratha Adinistration in the 18th Century*, p. 171.

目指した際に，肥沃なインダプール郡で休憩と物資補給を行なうことがしばしばあった[102)]。インダプール郡のカマヴィスダールは，立ち寄った騎馬兵に飼葉を与えるだけでなく，騎兵に属する歩兵や使いの者へ現金を与えた[103)]。この支出は騎馬兵が立ち寄った際に生じ，費用は郡財政から賄われた。郡帳簿を見る限り，この種の支払いが毎年何度か生じており，インダプール郡の地勢的重要性を知ることができる。

郡の軍隊とは別に，インダプール郡の郷主もまた警備兵（Shibandī）を保持しており，年400ルピーをこの維持のために支出していた。400ルピーの中で320ルピーが給与として兵士に支払われ，給与リストから彼らが，カマヴィスダールが維持した郡の警備兵とは異なる集団であったことは明らかになった[104)]。郡の警備兵に関わる年間支出が3,000ルピー前後であったことを考えると，郷主の警備兵の支出規模はその10分の1強であり，呼称は同じであるが，郷主の警備兵は郡の警備兵よりもずっと小規模で，郷主の手兵と呼ぶに相応しいものであったと考えられる。郡の警備兵の支出額が18世紀後半に変化したのに対し，郷主の手兵の給与額が一定であったことから，郷主の手兵は，宰相政府の政策から独立して，郷主が自らの負担で在地社会の治安を維持するために用いた在地の兵力であったことがわかる。この兵力は在地原理により維持されたが，宰相政府も，郷主が在地の側から郡の治安維持を担うことを期待していたと深沢は指摘する[105)]。さらに，郷主も必要に応じて，宰相政府の任務に就いている武官を援助した。たとえば，1760年にハリ・ゴーパールが率いる騎馬隊が，南部のカルナータカ州からプネーに向かう途中にインダプール郡に立ち寄った際，郷主は20ルピー8アンナを，馬の整備・管理費としてハリ・ゴーパールに支払い，それは主に飼葉の購入に充てられた[106)]。この時にカマ

102　このような地勢条件に関しては下記にも言及がある。V. S. Kadam, *op. cit*., p. 116.

103　Tāḷeband Pargaṇā Indāpūr, Shuhūr 1173, Puṇe Jamāv, Rumāl no. 790, Tāḷeband Pargaṇā Indāpūr, Shuhūr 1193, Puṇe Jamāv, Rumāl no. 793, and Hisebī, Shuhūr 1190, Prānt Ajmās, Puṇe, Rumāl no. 503, MSAP.

104　Tāḷeband Deshmukhī Watan, Shuhūr 1175 and 1191, Prānt Ajmās, Puṇe Rumāl no. 64 and Puṇe Jamāv, Rumāl no. 797, MSAP.

105　深沢宏「アーディル・シャーヒー王国（西暦1489〜1686年）の地方支配に関する一考察」，44–45頁。

106　Tāḷeband Deshmukhī Watan Shuhūr 1160, Prānt Ajmās, Puṇe, Rumāl no. 64, MSAP.

ヴィスダールも同額をハリ・ゴーパールに支払っていた。カマヴィスダールのみでなく，在地の長である郷主も武官を援助したことは興味深く，この事例はインダプール郡の地勢的な重要性を支持するのみでなく，軍事面でマラーター同盟の統治を支えることが郷主に求められていたことをも示している。

②宰相政府下の軍事組織

インダプール郡周辺には宰相政府下の軍事組織としてラクダ舎，ゾウ舎，砲兵庫があり，同郡のカマヴィスダールはその活動を補佐していた。ここではそれら組織ごとの彼の補佐内容を記す。

マラーター同盟下の軍用ラクダは，武官が有するもの以外は，ラクダ舎（Ushtarkhānā）において集団で管理されていた。ラクダ舎の管轄区域は必ずしも郡と対応しておらず，インダプール郡を管轄とするラクダ舎は同郡の南に接するアクルーズ郡ガドワディ村に存在し，インダプール郡南端から直線距離で30 km ほど離れていた。ガドワディ村のラクダ舎の内部構造を示す詳細な史料は残されていないが，インダプール郡のカマヴィスダールがこのラクダ舎をどのように支援していたかは，同郡の史料から明らかになった。ガドワディ村のラクダ舎には少なくとも100頭以上のラクダが飼育されており，戦闘に備えていた[107)]。そこでは下級役人・事務官（Kārkūn）だけでなく，装備の手入れのために鍛冶屋（Lohār）や大工（Sutār）が常駐していた[108)]。インダプール郡の史料によるとインダプール郡のカマヴィスダールは3通りの方法でこのラクダ舎の活動を支援していた。すなわち第1は，インダプール郡のカマヴィスダールがラクダ舎へ，ケツルアズキ，ヒヨコ豆，鞘豆，キマメ，米，モロコシ，小麦などを毎年送ることであった[109)]。これらはラクダの飼料となったが，カマヴィスダールはこれらの穀物を，郡の穀物庫からまたは市場での購入によって[110)]，または農民の徴用（Veṭh Begār）[111)]によって調達した。第2は，ラクダ

107　たとえば，宰相政府は1773年にインダプール郡のカマヴィスダールに，ラクダ100頭分の小麦を確保するように命じている。30 Safar, Shuhūr 1173, Prānt Ajmās, Puṇe, Rumāl no. 58, MSAP.

108　Tāḷeband Pargaṇa Indāpūr, Shuhūr 1168, Prānt Ajmās, Puṇe, Rumāl no. 58, MSAP.

109　Tāḷeband Pargaṇa Indāpūr, Shuhūr 1188, Prānt Ajmās, Puṇe, Rumāl no. 62, MSAP.

110　米は乾燥地帯であるデカン高原では生産されておらず，多雨地帯である海岸部コンカン

舎のラクダに飼葉を定期的に提供することであった。ガドワディ村のラクダ舎にいるラクダの飼葉は，基本的に同村周辺で調達された。しかし，ラクダ舎のあるガドワディ村は雨量が少なく河川沿いにも位置していないため，ラクダ舎に必要な飼葉を十分に確保することができなかった。そこで，より地味の良いインダプール郡から，毎年多くの飼葉がラクダ舎へ送られた。この調達と運送の責任を負ったのがインダプール郡のカマヴィスダールであり，彼は農民の徴用によって飼葉を調達した[112)]。運送されてきた飼葉では足りない場合に，ラクダ舎からラクダがインダプール郡へ連れてこられることもあった。この場合はラクダ舎の職員がインダプール郡に赴いてラクダを管理した[113)]。さらにインダプール郡の飼葉でも十分でない場合は，宰相政府はカマヴィスダールに命じて購入によって毎日 10 束の飼葉を確保させた。この費用は会計年度内に宰相政府によって補填された[114)]。ラクダ舎が位置するアクルーズ郡で飼葉が十分に育ち次第，インダプール郡へ送られていたラクダはラクダ舎へ戻された[115)]。前述のようにインダプール郡とラクダ舎は約 30 km も離れており，同郡へラクダを送ることは飼葉調達が困難な場合の非常手段であったと考えられる。第 3 は，病にかかった，または衰えたラクダのためにインダプール郡からラクダ舎へ滋養物を送ることであった。ラクダへの滋養物は，にんにく，しょうが，マスタード，油，胡椒，粗糖，タマリンド，硫黄，精製バター（ギー）等から成った[116)]。このラクダ舎のラクダは必要とあらばインダプール郡に配備されうるインダプール郡の軍事力であり，ラクダ舎の管理補佐はカマヴィスダールにとって重要な軍務の一つであった。

地方で主に生産された。インダプール郡を含めて，デカン高原にはコンカン産の米が広く出回っており，カマヴィスダールは主に市場で米を調達していた。Tāḷeband Pargaṇā Indāpūr, Shuhūr 1168, Prānt Ajmās, Puṇe, Rumāl no. 58, MSAP.

111　カマヴィスダールはつねに徴用によって穀物を調達していたわけではなく，緊急で穀物が必要な場合に，宰相政府の命令にしたがって徴用という手段を取った。Prānt Ajmās, Puṇe, Rumāl no. 547, MSAP.

112　27 Jilkād, Shuhūr 1180, Prānt Ajmās, Puṇe, Rumāl no. 547, MSAP.

113　24 Sawāl, Shuhūr 1173, Prānt Ajmās, Puṇe, Rumāl no. 547, MSAP.

114　30 Ramajān, Shuhūr 1176, Prānt Ajmās, Puṇe, Rumāl no. 547, MSAP.

115　22 Ravilāwal, Prānt Ajmās, Puṇe, Rumāl no. 547, MSAP.

116　Tāḷeband Pargaṇā Indāpūr Shuhūr 1188, Prānt Ajmās, Puṇe, Rumāl no. 62, MSAP.

ラクダ舎と同様に，武官が有するゾウ以外のゾウを管理するのがゾウ舎であった。郡税帳簿の支出部にゾウ舎（Pīlkhānā）の項目がみられる場合には，つねに「ゾウが郡外からやってきて，飼葉を食べる」という表現が付されていた。このことからゾウ舎はインダプール郡の外にあったことがわかるが，その所在地は明らかになっていない。郡税帳簿によると当該のゾウ舎のゾウは，基本的に1年のうち2〜4ヶ月をインダプール郡で過ごしていたようである[117]。ゾウが同郡に滞在する間，必要に応じてカマヴィスダールがゾウに滋養物や薬を与えた。郡の税帳簿によると滋養物は，精製バター，小麦，香辛料，粗糖，塩などから成り，薬は精製バター，薬草（ミロバラン），薬木（ヤエヤマアオキ），赤鉛，樟脳などであった。滋養物や薬はこれらの材料を混合してつくられたが，その時によって材料は異なっていた[118]。材料が足りないときは，より大きな市場があるプネーに人を派遣して調達した[119]。インダプール郡の税帳簿には，ゾウの名前，その世話役の名前，そして各ゾウにかかった経費が事細かに記載されていた。史料のあり方からも，ゾウがインダプール郡で非常に丁寧に扱われており，近世インドにおいて最も貴重な軍用動物であったことが理解できる。ゾウ舎からは槍使いや大砲または火薬使いが，ゾウとともにインダプール郡にやってくることがあった。この場合，同郡滞在期間中の彼らの手当ては，インダプール郡のカマヴィスダールが郡財政からの負担で支払った[120]。槍使いなどの武官の同行は，インダプール郡で戦闘訓練が行なわれていたことを示唆しており，資源・資金の面からそれを支援するのがカマヴィスダールの役目であった。ゾウがインダプール郡滞在中に戦闘の召集がかかった場合は，同郡のカマヴィスダールが政府の命令に従ってゾウを騎馬隊または戦場野営地へと送る手配をした[121]。

ムガル帝国の軍事を論じるに際して，J. サルカールは，銃・大砲が登場すると，その攻撃能力だけでなく，発射音がゾウを驚かせ，興奮させるために味方

117　Tāḷeband Pargaṇā Indāpūr Shuhūr 1168, Prānt Ajmās, Puṇe, Rumāl no. 58, MSAP.
118　Tāḷeband Pargaṇā Indāpūr Shuhūr 1168, Prānt Ajmās, Puṇe, Rumāl no. 58, MSAP.
119　Tāḷeband Pargaṇā Indāpūr Shuhūr 1168, Prānt Ajmās, Puṇe, Rumāl no. 58, MSAP.
120　Tāḷeband Pargaṇā Indāpūr Shuhūr 1188, Prānt Ajmās, Puṇe, Rumāl no. 62, MSAP.
121　10 Ramajān, Shuhūr 1177, Prānt Ajmās, Puṇe, Rumāl no. 547, MSAP.

にも被害が及ぶこととなり，18 世紀後半以降ゾウは主に移動手段として用いられるようになったと主張している[122]。サルカールが指摘するように 18 世紀においてゾウの戦闘利用が以前よりも限定されていった可能性は無視できないが，郡帳簿を見るかぎり依然として軍事利用のためにゾウは育成され，訓練されていたようで，少なくともマラーター同盟の戦力の一翼を担っていた。18 世紀にムガル帝国からマラーター同盟へ覇権が移ったことを考えると，インド全体にとってもゾウは依然として重要な軍事力の一部であったといえる。

火器を管轄したのが砲兵庫（Tofkhānā）である。マラーター同盟下では，大砲をはじめとする火器や火薬などは，主にポルトガルやイギリスなどのヨーロッパ勢力から購入し，同盟内の各地にある砲兵庫で管理したが，18 世紀後半に入ると宰相政府は自ら火器や弾薬を製造するようになった[123]。具体的には 1766 年にプネー州内に砲丸工場が，1777 年にはプネー近郊に砲兵工場が建てられ，本格的に砲兵の製造が始まった[124]。これらの工場や砲兵庫では，運搬のために砲車が用いられ，多くの役牛がこれを牽引した。道路状況が悪いなかで重荷を運ばねばならず，労働条件は非常に過酷であり，役牛はすぐに疲弊して消耗したようである[125]。そのために新たな役牛をつねに補充する必要があり，宰相政府の命令に従ってインダプール郡で各村ごとに 1 頭ずつ役牛が集められ，砲兵庫に送られた。あるいは，宰相政府がカマヴィスダールに命じてインダプール郡で役牛を購入させ，砲兵庫に送らせた[126]。たとえば 1790 年に宰相政府の命令で，カマヴィスダールは状態のよい役牛を 25 頭選んでインダプール郡内の市場で購入し，砲兵庫に送っていた[127]。役牛のみでなく，砲兵庫で役牛を維持するための飼葉や穀物もインダプール郡から砲兵庫へ送られた。飼葉は主にカマヴィスダールがインダプール郡内での徴用によって獲得し，穀

122　Jadunath Sarkar, *op. cit.*, p. 205.

123　Surendra Nath Sen, *The Military System of the Marathus*, pp. 101–102.

124　G. C. Vad ed., *SSRPD* Vol. IX, Peshwa Madhavrao I, Vol. I, Poona : The Poona Deccan Vernacular Translation Society, 1911, nos. 366 and 370.

125　Surendra Nath Sen, *The Military System of the Marathas*, pp. 107–108.

126　16 Moharam Shuhūr 1177, Prānt Ajmās, Puṇe, Rumāl no. 503 and 29 Jilhej Shuhūr 1177, Prānt Ajmās, Puṇe, Rumāl no. 547, MSAP.

127　6 Ramajān Shuhūr 1190, Prānt Ajmās, Puṇe, Rumāl no. 503, MSAP.

物は郡内の市場で購入した[128]。1778年に新しい砲兵庫が建設される際に，インダプール郡のカマヴィスダールは郡の各村で，徴税額200ルピーごとに8アンナを付加税として徴収し，この付加税は建設費用に充てられた[129]。砲兵庫には砲手を含めた武官と文官が勤めており[130]，彼らは宰相政府から給与として現金のみでなく，イナーム地が与えられることもあった。砲兵庫が置かれていないインダプール郡内においても，政府発行の命令書にしたがってカマヴィスダールが郡内に彼らへのイナーム地を設定した[131]。他に，インダプール郡のカマヴィスダールは砲兵庫の必需品を同郡から送ることがあった。たとえばカマヴィスダールは精製バター（ギー），石鹸，ひまわり油を砲兵庫に送り，これらは砲兵庫の荷車のグリースとして用いられた[132]。砲兵庫はインダプール郡内に存在しなかったが，様々な形でカマヴィスダールは砲兵庫の維持を支援した。特に役牛の供給など，農村からの農畜産物の支援に関する記述が多く，この種の支援が砲兵庫にとってとりわけ重要であったと考えられる。

本項の内容をまとめておこう。インダプール郡には郡の騎兵と郡の警備兵からなる郡の軍隊が置かれ，これが同郡の軍事を担っていた。郡の騎兵はジャーギール村に駐屯する武官よりなったが，郡の警備兵はカマヴィスダールの管轄下にあり，その維持と利用が彼のインダプール郡における主な軍事業務であった。郷主も規模は小さいが郷主の警備兵を有し，在地の長として治安維持にあたった。カマヴィスダールと郷主の各々の警備兵によって，郡単位での軍事業務が遂行されていたのである。他方で，宰相政府の軍事組織であったラクダ舎，ゾウ舎，砲兵庫はインダプール郡内に存在しなかったが，同郡のカマヴィスダールは様々な形でこれらを支援した。これらの軍事施設の所在はマラーター同盟の軍事が，在地社会の単位でもある郡とは異なる管轄域をもっていたことを示しており，軍事面において，在地社会とは異なる宰相政府側の原理が機能

128　29 Jamādilākhar Shuhūr 1161, Prānt Ajmās, Puṇe, Rumāl no. 504, and Tāḷeband Pargaṇā Indāpūr Shuhūr 1175, Prānt Ajmās, Puṇe, Rumāl no. 60, MSAP.

129　11 Rajab Shuhūr 1178, Prānt Ajmās, Puṇe, Rumāl no. 547, MSAP.

130　Surendra Nath Sen, *The Military System of the Marathas*, pp. 104–105.

131　20 Ramajān Shuhūr 1175, Prānt Ajmās, Puṇe, Rumāl no. 547, MSAP.

132　Tāḷeband Pargaṇā Indāpūr Shuhūr 1175, Prānt Ajmās, Puṇe, Rumāl no. 60, MSAP.

していたことがわかる。在地社会の長である郷主がこれらの軍事活動に一切関わっていなかったことも，在地社会の秩序維持とこれらの機関の間に関わりがなかったことを示唆している。ただし，このことは在地社会にこれらの機関の活動が全く影響を与えなかったことを意味しない。たとえば，上に見たように，カマヴィスダールはインダプール郡の人的・物的資源を用いてこれらの機関を支援していた。さらに，財政的には，カマヴィスダールによる上述の種々の支援は，郡台帳の支出項目に毎年記載される定期支出ではなく，必要に応じて支出される不定期支出に含まれていた。すなわち，ラクダ舎，ゾウ舎，砲兵庫の維持のために不定期にインダプール郡の資源が用いられたが，財帳簿を見る限り，制度的にこれを準備する仕組みがインダプール郡において確認できるわけではない。その意味で，軍事機関への支援が一時的に在地社会に大きな影響を与える可能性があったことを指摘しておく。

4）郡における社会的慣行にともなう業務

郡役人の職務には社会的慣行に伴う業務も含まれており，カマヴィスダールの活動を示すインダプール郡の収支簿や郷主の収支簿には社会的慣行に関わる支出費目が存在した。そして，支出のみでなく慣習的な受け取り自体が，郷主が代表する在地社会やカマヴィスダールが代表する宰相政府の承認を示す役割を果たしていた。本項では，諸受け取りなどの種々の権益について検討することで，郡役人のインダプール郡での社会的な役割を考察する。

インダプール郡の郡収支簿には，ナルシングプール村へのイナーム授与を示す項目があり，これが宗教的施与（Dharmadāy）であるとの解説が付されている。宗教的施与とは宗教的な場所，宗教的に重要な人物，宗教行事への種々の施与を意味した。ナルシングプール村には，ナルシンハ神をまつるヒンドゥー寺院があり[133]，この寺院の維持のために同村に居住するバラモン16家に対してイナーム村が与えられた[134]。他に手当（Warshasan）がインダプール郡内のバラモン4家に18世紀後半を通じて与えられたが，収支簿からはその目的は

133　James M. Campbell ed., *GBP* Vol. XVIII, Poona District, Part 3, Bombay : the Government Central Press, 1885, p. 261.

134　Report no. 682, 19 Oct., 1858, File no. 138, Rumāl no. 8, List no. 13, MSAP.

明らかにならなかった。手当の受給者が死亡した場合に，手当はその息子に世襲されており，特定のバラモン家の保護が念頭にあったと考えられる。他に，郡の中心であるインダプール町の農村地区では，イナーム地がイスラーム法官（Qāzī），ムスリム導師（Mulānā），サンスクリット語で書かれたヒンドゥー聖典であるプラーナの詠者など宗教上の重要人物，または郷主代官や下級役人の書記など郡役人に与えられた[135)]。宗教的な施与を中心に，カマヴィスダールは社会的に重要な人物に対する支出を行なっていたと考えられる。

郷主の台帳には社会的慣行に従った種々の支払い項目が確認された。支出項目は年ごとに異なっていたが，主な項目は，(1)宗教的施与（Dharmadāy）[136)]，米または雑穀を供する(2)旅人への施し，(3)客人接待費，(4)旅行や使節派遣の際の食費（Poṭ Kharch）などであった[137)]。郷主は特定の宗教施設や行事への施与および旅人への施しを通じて社会的な奉仕を行なっていたほか，具体的な内容は明らかではないが，客人接待費としてインダプール郡の各村へ一定の支払い（総額17ルピー）をしていたことがわかる。(4)はきわめて私的な消費である可能性があるが，それ以外は郷主の社会奉仕といえる項目であった。カマヴィスダールによる社会的な支出に比べて，対象はより広範であったといえる。

このような支出に加えて，カマヴィスダールや郷主は郡内の種々の祭礼に現れ，その権益を享受した。両者に関わる収支簿を見る限り，最重要であったのがダサラ祭であった。ダサラ祭は戦の神であるドゥルガ神を称える祭りで，雨季が終わり，戦争の時期の始まりを告げる祭りであったともいわれる[138)]。この祭りで宰相は戦争を始める儀式を行なったが[139)]，在地社会でこの祭りは，村に巣食った悪霊を村外に追い出し，村を清める意味をもち，鎮めの儀式が行なわれた。鎮めの儀式では，山羊を用いた動物供犠が行なわれたようである[140)]。インダプール郡の郷主のダサラ祭での取り分に関しては，村レベルで

135　Hiseb Shuhūr 1190, Prānt Ajmās, Puṇe, Rumāl no. 503, MSAP.

136　インダプール郡の郷主は，同郡の中心であるインダプール町のヒンドゥー寺院であるシッデーシュワル寺院や，プラーナ詠者のバラモンなどに施与をした。

137　Tāḷeband Deshmukhī Watan, Shuhūr 1171–1181, Puṇe Jamāv, Rumāl no. 797, MSAP.

138　Wilson, *op. cit*., p. 127.

139　小谷汪之『インド社会・文化史論——「伝統」社会から植民地時代へ』明石書店，2010年，39–40頁。

より詳細な史料が残っている。たとえばインダプール町の台帳によると，郷主，郷書記，村長，村書記の各々が，山羊の取り分として，2ルピーを受け取っていた[141]。郷主はインダプール郡全体で，基本的に190ルピー2アンナをダサラ祭での取り分として集めており，ほぼ全村でこの取り分を現金で得ていた。カマヴィスダールも毎年，政府の役人としてダサラ祭で雌山羊を受け取っていたが，郷主と同様に換金されたかたちで得分を享受したか否かは明らかになっていない。いずれにせよ，郡の役人の権益が在地の動物供犠にも及んでいたことは，当時の社会慣行を考えるうえで注目に値する。新年の到来を祝うサンクラーント祭に際して，村ではゴマの菓子（Tilgūl）がふるまわれた。郷主はこのゴマの菓子の取り分をもち，ダサラ祭と同様に取り分は金納されていた。地域の祭りとして，インダプール郡のニルワンギー村ではヒンドゥー暦チャイトラ月（西暦3〜4月）にヒンドゥー教の巡礼祭が行なわれた。そこに政府は巡礼箱（Yātra Ḍabī）を設置し，巡礼者はそこへ銅貨を献納したが，カマヴィスダールは巡礼箱の収入に自らの取り分を有していた。郷主も巡礼箱において銅貨一摑みの取り分を有しており，毎年の受け取りがあった[142]。祭礼に加えて，郷主は毎年，インダプール郡の全村から慣習的役得（Hak）を得ていた。

さらに郷主は，インダプール郡内で定期市が開催された際に，商人（Wānī）の各店舗からビンロウの実を受け取っていた。帳簿によるとセール村，パラスデーオ村，バワデ町から毎年ビンロウの実の受け取りがあり，金納で支払われていた。商人はワタンを有しておらず，在地の再生産構造の外にいたので，店舗を出す許可料として，インダプール郡の在地社会の長に，この支払いをしていたと考えられる。すなわち，これも在地の長の承認職務の一環であり，郷主の職域は郡の経済活動にも及んでいたのである[143]。

郷主はインダプール町の町長（村長）職を兼務し[144]，村長ワタンを有してい

140　小谷汪之『インド社会・文化史論』，27，54頁。

141　Ākār Kasbe Indāpūr Fuslī 1223, 1224, and 1225, Puṇe Jamāv, Rumāl nos. 712 and 713, MSAP.

142　Tāḷeband Deshmukhī Watan, Indāpūr Pargaṇā, Shuhūr 1168 ani 1171, Prānt Ajmās, Puṇe, Rumāl no. 64, MSAP.

143　Tāḷeband Deshmukhī Watan, Indāpūr Pargaṇā, Shuhūr 1168 ani 1171, Prānt Ajmās, Puṇe, Rumāl no. 64, MSAP.

144　本章冒頭で述べたように，郷主代官はインダプール町の町長代官を兼務した。

た。インダプール町の村長ワタンに関しては他所で考察したが[145]，町内で郷主兼町長はより多様な職人から種々の物品を受け取っており，村・町レベルでは，彼の権益は郡レベルよりもはるかに密接に職人の活動と結びついていた。この意味では，非常に限定的ではあるが，在地社会の再生産構造の中で作り出される手工業品に対しても，在地社会の長である郷主の権益は及んでいた[146]。

以上のように，カマヴィスダールと郷主は宗教的・社会的に重要な人物や行事に対して施与を行なっており，郡役人の業務は在地社会自体にも及んでいた。ダサラ祭や在地の巡礼祭において，両者は支配者として権益を有していたのである。ただし，カマヴィスダールはダサラ祭で主体的な役割を担っていたわけではなく，権益を有していたからといって宰相政府が在地社会を文化面で掌握していたと主張するのは早計であり，彼らにも在地の祭礼の恩恵が及んでいたと解釈するのがより適切であろう。他方で，郷主の権益は，権益の実質性は考慮すべきであるもののカマヴィスダールよりも多様で定期市の開催などにも及んでおり，両者を比較したとき，社会慣行に関しては，より多様かつ広範な職務と権益を郷主は有していたといえる。

3　郡役人の報酬

本節ではカマヴィスダールと郷主，郷主代官の報酬を検討し，政府の役人と在地の世襲役人の関係を前節とは別の側面から考察するとともに，プネーの宰相政府およびサタラのマラーター国王への送金のプロセスを通じて，インダプール郡行政の特殊性を考察する。

1）カマヴィスダールの報酬

カマヴィスダールは二つの方法で報酬を得た。第 1 は，徴税請負の残額であ

145　Michihiro Ogawa, “Internal Structure of *Qasbā* (Town) in the Marāṭhā Kingdwith Special Reference to Qasbā Indāpūr in Pune Subha (District),” pp. 135–158.

146　郷主が中心町の町長職を兼ねることがインダプール郡以外にも多くの郡でみられたことを指摘しておく。

り，インドの他地域の徴税請負人と同種の報酬であった。カマヴィスダールがインダプール郡で徴収した税金およびその他の得分の総計から(1)宰相政府への送金と(2)郡行政での支出を差し引いた残額がカマヴィスダールの取り分となることがカマヴィスダールの契約書に明記されていた[147]。

(1)宰相政府への送金は，国庫への送金（Rasad）と宰相への支払い（Antastha）より成った。国庫への送金に関しては，第1節でも述べたようにカマヴィスダールは赴任前にその一部を支払っており，宰相政府との取り決めに基づいて残額をインダプール郡の税収から送金した。送金の遅延はカマヴィスダールの解雇を引き起こす重大な問題であったが，税金が事前の計画通りの時期と金額で必ず納入されたわけではなく滞りも生じた。インダプール郡のみならず多くの郡でこの問題が起こり，カマヴィスダールは金貸し（Sāvkār）から借金をして送金を行なうか，金貸しに宰相政府への送金を依頼し，後でその額を返済する方法を取った[148]。金貸しは商人などの私人のみならず，宰相自身やカマヴィスダールなどの下級・地方役人にも積極的に貸し付けを行なっていた[149]。第2節第1項で引用した地税の取り決めにも示したが，金貸しが地税滞納分の一部を代納することでカマヴィスダールおよび郷主に貸し付けを行なう事例は，インダプール郡の収支簿だけでも複数回みられ，一会計年度の中で複数の金貸しから借金をする事例もみられた[150]。カマヴィスダールまたは郷主は，利子付きでこれを返済することとなった。18世紀後半のマラーター同盟下では，利子は借金完済まで毎月課せられ，公的貸し付けの場合は月利1％に定められていたとT. T. マハザンは指摘している[151]。私的貸し付けよりも利率は低かったとはいえ[152]，利子の返済に追われて借金を重ねるカマヴィスダールも存在し，資金繰りが困難となって送金が遅れ，職を解かれる者もあった。この

147　4 Jilhej Shuhūr 1209, Prānt Ajmās, Puṇe, Rumāl no. 503, MSAP.

148　Andre Wink, *op. cit.*, p. 333–334.

149　T. T. Mahajan, *Industry, Trade, and Commerce during Peshwa Period*, Jaipur : Pointer Publisher, 1989, p. 88, and A. R. Kulkarni, "Money and Banking under the Marathas Seventeenth Century to AD 1848," pp. 104–105.

150　たとえば，Tāḷeband Pargaṇā Indāpūr Shuhūr 1217, Prānt Ajmās, Puṇe, Rumāl no. 63, MSAP.

151　T. T. Mahajan, *Industry, Trade, and Commerce during Peshwa Period*, p. 95.

152　*Ibid.*, pp. 91 and 94.

ことは金貸し業が地方行政に深く関わり，大きな影響力を与えていたことを示している。

インダプール郡から送るべき国庫への送金は，その全額がつねにプネーの宰相政府に送られたわけではないことを付言しておく。国庫への送金の一部はしばしば，インダプール郡周辺のラクダ舎，ゾウ舎，砲兵庫へ，その維持費として送られた。上述したように，これらの施設は宰相政府の管轄下にあり，中央政府からの送金で維持されていた。すなわち中央政府を経ずに直接に資金が送られたわけであり，このように宰相政府による地方での支払いには，各地からの国庫への送金が充てられていた[153)]。国庫への送金は，政府の国庫・公庫を資金源として政府が組む政府の為替手形（Warāt）によって送金された。このような実践を通じて，為替手形による送金システムがマラーター同盟下で発達することとなった。

宰相への支払い（Antastha）は「賄賂として密かに送られた金など[154)]」を意味し，プネー文書館の史料ではこの支払いを説明するに際してつねに「政府の私的資金（Kashakaḍīl Khasgī）」という語が付されていた。A. ウィンクは，最後の宰相バージーラーオ2世に対する宰相への支払いが，宰相政府の公的な収支簿には記載されず，宰相の私的収支簿（Khasgī Kīrd）にのみ記載されていたことを指摘している[155)]。すなわちこれは中央政府の宰相への私的な支払いであり，少なくとも中央政府内で公にされることはなかったようである。

しかしインダプール郡の見積り書では，宰相への支払いの額が算出され，隠されることなくこの項目が支出部に記載された[156)]。見積り書はカマヴィスダールが作成した郡の公文書であるため，地方行政においては中央へ送金する項目として公にされていたことが明白である。さらにインダプール郡の収支簿では，国庫への送金の分割日程の中に，宰相への支払いの送金日程も組み込まれており[157)]，決して秘密にされていたわけではなかった。本書でこの語を

153　Tāḷeband Pargaṇā Indāpūr Shuhūr 1166, 1204, 1207, and 1208, Prānt Ajmās, Puṇe, Rumāl nos. 58 and 63, MSAP.

154　Molesworth, *op. cit.*, p. 21.

155　Andre Wink, *op. cit.*, p. 372.

156　Ajmās Pargaṇā Indāpūr Shuhūr 1208, Prānt Ajmās, Puṇe, Rumāl no. 16, MSAP.

157　たとえば，Tāḷeband Pargaṇā Indāpur Shuhūr 1208, 1793, Puṇe Jamāv Rumāl no. 793, MSAP.

「宰相への支払い」と訳出しているのは，こうした事情による。地方の公文書の中で，宰相への支払いは財政的には国庫への送金と同等に扱われていたが，インダプール郡の行政では，以下の2点において異なった。第1に，国庫への送金が時には他地方に送られたのに対して，宰相への支払いは宰相の私的な収入であり，つねにプネーに送られた点である。第2に，国庫への送金は，政府村からの地税収入をもとにしてカマヴィスダールが送金したのに対し，宰相への支払いは，ジャーギール村の税収入をもとに武官によっても送金された点である[158)]。次章にて詳述するように，武官は宰相との契約でジャーギール村を与えられており，武官は主である宰相への私的な支払いによってその関係維持に努めたと推察する。

前節で論じたように，カマヴィスダールはインダプール郡でその職務を全うするなかで様々な支出を行なった。これが(2)郡行政での支出にあたり，郡の下級役人の給与，徴税のために雇用した従者・傭兵への給与，刑事事件の捜査や証人召喚の諸費用，郡の警備兵への給与，ラクダ舎・ゾウ舎・砲兵庫の支援のための諸費用，社会的慣行に関わる諸費用などから成った。(1)宰相政府への送金と(2)郡での支出を差し引いた残額は年によって異なっており，残額が生じずに金貸しへの借金で終わることもあった。このことは郡財政がつねに安定してはいなかったことを示している。

第2の報酬は，カマヴィスダールへの毎年の給与であった。カマヴィスダールはその職に就いている限りにおいて，毎年の給与を受け取った。インダプール郡のカマヴィスダールの給与は，地税徴収額や請負額の変化があったにもかかわらず1780年まで2,921ルピーで固定されていて，徴税請負の残額と比べてかなり安定した収入源となっていた。A. ウィンクもカマヴィスダールの給与額が，彼が実際に徴収した税額と関係しなかったことを指摘している[159)]。カマヴィスダールの契約書によると，その給与額は，1761年以降，18世紀を通じて109,114ルピー1アンナに固定されていた本地税（Ain Tankhā）額に基づいて算出されていたが，次章で述べるように1760年代後半以来，ジャーギール村が増大して，カマヴィスダールが管轄する政府村が減少する傾向が続いた

158　Prānt Ajmās, Puṇe, Rumāl no. 503, MSAP.

159　Andre Wink, *op. cit.*, p. 353.

ため，1781年に，本地税の額に変動はなかったにもかかわらず，カマヴィスダールの給与は1,921ルピーに減額された[160)]。1781年以降も1802年まで政府村の数は減少したが，カマヴィスダールの給与額は固定されていた。安定的な給与という報酬がある点からも，カマヴィスダールは単純な徴税請負人ではなく，宰相政府の郡役人であったことがわかる。

2）在地の世襲役人

前節において郷主の権益をその職務と関連づけて示してきたが，本項では郷主の収入という角度からあらためてその内容を検証するとともに，サタラのマラーター国王への送金方法を論じる。さらに，インダプール郡における郷主の職務を実行した郷主代官の報酬も考察する。

①郷主

インダプール郡での郷主の報酬は，地税，諸手当，付加徴収に大別できた。地税はナヴィ村，ボリ村，ルイ村（半分）のイナーム村で得られ，郷主の報酬の最も大きな部分を占めていた。イナーム村でのみ，郷主はカマヴィスダールと同様の司法業務を行なうことができ，郷主にとってイナーム村は郡内での最重要地域であった。諸手当（Nemnūk）は，慣行的役得（Hak），納入同意手数料（Kabulāyat Paṭṭī），貢物（Bheṭ），ダサラ祭での取り分，サンクラーント祭での取り分から成り，インダプール郡を構成するすべての村落から郷主はこの役得を受け取っていた。郷主の帳簿上ではこれら5項目は区別されておらず，諸手当の合計徴収額のみが記されており，村別の徴収額は明らかになっても項目別の徴収額は明らかにならなかった。このことは，各村の村役人がこれらの諸手当をまとめて郷主に支払っていた可能性を想起させる。付加徴収は，通関税からの役得，司法手数料，従者・傭兵への支払いなどカマヴィスダールの付加税に対応するものと，定期市での商人からの徴収など社会的慣行に由来する種々の役得からなった。これらの報酬は職務とともに郷主ワタンとして規定されて，インダプール郡の郷主であったマラーター王家に属し，職務とともに世襲され，

160　Tāḷeband Parganā Indāpūr Shuhūr 1181, Prānt Ajmās, Puṇe, Rumāl no. 61, MSAP.

18 世紀後半を通じて報酬の項目が大きく変動することはなかった。もっとも，マラーター国王自身はサタラに居住していたため，郷主代官がこれらすべての報酬をインダプール郡で収集した。

郷主代官はサタラのマラーター王国の宮廷に郷主の報酬を送金した。この送金項目が郷主の帳簿の冒頭に記載され，以下，送金額の算出根拠として郷主のインダプール郡での収支を示す形式となっていた。インダプール郡では郷主代官が，実際の回収額に応じて分割で送金を行なっていたが，年間の送金総額は，18 世紀後半には 3,000 ルピーと固定されており[161]，郷主代官はこの額を確保するためにやりくりする必要があった。送金には基本的に政府の為替手形（Warāt）が用いられた。インダプール郡からの送金は，王家の収入の一部として王家の国庫へ入れられたが，他の収入とは分けて使われたようで[162]，郷主の台帳にその使途が詳細に記されている。それらを見ると，宮廷の騎馬隊や，砲兵隊の武官・事務官への給与に充てられており，主にサタラ宮廷の軍事関係に用いられていたことがわかる。他に宮廷内の書記官や庭師の給与に充てられることも稀にあった[163]。さらに定額の 3,000 ルピーとは別に，予算の超過額（Fājīl）という名目で送金がなされることがあり，それは砲兵隊や宮廷の書記官の給与に充てられた[164]。ここでの費目は，定額の 3,000 ルピーのそれと同一であった。インダプール郡からの収入によって充当される費目が予算を超過した場合，郷主代官はさらなる送金を行なっていたのである。さらにサタラへの送金の際に，郷主代官は，両替手数料（Baṭṭā）と利子を支払った。サタラ宮廷の国庫では，チャンドワニー・ルピー貨のみが受け取られていた。そのため郷主代官が，他のルピー貨で報酬を回収していた場合は，送金の際に両替する必

161　Tāḷeband Deshmukhī Watan, Prānt Ajmās, Puṇe, Rumāl no. 64, and Puṇe Jamāv, Rumāl no. 797, MSAP.

162　サタラの王家にはマラーター国王として様々な収入があったが，インダプール郡からの収入のみが特定の使途で用いられていたのか，各種の収入項目ごとに別々の使途があったのかについては明らかではない。サタラ王家の財政に関するさらなる研究が必要となる。

163　Tāḷeband Deshmukhī Watan Shuhūr 1160, 1165, 1168, 1175, 1178 and 1191, Prānt Ajmās, Puṇe, Rumāl no. 64 and Puṇe Jamāv nos. 797 and 798, MSAP.

164　たとえば，Tāḷeband Deshmukhī Watan, Shuhūr 1160 and 1168, Prānt Ajmās, Puṇe, Rumāl no. 64, MSAP.

要があり，このときにインダプール町の両替商に手数料（Baṭṭā）を支払った[165]。両替手数料の額は，基本的に送金額の2％すなわち60ルピーであった。

郷主代官は，3,000ルピーの送金を維持するために，しばしば金貸しから現金を借り入れてサタラの宮廷へ送金した。金貸しは，郷主代官が返済を完了するまで，毎月または毎年，利子を取った。前述したように政府役人への貸し付けの利率は月利1％（＝年利12％）と決められており[166]，郷主代官にもこのルールが適用された。さらに，郷主代官への貸し付けでは年利12％の利子額の35分の1が控除されており，この35分の1の控除は一般的に行なわれた商慣行であったとA. R. クルカルニーが指摘している[167]。ただし郷主代官への貸し付けの場合，年によっては利率12％全額が控除される場合もあった[168]。おそらく郷主代官は，翌年の郷主ワタンの得分から利子や元金を回収できるため，金貸しにとって優良な貸し付け先であり，慣習以上の利子の減額などの優遇措置がとられていたと考えられる。

送金は，郷主であるマラーター国王のために行なわれた支出であり，他の郷主にとってこれは郷主個人の消費ということになる。他郡で毎年3,000ルピーが郷主個人の利益となりえたか否かは財政状況の比較によって検討する必要があるが，いずれにせよ他郡の郷主の個人消費は在地社会で還元されえた。それに対してインダプール郡では，郷主の個人消費が域外のサタラで行なわれた。このことが，在地社会とその長たる郷主とを地理的のみならず経済的にも遠ざけていったと考えられる。

②郷主代官

郷主代官はインダプール郡の郷主の職務を担いつつインダプール町の町長（村長）を兼ねており，この職務のためにインダプール郡で様々な報酬を得ていた。本章第2節第1項で引用した命令書が示すように，郷主代官は郷主代官

165　Tāḷeband Deshmukhī Watan Shuhūr 1160, 1165, 1168, 1175, 1178 and 1191, Prānt Ajmās, Puṇe, Rumāl no. 64 and Puṇe Jamāv Rumāl no. 797, MSAP.

166　T. T. Mahajan, *Industry, Trade, and Commerce during Peshwa Period*, p. 95.

167　A. R. Kulkarni, “Money and Banking under the Marathas Seventeenth Century to AD 1848,” p. 111.

168　Tāḷeband Deshmukhī Watan, Puṇe Jamāv, Rumāl no. 797, MSAP.

ワタンに付随してインダプール郡ピンプリ小村をイナーム村として保有し，インダプール町にイナーム地を享受していた。加えて，郷主代官はインダプール郡カルタン村とワルクーテ村をジャーギール村として与えられていたが，その保有条件となる軍事奉仕については明記されておらず，例外的ではあるが，これは文官へのジャーギール授与であったと考えられる。命令書に示された以外にも，郷主代官は郷主と同様に，インダプール郡の各村から慣習的役得（Hak）を徴収するとともに[169]，同郡の通関税収入にも取り分を有した[170]。さらに郷主は郷主代官へ毎年，手当を支給しており，18 世紀後半にはその額が 700 ルピーと固定されていた。700 ルピーの中で 500 ルピーは郷主職，200 ルピーは町長職の代役にために支払われた[171]。注目すべきは郷主代官の職務と権益もまたワタン化していた点であり，慣習的役得およびイナーム村は郷主代官職ワタンとして，先に引用した命令書に記されたナーゴーラーオ・メーグシャンおよびその子孫が世襲した。それに加えて宰相政府からジャーギール村，郷主からイナーム地と毎年の手当てが与えられており，これらも世襲された。郷主職代行に伴う報酬として郷主代官はこれらを受け取り，郷主に代わって個人消費をインダプール郡で行なった。

おわりに

本章はインダプール郡に注目してマラーター同盟下の郡行政の構造を考察した。18 世紀の宰相政府領において郡行政は，宰相政府が派遣した政府の役人であるカマヴィスダールと在地の世襲の郡役人の郷主が担っていた。カマヴィスダールはまず第 1 に徴税請負人としての性格をもち，徴税と宰相政府への送金を最重要の職務とし，余剰を自らの利益として受け取った。「18 世紀問題」

169　Ākār Indāpūr Parganā Shuhūr 1162, Puṇe Jamāv Rumāl no. 790, MSAP.

170　Tāḷeband Jakāt Parganā Indāpūr, Shuhūr 1182, 1185, 1192 and 1193, Prānt Ajmās, Puṇe, Rumāl no. 64, MSAP.

171　Tāḷeband Deshmukhī Watan, Parganā Indāpūr, Shuhūr 1164 and 1165, Prānt Ajmās, Puṇe, Rumāl no. 64, MSAP.

の議論に先行してベイリーとスブラマニアムは，ムガル帝国が興隆した16世紀後半以降に徴税を請け負い，在地の農産物取引に関わり，軍事的手段を動員し，時にはインド洋貿易にも参入するなど，多様な領域で活躍した中間層が台頭したことが，近世期における政治経済の発展の特徴であったと指摘し，この中間層を「ポートフォリオ資本家（Portfolio Capitalists）」と名づけた[172)]。カマヴィスダールはポートフォリオ資本家に比する存在であったが，カマヴィスダールが郡の軍事・司法行政に関わった点においていっそう役人的であったことは史料から明らかである。また，収入として固定の給与が支払われていたことは，カマヴィスダールが単なる徴税請負人ではなかったことを示している。ポートフォリオ資本家とカマヴィスダールの包括的な比較のためには，カマヴィスダールのより私的な活動を分析する必要があるが，その公的役割しか解明されていないのが現状である。

郷主の職務と権益は在地社会の農民や職人と同様にワタンによって規定されていた。彼の権益はその職務と密接に関わるものばかりではなく，在地の長として社会慣行にしたがうことでもたらされる種々の取り分があった。前者の徴収において郷主はカマヴィスダールと協力・競合関係にあったのに対し，後者の徴収は郷主によってのみ行なわれていた。「18世紀問題」の中で議論されているように，後継国家は郷主などのザミンダール層を地方役人として取り込んでいったが[173)]，彼らは完全に役人になったのではなく，在地の長としての性格も残していたことがわかる。このように，ザミンダール層は両義的な存在であったのである。

カマヴィスダールと郷主は，徴税業務，司法業務，軍事業務，および社会的慣行にともなう業務において協力・競合関係にあり，郷主は単なる在地の監督者ではなかった。むしろ，税の不足を自ら補うなどかなり積極的に郡行政に関わっていた。インダプール郡は宰相政府の都プネーがあるプネー州に属していることもあり，宰相政府の影響力が強かったと考えられる。それに加えて，同郡の郷主はマラーター国王であるため，インダプール郡に不在であり，郷主代

172　Sanjay Subrahmanyam, and C. A. Bayly, “Portfolio capitalists and the political economy of early modern India,” pp. 418–419.

173　M. Athal Ali, “Recent Theories of Eighteenth-century India,” pp. 94–95.

官がその役割を担った。郡行政におけるインダプール郡の特殊性は，第 II 部で扱うマラーター同盟末期の混乱と変化の中で大きな意味をもつこととなる。

第3章

マラーター同盟の軍事改革

——インダプール郡での軍馬育成——

はじめに

前章では，1836年にボンベイ管区で最初にライヤットワーリー制が導入されたインダプール郡を事例に，郡行政の構造を考察した。インダプール郡の行政に関しては，郷主がサタラのマラーター国王であることなど，いくつかの特筆すべき点が存在したが，カマヴィスダールと郷主が郡行政を担う構造は他郡と大きく異なるものではなかった。本章ではマラーター同盟宰相政府の軍事改革が，インダプール郡に与えた影響を考える。インダプール郡行政の静的な構造分析に加えて，18世紀後半における郡行政に関する動的変化の分析によってインダプール郡の特殊性を示し，ライヤットワーリー制導入の淵源を見出すことを目指す。

1　インダプール郡におけるジャーギール制の特徴

1) インダプール郡へのジャーギール制導入

郡行政の動的変化を考察するにあたり，ここでは前章と同様に，本税である地税の徴収業務に注目する。地税の徴収方法に従ってインダプール郡の構成村を3種に分類し，18世紀後半におけるその推移を示したのが図3-1である[1]。

1　プネー文書館には，マラーター同盟支配下，および英領期初期のインダプール郡に関する徴税帳簿が保管されており，詳細な帳簿は，いくつかの例外を含むものの1768年か

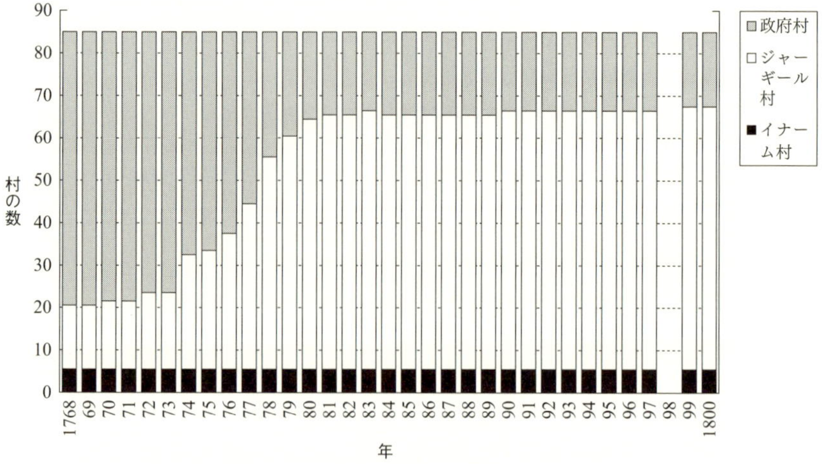

図 3-1　インダプール郡における構成村の推移（1768〜1802 年）

出典）Tāḷeband Parganā Indāpūr, Prānt Ajmās, Puṇe, Rumāl nos. 58-63, MSAP.

インダプール郡に限らず，マラーター同盟宰相政府領の村落は，地税徴収の方法に従って，政府村，ジャーギール村，イナーム村の 3 種に大別することができた。政府村は，カマヴィスダールが地税徴収を行なった村で，前章で示したようにカマヴィスダールは政府村からの地税を宰相政府に送金した。ジャーギール村では，カマヴィスダールの代わりに，宰相政府の武官が地税を徴収した。すなわち，宰相政府から給与として与えられた地税徴収権を武官が行使していたのであり，ジャーギール村からの地税は宰相政府に送金されることなく，武官が自ら享受した。イナーム村は，前章で示したように，種々の理由で宰相政府から地税徴収権を付与された人物が地税を得た村落であり，地税を徴収した人物は多岐にわたっていた。これら 3 種の村落内構造は共通しており，村長が農民から穀物または現金を徴収し，その取り分の一部が地税に相当した。上記 3 種の村落は，村長が地税を支払う相手が異なっており，カマヴィスダール

ら 1825 年までほぼ経年で入手可能である。図 3-1 は利用可能な徴税帳簿の中で 18 世紀後半（正確には 1802 年まで）に関する記録をまとめたものである。Prānt Ajmās, Puṇe, Rumāl nos. 58-63, MSAP.

の場合は政府村，武官の場合はジャーギール村，それ以外の人物の場合はイナーム村と整理することができる。

インダプール郡を構成する行政村の数は，序章で示したように 18 世紀・19 世紀初頭を通じて変わることがなく，86 村であった。前章でも指摘したようにイナーム村数は少なくとも 1768 年以降，18 世紀を通じて 5.5 村と変化しなかった。図 3-1 はジャーギール村が 1770 年の 16 村から 1780 年の 59 村へと 1770 年代に急増したことを示しており，その後もジャーギール村数は 18 世紀を通じて増加を続け，1802 年には最大の 66 村となった。それに応じて，政府村数は 1770 年代に激減し，その後も逓減していった。このことはインダプール郡から宰相政府へ地税を送金する村が減少したことを意味しており，これは宰相政府への送金額の減少を導いた。本章は，18 世紀後半にインダプール郡が経験したジャーギール村の激増という動的変化に注目して，マラーター同盟下における同郡の特徴を明らかにする。本節でマラーター同盟下におけるジャーギール制を概観したうえで，第 2 節でインダプール郡におけるジャーギール保有者の収支を分析して武官の活動を明らかにするとともに，ジャーキール村の地理的配置から彼らの活動目的を解明する。第 3 節で，武官の軍事行動とインダプール郡の行政・在地社会との関係を考察する。

2）マラーター同盟下におけるジャーギール制

本項では 1770 年代にインダプール郡においてジャーギール村が急増した所以を制度的に考察する。それに先立ち，ジャーギールの語の使用について今一度確認しておきたい。図 3-1 の根拠となったインダプール郡の帳簿，証書・命令書では，武官への地税徴収権の付与を示す語として，ジャーギールの他に，デカンのムスリム王朝で広く用いられていたアラビア語起源のモカーサー（Mokāsā：村・土地の施与），ペルシア語起源のサランジャム（Saranjām：供給・支給），マラーティー語のドゥマーラー（Dumālā：二重保有）[2] などの語が併用されていた。サランジャムやドゥマーラーは 18 世紀のマラーター勢力支配下で

2　地税は武官に払われたが付加税等は宰相政府へ支払われており（後述），武官と宰相政府の二重支配を指し示す意味で，ジャーギール村と同様にドゥマーラー村の語が用いられた。

多用されたとされ，これら諸語には意味の若干の違いがあったとされる。しかし，史料から判断する限りでは少なくとも18世紀後半のインダプール郡において，これらの語は同一文書の中で同じ対象に使われるなど，互いに置き換えが可能な用い方で記されており，明確な区分がなかったことがわかる。そこで本書では，武官への地税徴収権の付与を一律にジャーギールの語で表すこととする。

第1章で指摘したように，ジャーギール制はムガル帝国下で広く用いられた制度であった。デカンにおいても，15～17世紀にその南西部を支配したアーディル・シャーヒー朝下で，武官・文官へのモカーサーの付与による地方支配が展開され，中央の行政軍事が整えられたことを深沢が明らかにした[3)]。インダプール郡の史料で，しばしばモカーサーの語が用いられるのは，この名残であると考えられる。17世紀末にデカン地方を支配したムガル帝国は，同地方にもジャーギール制を導入したが，武功を挙げた数多くの武官に恩賞としてジャーギールを与えようとしたためにマンサブ（位階）とジャーギールを乱発することとなり，徴税地の不足から，敵対するマラーター勢力の土地の地税徴収権がジャーギールとして与えられるようになった。このことは武官にジャーギール制に対する不信感を抱かせる結果となった。深沢は，デカン征服を推進したアウラングゼーブ帝治世の初期にジャーギール制の拒否がすでに起こっており，その結果として国庫収入地域が増加していたことを指摘している[4)]。そして一度ジャーギールとして地税徴収権を与えられた武官は，収入を確保するために規定以上の税を収奪し，これに対して在地の長（ザミンダール）を中心とした在地からの抵抗がムガル帝国内で広く起こったことが，ムガル帝国を内部から瓦解させたとイルファン・ハビーブは主張している[5)]。深沢が指摘するようにジャーギール制の破綻はすでに17世紀前半に始まっていたと考えるべきであるが，それを決定づけたのはアウラングゼーブ帝のデカン征服であり，

3　深沢宏「アーディル・シャーヒー王国（西暦1489-1686）の地方支配に関する一研究」69-90頁。

4　深沢宏「十七世紀デカンにおけるムガル帝国の支配――特に官職知行制度とその荒廃」深沢宏『インド社会経済史研究』東洋経済新報社，1972年，108-111頁。

5　Irfan Habib, *op. cit.*, pp. 364-405.

彼の死後，ムガル帝国はジャーギール制の破綻を大きな要因として崩壊したと筆者は考える。

アウラングゼーブ帝と対峙した初代マラーター国王シヴァージーは，このような状況の中でジャーギール制を嫌い，中央集権を確立すべく，武官へは国庫から貨幣を支給した[6)]。しかし，2 代国王サンバージーがアウラングゼーブ帝によって殺害され，マラーター勢力が大きく南に後退すると，同勢力を率いたラージャー・ラームはやむを得ずジャーギール制を採用するとともに，デカン地方を治めるムガル帝国へゲリラ攻撃を繰り返した。1719 年の勅令によってマラーター国王シャーフーの王権が認められた後もジャーギール制は引き続き用いられ，第 1 章で論じたように，18 世紀前半のマラーター同盟の外延的拡大期には，フロンティアの地税徴収権が武官にジャーギールとして与えられた。マラーター同盟の支配が確立すると，カマヴィスダールによる文官支配が導入され，プネー州など宰相政府領では，第 2 章で示したようなカマヴィスダールと郷主による支配体制が整えられた。ムガル帝国下においてジャーギール制の制度的疲弊は明らかであったが，マラーター勢力はムガル帝国への抵抗および領土拡張にともなう軍事力強化の必要から，やむを得ずジャーギール制を用い続けた。それゆえに，マラーター同盟の支配が確立するに及んで，宰相政府は文官支配に切り替えて中央集権化を目指し，軍事力を効果的に配備できる一方で分権化の可能性をはらむジャーギール制は不必要に用いない方策を取っていたと考えられる。

1770 年代のインダプール郡においてジャーギール制の必要が生じた所以は何であろうか。インダプール郡は，宰相政府の都プネーを中心とするプネー州に位置し，前章で論じたようにマラーター国王の権益が存在していた。この意味で，最も中央政府に近い郡の一つであり，中央政府の意向が最も反映しやすい郡の一つであったと考えられる。ジャーギール制の採用は，1770 年代の全インド的な政治・軍事状況の中で理解できる。第 1 章末で示したようにマラーター同盟は北インドの覇権をめぐってアフガン勢力と争ったが，1761 年のパーニーパットの戦いでマラーター軍が敗北し，同年に死去したバーラージー・バ

6　A. R. Kulkarni, *Maharashtra in the Age of Shivaji, A Study in Economic History*, Second Revised Edition, Pune : Prabha Prakashan, 2002, pp. 160–161.

ージーラーオに替わって宰相となったマーダヴラーオ１世はマラーター同盟の北方への拡大を諦めて，内政改革へ政策を転換することとなった。マーダヴラーオ１世はわずか 16 歳で即位したため，彼の叔父（バーラージー・バージーラーオの弟）ラーグナートラーオが彼の後見人となったが，すぐさまマーダヴラーオ１世の側近とラーグナートラーオの間で対立が起こった。パーニーパットの戦いでは，マーダヴラーオ１世の兄２名をはじめとして多くの有力武官が戦死しており，マラーター同盟軍は大きな痛手を負っていた。このような状況を利用して，隣国ニザームの軍隊が 1763 年にプネー州を襲い[7]，インダプール郡など近郊郡で収奪を繰り返すのみでなく，プネー市の街区を破壊した[8]。この襲撃は宰相政府に中心都市プネー防備の必要をせまるものであった。インダプール郡は北側をビマ川が流れて郡の北境と東境を形成し，ニラ川が郡の南側を流れて郡の南境を形成している。両川が肥沃な土壌を運ぶことにより，インダプール郡は乾燥地帯のデカン高原の中では比較的豊かな土壌に恵まれており，プネー市から最寄りの肥沃地帯という地勢上の重要地域であった。宰相政府はおそらくプネー防備の名目ですでに 1760 年代後半からジャーギール村の数を増加させていたが，1770 年代はマーダヴラーオ１世とその後継の宰相とラーグナートラーオが対立した時期で，第１次アングロ・マラーター戦争につながる内紛が起きた時期であった。このように政局が不安定な時期にあってますます中心都市の防衛が重要となり，ジャーギール村数は 1770 年代にいっそう急増したと考えられる。マラーター同盟宰相政府の 18 世紀後半における内憂外患が中心都市プネーの防衛を宰相政府に企図させ，それゆえにインダプール郡でジャーギール制を採用する必要が生じたのである。宰相政府の政治軍事状況とインダプール郡のジャーギール増加は密接に結びついていたといえよう。次節ではインダプール郡のジャーギール村における武官の活動を考察する。

7　Stewart Gordon, *The Marathas 1600–1818*, p. 155.
8　*SSRPD* Vol. VII, no. 776.

2　インダプール郡におけるジャーギール村の経営

本節では，ジャーギール村の経営を考察するにあたって，インダプール郡におけるジャーギール保有者について概観し，彼らの収支簿からその活動を明らかにする。そのうえでジャーギール村のインダプール郡における地理的分布に注目し，プネー近郊の郡にジャーギールを得た武官の役割を解明する。

1）ジャーギール保有者の概観と本章の研究的位置づけ

徴税帳簿が継続的に得られる1768年から宰相政府が滅亡する1818年までの間に，宰相政府は，延べ[9)]138名の武官にジャーギールを与えた。第1章で示したように，ムガル帝国では武官の土着化を防ぐため，地税徴収の対象となる土地，村，郡は定期的に所替えがなされたが，少なくともマラーター同盟下のインダプール郡では所替えが定期的に行なわれた形跡はなく，むしろ宰相政府はジャーギール村の世襲を武官に認めていた。すなわちインダプール郡では多くの事例において，ジャーギール保有者が死去した場合に，その嫡子が宰相政府と新たに取り決めを結んでおり，ジャーギール額も原則として相続に際して変わることはなかった[10)]。この点はムガル帝国下のジャーギール制と大きく異なっていた[11)]。138名の中にはジャーギールを相続した武官も含まれており，

9　後述するように，同じ武官がインダプール郡内でジャーギール村を移ることがあったが，この場合は2名と数えた。

10　シェートファル・ハヴェリ村のジャーギールを保有していたラージャ・アリー・カーンのように，嫡子なく死去した場合はしばしば宰相政府によってジャーギールが収公された。1 Jamādilāwal Shuhūr 1182, Prānt Ajmās, Puṇe, Rumāl no. 504, MSAP.

11　ムガル帝国下で世襲を認められていたワタン・ジャーギール制は，ラージプート諸王国の旧来の武力を追認し，ムガル帝国の統治組織に編入するために行なわれたものであった。インダプール郡の事例では，武官に新たに与えられたジャーギールの世襲が認められており，ムガル帝国のワタン・ジャーギール制とも異なっていた。

A. ウィンクは，マラーター同盟の領土の外延的拡大の中で，宰相や諸侯がフロンティアを支配する武官を確保するために，よりよい条件を提示する手段としてジャーギールの貸与期間を長期化させていったと指摘する。この条件が，中心都市の防備のための新たなジャーギールにも加えられたと考えることができる。Andre Wink, *op. cit.*, p. 326.

彼らの多くは，マラーター軍の騎馬隊（Pāgā）に所属する武官や，戦時にのみ騎馬隊等の部隊に加わり正規の所属がない武官（Silhedār）であった。前者は騎馬隊の給与として，後者はしばしば騎馬隊の管轄下に置かれたが，基本的に自ら武具や馬を整え軍務に就くことを求められており[12]，その費用にジャーギールからの収入が充てられた。これらの武官層に加えて，インダプール郡のアンサリ村，ガジワラン村，バード村が，マラーター同盟諸侯のシンデー家配下のバージー・ナルシーとラーゴー・マルハールに共同のジャーギールとして1769年に与えられ，1778年にはセール村とバーブール村のジャーギールがシンデー家のマノジー・シンデー[13]に与えられた。また，マラーター諸侯ホールカル家配下のヴィサジー・シャームラージにニンブサーカル村とワルクーテ本村のジャーギールが与えられ，宰相政府下で最大規模のジャーギールを保有したパトワルダン家のゴーヴィンド・ハリ・パトワルダンにはタヌ村のジャーギールが与えられた。すなわちごく少数ではあるが，マラーター同盟内の有力者にインダプール郡のジャーギール村が与えられていた。さらに前章で考察した郷主代官もインダプール郡内にジャーギール村2村（ワルクーテ小村およびカルタン村）を有していたことを付言しておく。いずれの事例においても1〜3村の地税の付与であり，ジャーギールの規模や額において郡内の他の武官と大きく異なることはなかったが，有力者に戦略的地域のジャーギール村を与えたことの政治的意義は無視できない。

上述したようにインダプール郡ではジャーギール授与は村を単位として実施されており，その授与額（地税徴収額）は1万ルピー以下で，保有者は下級の武官が主であった。本章のジャーギール保有者を詳述する前に，保有者集団に注目して，ジャーギール研究における本章の意義づけを行ないたい。ジャーギール研究としては，イルファン・ハビーブがムガル帝国下における同制度の基本的枠組みを解明しており[14]，その後，M. アタール・アリーがマンサブ

12　Surendra Nath Sen, *The Military System of the Marathas*, pp. 4–5 and 8.

13　マノジー・シンデーは1764〜68年にシンデー家の当主として諸侯領を統括していた。その地位を甥のマハーダジー・シンデーに譲った後も，同家の有力者としての地位を保持していた。N. G. Rathod, *The Great Maratha Mahadaji Scindia*, New Delhi : Sarup & Sons, 1994, p. 4.

14　Irfan Habib, *op. cit.*, pp. 298–341.

1,000 以上の有力武官に注目して，そのジャーギール経営を豊富な具体例を用いて解明している[15)]。デカン地方に関しては，深沢がデカンのアーディル・シャーヒー朝のムカーサー制およびムガル帝国治下のジャーギール制を考察したのは上述したとおりである。前者に関しては，アーディル・シャーヒー朝下での制度を詳述するとともに，「大知行」[16)]と深沢が命名する郡レベルの地税徴収権が授与された事例の運営を考察した。後者については，1万ルピー以上が付与されたジャーギールの事例が取り上げられている。さらに深沢は，マラーター同盟下のジャーギールに関する研究に着手し，上述したパトワルダン家について，数郡からなる彼らのジャーギールの経営を分析した[17)]。ムガル帝国下のジャーギール研究に関しては枚挙に暇がなく，有力ジャーギール保有者を中心に様々な研究がなされてきた。マラーター王国・同盟下に関しては，アーディル・シャーヒー朝，ムガル帝国，マラーター同盟下のジャーギール制を考察した深沢の通時的研究が注目に値する。ただし深沢の研究は主に，大規模なジャーギールを対象としたものであった。他方で，マラーター王国・同盟の支配権を研究したA. ウィンクは，10万ルピーを超えるジャーギール保有者はごく僅かで，ほとんどの武官が数千ルピーのジャーギールを保有するにとどまっていたことを指摘している[18)]。序章でも示したとおりマラーター王国・同盟に関する膨大な文書がプネー文書館に収められており，有力ジャーギールのみでなく，より一般的な少額のジャーギールも含めた相当数の関連文書が分析可能な状態にある。これら文書館史料の中で，有力ジャーギールに関する文書は早期にまとめられて刊行されており，これが深沢の一連の研究の主史料となっているが，本章は文書館史料を用いて，より少額のジャーギールを検討する。ウィンクが指摘するジャーギール保有者のあり方を考慮するならば，有力事例を用いた深沢の研究に新たな対象を加え，既存のジャーギール研究を発展

15　M. Athar Ali, *The Mughal Nobility under Aurangzeb*, new revised edition, p. 7.

16　知行とは領主が行使した所領支配権を意味したが，ジャーギール制は後述するようにつねに領主権を与えたわけではないので，本書では，ジャーギールに対して「知行」の訳語を当てないこととする。

17　深沢宏「十八・十九世紀南マラータ地方における知行領主制——特にパトワルダン家について」深沢宏『インド社会経済史研究』東洋経済新報社，1972年，115-139頁。

18　Andre Wink, *op. cit.*, p. 325.

させる役割を本章が担うこととなる。

2）ジャーギール村の経営——収支簿に注目して

本節では，ジャーギールを付与された武官がジャーギール村から何を徴収し，その収入を用いてどのような軍事活動を行なったかを考察する。プネー文書館には，様々な形式のジャーギールの収支簿が数多く残されており，本章ではより詳細な収支簿をもって武官の活動を考察する。

①ジャーギールからの収入

インダプール郡に関して，どの武官にどれほどの規模（額）のジャーギールを与えるかを決定したのは宰相政府であった。宰相政府が決定したジャーギール額に従って，インダプール郡のカマヴィスダールは税を付与する村を選定し，「軍事規約（Taināt Jābtā）」と呼ばれる証書を発行して，ジャーギールを付与する武官に与えた。この証書には，宰相政府と武官の間で取り決められた税徴収権の税目と村名などが記された。たとえばインダプール郡ワデプリ村は，1780年にジヴァージー・ラーグナートにその税収がジャーギールとして与えられた[19]。軍事規約によるとジャーギールとして付与された項目は，(1)本収入（本税：Ain Jamā）の 4,053 ルピー 8 アンナ，(2)宰相への支払い（Antastha）の 286 ルピー，(3)諸徴収の 37 ルピー 12 アンナであった。(3)諸徴収は，宗教的施与のための徴収（Dharmadāy Paṭṭī：5 ルピー），召使いのための徴収（Shagīrdpesā：2 ルピー），賃借のための徴収（Bhāḍe Paṭṭī：2 ルピー 12 アンナ），贈り物に対する徴収（Aher Paṭṭī：25 ルピー），従者・傭兵への支払金（Masālā：3 ルピー）から成っていた。これに 2 ルピー 12 アンナが繰り上げ計算のために加えられ，ジャーギール額は 4,380 ルピーであった。他方で図 3-1 のジャーギール村数を示す根拠となったインダプール郡の収支簿の 1780 年版を見ると，ワデプリ村では 4,380 ルピーの地税収入があり，それがジャーギールとしてジヴァージー・ラーグナートへ与えられたことが記録されていた[20]。

上記の 2 種の史料を比較すると，上記の軍事規約にみられた(1)本収入（本

19　26 Sawāl Shuhūr 1180, Prānt Ajmās, Puṇe, Rumāl no. 547, MSAP.

20　Tāḷeband Parganā Indāpūr Shuhūr 1180, Prānt Ajmās, Puṇe, Rumāl no. 61, MSAP.

税)，⑵宰相への支払い，⑶諸徴収が合わせてワデプリ村の地税に相当していることが読み取れる。⑴本税（Ain Jamā）はしばしば地税を指す語として用いられていたが（第2章参照），軍事規約での用例は異なっていたことがわかる。⑵宰相への支払いは宰相個人への私的支払いであり，中央政府の公文書にこの語はみられなかったが，インダプール郡の支出簿と同様に，地方では軍事規約にその名を見出すことができる。⑶諸徴収を取られたのは武官で，村の宗教施設への支払い，慣習にしたがった支払いや地税徴収の費用支払いをジャーギールの保有者である武官が負担したことを意味した。ジャーギール額の1割弱が⑵宰相や⑶在地への支払いとなっており，その残額が武官の純収入となった。⑵宰相への支払いは，軍事規約によって主従関係を結んだ主たる宰相への支払いとして位置づけられる。政府村での地税徴収をもとにカマヴィスダールが送金した宰相への支払いと，財政上の手続きが類似している。さらに⑶諸徴収，特に村の宗教施設への支払いなどは，政府村ではカマヴィスダールが政府役人として果たす社会的な役割であった。マラーター同盟下のジャーギール保有者が単なる軍事責任者ではなく，政府の代理人としての役割も帯びていたことがわかる。他方でカマヴィスダールの徴収項目と比較すると，付加税である通関税や司法手数料などはジャーギールに含まれていないことがわかり，これらの徴収は，政府村と同様にジャーギール村でもカマヴィスダールが行なっていたこととなる[21)]。支出項目を見ると，カマヴィスダールが政府の代理人として司法上の承認を行なっており[22)]，種々の諸徴収を政府村と同様に行なっていた。さらに，宰相政府が担う社会的な役割も武官のみが担っていたわけではなく，カマヴィスダールもその役割を担っていた。この点において，武官はジャーギール村を政府の代わりに統治する存在ではなく，カマヴィスダー

21　地税査定の際に村長が支払う貢物（Nazar Bheṭ）を，カマヴィスダールはジャーギール村では徴収していなかった。このことから，ジャーギール村では地税の査定が行なわれていなかったことがわかる。インダプール郡の税帳簿においても，ジャーギールとして与えられている村落については，その間の地税額としてジャーギール授与時の査定額が記されており，ジャーギール村では地税の査定が行なわれなかったことを裏づけている。

22　たとえば，インダプール郡のカマヴィスダールが，ジャーギール村であったバーブール村やシェートファル・ハヴェリ村で司法手数料を徴収していた。Tāḷeband Parganā Indāpūr, Prānt Ajmās, Puṇe, Rumāl nos. 58, 62 and 63, MSAP.

ルも様々な場面で政府の役人としての役割を果たしていた。すなわち，武官のジャーギール世襲を認めつつも，武官が在地勢力・社会と癒着することはカマヴィスダールによって防がれていたのである。在地の視点に立てば，ジャーギール村においてもカマヴィスダールが行政を担っていたが，種々の場面で武官が加わってきたのが政府村と異なる点であったといえる。なお，ジャーギール村における在地社会・勢力と武官の関係については次節にて考察する。

マラーター同盟下，とりわけ宰相政府領におけるジャーギール村の施与はこのようなかたちで行なわれ，武官は地税を給与として受け取った。ただし施与に際しては，武官の給与額に対してジャーギール村の地税額が不足する場合もあった。たとえば，マーン・シン・カラテには 1772 年にクンバール村がジャーギール村として与えられ，軍事規約には 1,517 ルピー 4 アンナが軍馬等の維持のための支出として明記された[23)]。この額が給与額に相当することとなったが，クンバール村の地税収入はこれに 360 ルピー不足していたため，同村内の既存のイナーム地（3 チャーワル）が与えられ[24)]，不足分が補塡された[25)]。時には，インダプール郡外の土地やその他の税収を与えるかたちで，給与額の支払いが行なわれた[26)]。村落の地税額がそのまま与えられる村ジャーギールの他に，地税額の 4 分の 1 がチョウト，地税額の 10 分の 1 がサルデーシュムキーなどの形で，ジャーギールとして与えられることがあった。歴史的には，

23　軍事規約の書式は完全に定式化されておらず，軍事費用が明記された規約と明記されていない規約が存在した。

24　この事例において，既存のイナーム地に保有者が存在したか否かは明らかにならなかった。インダプール郡アゴティ村でも，同村がジャーギール村として与えられた際，武官の給与額を補塡するために，地税以外に 1 チャーワルのイナーム地が 1762 年に与えられた。このイナーム地は，同郡のイスラーム法官が保有しており，この人物には毎年 200 ルピーの手当てが支給されることとなった。この事例およびイナーム地の補塡による在地権益への影響に関しては拙稿を参照のこと。小川道大「インド西部の植民地化による在地の権益の変化について――19 世紀前半ボンベイ管区インダプール郡のイスラム法官を事例にして」『マハーラーシュトラ』第 12 号，2015 年，1-34 頁。

25　9 Safar Shuhūr 1179, Faḍke Kanojī aṇi Man Singh Khalāte, Ghaḍṇī Rumāl no, 388, MSAP.

26　たとえばファキールジー・ファドタレには，インダプール郡バーブール村がジャーギールとして与えられていたが，それに加えて，査定額 50 ルピーのサナド地（Shet Sanadī：「軍事奉仕のために証書（Sanad）によって与えられた土地」の意）を保有していた。29 Jamādilāwal Shuhūr 1164, Faḍke Fakirjī Fadtare, Ghaḍṇī Rumāl no. 454, MSAP.

この項目はマラーター王国建国者シヴァージー以来の地税制度がジャーギール制の一部として存続していたことを意味するが，サルデーシュムキー等の本来の字義は失われていた。チョウト等も，村ジャーギールの補塡に用いられ，宰相政府下の武官の給与は，地税を中心とした税収[27]を充てることで賄われていた。

②ジャーギールの支出

ジャーギールの収入の分析は武官が期待されていた役割を明らかにしたが，武官の活動の具体的な詳細は明らかにならなかった。ここでは彼らの活動を考察するためにジャーギールの支出を検討する。プネー文書館所蔵のインダプールのジャーギールに関する文書には完全な支出簿は残されておらず，ジャーギール保有者たる武官がジャーギールからの収入を用いて行なった活動を包括的に把握することはできない。ただし，ジャーギール保有者の軍備の維持に関する支出簿が残されており，この分析から彼らの軍事活動を考察することができる。

マラーター軍の主力は騎馬であるとされており，このことを反映するかのように，ジャーギール保有者の軍備に関する支出簿の多くは軍馬の維持に関する文書で占められていた。その主な文書の一種に，「軍用動物の育成と軍事奉仕」と題する支出項目を含んだ取り決め書があり，それらは書式の大部分が規格化されていた。下記にその一例の全文を引用する[28]。

シュフール暦1180年［西暦1780年］ラジャブ月［イスラーム暦第7月］23日。マーン・シン・カラテの馬とラクダ等が，インダプール郡クンバール村の駐屯地にいる。彼の軍役を以下の通りに取り決める。

第1項　毎日の飼料として，一日につき穀物を以下の通りに与えること。〈穀物〉計2カンディ6マン12パーヤリ。ジャマーディラーワル月［イス

27　インダプール郡に駐在した武官のジャーギール収入には地税が充てられていたが，後述するように，他郡では通関税もジャーギールとして与えられた（本章第3節参照）。

28　23 Rajab Shuhūr 1180, Prānt Ajmās, Puṇe, Rumāl no. 547, MSAP.

ラーム暦第5月］19日を初日として，この日から常駐している馬への飼料。

5パーヤリ　雄馬5頭　9パーヤリ　雄の子馬14頭
10.5パーヤリ　雌馬11頭　12.5パーヤリ　雌の子馬13頭

同年ラジャブ月20日からは，下記の馬に対する毎日の飼料[29)]
〈馬への穀物〉

14.75パーヤリ　雄馬14頭　10.75パーヤリ　雄の子馬17頭
1マン8.5パーヤリ　雌馬23頭　12.5パーヤリ　雌の子馬13頭

〈ラクダへの穀物〉

12.5パーヤリ　ラクダ11頭

合計4マン10.75パーヤリ

〈穀物の内訳〉
1マン8パーヤリ：エンドウ　2マン8.5パーヤリ：トウジンビエ
10.25パーヤリ：豆類

4マン10.75パーヤリの飼料が，月に1，2度は休みを入れながら，上記の日付［すなわち，ラジャブ月20日］より毎日与えられている。

第2項　以下の品を毎日与えること。
種馬に

0.5セール：小麦　0.25セール：精製バター（ギー）
0.9セール：粗糖　0.1セール：コショウ
9ターク：精力を与えるための油

合計で1セール1タークの上記の品が，滋養物として，月に1，2度の休みを入れながら，年の初め［ジャマーディラーワル9日］から与えられている。

29　ラジャブ月20日に何らかの理由で馬の増加があり，その負担が変わった。さらにこの日にラクダも加わっている。この証書は軍馬・ラクダが増加した3日後に作成されており，新たな状況に対応してなされた取り決めがここに記されている。

第3項　以下の人々に，毎月の穀物を与えること。
2名：女婢　4名：少年・少女　1名：マハール
合計：7名

一日当たりの穀物の手当ては以下の通り。
3マン12.5パーヤリ：①モロコシ
〈内訳〉3マン10.5パーヤリ：以前からの割当量＋2パーヤリ：少年・少女が増えた分量
8パーヤリ：②豆
1.5パーヤリ：③塩

合計で4マン6パーヤリの上記の品が，年の初め［ジャマーディラーワル月9日］から，毎月与えられる。

第4項　馬の着衣としての毛布　55枚
ラクダのための皮革　25枚
新しい馬の着装のためのロープ　550本
ラクダの着衣のための粗布　25枚
厚い綿の，馬の着衣　5枚
以上，合計で660の品を与えること。

第5項　馬とラクダには，病気のために薬が与えられる。病状をみて，精査したうえで薬を与えること。

第6項　駐屯地にある牧草の山の中から，馬に8束，ラクダに10束，牛に5束の青い牧草を与えること。

第7項　馬の毎日の穀物飼料は，初めは少なく与えていた。それゆえ，青い牧草が十分に調達されるようになり次第，穀物の量を減らすこと[30)]。

第 8 項　以下の農作物または加工品を与えること。
10 マン：［馬の］後ろ足の固定のためのロープ
10 マン：鞍のクッションのための毛糸
10 セール：糸（綿糸）
1 マン 6.5 セール：ラクダ 11 頭の皮膚のただれのための油
33 セール：油
5.5 セール：アヤメの一種［＝炎症緩和や抗菌の薬草］
5.5 セール：硫黄（薬として）
2 セール：ガジュツの一種［＝薬草］
［合計で］1 カンディ 6 マン 7.75 セールの重量の［上記の］品を与えること。

第 9 項　子馬を出産するときは，大きな雌馬には一杯の滋養物を，小さな雌馬にはその半分の滋養物を，12 日間，慣習にしたがって与えること。そして大きな雌馬の子馬にはバターを，生まれてから 1ヶ月間，毎日 1 頭につき 9 タークずつ与え，その次の 2ヶ月間は，1 頭につき，毎日 5 セールのバターを与え，合計で 3ヶ月間，バターを与えること。子馬が大きくなったら，発育状態をみて通常の穀物飼料を与えること。

合計で 9 項からなる取り決めを［政府は，マーン・シン・カラテと］交わした。ここに記されたことにしたがって，インダプール郡［のクンバール村のジャーギール］が与えられる。以上，宰相の名で発行された証書。

上記の引用から，軍馬を中心とする軍用動物の育成には 100 品目以上のモノ，さらに種々の労働力が用いられていたことがわかり，取り決めがこのように詳細になされ，宰相政府の名の下に文書が出されたことは，インダプール郡での軍馬や軍用ラクダの維持を宰相政府が非常に重視していたことを示している。インダプール郡の軍馬にはモロコシやトウジンビエ等の雑穀，エンドウ，豆，牧草が与えられ，とりわけ穀物よりも牧草を与えることが重要視されていた。

30　背景となる状況は明らかではないが，牧草が十分に手に入らないために，取り決め時点で，馬に穀物を多く与えていたようである。この状況は望ましいものではなかった。

それに加えて病気の馬やラクダには薬が与えられたが，その内訳は，同種の他史料も[31]あわせると，油，精製バター，薬草，硫黄，鉛丹，樟脳等であり，上記引用では第8項にその一部が記載されていることから，これらが滋養物として与えられたことがわかる。種馬および出産を控えた雌馬，子馬の育成には滋養物が用いられ，その内訳は小麦，塩，バター，精製バター，粗糖，コショウ等であった。滋養物に関しては同種の取り決めで下記のように定められていた[32]。

> シュフール暦1171年［西暦1771年］ラビラーワル月［イスラーム暦第3月］すなわちアーシャード月［ヒンドゥー暦第4月］23日。サコージー・カテの軍馬がパラスデーオ村の駐屯地にいる。そこでは，軍馬が駐屯地にいるときに，種馬への滋養物が与えられる。軍馬が［軍務で］騎手の下へ行き，種馬が残された場合は，滋養物を与えることが禁止された。今，雌馬が駐屯地に戻ってきたので種馬に滋養物が，以前からの慣習にしたがって3ヶ月間，与えられること。これ以外に，上述の軍馬の中で出産した，またはこれから出産する馬には，15日間，滋養物を慣習にしたがって与えること。

この引用文では，種馬，雌馬への滋養物の供給が軍務との関係でより詳細に取り決められていた。この内容によると種馬は少なくとも一定期間軍務を免除されており，軍馬の再生産がインダプール郡で行なわれていたことがわかる。熱帯・亜熱帯を含む南アジアでは軍馬の生産は困難で，インドの諸勢力は，陸路でアフガン，南ロシアなどの中央アジアから，海路でペルシア湾から良馬を輸入していた[33]。マラーター同盟宰相政府もアラビア，ペルシア，アフガニスタン（特にカンダハール）から軍馬を輸入して，これを育成・交配させていた[34]。他方で同政府は，ビマ川とニラ川の間の肥沃地帯で軍馬の育成のみならず再生産を試みていたのであるが，サバナ気候帯に属するデカン高原での軍馬育成は

31　28 Safar Shuhūr 1182, Prānt Ajmās, Puṇe, Rumāl no. 503, MSAP.

32　23 Ravilāwal Shuhūr 1171, Prānt Ajmās, Puṇe, Rumāl no. 503, MSAP.

33　J. L. Gommans, *The Rise of the Indo-Afghan Empire, c.1710–1780*, Oxford : Oxford University Press, 1995/1999, pp. 79 and 83.

34　James M. Campbell ed., *GBP* Vol. XVIII, Poona District, Part 1, Bombay : the Government Central Press, 1885, pp. 61–62.

牧草の調達が困難であるなど環境面での障害があり，再生産可能な現地馬はアラブ馬よりも小型であった。このような状況での軍馬育成に際しては，上記の取り決めに見たように細心の注意が必要であり，宰相政府にとっては負担の大きな事業であった。アフガン勢力との戦争に始まる北インドでの政治情勢の変化がただちに北インド・中央アジア方面からデカンへの軍馬の輸入を困難にしたとは考えにくく[35]，宰相政府による軍馬育成事業を後押しした主要因は交易上の問題ではなかったと考える。遠方の良馬を整えるとともに，在地の軍馬を再生産することで，より多角的に有事に備えることが宰相政府にとって重要であり，軍事面での動機から本事業を推し進めていたと筆者は判断する。インダプール郡におけるジャーギールの急増は，単なる武官の配置を超えた意味をもっていたのではないかと思われる。軍馬育成が同郡に与えた経済上・行政上の影響は次項にて考察する。

上記に引用した取り決め書内に明記された品目の入手に関しては，他の取り決め書にその手掛かりを見出すことができる。インダプール郡カラシ村から588ルピー8アンナがジャーギールとして与えられたサコージー・カテの取り決め書から，彼が1787年に軍馬に与えた塩，カラスノエンドウ，砂糖，トウジンビエの総費用が40ルピーであったことと，その費目詳細が明らかになった[36]。他方で「軍用動物の育成と軍事奉仕」に関する帳簿等でサコージー・カテがモロコシや牧草を軍馬に与えていることが明らかになっているにもかかわらず，これら2種目の価格は記されていなかった。ここから，穀物や飼葉が市場で購入したものではなく，ジャーギール村から直接調達されたものであったと推察できる。デカン高原の外部，すなわちインド西部の海岸部で生産された塩や米，さらに粗糖などの食料加工品は村内では調達できず，市場で購入する必要があった。その際の購入額が史料に記載されていたと考えられる。ワデプリ村のジャーギールを保有していたカンデラーオ・ジヴァージーは，部下を郡外の市場に派遣して米と塩を購入させてインダプール郡に持ち込んでおり，軍

35　ジョス・ゴマンスは18世紀後半の史料を用いて，デカンに至るアフガニスタンからの軍馬交易を論じており，1761年のパーニーパットの戦い以後も北インド・中央アジアからの軍馬交易が続いていたことがわかる。J. L. Gommans, *op. cit.*, pp. 79–82.

36　Mauj Kalāsī Pargaṇā Indāpūr Shuhūr San 1183, Prānt Ajmās, Puṇe, Rumāl no. 547, MSAP.

馬育成のための物資調達の範囲は同郡内に限られてはいなかった[37]。

牧草はジャーギール村の放牧地で調達されたが，牧草の刈り取りには当該村周辺の非ジャーギール村の農民が徴発された[38]。戦時の調達に際してジャーギール保有者に軍務命令が下った場合も，牧草の収集・飼葉の調達に周辺村の農民が徴発された。公的な強制労働のみでは十分でない場合には，定額契約労働者が牧草1,000束あたり1ルピー8アンナで雇用された[39]。周辺村への徴発や定額契約労働者の雇用は宰相政府の命令に従ってカマヴィスダールが実行しており，宰相政府がインダプール郡における武官のジャーギール経営，換言すれば軍備の維持に強い関心をもっていたことがわかる。この背景に宰相政府の都プネー防衛への志向があったことは言うまでもない。在地レベルで考察すると，この徴発は，地理的には武官によるジャーギール経営がジャーギール村に閉じたものでなかったことを示すとともに，構造的には在地共同体の労働力分配システム（第4章参照）が政府によって変質させられていたことを示している。後者に関しては，おそらく，インダプール郡が宰相政府の中心地域に属していたために，政府の影響を非常に強く受けていたのだろう[40]。インダプール郡におけるカマール制の導入やジャーギール村の急増は，宰相政府の都プネーから最寄りの肥沃地帯であったためだけではなく，宰相政府の影響力が非常に強かったためと考えられ，これら2要因が相まって，インダプール郡はマラーター同盟の中で特別な位置を占めるにいたった。

「軍用動物の育成と軍事奉仕」に関する取り決めによると，武官はジャーギール村から得た収入によって，軍馬に加えて，ラクダ，去勢牛（雄牛），時にはゾウを軍用飼育していた。たとえば，カラシ村のサコージー・カテは1779年に40頭の馬，7頭のラクダを保有していた。また，1778年に，インダプール郡シェトファル村から2,515ルピーをジャーギールとして得ていたナルシン

37　3 Jilhej Shuhūr 1175, Faḍke Khanḍerāo Jiwājī Siledār, Prānt Ajmās, Puṇe, Rumāl no. 504, MSAP.

38　3 Jilhej Shuhūr 1175, Faḍke Khanḍerāo Jiwājī Siledār, Ghaḍṇī Rumāl no. 404, MSAP.

39　29 Moharam Shuhūr 1186, Prānt Ajmās, Puṇe, Rumāl no. 547, MSAP.

40　前章で検討したように，インダプール郡の郷主が在外のマラーター国王である点も，同郡で共同体を代表する在地の長の力が弱く，政府の影響力が強いことの一因になっていると考えられる。

グ・ウッダヴは，67頭の馬，13頭のラクダ，4頭の去勢牛（雄牛），1頭のゾウを保有していた。さらに，武官は軍馬を再生産していたが，軍事活動の上で必要な場合に軍馬やラクダなどを購入した。軍馬等の軍用動物に関しては断片的な価格の記録がプネー文書館に残されている。これによると，インダプール町の市場[41]における軍馬の購入価格は，1780年代には1頭88ルピーから300ルピーであった[42]。武官にとって軍馬の購入は大きな経済的負担となりうることであり，武官が軍用動物を購入するに際して宰相政府は，インダプール郡から宰相政府への送金の一部を用いて，ジャーギール保有者である武官に補助金を支払った[43]。

上記の取り決めの分析から，武官は基本的にジャーギール村からの収入を用いて，自身の軍用動物の飼育・再生産および必要時の購入を行なっていることが明らかとなった。武官の中には，これらの通常の支出に加えて，臨時支出や宰相政府への付加徴収の支払いに応じる者があった。たとえばカラシ村のサコージー・カテは，1786年にカルナータカ州からプネーに向かう途中のバーラージ・ジャナルダンの騎馬隊に対して13カンディのカラスノエンドウと27カンディのモロコシを提供した[44]。前章で論じたように，インダプール郡の戦略的な位置ゆえに，カマヴィスダールや郷主は，プネーと地方を行き来するために同郡を通過または同郡に駐屯する騎兵に対して必要物資を提供していた。

41　インダプール郡で再生産した馬の一部はインダプール町の市場地区へ持ち込まれた。それを売買するローカルな市場が同町に存在したと考えられる。軍馬はマラーター軍にとって非常に重要な軍備品であったから，ローカルな市場のみならず宰相政府の都プネーにも移出され，同市の大規模市場で取引が行なわれた（第7章参照）。

42　プネー文書館の文書からは，ごく断片的であるがインダプール町市場地区での馬の購入額・購入者が明らかになっている。たとえば，マンコージー・ニンバルカルはサダーシヴ・ワーニー（商人）から1頭の若馬を300ルピーで購入した。ラーグナート・アーナント・インダプールカルは，インダプール市場で3頭の馬をそれぞれ130ルピー，88ルピー，200ルピーで購入した。マラーター諸侯マハダージー・シンデー配下のアバージー・ラーグナートは2頭の馬を合計190ルピーで購入した。個体によって1頭の購入額は様々であったが，どのような要因で購入額が決定するのかは明らかにならなかった。21 Jilkād Shuhūr San 1186, Prānt Ajmās, Puṇe, Rumāl no, 503, and 30 Jamādilākhar Shuhūr San 1183, Prānt Ajmās, Puṇe, Rumāl no. 547, MSAP.

43　2 Rabilāwal Shuhūr 1195, Prānt Ajmās, Puṇe, Rumāl no. 504, MSAP.

44　7 Sābān Shuhūr 1186, Prānt Ajmās, Puṇe, Rumāl no. 504, MSAP.

インダプール郡にジャーギール村を有する武官にも同様の役割が求められていたことがわかる。ただし，物資を提供した武官に対しては後日，宰相政府が財政補塡のために現金を支給しており，この臨時の支出は武官にとって財政的には一時的な損失にすぎなかった。とはいえ，実際のところ自身の軍馬等に供給する以上の物資をインダプール郡の武官は備蓄している必要があったことを，この臨時支出は示している。これ以外に，インダプール郡のカマヴィスダールは，ジャーギール村であったアンサリ村，ガジワラン村，バード村，ニンブサーカル村，ワルクーテ本村からのみ諸税（Bāje Paṭṭī）を徴収した。上述したように前3村はシンデー家配下のバージー・ナルシーとラーゴー・マルハールに両者の共同ジャーギールとして与えられており，後2村はホールカル家配下のヴィサジー・シャームラージにジャーギールとして与えられていた。すなわちこれら5村は間接的ではあるが，マラーター諸侯の勢力下にあり，インダプール郡内に同様のジャーギール村は存在しなかった。ジャーギール村保有を通じてマラーター諸侯が宰相政府の戦略的要衝に自身の軍事力を置くことができているという政治的な状況が，カマヴィスダールを通じた宰相政府による諸税の徴収の根拠となっていたと考える。

3）ジャーギール村の移動・分布にみるジャーギール制の目的

①ジャーギールの収公とその意義

前項で示したように，インダプール郡の武官はジャーギールの収入を用いて軍馬を主とする軍用動物の再生産・育成を行なっていた。ムガル帝国下のような定期的なジャーギールの所替えが行なわれず，世襲さえも認められたマラーター同盟下でのジャーギール制は，軍馬の再生産・育成に有利に働いたと考えられる。しかしその一方で史料中には，ジャーギールを「取り去る（dūr karṇe）」という成句が散見し，一定の条件で宰相政府によるジャーギールの収公も行なわれていたことがわかる。本項ではジャーギールの新設置・収公の繰り返しを空間的に把握し，インダプール郡におけるジャーギール政策，特に軍馬再生産政策の意味を考察する。

ジャーギールの収公は保有者から当該村または土地を取り去った後に別の村・土地を同人物に与えるか否かで状況は当然異なり，与えない場合は文字通りのジャーギール没収，与える場合はジャーギールの所替えと解釈できる。ジャーギール没収に関しては，上述した嫡子なくジャーギール保有者が死去した場合がこれに該当するが，それに加えていくつかの事由を史料中から見出すことができる。たとえば，スー村をジャーギールとして与えられたマーン・シン・マネーは 1777 年に謀反を起こしたためにジャーギールを没収された[45]。他の事例では，ヤシュワントラーオ・ニグデが与えられていたディクサル村のジャーギールが戦場に赴かなかったという理由で宰相政府によって差し押さえられ，軍務に就いたことが明らかになった時点で差し押さえが解かれた[46]。これも没収に類する事例といえる。軍務不履行に対する処置は差し押さえにとどめられたようだが，不履行が長期にわたる場合はジャーギール没収もありえたと考えられる。このようにジャーギール没収には政治・軍事的な要因が働いていた。

特に 1770 年代の宰相政府の動乱はインダプール郡にも影響を及ぼした。宰相マーダヴラーオ 1 世は内政改革に努めながらも 1772 年に 27 歳の若さで早世し，弟のナーラーヤンラーオが宰相位を継承した。しかし彼は 1773 年 8 月にプネーで暗殺され，彼の叔父であるラーグナートラーオが宰相に就くが，ラーグナートラーオにはナーラーヤンラーオの暗殺に関わった疑いがあり，彼の就任に異を唱える者が現れて宰相位をめぐる後継者争いが起こった。その結果，ナーラーヤンラーオの未亡人が 1774 年に生んだマーダヴラーオ・ナーラーヤンが生後まもなく宰相位に就くという異例の事態が起こり，宰相家と親しかったナーナー・ファドニースがその後見役となった[47]。これによりラーグナートラーオは 1774 年に廃位されたが，宰相およびナーナー・ファドニースとラーグナートラーオとの間の争いは続き，ラーグナートラーオがボンベイに亡命したためにイギリス東インド会社を巻き込み，1775 年に第 1 次アングロ・マラーター戦争を引き起こした。第 1 次アングロ・マラーター戦争に宰相とナーナー・ファドニースが勝利し，1782 年のサルバイ条約によって東インド会社

45　16 Jilhej Shuhūr 1178, Prānt Ajmās, Puṇe, Rumāl no. 503, MSAP.

46　26 Safar 1178, Prānt Ajmās, Puṇe, Rumāl no. 503, MSAP.

47　小谷汪之「マラーターの興隆とムガル帝国の衰退」小谷汪之（編）『世界歴史大系南アジア 2　中世・近世』山川出版社，2007 年，220 頁。

は継承争いから手を引き，翌年のラーグナートラーオの死によって10年に及ぶ宰相位継承争いは決着した（第5章参照）。この継承争いにおいて，シンデー家元当主のマノジー・シンデーがラーグナートラーオと共謀してナーナー・ファドニースの排除をはかったために，1778年にインダプール郡の彼のジャーギール村（バーブール村・セール村）は没収された[48]。同郡のカロチ村とアジョティ村をジャーギールとして有していたダルコージ・ニンバルカルも，ラーグナートラーオに与したとして1779年にジャーギールを没収された。理由を明記されていない事例も含めて1774〜82年には他年よりも多くのジャーギール村が収公され，新たな武官にジャーギールが与えられた。状況から判断するに，継承争いにおいてナーナー・ファドニースと宰相を支持した武官にインダプール郡のジャーギール村が与えられたものと考えられる。

インダプール郡に関してはジャーギールの没収よりもジャーギールの所替えの事例が多くみられたが，その理由が明記された事例は必ずしも多くなかった。本書では以下の事例を通じて，所替えの主たる理由を考察する。事例の紹介にあたって，宰相政府発行書類の2通を示す。

【第1通】シュフール暦1171年［西暦1771年］ジャマーディラーカル月［イスラーム暦第6月］。カンホージー・カラテには軍馬のための村がない。インダプール郡クンバール村と，この村の放牧地は，シャームラーオ・ナーラーヤンの下にあった。それらすべてを［カンホージー・カラテに］与えるということで，牧草地を含めて，この村を［カンホージー・カラテに］与えて，この村の徴税額を軍馬への支出として［帳簿に］記載すること。以上が宰相からカマヴィスダールへの命令[49]。

【第2通】シュフール暦1174年［西暦1774年］ラヴィラーカル月［イスラー

48　マノジー・シンデーは1764年にシンデー家の当主となる際に，ラーグナートラーオの支援を受けており，彼を宰相として再びプネーに迎える計画に参画していた。1777年に計画が発覚すると，マノジー・シンデーはマイソール王国とマラーター同盟の衝突の機を見て，マイソール王国のハイダル・アリーの陣営に逃亡した。N. G. Rathod, *op. cit.*, pp. 4, 13 and 14, and C. A. Kincaid and D. B. Prasnis, *Comprehensive History of Maratha Empire*, Vol. III, Delhi : Anmol Publications, 1925/1986, p. 120.

49　6 Jamādilākhar Shuhūr 1171, Prānt Ajmās, Puṇe, Rumāl no. 547, MSAP.

ム暦第4月]。インダプール郡のクンバール村は，カンホージー・カラテの下にあった。[宰相] 政府はインダプール郡においてこの村とシルソーディ村とのジャーギールの交換を決定した。これを機に，シルソーディ村にジャーギールが設定されて彼 [カンホージー・カラテ] に与えられた。政府は，[カンホージー・カラテに与えられていた] クンバール村 [のジャーギール] を取り上げた。そのうえで，政府は [ジャーギール村となった] シルソーディ村の地税徴収額をインダプール郡の税帳簿の支出部に記載した[50)]。[カンホージー・カラテには] 軍務のためにインダプール郡のタクリ村とパダスタル村の境界にある放牧地も与えられた。以上が宰相の名の下に発せられた命令書[51)]。

上記2通の命令書の内容を整理すると以下の通りである。まず1771年に，カンホージー・カラテに軍馬のための放牧地を有する村が必要であるために，クンバール村がジャーギール村として与えられた。シャームラーオ・ナーラーヤンは放牧地を有していた武官であったが，第1通の命令書をもって彼のジャーギールは取り去られた。その後，彼に所替えのための新たなジャーギールが与えられたか否かは第1通の命令書からは明らかにならなかった。いずれにせよクンバール村からの収入がカンホージー・カラテの軍馬の育成のために用いられたことは，この命令書から明らかである。しかし第2通の証書によるとカンホージー・カラテはクンバール村のジャーギールを取り上げられ，新たにジャーギール村として設定されたシルソーディ村を与えられた。シルソーディ村に加えて，同村に隣接するパダスタル村との境界地域の放牧地が与えられたことから，シルソーディ村においてもカンホージー・カラテには軍馬の育成・再生産が求められていたことは明らかである。他の史料からも1774年以降，カンホージー・カラテがシルソーディ村に駐屯して軍馬を育成し，その軍馬を

50　インダプール郡の税帳簿では，ジャーギール村の地税額が政府村と同様に収入の部に記載されたが，支出の部にもジャーギール村の地税額が記載され，徴収した地税が武官にジャーギールとして与えられたことが表された。引用箇所は，支出部に地税額が記載されることにより，帳簿上，すなわち財政上もシルソーディ村がジャーギール村となったことを示している。

51　21 Ravilākhar Shuhūr 1174, Prānt Ajmās, Puṇe, Rumāl no. 503, MSAP.

用いて軍務を果たしていたことがわかっている[52]。すなわち1774年にカンホージー・カラテのジャーギールは所替えをしたのであり，これにともなってカンホージー・カラテ自身も軍馬の育成を続けるために移動した。

1774年にカンホージー・カラテから収公されたクンバール村は，軍馬を育成させる村を保有していないマーン・シン・カラテにジャーギールとして与えられ，彼は同村に駐屯した[53]。すなわち1774年のカンホージ・カラテの所替えは，マーン・シン・カラテに軍馬の育成地を与えるための措置であったことがわかる。その結果，政府村であったシルソーディ村が新たにジャーギール村となり，そこでカンホージー・カラテが軍馬を育成した。ジャーギール村の授与は単に軍事費を賄う収入を武官に与えるのみならず，軍馬を育てる土地を与えることを企図するものだったのである。そのため軍馬の育成地の確保がジャーギールの所替えにおいて重要な要因となっていた。さらに一連の事例は，軍馬の育成がインダプール郡におけるジャーギール村の増加の要因となっていたことを示している。プネー文書館では，軍馬育成の土地確保のためにインダプール郡の村をジャーギールとして与える事例が他にもみられ，軍馬の育成を企図したジャーギールの所替えに際しては，ジャーギール額が不足する場合に，イナーム地等の耕作地のみならず，放牧地によって補填させる事例が他にもみられた。軍馬等の軍用動物のための育成地の確保は，ジャーギール村経営において重要な意味をもったのである。宰相政府の都であるプネーの防衛策としてインダプール郡の軍馬育成は政策的な意義を有し，そのため同郡のジャーギール関連文書はマラーター同盟内での他地域と史料のあり方が異なっている可能性があることは考慮すべきだが，従来の研究においてジャーギール村と軍馬の関係は議論されてこなかった。ただしマラーター勢力のみならず，近世インド

52　「シュフール暦1180年［西暦1780年］ラジャブ月［イスラーム暦第7月］21日。カンホージー・カラテの軍馬は，インダプール郡シルソーディ村の駐屯地に常駐している。そして［宰相政府の］騎馬隊から，［カンホージーに］軍馬の出動命令が出た。この軍務に関して，シュフール暦1179年［西暦1779年］に，ゴーパールラーオ・バグワントの名で命令書が発行された。しかしこの人物からカマヴィスダール職が剝奪され，貴君にカマヴィスダールの役職が新たに与えられた。ゆえに着任以前の命令書を，いま再び，発行すること」。21 Rajab Shuhūr 1180, Prānt Ajmās, Puṇe, Rumāl no. 547, MSAP.

53　30 Rabilāwal Shuhūr 1181, Prānt Ajmās, Puṇe, Rumāl no. 547, MSAP.

全体で馬やラクダは軍事面で重要な役割を果たしており，ジャーギール保有者である武官が軍用動物を領地に置いていた事例も多くあったと推察される。その意味では本書は，軍用動物の育成地の確保というジャーギール制の新たな側面を見出したこととなる。この側面に注目してジャーギール制を再考する際に，ジャーギール村配置の空間分析がきわめて重要となる。そこで次に，図 3-1 で用いたインダプール郡の税帳簿を用いて，18 世紀後半におけるインダプール郡のジャーギール村配置を図示してその特徴を考察する。

②インダプール郡におけるジャーギール村増加の空間分析

図 3-2～3-5 はインダプール郡におけるジャーギール村の分布を示しており，ここではこれら一連の図から 18 世紀後半の同郡における分布の変化を俯瞰する[54)]。

図 3-2 は 1768 年におけるインダプール郡のジャーギール村の分布を示しており，ここから 5 村がジャーギールとして 5 名の異なる武官に与えられていたことがわかる。本書の地図では，濃淡・色・デザインによって識別する。そして無地部分が政府村およびイナーム村を指すこととなる[55)]。中心都市であるプ

54　一連の地図は 1866 年のインダプール郡における第 2 次地税取り決め時に作成された地図（大英図書館所蔵）を基としている。A. R. クルカルニーはインダプール郡に関して 1695 年から，少なくとも植民地支配開始年（1818 年）までは同郡を構成する行政村の数とその配置が変わっていないことを指摘している。筆者は 1818 年以降の地税報告書等を用いて，1818 年以降も少なくとも 1866 年の第 2 次地税取り決めまではインダプール郡の行政村の数・配置に変化がないことを確認した。村境に関しては，18 世紀後半にも様々な争いがあり，つねに変化していたものと考えられる。上記の村境は 1866 年時点のもので，18 世紀後半のものとは異なる。ただし村境を省くと村の配置が不鮮明となり，本来の目的であるジャーギール村の配置の把握が困難となる。そこで便宜的に 1866 年の地図を用いて空間分析を行なうこととし，ジャーギール村の配置を考察する。A. R. Kulkarni, “Source Material for the Study of Village Communities in Maharashtra,” in A. R. Kulkarni, *History in Practice,* (*Hitorians and Sources of Medieval Deccan-Maratha*), New Delhi : Books & Books, 1993, pp. 184–201, and *Map of the Indapoor Pargana of the Poona Zilla*, 1875, Maps, I. S., Map Collection, British Library.

55　個々のジャーギール保有者を色の違いによって識別した，インダプール郡のジャーギール分布図に関しては，筆者の下記の著作（E ジャーナル）を参照のこと。Michihiro Ogawa, “Mapping the Transition of the Land Revenue System in Western India from the Pre-Colonial to the Early Colonial India : Evidence from to Indapur Pargana (1761–1836),” *Journal*

図 3-2　インダプール郡における 1768 年のジャーギール村

ネー防備のために 1760 年代後半からジャーギール村の数が増加したことは前節にて指摘したとおりであるが，図 3-2 から図 3-3 にかけての無地部分の減少は 1768 年から 1769 年にかけてのジャーギール村の増加を如実に示しており，図 3-4 からその増加が 1770 年代も続いたことがわかる。ジャーギール村の分布に注目すると，1768 年から 1774 年までは北の郡境を形成するビマ川および南の郡境を形成するニラ川沿いにジャーギール村が増加している。ビマ川およびニラ川沿いは水の確保が容易であり豊かな土壌に恵まれていた。インダプール郡はプネー周辺では肥沃な地域に属していたといえるが，郡内で最も肥沃な地帯は早々にジャーギール村として武官に与えられており，宰相政府がジャーギール政策，すなわち軍馬の育成をいかに重要視したかはジャーギール村の分布の変化から明らかである。本項①で引用した 2 文書が示すように，宰相政府

of Asian Network for GIS-based Historical Studies, 3, 2015, pp. 12–20.
http: // www. l. u- tokyo. ac. jp/～ angisj/ JANGIS3/ JANGIS3_ hp_ PDF/ JANGIS3_ pp12– 20. pdf（2018 年 11 月 27 日アクセス）

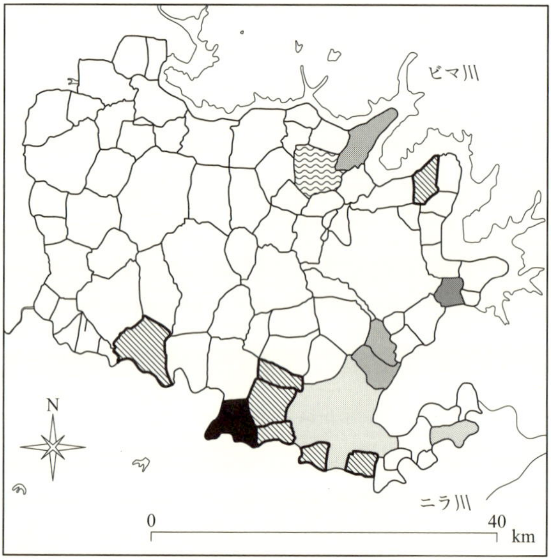

図 3-3　インダプール郡における 1769 年のジャーギール村

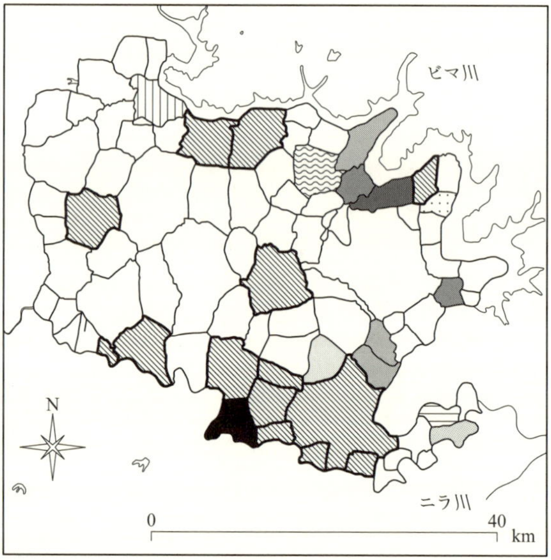

図 3-4　インダプール郡における 1774 年のジャーギール村

はジャーギール村の交換や新たな設定を繰り返しながら，この期間にできるだけ効率的にジャーギール村を配置しようとしたのである。

1774 年と 1786 年の間にさらに多くの村落がジャーギールとして武官に与えられた。この時期には川沿いのみでなく，内陸でもジャーギール村が増えたことがわかる[56)]。この期間に，軍馬の育成・再生産に適した豊かな土壌を有する川沿いの主要な村落はジャーギール村となり，その不足を補うためにより乾燥した内陸部の村落もジャーギールとして与えられたと考えられる。さらに 1785 年以降も 1799 年までわずかにジャーギール村の数は増加してその数は 66 村に至り，インダプール郡の大部分がジャーギール村となった。

図 3-2 から図 3-5 の一連の分布図を比べると，太枠で囲まれた斜線のジャーギール村が 1768 年から 1786 年にかけて一貫して増えていることがわかる。これらのジャーギール村が与えられたのがバープージー・ナーイク・ジョーシーであった。彼は宰相政府下での有力武官の一人であったとともに銀行家でもあり，18 世紀前半のマラーター同盟の勢力拡大を軍事面のみならず，財政面でも支えていた。さらに彼はバラモンであったうえ，宰相バーラージー・ヴィシュワナートの娘と彼の弟が婚姻するにいたり，18 世紀前半に宰相家と結びつきをもった[57)]。18 世紀後半以降，中央政府ではナーナー・ファドニースを中心に新勢力が台頭したが，バープージー・ナーイク・ジョーシーはインダプール郡から近いバラーマティ町を中心に宰相政府領の各地にジャーギールを有していた。バープージー・ナーイクとインダプール郡の関わりは下記の宰相政府からの命令書を見ると理解できる。

シュフール暦 1167 年［西暦 1767 年］ラジャブ月［イスラーム暦第 7 月］すな

56　上述したように 1774 年から 1782 年に宰相位の継承争いがあり，ジャーギールの没収と新たな武官へのジャーギール施与があった。このことは，図 3-4 で示された 1774 年時点でのジャーギール村の分布パターンが図 3-5 では変化しているところに反映されているが，当該時期にジャーギール村の絶対数がインダプール郡で増えていたこと，さらにジャーギール村の所替えも行なわれていたことから，空間分析のみによって継承争いによる変化を解明するのは困難である。

57　小川道大「一八世紀インド西部における政治都市の経済発展について——マラーター同盟下のプネーに注目して」古田和子（編）『都市から学ぶアジア経済史』慶應義塾大学出版会（近刊）。

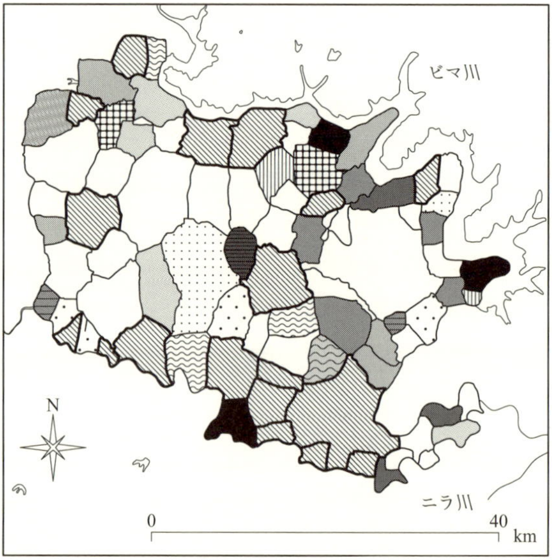

図 3-5　インダプール郡における 1786 年のジャーギール村

わちマールグシルシュ月［ヒンドゥー暦第 9 月］1 日。バープーラーオ・サダーシヴ［バープージー・ナーイクのこと］の馬，ゾウ，ラクダ，牛は，バラーマティ地区[58]にいた。これら［の動物］は，事務員のカーンホに引き連れられて，牧草を食べに，インダプール郡にやってくる[59]。そのときに，［インダプール郡のカマヴィスダールは，どこで］牧草が得られるかという状況をみて，［カーンホおよび動物が］滞在することができる場所を選んで与えよ。そしてそこにはマハール 4 名など現地の雑用役が住んでいるので，雑用役や，他に物資が必要となったら，それを与えていくこと。以上がカマヴィスダールへの命令書[60]。

58　バラーマティ地区は，インダプール郡の西に隣接する地域で，バープージー・ナーイクは，バラーマティ地区の中心地であるバラーマティ町に在住していた。

59　カーンホは，バープージー・ナーイクの部下で，動物とともに放牧地に移動して，それらを管理する役を担っていたと考えられる。

60　1 Rajab Mārgshīrsh Shuhūr 1167, Prānt Ajmās, Puṇe, Rumāl no. 503, MSAP.

1767年の時点でバープージー・ナーイクはインダプール郡にジャーギール村を有していなかった。にもかかわらず，彼の根拠地のバラーマティ町の最寄りの牧草地帯として，インダプール郡に軍用動物を送っていた。そして宰相政府は，この行為を認め，インダプール郡のカマヴィスダールにこれを補佐するように命じていた。宰相政府にとって，この補佐は中心都市防備のための軍馬政策の一環であったと考えられる。そして，1768年にクリシュナ・シン・バイスが軍務不履行のためにパダスタル村のジャーギールを没収され，それがバープージー・ナーイクに与えられた。この村はバラーマティ町から遠方のインダプール郡の北東部に位置し，ビマ川沿いにあった（図3-2参照）。

1769年にインダプール郡のカランブ村，レダ村，レドニ村，チカティ村，ニルニンブ村，サラティ村（計6村）が，バープージー・ナーイクにジャーギール村として与えられた（図3-3）。さらに1774年にバワデ町，パラスデーオ村，ダイズ村，ニンブ村，チカリ村，ニルワンギ村，カザド村（1町6村）が与えられた（図3-4）。上図3-2〜3-4の比較から，そして郡帳簿の分析から，1769年および1774年にバープージー・ナーイクに与えられたジャーギール村はいずれもそれ以前は政府村であり，宰相政府がバープージー・ナーイクのためにジャーギール村を設置したこと，そして彼へのジャーギール授与が同時期のインダプール郡におけるジャーギール村増加に大きく寄与していたことがわかる。1778年にバープージー・ナーイクが死去し，パンドゥーラング・ナーイクとクリシュナラーオ・ナーイクがバープージー・ナーイクのジャーギールを相続し，その後1786年に郡北部・ビマ川沿いのピンプリ村とビグワン村がパンドゥーラング・ナーイクにジャーギール村として与えられた。

1769年および1774年にバープージー・ナーイクに与えられたジャーギール村は，いずれもニラ川沿いの豊かな土壌をもつ村落であり，彼の本拠地であるバラーマティ町から最寄りの肥沃地帯であった。1767年の宰相政府からの命令書（上述）から，バープージー・ナーイクが放牧のためにインダプール郡にやってきたことが明らかになっている。彼はバラーマティ町の宮殿で保持していた軍用の馬，ラクダ，ゾウ，雄牛をニラ川沿いの地域に部下とともに送って，少なくとも年間3〜4ヶ月の間，同郡に駐留させていた[61]。ニラ川沿いのインダプール郡南部は牧草を最も効率的に得られる領域であり，バラーマティ町と

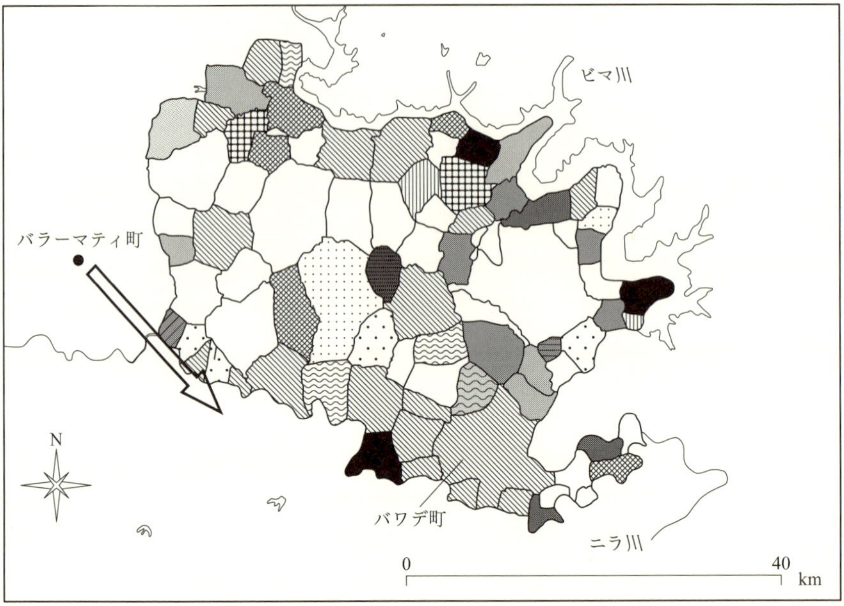

図 3-6　バープージー・ナーイク家のジャーギール村

の位置関係から，バープージー・ナーイクの軍馬等の育成において最も重要な地域であった。宰相政府はおそらくこの地域の重要性を理解したうえで，バープージー・ナーイクにこの地域をジャーギール村として与え，彼の軍用動物の育成を積極的に支援していたのであろう。バープージー・ナーイクの死後は，長男パンドゥーラング・ナーイクがバラーマティ町の宮殿に留まり，軍用動物をインダプール郡のニラ川沿いのジャーギール村へ送った。次男クリシュナラーオ・ナーイクは，ニラ川沿いの同家ジャーギール村の中で最大のジャーギール額を設定されたバワデ町に駐屯し，バラーマティ町から送られた軍用動物の管理責任者となった（図 3-6 参照）[62]。バープージー・ナーイクによるインダプール郡での放牧は，次世代にもこのように受け継がれていた。

61　1 Rajab Shuhūr 1167, Prānt Ajmās, Puṇe, Rumāl no. 503, MSAP.
62　1 Safar Shuhūr 1183, Prānt Ajmās, Puṇe, Rumāl no. 504, MSAP.

バープージー・ナーイクならびにその子は 18 世紀末に 16 村のジャーギール村を有し，郡内最大のジャーギール保有者となった。空間分析によりジャーギール村の増加がニラ川沿いで進んだことが明らかとなり，さらに彼らへのジャーギール村の授与がインダプール郡全体のジャーギール村の増加に大きく影響を与えたことがあらためて確認された。そしてバープージー・ナーイクのジャーギール村の増加は，軍馬の育成・再生産と非常に深く結びついており，牧草地等の確保のために川沿いのより豊かな村がジャーギールとして与えられていた。インダプール郡はカマール制が新たに導入された最初の郡であったが，1760 年代後半には同郡の体制が軍馬の育成・再生産を支える方向に変化していたことがわかる。

なお，18 世紀後半の各村の税帳簿を見ると，地税に関しては，灌漑地の面積と税額は特別に記載されているものの，天水地と牧草地等の区別は示されておらず，天水地の地税査定は詳細に行なわれていなかったと考えられる。税帳簿の地税部門には納税者リストが付され，各納税者の耕地面積と地税額が記されており，その合計として村の実質的な耕地面積と地税額が算出されていた。天水地について，少なくとも税帳簿に関する限りでは検地に基づく可耕地の把握にはいたっていない。村内には天水地とも牧草地ともなりうる空間が広がっていた。税帳簿は在地での土地利用のあり方を示すものではないが，少なくとも税帳簿の形式から，宰相政府は天水地から最大限の地税を徴収する意図をもたなかったことが確認でき，十分な牧草地を村内に確保できるようなかたちで宰相政府が村との関係を築いていたことが見て取れる。そして，この関係を基礎として牧草地を与えるために，宰相政府はインダプール郡においてジャーギール村を武官に付与していたのである。

3　ジャーギール経営による在地社会への影響

本節ではジャーギール制と在地の社会経済および地方行政との関係に注目し，宰相政府によるインダプール郡でのジャーギール制の推進が同郡にどのような影響を与えたかを考察する。具体的には，第 1 項で村における，第 2 項で郡における影響を検討する。

1）ジャーギール経営による村落への影響

ジャーギール経営と村落社会・経済との関係に関しては，軍馬育成・再生産に関わる人的・物的影響が挙げられる。村落内の物的影響に関しては，政府村と同様の地税徴収の他に，軍用動物用の放牧地の設定など土地利用の面で大きく影響を与えたことが前節での分析で明らかになっている。本項では新たに人的影響について考察する。

「軍用動物の育成と軍事奉仕」に関する取り決めによると，女婢（Kunbīn），不可触民のマハール，少年（Porgā）が軍馬飼育のために雇われており，彼らの給与は現物で支払われた。彼らは主に雑用に従事したと考えられる。他に，事務員（Kārkūn），水運び人（Palkhī），牧草地の番人（Kūrnya），羊飼い（Sheḷkya），牛飼い（Gāykā）や農耕・軍事を担うマラーターなどが雇われており，彼らの給与は金納であった[63]。彼らは雑用ではなく，その役割にあった専門職に従事していたと考えられるが，雑用への給与は現物，専門職への給与は現金というかたちで明確に支払い方法が分かれていたかどうかは事例不足で断言できない。専門職の多くは軍馬などの軍用動物の育成に不可欠な職業であったが，インダプール郡農村の主たる職人（次章参照）と彼らは異なっており，ジャーギール保有者の常雇いによって村の労働力分配状況が大きく変わったとは考えにくい。むしろ武官の駐屯によって軍馬育成のための新たな労働需要が生まれ，女婢や不可触民など農村社会の周辺の存在に職が与えられたという指摘も可能であるが，史料不足のためにこれも推測の域を出ない。他方でジャーギール村では馬小屋の建設のために大工（Sutār）が徴用されたり[64]，馬具の整備のために陶工（Kumbhār）が徴用されることがあり[65]，彼らは村落共同体を構成する職人であった。史料が示す限りでは彼らには対価が支払われておらず，村落を構成す

63　5 Safar Fālgun Shuhūr 1178, Prānt Ajmās, Puṇe, Rumāl no. 503, MSAP.

64　たとえばインダプール郡ダイズ村では，同村のジャーギールを保有するカンホージー・ジャグタプのために，大工が 50 本の木を伐採して小屋を建てた。7 Sawāl Shuhūr 1168, Prānt Ajmās, Puṇe, Rumāl no. 547, MSAP.

65　8 Jamādilāwal Shuhūr 1180, Prānt Ajmās, Puṇe, Rumāl no. 547, MSAP.

る職人から不定期の徴用があったことがわかる。前節で示したとおり，牧草の確保のために農民もまた不定期に徴用された。農村社会の中心であった農民・職人からの不定期の徴用が可能であったことは，少なくともインダプール郡においては国家が在地社会のシステムに多少なりとも干渉しえたことを示している。

バートン・スタインは 18 世紀問題を論じるに際して，インド南部マイソール王国のティプー・スルターンの軍事政策と徴用を論じながら，18 世紀後半に軍事労役需要の高まりとともに全般的に労働力需要が高まり，在地の農民・職人の労働力をめぐる競争が生じたことを指摘した。そしてこのような競争の中では，移民に特権が与えられたり，ティプー・スルターンが実行したような強制移住が行なわれたりした[66]。軍馬の育成・再生産を通じて国家による労働需要が高まったインダプール郡では，強制移民の事例はみられなかったが，農村社会の周辺的存在に対して雇用の機会を与えるとともに，在地の農村・職人の労働力需要が高まり，それは徴発という形で具現化した。このようなかたちで部分的にではあったが，農村社会の労働力分配にジャーギール政策が影響力を及ぼしていた。インダプール郡における農村社会システムに関しては次章にて詳述する。

ジャーギール制と村落行政の関係はこれまで十分に解明されてこなかった。本章で指摘したように村ジャーギールでは地税が収入として武官に与えられたが，地税を徴収する村内のプロセスは，政府村と同様に村長と村書記がこれを担っていた。すなわちジャーギール保有者にとって，ジャーギール村維持のために最も重要であったのが，これらの村役人であった。それゆえに，上述したクリシュナラーオ・ナーイクがジャーギールを保有していたバワデ町で 1783 年に村長職の継承問題が起きた際に，クリシュナラーオ・ナーイクは村長ワタンをただちに差し押さえた。しかし，宰相政府はインダプール郡のカマヴィスダールに村長ワタンを差し押さえるように命じて，クリシュナラーオ・ナーイクによる差し押さえを認めなかった[67]。村役人などのワタン継承問題や村境問題に関しては，前章で検討したように，村や郡のパンチャーヤトで裁定される

66　Burton Stein, “Eighteenth-century India : Another View,” in P. J Marshall, *op. cit*., p. 72.

67　1 Safar Shuhūr 1183, Prānt Ajmās, Puṇe, Rumāl no. 504, MSAP.

ことがあった。その時の裁定結果は当事者，カマヴィスダール，郷主に通知されたが，当該村落であってもジャーギール保有者に通知されることはなかった[68]。この他に，1780年にインダプール郡ガナガル村で村書記が宰相政府に村帳簿を提出しないという問題が起こった。ガナガル村はダウラタラーオ・マネにジャーギールとして与えられていたが，宰相政府は同郡のカマヴィスダールを介して，村書記は早急にカマヴィスダールへ村帳簿を提出すること，そのうえで同帳簿をダウラタラーオ・マネに提出することを命じた[69]。前節にて，村の地税がジャーギールとして与えられた場合に，地税査定は行なわれなかったであろうことを示した。しかし他方で付加税等をカマヴィスダールは徴収しており，村役人は，引き続き村帳簿をカマヴィスダールに提出する必要があったことを本事例は示しており，しかもジャーギール保有者が村帳簿を確認できるのはカマヴィスダールの確認後であった。総じて，ジャーギール保有者が村行政に直接介入することを宰相政府は認めておらず，ジャーギール収入に関わる徴税業務に関しても政府の役人が優先されており，ジャーギール保有者たる武官は，村の支配者ではなく，あくまでジャーギール村における地税の最終受け取り手であったことがわかる。

ここまで本章では，主に武官がジャーギール村に駐屯した場合を考察してきたが，武官が互いに離れた複数の郡や村にジャーギールを保有した場合，武官は拠点となる一村落・町にのみ居住する傾向があった。たとえば，1778年にファキールジー・ファドタレがバーブール村のジャーギールを与えられたときに[70]，彼は同村に駐屯することなく事務員を派遣し，バーブール村の地税を彼に送金させていた[71]。ジャーギール保有者が地税の最終受け取り手にすぎなかったことを考えると，村落行政と武官の関係においては，彼らがジャーギー

68　14 Jamādilāwal Shuhūr 1191, and 22 Safar Shuhūr 1179, Prānt Ajmās, Puṇe, Rumāl no. 547, MSAP.

69　6 Ramajān Shuhūr 1187, Yādī, Ghaḍṇī Rumāl no. 547, MSAP.

70　1774〜82年の宰相位継承争いにおいて，1778年にマノジー・シンデーがラーグナートラーオ側に加担したためバーブール村のジャーギールを没収された。その際にファキールジー・ファドタレに同村のジャーギールが与えられた（本章註48参照）。

71　27 Jamādilāwal Shuhūr 1164, Faḍke Fakirjī Fadtare, Ghaḍṇī Rumāl no. 454, 3 Ramajān Shuhūr 1176, and 26 Safar Shuhūr 1178, Ghaḍṇī, Rumāl no. 395, MSAP.

ル村に不在か否かは大きな問題ではなかった。ただし，武官が当該村に駐屯し，軍馬を育成・再生産したか否かで，本項前半で検討した在地社会への影響の大小には少なからず差が出たと考えられる。さらにファキールジー・ファドタレの事例が示すように事務員はジャーギールの収入を送金していたことから，ジャーギール制も，カマヴィスダールによる送金と同様に，為替手形を用いた送金システム[72]をマラーター同盟下に発達させる重要な要因となったことを付言しておく。

2）ジャーギール経営による郡への影響

インダプール郡におけるジャーギール経営と郡社会の関係は，プネー文書館の史資料からは明らかにならなかった。他方で軍馬の育成・再生産は，村で自給できる穀物や牧草に加えて，米や塩などの域外の生産物，粗糖や油などの食料加工品，時には軍用動物そのものなど，様々な商品の購入を必要とすることが明らかになり，ジャーギール経営が在地経済に刺激を与えていたと考えられる。これに関しては推測の域を出ないが，通関税記録を分析することで，在地の流通・経済活動を詳細に知ることが可能となる。本書では第7章にて在地の流通ネットワークを考察する。

ジャーギール経営と郡行政との関係は本章で折にふれて言及してきた。まずジャーギール村の授与を宰相政府が決定した後，ジャーギール額に応じた村を割り当てたのはインダプール郡の郡役人であるカマヴィスダールであった。一度ジャーギールが授与されると新たな地税の査定は行なわれなかったが，カマヴィスダールが引き続き，付加税の徴収や司法関連の業務を行なったことは，前節までに確認したとおりである。

ジャーギール経営の郡行政への影響については，プネー文書館の種々の史料からジャーギール保有者と郡役人（カマヴィスダールや郷主・郷書記）との関係が明らかになる。ジャーギール保有者の権利・義務が明記された軍事規約(Taināt Jābtā）には必ず，「カマヴィスダールは［ジャーギール］村の［耕作］状況を把握し，在地の慣習にしたがって地税の減免を行なうこと」という条項が

72　ジャーギール収入も，政府の為替手形を用いて武官へ送金されていた。

含まれていた[73)]。このことは，ジャーギール村において通常の耕作状況が何らかの理由で維持できなくなった場合に，カマヴィスダールが村長から武官への支払いを軽減できたことを示している。すなわち非常時において，ジャーギール村は政府村と同じく，カマヴィスダールの影響下に入ったのであり，ジャーギール額の回収さえ，政府に介入されることがありえたのである。カマヴィスダールによるジャーギール村への介入はインダプール郡においても，いくつかの事例が確認できる。1773年に少雨のために収穫量が減り，プネー州プランダレー郡で飢饉が起こり，翌1774年にプネー州全土で減税がなされた[74)]。この翌年はインダプール郡シルソーディ村の秋作の収穫量が少雨のために低く，農民が逃散した。同村はカンホージー・カラテにジャーギールとして与えられていたが，宰相政府はカマヴィスダールに，部下を送って検見（Nazar Pāhaṇī）を行ない，地税の減額を新たに定めるように命じた[75)]。これは軍事規約の上記項目を実行している事例であり，他にも複数の同様の事例がみられた[76)]。すなわちジャーギール保有者は村長が支払うジャーギール収入を受け取るのみであり，非常時の調整などもカマヴィスダールが行なっていたことがわかる。いずれの事例でも，ジャーギール保有者たる武官は地税減額のための調査を拒否しなかった。

他方で1765年にインダプール郡の郷主と郷書記が，雨不足のために作物の収穫に大きな被害が出たとして宰相政府に地税減免を訴えた。宰相政府はこれに応じて，地税を減免し16年間かけて満額に戻す税法をとることを決め[77)]，1768年からの16年間で，インダプール郡のジャーギール村に対して合計で25,000ルピーの減税を行なった。前章で確認したとおり，郷主は在地の長として郡の社会経済状況を把握し，郡行政を監視する立場にあった。本事例は，政府村のみならずジャーギール村に関しても彼らが村の状況を把握し，徴税に関する提言を行なっていたことを示している。ジャーギール村において武官に与

73　Ajmās Parganā Indāpūr, Shuhūr 1207, Prānt Ajmās, Puṇe, Rumāl no. 16, MSAP.

74　1 Jamādilāwal Shuhūr 1182, Prānt Ajmās, Puṇe, Rumāl no. 503, MSAP.

75　16 Jilkād Shuhūr 1174, Prānt Ajmās, Puṇe, Rumāl no. 503, MSAP.

76　1 Jamādilāwal Shuhūr 1182, Prānt, Ajmās, Puṇe, Rumāl no. 503, and 16 Jilkād Shuhūr 1174, Prānt Ajmās, Puṇe, Rumāl no. 548, MSAP.

77　1 Jamādilāwal Shuhūr 1182, Prānt Ajmās, Puṇe, Rumāl no. 503, MSAP.

えられたのは，インダプール郡の事例を見る限りでは地税徴収権であり，権限は村落の支配には及んでいなかった。さらに地税に関しても，郡内の状況に鑑みて郡役人が，政府村同様に調整できたことが明らかになった。この意味では，地税に関してもジャーギール保有者が排他的な権利をもっていたわけではなく，郡役人は干渉しえたのである。

ただしマラーター同盟下のすべての郡において，郡役人がジャーギール経営に干渉できたわけではなかった。18世紀後半における宰相政府下で最有力の武官の一人であったパトワルダン家は，宰相政府領南部のカルナータカ州内の22郡を中心に，宰相政府領の各地からの税収入をジャーギールとして与えられていた。パトワルダン家はカルナータカ州内に与えられた郡などに自身の私的なカマヴィスダールを派遣して地税やその他の税を徴収し，さらにジャーギール経営のため郡に事務員をおいて税徴収にとどまらない一般行政を執行し，刑事事件の行刑・裁判権を実践するなど，インダプール郡のジャーギール経営と根本的に異なる領地経営を行なっていた[78)]。政府はパトワルダン家に，本章でも扱った諸税（Bāje Paṭṭī）に相当する徴収を不定期に要求するなど，間接的・財政的にジャーギール経営に干渉しえたようであるが[79)]，郡の領地経営を見る限り同家は政府と同等の立場にあり，宰相政府のカマヴィスダールによる行政執行・干渉はみられなかった。パトワルダン家が宰相政府下の最有力武官の一人であり，領地がカルナータカ州という比較的辺境の地に位置していたことを考慮すれば，ジャーギール保有者が権力を保持しやすい状況にあったことが推測され，パトワルダン家の事例はかなり自治的な性格が強いものであった。翻って，インダプール郡はプネー最寄りの肥沃地帯であり，宰相政府の影響力が強く及んでいたために，大部分の村落がジャーギール村となったとしてもカマヴィスダールの郡役人としての介入は可能であり，同郡の事例は政府の支配力が強い事例としてマラーター同盟内に位置づけることができる。

このように位置づけられるインダプール郡であっても，ジャーギール保有者

78　深沢宏「十八・十九世紀南マラータ地方における知行領主制——特にパトワルダン家について」，123–124，127–128，131–132頁。

79　深沢宏「十八・十九世紀南マラータ地方における知行領主制——特にパトワルダン家について」，125–126頁。

はつねに宰相政府・カマヴィスダールに従順ではなく，しばしば通関税の徴収で問題が起こっていた。前章で論じたように，インダプール郡では通関税の徴収はカマヴィスダールの管轄下にあったが，その徴収は請負に出され，通関税請負人（Jakātdār）が実際の任についていた。政府村であっても，ジャーギール村であっても徴収制度に違いはなかったが，ジャーギール村では「ジャーギール保有者が通関税の支払いを拒否する」という報告が通関税請負人からカマヴィスダールに伝達され，宰相政府がジャーギール保有者にただちに通関税を「支払う」ように命じていた[80)]。実際は，ジャーギール保有者たる武官が通関税を支払っていたわけではない。第7章で詳述するが，郡内にある複数の関所で通関税が徴収され，それが主要関所に集められるという形が通関税の徴収プロセスであった。おそらくジャーギール保有者は，ジャーギール村内の税関から主要関所への送金を遮断していたと考えられる。宰相政府は，通関税請負人に対しては，ジャーギール村からの通関税送金があるまで，当該税額の請負額からの控除を認めていた。

インダプール郡の複数のジャーギール村で，通関税徴収をめぐるこのような問題が起こった明白な理由は史料からは明らかにならなかった。推測の域を出ないが考えられる理由として，通関税の徴収プロセスの特殊性が挙げられる。インダプール郡において他の付加税の徴収にはカマヴィスダールが直接関わっていたのに対し，通関税だけは請負に出され，村長－カマヴィスダールの連携を基盤とする徴収プロセスとは異なるかたちで税が集められていた。カマヴィスダールからの干渉が少ない徴収プロセスを利用してジャーギール保有者が通関税の徴収を止めたというのは想起しうる事態である。さらに，インダプール郡のジャーギール保有者が，他郡において通関税徴収権をジャーギールとして与えられている複数の事例が確認された[81)]。そのためジャーギール保有者の中には，通関税の徴収プロセスを理解しており，送金を妨害した者がいたとも考

80　Tāḷeband Jakātī, Prānt Ajmās, Puṇe, Rumāl no. 64 and Faḍke Jakāt Parganā Indāpūr Nisbat Naso Awādhut, Prānt Ajmās, Puṇe, Rumāl no, 504, MSAP.

81　たとえば，インダプール郡パデワリ村のジャーギール保有者であったガナパト・アーナンドラーオ・シッレダールは，カリヤーン地区ビワンディ村の通関税をジャーギールとして保有していた。20 Safar Shuhūr 1197, Ghaḍṇī Rumāl no. 405, MSAP.

えられる。通関税徴収とジャーギール保有者の直接的な関係というよりも，宰相政府の税徴収制度およびジャーギール制の実施状況から見えてくる統治の希薄さを利用して，ジャーギール保有者は自らの利益を拡大しようとしていたのである。繰り返しとなるが，その意味でジャーギール保有者たる武官はつねに行政制度に従順というわけではなかったといえよう。

ジャーギール保有者は領主権のような強い力をインダプール郡で有したわけではなかったが，状況に応じて利益を得ようとする動きがなかったわけではないことを通関税の事例は示しており，同郡におけるジャーギール保有者の権力は制度面では同じでも実際の影響力の大きさには個人差があったと想定できる。前章で引用した 1775 年の命令書はその端的な例である。同命令書では，宰相政府が命じた，郷主代官ナーゴーラーム・メーグシャンの諸権益の差し押さえを解除するように，バープージー・ナーイク（命令書中では，バープーラーオ・サダーシヴ）が宰相政府に陳情し，結果的に宰相政府は郷主代官の差し押さえを解除した（第 2 章第 1 節第 1 項参照）。バープージー・ナーイクが代官の差し押さえ解除を陳情した理由は史料から明らかになっていない。しかし，バープージー・ナーイクが宰相政府の命令に異を唱え，インダプール郡の行政に介入したのは事実であり，さらに彼の発言は効力をもった[82)]。バープージー・ナーイクは，18 世紀前半には中央の宰相政府に大きな影響力をもち，18 世紀後半にはインダプール郡において最大のジャーギール保有者であった。彼の立場はきわめて例外的ではあり，他のジャーギール保有者に同等の政治力があったとは考えにくい。彼は，インダプール郡においてカマヴィスダール，郷主代官に並ぶ存在であり，三者の鼎立関係の上に郡行政が成り立っていたといえる。インダプール郡は宰相政府の影響力が強い地域であったが，バープージー・ナーイクの存在は，ジャーギール制が郡行政の要の一人を支えるほどに重要な制度であったことを示している。そして，バープージー・ナーイクを筆頭に，

82　バープージー・ナーイクの陳情後の政府による調査の結果，郷主代官の諸権益の差し押さえが解除されたことに留意しておかねばならない。また，バープージー・ナーイクの陳情後にただちに宰相政府が差し押さえを解除するほどの影響力はなかったことを指摘しておく。しかし，再調査を宰相政府に行なわせるだけの発言権をもっていたことは注目に値する。

ジャーギール保有者の集団は，インダプール郡において国家と在地社会を結ぶ中間層の一角を形成するにいたったといえる。

おわりに

本章では，武官の報酬として与えられたジャーギール村のインダプール郡における展開を考察した。第2章で18世紀後半のインダプール郡行政の静的構造を解明したのに対し，本章では1760年末以降にみられたジャーギール村増加によるインダプール郡の動的な変化を考察した。インダプール郡はマラーター同盟の都プネーの最寄りの肥沃地帯であったため，同郡のジャーギール村ではマラーター軍の主力である軍馬の育成・再生産が試みられていた。このように，ジャーギール村の増加はプネー防衛をもくろむ宰相政府の政策であり，1761年以降の内政改革の中に位置づけられるものであった。

1760年代末以降，ビマ川およびニラ川沿いの肥沃な土壌をもつ村落を中心に，軍馬の放牧地を確保するために武官にジャーギール村が与えられた。インダプール郡で与えられたジャーギールはあくまで地税の徴収権であり，付加税徴収のためにカマヴィスダールがジャーギール村に入ることもあったため，武官によるジャーギール村の領域支配は行なわれなかった。武官がジャーギール村での勢力伸長をもくろむ場合もあったが，宰相政府はカマヴィスダールを通じて武官の介入を防いでいた。ただし，18世紀前半に中央政府で銀行家として活躍したバープージー・ナーイク・ジョーシーは例外で，彼は郡行政に大きな影響力をもっていた。彼は18世紀後半におけるインダプール郡の最大のジャーギール保有者であり，郡南部のニラ川沿いの村々をジャーギール村として保有し，大規模な軍馬の育成・再生産を行なっていた。18世紀末にかけて，インダプール郡行政は軍馬育成のためにジャーギール村を維持する体制に移行しつつあったことがわかる。このような行政の動的な変化の結果，バープージー・ナーイクをはじめとして，カマヴィスダールや郷主・郷主代官に並ぶ中間層としてジャーギール保有者である武官の集団が台頭してきたと考えられる。カマヴィスダール，郷主・郷主代官，軍馬を伴った武官集団の三者が並び立つ鼎立関係こそ，18 世紀後半に実施された軍事改革の影響によって生じた事態であり，インダプール郡が 18 世紀後半における動的変化の帰結として帯びた特殊性であった。

第4章

インド農村社会の姿

——徴税記録に注目して——

はじめに

第2章および第3章では18世紀後半におけるインダプール郡の支配機構を考察してきた。インダプール郡の社会経済のあり方とその変化をより深く考察するために，本章はインダプール郡を中心に，郡を構成する農村社会自体に注目する。農村社会に関しては，インド西部や南部を主な対象として，農村の分業体制とその仕組みの解明が進められており，かなりの研究蓄積がある。そこで本章では，第1節で先行研究が明らかにしてきたインド西部の農村社会の仕組みを示す。そのうえで第2節では，従来の研究では用いられてこなかった徴税記録を用いて農村社会のあり方を再考する。第3節では，税帳簿等で多く記載された特定の集団を取り上げて，新たな視点から18世紀後半のインド農村社会を捉えるとともに，宰相政府と在地社会の関係を考察する一助とする。

1　近世インド西部における農村の分業体制

近世インド西部の村落社会に関して，原語史料では，村民全体を示す際に「60人の農民と12種類のバルテー職人」という表現がよく用いられた。60家族の農民と12種類のバルテー職人が村の理想の構成であったことを示しているが[1)]，この数値は象徴的な数であり，村によって異なった。この表現の含意は，農民とバルテー職人が18〜19世紀のインド西部の農村を構成していたということである。バルテーとは，「村の奉公人に与えられた穀物の分け前などの役得」を意味し[2]，バルテー職人は村抱えの職人を指した。この集団には大工（Sutār），陶工（Kumbhār），鍛冶屋（Lohār）などの手工業者の他に，占星術師（Joshī），ヒンドゥー堂守り（Gurav），ムスリム導士（Mulānā）など村にサービスを提供する者，さらに不可触民として差別された皮革工（Chāmbhār）や村の雑用役が含まれていた[3]。上記の数値と同様に[4]，バルテー職人を構成する社会集団も村によって異なり，各集団の人数も村によって差があった。

近世の農村においては，土地を耕作して作物を収穫し，現物または現金を村長に納めることが農民の義務であった。この義務に対して，農民には土地を保有する権利が与えられていた。このような農民の権利と義務の総体もワタンと呼ばれた。さらに，バルテー職人の職務と権益もワタンとして扱われ，農民であれ職人であれワタンは世襲され，分割・贈与・売買も可能であった[5]。ワタンもち職人は，村落共同体に財やサービスを提供する義務を負うかわりに，穀物（現物），現金，イナーム地，またはこの三形態のいずれかの得分の組み合わせを享受した[6]。この授受関係の背後には，農民が村長に収めた現金または現物の一部を，村長がワタンもち職人に再分配する仕組みがあった。村長はバルテー職人のみでなく，政府や在地の世襲役人，寺院など様々な人物・集団・

1　小谷汪之『インド社会・文化史論——「伝統」社会から植民地近代へ』，108 頁。

2　H. H. Wilson, *op. cit.*, p. 56.

3　バルテー職人の構成に関して，多くの研究で引用されてきたのが，グラント・ダフによる報告である。彼は，1818 年にサタラ藩王国の駐在官に就任し，イギリスに帰国した後，1826 年に『マラーター史』を著した。その導入部にある報告では，12 種類のバルテー職人として，大工，鍛冶屋，皮革工／皮靴屋，陶工，金工師（Sonār），床屋（Nhāvī），洗濯屋（Parīt），占星術師，ヒンドゥー堂守り，ムスリム導師，不可触民で，耕作や村番人等の雑用を行なったマハール，同じく不可触民で，縄作りなどを行なったマーングを挙げている。James Grant Duff, *op. cit.*, Vol. I, p. 23.

4　たとえば，プネー県インダプール郡には，14 種類のバルテー職人が存在したが，同郡内のどの村でも全 14 種類のバルテー職人がそろうことはなかったと報告された。Molesworth, *op. cit.*, p. 567.

5　深沢宏「十八世紀デカンの村落における傭人について」深沢宏『インド社会経済史研究』東洋経済新報社，1972 年，327 頁。

6　A. R. Kulkarni, “The Maratha Baluta System,” in A. R. Kulkarni, *Maharashtra Society and Culture*, Pune : Diamond Publisher, 2000/2009, p. 26.

機関に，農民から受け取った現物・現金を再分配していたのである。序章でも示したように，在地社会の授受関係においては，地税は，村長が再分配する現物・現金の中の「政府の取り分」にすぎなかった。村長の職務自体もこれに対する報酬とともにワタン化されており，ワタンを中心とする再分配の仕組みが農村社会に存在した。

ワタン保有者は農村社会の正規のメンバーとされたが，農村の全構成員がワタンを有していたわけではなかった。村にはワタンもち農民とワタンをもたないウパリー農民がおり，同様にワタンもち職人とウパリー職人が存在した。ウパリー農民やウパリー職人も職務に従事する限りにおいて，その役得を得ることができた[7)]。ウパリー職人は労働力の需要に応じて移動していたようで，深沢は，彼らを「流し職人」と呼んだ[8)]。バルテー職人の基本的な職域は村であり，深沢は彼らを村抱えの職人と呼んだ。ワタンもち職人が何らかの理由で欠員となった場合は，ウパリー職人がワタンを得て，ワタンもち職人に昇格した。ワタンを継承・維持し，村のワタンもち職人を絶やさないことで，村の経営を維持しようとしたことがわかる[9)]。近世インド西部の村落には，バルテー職人以外に，後にアルテー職人[10)]と呼ばれる職人集団が存在した。字義的には，バルテー職人は常時の職人であるのに対し，アルテー職人は予備または臨時の職人であるという区別があったが，原史料では，在地社会において両職人集団に明確な差はみられなかった[11)]。代表的なアルテー職人としてA. R. クルカルニーは，油屋（Telī），パーン[12)]屋（Tambolī），運水人（Kolī），裁縫人（Shimpī），

7　深沢宏「十八世紀デカンの村落における傭人について」，321頁。

8　深沢宏「十八世紀デカンの村落における傭人について」，327頁。

9　小谷は，農民のワタン関連文書を分析して，農村社会におけるワタン保全の重要性を示した。小谷汪之「土地と自由——「土地神話」を超えて」小谷汪之・山本真鳥・藤田進『土地と人間——現代土地問題への歴史的接近』21世紀歴史学の創造3，有志舎，2012年，27-31頁。

10　アルテーはバルテーと同義の頭韻語と考えられ，深沢とクルカルニーは，この語が植民地化以前にはみられなかったことを指摘し，さらに深沢は，この語が，植民地期以降に造出された新語であった可能性を示唆している。A. R. Kulkarni, “The Maratha Baluta System,” p. 11. 深沢宏「十八世紀デカンの村落における傭人について」，309頁。

11　A. R. Kulkarni, “The Maratha Baluta System,” pp. 11-13.

12　パーンは，マラーティー語で葉を意味する語であるが，ここでは，キンマの葉を指す。インドでは，現在でも，少量の石灰などをこれに包んで噛む習慣がある。

花菜栽培人（Mālī），太鼓たたき（Ḍaurī-Gosāvī），吟遊詩人（Bhaṭṭ），番人（Rāmoshī），リンガーヤト派[13]の僧侶（Jāngam），荷物運搬人（Taraḷ），歌手（Ghaḍsī）を挙げている[14]。彼らは，村落社会が形成されるなかで，バルテー職人に引き続いて必要とされた職人集団であったと考えられる。アルテー職人にもワタンもち職人とウパリー職人の区別があった。このことは，バルテー職人に適用された授受関係のルールであるワタン制が，バルテー職人集団の後継にあたるアルテー職人にも拡大適用されたことを意味する。アルテー職人のワタンなど，後発的に現れたであろうワタンを，小谷は二次的ワタンと命名し，ワタン制の拡大を主張した[15]。近世インド西部の農村における職人集団の中で，バルテー職人は，先の「60 人の農民と 12 種類のバルテー職人」という表現にみられるように，農村社会の中核に位置し，ワタン制による授受関係の中でその職務と権益を規定された。後発のアルテー職人に対しても，ワタン制度は拡大適用され，彼らもワタン制による授受関係の中に組み込まれていった。これまでの研究は，近世の農民や職人が，ワタン制によって支えられた農村の分業体制の中で活動していたことを明らかにしてきた。

従来のワタン制に関する研究は，ワタンの授受関係を明示するプネー文書館の公文書，または私文書の中で公刊された文書に依拠してきた。18 世紀のマラーターに関する公刊文書は，その大部分が十分に分析され，上述のような研究成果を残してきた。しかしながら，プネー文書館の文書の大部分は，マラーター同盟の宰相政府や，その下位の州政府・郡政府などの地方政府への税の支払いを記録した税制史料から成っている。大量の文書であるために税制史料の公刊は十分に進んでおらず，多くの史料は世に紹介されていない。本章は第 2 章や第 3 章に引き続き，農村社会の考察においても，こうした未公開の税制史料に依拠する。この手法は農村社会研究に新たな視点を与えるとともに，本書

13　インド南部のカルナータカ地方出身のヒンドゥー教シヴァ派の僧侶で，プネー県の地誌には，18 世紀後半にリンガーヤト派がプネー県に移住したとする伝聞が記されている。James M. Campbell ed., *GBP* Vol. XVIII, Poona District, Part 1, pp. 270–271.

14　A. R. Kulkarni, “The Maratha Baluta System,” pp. 24–26.

15　小谷汪之「不可触民の職務と得分——マハール・ワタンをめぐる紛争と論争」小谷汪之（編）『西欧近代との出会い』叢書カースト制度と被差別民第 2 巻，明石書店，1994 年，385–386 頁。

の研究に一貫性をもたせることにつながる。

従来の研究の一つの成果は，ワタンに基づく授受関係の中に，村抱えの職人を見出したことである。こうした研究を通して，専門の職人を養っており自立性が強い社会を有することが植民地化以前のインド農村の一つの特徴とされてきた。筆者はインド社会におけるこの性格に注目し，職人の活動を未公刊の税制史料を用いて分析することで，インド西部の農村社会を再考する。宰相政府下の税制では，職人へ課された税目が商人にも課されていたが，これまでの研究ではこれらの在地で活動した商人はあまり扱われてこなかった。本章ではこうした商人も研究対象に含め，職商集団の活動を分析する。ただし税制史資料を用いることは，税制が職商集団の活動を規定し，彼らを分類したことを意味しない。本章は 18 世紀後半以降の史料を用いるが，この時期は小谷が言う二次的ワタンが現れ，ワタン制が成熟期にあったと考えられる。むしろこのような状況下においては，ワタン制などの在地のルールに基づく職商集団の活動やそのあり方こそが，在地社会に課された税制に影響を与えていたと筆者は考える。

本章第 2 節では職商集団に課された税目を示すとともに，その記録から彼らの活動を再検討する。第 3 節では税帳簿等で多く記載された特定の職商集団を取り上げ，その活動と役割を解明する。第 3 節の分析は，ワタンの授受関係を示す史料ではほとんど言及されてこなかった職商集団に注目するものであり，それら集団の実態解明を通じて，職商集団の性質の再検討を試みるものである。これらの分析を通じて，ワタン制による分業体制という静的な社会構造をとりまく，インド近世の動的な動きを明らかにするとともに，分業体制を再考するうえで必要な論点を提供することを目指す。前章で検討し，次章以降でも引き続き検討を続ける 18 世紀後半以降のインダプール郡の動的な変化と，インド農村社会の変化とを結びつけることが第 4 章の目的である。

2　税史資料にみる職商集団

本節では，職商集団に課された税金とその課税状況を税目ごとに示し，そこから職商集団の活動の一端を解明する。具体的には，バルテー税，営業税，地税が本節での分析対象となる。

1）バルテー税

農村の職人には，バルテー税を課された者がいた。バルテー税とは，文字通り，バルテー職人に課せられた税である。A. R. クルカルニーによると，18 世紀半ばまでバルテー税は項目として帳簿等に記載されておらず[16]，18 世紀後半のマラーター同盟宰相政府，または地方官権の財政難の中で，新たに課された税であると筆者は推察する。当時の村帳簿によると，18 世紀後半の村の主税目は，本税である地税であった。地税以外では，バルテー税と次項で検討する営業税のみが，毎年徴収されており，それ以外の諸税に関しては，年ごとに徴収される税目が異なっていた。年や村によって若干異なったが，バルテー税の本税に対する割合は 1 割に満たなかった[17]。バルテー税は税としては少額であったが，後述するように職人のあり方の一側面を示している。表 4–1～4–3 は，インダプール郡インダプール町[18]で課税されたバルテー税の内訳である。

表 4–1，表 4–2，表 4–3 が示すように，バルテー税は，職人集団によって額が異なっていた。各職人集団の構成人数が明らかになっていないため，被課税者個人の負担額が同一であったかは，明らかになっていない。特に重要なのは，インダプール町にはマハールなども存在したが納税者リストに名前は見出せず，必ずしもすべてのバルテー職人にバルテー税が課されたわけではないことである。1815 年に関しては，金工師の課税額が記されていなかった（表 4–3 参照）。金工師が何らかの理由で，バルテー税を免除されたと考えられる。この事例を除いては，年によってバルテー税の被課税集団が変化することはなかった。バルテー税は，各村・町で課税されていた。比較のためにインダプール郡カラス村，同郡に隣接するバラーマティ地区の中心町であったバラーマティ町におけ

16　A. R. Kulkarni, “Towards a History of Indapur,” pp. 211–212.

17　村で徴収された諸取り分・税の内訳や構造に関しては下記を参照のこと。Michihiro Ogawa, “Internal Structure of Qasba (Town) in the Maratha Kingdom with Special Reference to Qasba Indapur in Pune Suba (District),” pp. 139–149.

18　後述するように，町（Qasbā）には市場地区と農村地区があり，農村地区は他の農村と同様の社会経済構造をもっていた。

表 4-1　インダプール町の 1771 年におけるバルテー税の納税者

（ルピー）

バルテー職人	大工	金工師	皮革工	洗濯屋	陶工	床屋	合計
納税額	30	33	90	75	40	80	348

出典）Jamābandī Kasbā Indāpūr, Shuhūr 1171, Puṇe Jamāv, Rumāl no. 705, MSAP.

表 4-2　インダプール町の 1814 年におけるバルテー税の納税者

（ルピー）

バルテー職人	大工	金工師	皮革工	洗濯屋	陶工	床屋	合計
納税額	29-8	6	90	49	39	48-12	262-4

出典）Ākār Kasbā Indāpūr, Fuslī 1223, Puṇe Jamāv, Rumāl no. 712, MSAP.

表 4-3　インダプール町の 1815 年におけるバルテー税の納税者

（ルピー）

バルテー職人	大工	金工師	皮革工	洗濯屋	陶工	床屋	合計
納税額	6-12	n/a	87	48-5-6	30-14-3	15-8	188-7-9

出典）Ākār Kasbe Indāpūr, Fuslī 1224, Puṇe Jamāv, Rumāl no. 712, MSAP.

るバルテー税の納税者を示す（表 4-4，表 4-5 参照）。

表 4-4，表 4-5 からも，職人集団によって課税額が異なったこと，すべてのバルテー職人に課税されたわけではないことが明らかである。町・村間の課税対象集団を比べると，インダプール町では，ヒンドゥー堂守りが存在したが，バルテー税は課されていなかった。他方，カラス村やインダプール町にはマハールが存在したが，非課税であった。すなわち町・村によって，課税対象となる集団が異なっていた。町・村ごとのバルテー職人がワタンを有していたか否かが，バルテー税の課税に影響を与えたと考えられる。3 町・村の状況を総括すると，バルテー税が課されていたのは大工，皮革工，洗濯屋，陶工，床屋などの，手工業や一部のサービス業に関わる職人たちであり，占星術師やムスリム導師などの宗教関係者は課税の対象となっていなかったことがわかる[19]。

19　前述のように，バルテー職人は，報酬として村内にイナーム地を保有することがあった。イナーム地には，地税の 3 分の 1 に相当するイナーム税が課された。イナームを保有するバルテー職人に対し，イナーム税の代わりにバルテー税が課された可能性は否定できない。ただし，バルテー職人に対するイナーム地は，村落共同体が耕作地を融通して与える村イナーム地であった。政府が証書（Sanad）に額や保有者を明記した証書イナームと異なり，村イナームは税関系の史資料に記載されず，そのためにイナーム税とバル

表 4-4　カラス村におけるバルテー税の納税者

（ルピー）

バルテー職人	大工	金工師	皮革工	洗濯屋	陶工	床屋	鍛冶屋	ヒンドゥー堂守り	マーング	合計
1769	60		60	30	30	30	60	15	20	305
1775	65		63	32-8	32-8	32-8	65	16-4	20	326-8-4
1788	32-8		32-8	16-4	16-4	16-4	32-8	8-0-1.5	8-0-1.5	162-4-3
1789	32-8		32-8	16-4	16-4	16-4	32-8	8-0-1.5	8-0-1.5	162-4-3
1812	20		20	10	20	210	20	5	5	110
1813	32		32	16	16	16	32	8	8	160
1815	32		32	16	16	16	32	8	8	160
1818	40		40	20	20	20	40	10	10	200
1822	32		32	16	16	16	32	8	8	160
1825	32		16	8	8	8	n.a.	n.a.	n.a.	72
1826	6		6	3	3	3	6	n.a.	1-8	28-8

出典）Jhādtī Kasbā Kalas, Pargane Indāpūr, Fuslī 1178, 184, 1197, 1198, 1221, 1222, 1224, 1227, 1231, and 1234, Puṇe Jamāv Rumāl no. 720, MSAP.

表 4-5　バラーマティ町におけるバルテー税の納税者

（ルピー）

バルテー職人	大工	皮革工	洗濯屋	陶工	床屋	鍛冶屋	ヒンドゥー堂守り	マハール	合計
1771	20-12	20-12	16-2-6	16-2-6	16-2-6	20-12	2	15	127-11-6
1773	20-12	20-12	16-2-6	16-2-6	16-2-6	20-12	2	15	127-11-6
1810	20-13-6	19-8	12	n.a.	12	n.a.	2	n.a.	46-5-6

出典）Hisebī Jhādtī Kasbe Baramati, Fuslī 1180, 1182, and 1219, Puṇe Jamāv Rumāl no. 758, MSAP.

また，マハールやマーングなどの不可触民，ヒンドゥー堂守り等は，町・村によって課税の状況が異なった。前述したように，ワタンによって在地の授受関係が制度化されている状況において，政府が新たにバルテー職人をこのように分類して統治したとは考えがたく，在地におけるバルテー職人集団の既存のあり方に基づいて課税したと考えるべきである。残念ながらバルテー税を課すか否かの基準は明らかにならなかったが，同税の課税状況からバルテー職人が一

テー税の関係は明らかにならなかった。ただし，マハールなど，明らかにイナーム地を保有しているにもかかわらずバルテー税が免除されたバルテー職人がいたことは確かであり，イナーム税が必ずしもバルテー税に置き換えられたわけではないことがわかる。イナーム税の支払いを含めた，イナーム地の経営に関しては下記が詳しい。深沢宏「十八世紀マラータ王国における農地について」深沢宏『インド社会経済史研究』東洋経済新報社，1972 年，220 頁。

様の集団ではないことが明らかになった。

2）営業税

営業税（Mohtarfā）は,「通商, 専門職, 村の職人（熟練工）職, または彼らの設備に課された税」であり[20), 商人・職人に広く課された。そして, 商業や手工業を主体とする町の市場地区では, 営業税が主な税収となっていた[21)]。営業税に関しては, 後述するように, 村や町の農村地区と市場地区で, 課税のあり方が異なっていた。そこで本項では, 農村地区と市場地区の違いを示した後に, 営業税の課税状況について検討する。

インド西部では, 交通・流通の要となる地点に常設市が設けられ, 町（Qasbā）が形成された[22)]。これに加えて, 週に一度の定期市が要所で開催され, 町に位置する常設市とともに, 郡の行政地域を超えた流通ネットワークが形成していた[23)]。筆者はかつて町の内部構造を分析し, 町が常設市を中心とした市場地区（Peṭh）と農村地区に分かれていたことを示した。インド西部では, 一般的に町の面積は郡内最大で, その大部分を農村地区が占めたため, 町は郡内最大の農村という性格をもち, 郡庁に納めた地税額も郡内で最大であった[24)]。こ

20　Wilson, *op. cit.*, 350.

21　Michihiro Ogawa, "Internal Structure of Qasbā (Town) in the Marāṭhā Kingdom with Special Reference to Qasbā Indāpūr in Puṇe Subha (District)," pp. 145–147.

22　本文は, 町の地理的な位置を示しており, 常設市が町形成の十分条件になったという歴史的展開を示唆しているのではない。たとえば, 本章が注目するインダプール町に関する最古の記録は1486年に遡るが, これはアーディル・シャーヒー朝創始者であるユスフ・アーディル・シャーに属した砦に関する文書である。この砦は, 現在の郡庁の場所に位置しており, インダプール町はまずは政治・軍事的拠点として存在し, 成長して常設市をもつにいたったと考えられる。James M. Campbell ed., *GBP* Vol. XVIII, Poona District, Part 1, p. 132.

23　Michihiro Ogawa, "Trade Network in Indapur Pargana under the Marathas," in Dusan Deak and Daniel Jasper eds., *Rethinking Western India, The Changing Contexts of Culture, Society and Religion*, New Delhi : Orient BlackSwan, 2014, pp. 159–167.

24　たとえばインダプール郡では, 1771年のインダプール町の地税額が11,556ルピー8アンナであったのに, 郡全体の地税額は201,228ルピーであった。1795年の同町の地税額は, 10,131ルピー8アンナで, 同年の郡全体の地税額は214,732ルピー11アンナであった。いずれの事例でも, インダプール町の地税額は, 同郡で最大であった。Jamābandī Kasbā Indāpūr Shuhūr 1171, Puṇe Jamāv, Rumāl no. 705 and Nemnūkbād Shuhūr 1195,

のように町の農村地区は，農村と同様の生産構造を有し，ワタンの授受を基盤とした社会経済関係が成立していた。他方で町の市場地区では，市場を統括する市場長や市場書記のワタンが設定されたが，市場地区の手工業者や商人のワタンは設定されず，比較的自由な往来・居住がなされていたようである[25)]。

上記の町における地区の違いを踏まえたうえで，他村の統計をまじえて，営業税の分析を行なう。表4-6〜4-11は，それぞれインダプール郡カールタン村，同郡セール村，インダプール町農村地区，バラーマティ地区（Karyād）バラーマティ町農村地区，インダプール郡インダプール町市場地区，バラーマティ地区バラーマティ町市場地区の営業税の納税者を示している。

市場地区では営業税が主要な税収になっていた。市場地区は，ワタン制によって社会経済関係が規定されていなかったために，営業税の課税では，バルテー税と異なり，ワタンの有無は問題にならなかった。19世紀後半の植民地支配下でのセンサス事業開始まで，インド西部では体系的な人口調査が行なわれておらず，近世の町の市場地区に居住した職人・商人の全体像は明らかにならなかった。そのため市場地区のすべての職人・商人が営業税を払ったか否かは特定できない。課税額はバルテー税と同様に，職人・商人集団によって異なっており，年によって課税額も変動していた。

営業税は，村や町の農村地区でも徴収された。村や農村地区での営業税は，バルテー税と同じく本税すなわち地税の1割にも満たなかった。農村の税帳簿における営業税の項では，基本的に「店舗に対して」という語が付されていた。この語が付されずに営業税を課されたのはマルワーリーとグジャールのみであり，後者のグジャールは，後述するように，グジャラート商人の一派であった。

Puṇe Jamāv, Rumāl no. 710, MSAP.

25　マラーター同盟の中心都市であるプネーは，18世紀後半に新たな市場地区が次々に形成されることで拡大していった。市場地区は，その新設を宰相政府に請願し，政府が認可することで建設されていった。小谷は，新設された市場地区の住民は，税を7年間免除されるのが通例だったと指摘し，いくつかの免税保証書を引用した。引用された免税保証書には，「ワーニー（商人カースト）や商人などを連れて来て，ペート（市場地区）に居住させ，ペートを繁栄させよ」という趣旨の文言が必ず含まれていた。すなわち，市場新設時にワタンのような既得権益は存在せず，自由な往来・居住が認められていたことがわかる。小谷汪之『インド社会・文化史論――「伝統」社会から植民地近代へ』，64–74頁。

表 4-6　インダプール郡カールタン村の営業税の納税者

（ルピー）

職人	油屋	マルワーリー
1812	2	7-5
1815	2	7-5

出典）Jamābandī Kulwār Mauj Kāltaṇ, Parganā Indāpūr, Shuhūr 1212 and 1215, Puṇe Jamāv Rumāl no. 720, MSAP.

表 4-7　インダプール郡セール村の営業税の納税者

（ルピー）

職人	パーン屋(店)	マルワーリー	グジャール
1818	2	16	33

出典）Patrak Kulārag Mauj Shelgānv Parganā Indāpūr, Shuhūr 1218, Puṇe Jamāv Rumāl no. 780, MSAP.

表 4-8　インダプール町農村地区の営業税の納税者[26]

（ルピー）

職人	商人（店）	織工（店）	グジャール
1771	20		
1777	20		
1786	20		

出典）Taḷeband, Kasbā Indāpūr, Shuhūr 1171, 1777, and 1786, Puṇe Jamāv, Rumāl no. 705, MSAP.

表 4-9　バラーマティ地区バラーマティ町農村地区の営業税の納税者

（ルピー）

職人	油屋（店）	グジャール
1771	6	16
1773	4	16

出典）Jhādtī Ākār Kasbe Barāmatī Fusli 1180, and Taḷeband Ākār Jamā, Yekandar Kasbe Barāmatī Fusli 1182, Puṇe Jamāv, Rumāl no. 758, MSAP.

表 4-10　インダプール町市場地区の営業税の納税者[27]

（人）

納税者	店もち商人 (Bakal)	両替商	布商人	金工師	真鍮細工師	Seti Burkūl (不明)	Burkūl (不明)	毛織工	織工 (Balgade)	織工 (Kande)
1784	81	10	24	18	19	4	18	5	6	6
1788	80	10	26	19	20	3	16	5	6	6
1811	41	10	9	6	3	n/a	n/a	17	11	
1814	42	8	13	7	4	n/a	n/a	15	15	
1816	46	9	17	11	5	n/a	n/a	13	18	
1818	46	9	21	11	5	n/a	n/a	12	18	

納税者	ムスリム野菜売り	パーン屋	香水屋	仕立屋	肉屋	油屋	花菜栽培人	日雇い労働者	その他
1784	7	3	2	23	11	22	12	44	10
1788	9	4	3	24	9	23	14	64	10
1811	4	4	2	n/a	8	5	13	6	7
1814	4	7		n/a	8	8	13	11	7
1816	4	7		n/a	7	9	13	24	9
1818	4	6		n/a	7	10	12	48	11

出典）Kulārag Jamā Peṭh Indāpūr Shuhūr 1188, Yādī Wasūl Bākī Peṭh Indāpūr Fuslī 1220, and Gāv Jhāda Peṭh Indāpūr Fuslī 1225, Puṇe Jamāv, Rumāl no. 716, MSAP.

表 4-11　バラーマティ地区バラーマティ町市場地区の営業税の納税者

（ルピー）

納税者	商人	グジャール	両替商	金工師	織工	裁縫人	真鍮細工師	油屋	ムスリム野菜売り	毛織り工	香水屋
1805	105-4	223-4	68	38-5-6	40	56	55	40	20	14	1-8
1806	100-4	202	36-12	30-14	50	67	51	40	20	17-8	1-8
1810	n/a	174-12	n/a	n/a	n/a	n/a	n/a	n/a	n/a	n/a	n/a
納税者	洗濯屋	床屋	陶工	籠担ぎ (Bhoi)	軽業師 (Dobari)	Khane (不明)	Kamal (不明)	パーン屋	真鍮細工師	太鼓たたき	
1805	5	6	6	4-8	1-8	1	12	4	1	4	
1806	5	6	6	2	2	1	10	8-4	1	4	
1810	n/a	n/a	n/a	n/a	n/a	n/a	n/a	n/a	n/a	n/a	

出典）Jhādtī Peṭh Barāmatī Fusliī 1214, Jhādtī Peṭh Barāmatī Fusliī 1215, and Hiseb Jhādtī Peṭh Barāmatī Fusli 1219, Puṇe Jamāv, Rumāl no. 758, MSAP.

マラーター同盟がグジャラート地方に本格的に進出する18世紀半ば以降に，プネー周辺を対象とする種々の史資料に両商人集団の名前がみられるようになることから[28)]，彼らのデカン地方への本格的な進出は18世紀後半であると考えられる。この新たな外来の商人集団の職務と権益は，ワタン制によって規定されていなかった。すなわち営業税は，ワタン制に規定されない彼らの活動に対して課されていた。他方で村や町の農村地区では，油屋や毛織工など，後にアルテー職人と呼ばれる職人が活動していたが，彼らに営業税は課されなかった。町の市場地区では表4-10および表4-11が示すように，油屋や毛織工に営業税が課されていた。市場地区と農村での職人のあり方の違いは，農村では彼らの職務と権益がワタンによって規定されていたことである。外来商人への課税と農村でのアルテー職人への非課税から，営業税はワタンに規定されていない商人や職人の活動に課されていたものであったと考えられる。そのためワタン制が通用しない市場地区では種々の職人・商人に営業税が課された。

ただし前述したように，営業税は「店舗に対して」という名目で，農村のア

26　インダプール町農村地区の帳簿には，合計20ルピーの営業税が徴収されたことのみが記載されており，その内訳は明らかにならなかった。

27　インダプール町では納税者数が明らかになったため，表4-10では，納税額ではなく納税者数のみを記載する。

28　Sumitra Kulkarni, "Qasba (Small Towns) in the Maratha Country," Unpublished Papers, BCUD Project, University of Pune, 2008, p. 39.

ルテー職人にも課された。デカンの農村部では，郡内のいくつかの村で定期市が立ち，余剰生産物・製品が，町の市場地区やこれらの定期市で売買されたが，それとは別に農村にもいくつかの店舗が存在したことが営業税の記録から判断できる。店舗での営業は，ワタン制に基づく授受関係とは異なる流通形態であったから，営業税が課された。本項では農村での営業税徴収に関する数例を示したにすぎないが，多くの村で織工と油屋の「店舗に対して」営業税が課されていたのは注目に値する。すなわち職人の中で，この2集団はより商業化していたということができる。油屋の活動に関しては次節で考察するが，織工の活動の詳細を示す史資料はプネー文書館ではあまり見つかっていない。しかし通関税の記録によると，村間，村－町間，町間など在地で最も多く流通していたのは，穀物と現地の綿布であった[29]。その製造者であった織工の活動が在地経済・商業において非常に重要であったことは想像に難くない。在地の織工の活動に関してはデカン地方東部やインド南部について，植民地化の影響を考察する研究があり[30]，織工の活動は農村の商業化を考えるうえで他地域との比較のポイントとなりうる。

このように営業税の記録は，町市場地区の職商集団の内部構造を示すとともに，農村の商業化の端緒を映し出していた。そして，ワタン制からは捉えきれない在地の生産・流通活動を把握するうえで，この税の記録はきわめて重要である。

3）地　税

先に検討したバルテー税と営業税は，職商集団からの税の徴収を目的としており，彼らが主たる納税者であった。しかし，税関係史料を分析すると，地税の項目でも職商集団の名前を見出すことができる。たとえば，インダプール町の農村地区では，大工，油屋，肉屋，グジャール等の名前が地税の納税者リストの中に散見される[31]。地税は分割で支払われることが多く，インダプール町

29　Jakātkaḍīl Hishebī Kāgaḍ, Rumāl no. 59, MSAP.

30　Douglas E. Haynes and Tirthankar Roy, “Conceiving mobility : Weavers’ migrations in pre-colonial and colonial India,” *Indian Economic and Social History Review*, 36-1, 1999, pp. 35-67.

の農村地区でも地税納入者が地税を分割で支払った日程が記録されていた。そして，この記録の中にも職商集団の名前が記されていた。下記 2 通は，土地を耕作して地税を支払った大工と油屋の記録である。

【記録 1】[32)]
インダプール町農村地区[33)]：ファスリ暦 1224 年［西暦 1815 年］の取り決め
上記年の税収

［納税者］マルハーリー・スタール（大工）
26 ルピー 12 アンナ：耕作地に対して
［上記額の内訳］
20 ルピー：Bhutanwar［不明］について，60 ビガ［の土地を耕作する］。毎年 5 ルピーずつ増加し，［最終的に］35 ルピー［の課税額］となる契約をファスリ暦 1227 年［西暦 1818 年］まで結んだ。
昨年の課税額：15 ルピー　増加額：5 ルピー　合計：20 ルピー
6 ルピー 12 アンナ：その他の地片（面積 30 ビガ）について
昨年の課税額：4 ルピー 8 アンナ　増加額：2 ルピー 4 アンナ
合計：6 ルピー 12 アンナ
合計：26 ルピー 12 アンナ
8 ルピー 4 アンナ：付加税
合計：35 ルピー

［支払い日程］
6 ルピー 13 アンナ：ジルカード月［イスラーム暦第 11 月］2 日，金工師を通じて
10 ルピー 9 アンナ 6 パイサ：ムハッラム月［イスラーム暦第 1 月］1 日，金工師を通じて

31　Jhādtī Kasbā Indāpūr Shuhūr 1225, Puṇe Jamāv Rumāl no. 713, MSAP.

32　Kasbā Indāpūr, Jamā Fuslī 1224, Puṇe Jamāv Rumāl no. 712, MSAP.

33　史料中では，Qasbā Indāpūr と記録されていた。本文での表記にしたがって，Qasbā Indāpūr をインダプール町農村地区，Peṭh Indāpūr をインダプール町市場地区と訳出する。

合計：17 ルピー 6 アンナ 6 パイサ

17 ルピー 9 アンナ 6 パイサ：ジャマーディラーワル月［イスラーム暦第 5 月］15 日，金工師を通じて
合計：35 ルピー　滞納額：0

【記録 2】[34)]
インダプール町農村地区：ファスリ暦 1202 年［西暦 1793 年］の取り決め
上記年の税収

［納税者］マハタルジー・テーリー（油屋）
12 ルピー：耕作地に対して
［上記額の内訳］
17 ルピー：15 ビガの地片について。昨年の査定額にしたがって。
40 ルピー：45 ビガの地片について。昨年の査定額にしたがって。
合計：57 ルピー

9 ルピー：係争地[35)]である 30 ビガの地片について。昨年の査定額（9 ルピー）にしたがって。
合計：66 ルピー

経営失敗のために 54 ルピーの減税　残額：12 ルピー

［支払い日程］
15 アンナ（①[36)]）：［支払い日不明］サダーシブ・マヒパトに仕える，マヒパ

34　Kasbā Indāpūr, Jamā Fuslī 1202, Puṇe Jamāv Rumāl no. 712, MSAP.
35　村境などの係争地では，土地の保有権が確定するまで，地税が課されないことが多かった。この係争地が，かつての係争地で，この時点では問題がないために課税されているのか，係争地であるにもかかわらず税が課されたかは明らかにならなかった。Michihiro Ogawa, “Internal Structure of Qasbā (Town) in the Marāṭhā Kingdom with Special Reference to Qasbā Indāpūr in Puṇe Subha (District),” p. 155.

ト・ウダヴを通じて

7ルピー12アンナ（②）：ファスリ暦1204年［西暦1795年］ムハッラム月20日

6ルピー14アンナ：油に関して10ルピー14アンナ［の支払い］。この額から，搾油機のために4ルピーを控除する。その残額分の支払い。

14アンナ：ハイバティ・テーリーが油に関して過払いをした額[37)]

合計：7ルピー12アンナ

合計：8ルピー11アンナ（①+②）

2ルピー8アンナ6パイサ（③）：ファスリ暦1204年［西暦1795年］ラジャブ月［イスラーム暦第7月］18日

ファスリ暦1200年［西暦1791年］の，油屋自身が支払う税の取り決め額：4ルピー

控除：1ルピー6アンナ　残額：2ルピー10アンナ

両替手数料の控除：1アンナ6パイサ　残額：2ルピー8アンナ6パイサ

11アンナ（④）：ファスリ暦1204年ラジャブ月24日

ファスリ暦1204年の，油屋自身が支払う税の取り決め額：2ルピー

控除：1ルピー5アンナ　残額：11アンナ

1アンナ6パイサ（⑤）：ファスリ暦1204年［西暦1795年］サーバーン月［イスラーム暦第8月］27日　自身での支払い

合計12ルピー（①+②+③+④+⑤）　滞納額：0

36　支払い額が煩雑になるのを防ぐため，筆者が，①〜⑤の番号を支払い日程に付した。

37　ハイバティ・テーリーが油に関して税金の過払いをして，その過剰分が，マハタルジー・テーリーの支払いに使われたと考えられる。次節で示すように，ハイバティ・テーリーは，1793年に，町役場が油を購入した油屋のリストに，マハタルジー・テーリーとともに，その名を連ねており，油屋業での関係が両者を結びつけていたと考えられる（本章註58参照）。

上記2通は，職商集団の耕作に関する重要な特徴を示している。記録1によるとマルハーリー・スタールは，土地の耕作に関して，税額が毎年累増する契約を結んでいた。同人物に関する西暦1813年の記録には，35ルピーを満額とする，上記と同じ契約についての言及があり，1813年の60ビガの地片に対する地税額は10ルピーで，その前年（1812年）の税額は5ルピーであった[38)]。よってこの契約は，1811年に税を免除するかたちで始まったか，1812年に5ルピーという低額で始まったと考えられる。いずれにせよ，毎年5ルピーの割合で地税額が1818年まで累増する契約であったことがわかる。このような累増課税の方法はイスターワー（Istāwā）と呼ばれ，荒蕪地を新たに開墾した者に対し，この課税法が取られた[39)]。これは税収の増大を求める政府の勧農政策の一環であった[40)]。注目すべきは，マルハーリー・スタール以外の多くの職商集団の耕作記録にも同様の契約が記載されている点である[41)]。すなわち，職商集団は，先祖伝来の土地を耕していたわけではなく，新たに開発した土地を耕作していたことがわかる。これをワタン制に当てはめて考えると，土地を耕作した職商集団が農民ワタンを有していた可能性はきわめて低く，彼らは農民ウパリーとして土地を耕作していたことがわかる。すなわち油屋ワタンや大工ワタンの保有者は，土地を耕作していたとしても，農民のワタンを有していたわけではなく，あくまで本業は油屋や大工の仕事であった。管見の限り，この種の契約の記録は1760年代に始まり，1780年代以降に契約の記録数が大きく増大した。深沢は1750年代に荒蕪地の開発が進められたと推察しているが[42)]，18世紀の最後の四半世紀に開発はさらに進み，この時代には，伝統的な農民集団のみでなく，職商集団も開発の担い手になっていたであろうことを上記の記録は示している。

記録2は，マハタルジー・テーリーの地税納入に関する記録である。この記録の最大の特徴は，理由は明記されていないが，契約を結んだものの[43)]，耕作

38　Kasbā Indāpūr, Jamā Fuslī 1222, Puṇe Jamāv Rumāl no. 712, MSAP.

39　深沢宏「十八世紀マラータ王国における農民について」，254–255頁。

40　小谷汪之『インドの中世社会』，66–67頁。

41　プネー文書館の地方関連史料（Jamāv Section）には，記録1や記録2と同種の史料が数多く残されている。

42　深沢宏「十八世紀マラータ王国における農民について」，254頁。

者が土地の経営に失敗し，予定通りの地税の完済が不可能になった点である。そのために地税の大幅な減税が行なわれたが，それでもマハタルジーは地税の全額を支払うことが困難で，マヒパト・ウダヴから借金をして，税金が納められた。取り決めは1793年に結ばれたが税の支払いは滞り，1795年に彼の油屋業から地税滞納分の一部が回収された。記録2は，マハタルジー・テーリーの地税完済後に作成された文書である。1795年ラジャブ月以降の記録は，マハタルジー・テーリーが何らかの控除を受けながら，地税額を完済したことを示している。記録2で注目すべきは，1795年ムハッラム月に，マハタルジー・テーリーの油屋業から滞納額が回収されたことである。すなわちマハタルジー・テーリーは，油屋業を営みながら，土地の耕作を行なっていたこととなる[44)]。1793年に町役場が油を購入した買い付け先の油屋リストの中に，マハタルジー・テーリーの名前を見出すことができ，彼は確かにこの時期に油屋として活動していた（本章註58参照）。その記録と記録2によって，職商集団による本職と土地耕作の兼業が裏づけられる。

記録1と記録2を通じて特筆すべき点を述べて，本項を終える。両記録の支払い日程では，ともに「〜を通じて」という表現がみられる。この表現は，字義的には第三者が地税を代納したことを示すが，実際には納税者が第三者から借金をして税金を支払ったことを意味する。カースト集団の頭や親族が債権者となることもあったが[45)]，多くの場合で専門の金貸しが債権者となった。記録1では，「金工師を通じて」地税が納入されている。金工師は，金貨と銀貨の間および異なる銀貨間の両替を行ない，さらに在地の金融業を担っていた。他にも，次項で指摘するように，在地の金融業には，グジャラート商人であるグジャールが積極的に関わっており，地税の納入に関して「グジャールを通じて」という表現がしばしばみられた[46)]。地税納入に関して，在地の金融業者と

43　別の記録によると，この地税支払いが契約によって規定されていたことが明記されている。Kasbā Indāpūr, Jamā Fuslī 1204, Puṇe Jamāv Rumāl no. 710, MSAP.

44　マハタルジー・テーリーの1801年の記録によると，彼は1803年までの別の契約を結んでおり，記録2の時点以降も，耕作を続けていたことがわかる。Kasbā Indāpūr, Jamā Fuslī 1210, Puṇe Jamāv Rumāl no. 711, MSAP.

45　Kasbā Indāpūr, Jamā Fuslī 1196, Puṇe Jamāv Rumāl no. 708, MSAP.

46　たとえば，Kasbā Indāpūr, Jamā Fuslī 1197, Puṇe Jamāv Rumāl no. 707, MSAP.

して金工師やグジャールが，職商集団を含む広範な層に金貸しを行なっていたことが，同種の記録から明らかになった。

地税関連の史資料から，職商集団の中には，ウパリー農民として土地を耕作する者がいたことが明らかになった。彼らは本業を行ないながら，農業を兼業していたと考えられる。職商集団の兼業は，インド共同体論に再考を迫る非常に重要な問題である。また職商集団が，その活動を商業ではなく農業に拡大させたことには，デカン地方の商業化の問題が関わっており，インド亜大陸内で，職商集団の活動のあり方は地域によって大きく異なったと考えられる。職商集団の兼業については，さらに多くの史資料を収集するとともに，インド亜大陸内の他地域との比較を行なうことが必須であり，これは今後の課題とする。

3　政府と職商集団

前節では，職商集団が支払った税に注目して，彼らの活動の一端を明らかにした。本節では，村や郡の帳簿を用いて，職商集団の活動を分析する。これらの帳簿には，収入の部に税収，支出の部に各種の公的支払いが記載されていた。この支出の部には「つけの支払い」という項目があり，町役場や村役場などの地方政府が，つけで油屋とグジャラート商人のグジャールから品物を購入していたことが明らかになった。このことは地方政府が，これら 2 集団と特別な関係にあったことを示している。本節では，油屋とグジャールについて書かれた様々な公的文書を用いて彼らの活動を詳細に分析し，これまで知られてこなかった職商集団の活動に関する新たな側面を示す。

1) 油　屋

油屋の重要性は，近世期のインド社会における油の重要性に起因する。下に掲げるのは，1773 年のインダプール町農村地区の油の使用に関する帳簿である。この帳簿は，18 世紀後半のインド西部における油の使用の特徴をよく示している。

【帳簿】インダプール町　ファスリ暦1182年［西暦1773年］[47)]
インダプール郡農村地区における油の消費：44ルピー4アンナ
［内訳］
3ルピー3アンナ6パイサ：［公的機関での］油の使用
　1ルピー2アンナ：インダプール郡の郡庁（Kacherī）6マン20セール
　4アンナ6パイサ：操り人形の紐[48)]　5セール
　11アンナ：カンデーラーオの土地調査　7マン
　1ルピー2アンナ：記録庫（Daftar）での消費　10マン
　［小計］3ルピー3アンナ6パイサ
37ルピー10アンナ：ヒンドゥー寺院および神像・廟などでの消費
3ルピー6アンナ6パイサ：ホーリー祭での消費
［合計］44ルピー4アンナ

上記の帳簿で，最大の支出項目は，「ヒンドゥー寺院および神像・廟での消費」である。このことは，油がヒンドゥー教の儀式・祭礼にとって非常に重要であったことを示しており，町役場もヒンドゥー寺院や神像，廟で使用する油の一部を負担していた。種々の社会集団や地域の有力者も油を寺院等へ納めていたので，町役場がすべてを負担していたわけではない。また，次に大きな支出項目もヒンドゥー教の祭礼関係で，ホーリー祭で使用する油の提供であった。ホーリー祭以外にも，ディーワーリー祭，ナウラートリー祭，ダサラ祭での儀式で油が用いられており，村や町の帳簿を見ると，これら祭礼で使用する油の一部を，村役場や町役場が負担していたことがうかがえる[49)]。そして，村の中心となるヒンドゥー寺院が日々の宗教行為の中で消費する油も，村の支出（Gāon Kharch）から賄われた[50)]。上記の帳簿では，油の費用の9割以上が宗教

47　Kasbā Indāpūr Kharch Fuslī 1182, Puṇe Jamāv Rumāl no. 705, MSAP.
48　単語の意味は明快であるが，「操り人形の紐」が何を指し，何のために油が使われているかは明らかにならなかった。
49　Yādī Telī Yākaḍīl Tel Nandādīp, Fuslī 1794, Puṇe Jamāv Rumāl no. 707, MSAP.
50　たとえば，インダプール町の中心的な寺院である，シッデーシュワル寺院の油代は，同町の「村の支出」から支出された。Nemnūkbād Kasbā Indāpūr Shuhūr 1195 Puṇe Jamāv, Rumāl no. 710, and Ākār Kasbā Indāpūr Fuslī 1225, Puṇe Jamāv, Rumāl no. 712, MSAP.

的な目的で使用されており，同帳簿は，18 世紀のインド社会において宗教儀礼での油の使用がいかに重要であったかを示している。さらに同帳簿が示すように，インダプール郡の行政の中心である郡庁や記録庫などの役所でも，灯をともすために油が使用された。これに関連して役所や駐屯所に置かれている剣の清掃用にも油が使われていた[51)]。上記帳簿の「カンデーラーオの土地調査」の項目は，土地調査において油が使用されたことを意味している。土地調査における油の使用は史料中にしばしばみられるが，現地の歴史家によると，デカン高原では地片や村の境界線を引くために油が使用されていた。土地行政においても油は重要であった。

他の油の使途も，関連する行政文書の中に見出すことができる。第 2 章で論じたゾウやラクダの餌や薬には油が含まれており[52)]，油は軍用動物の飼育においても欠かせないものであった。実際にインダプール町役場は，同郡に駐留するゾウの餌として，同町市場地区の油屋から油を購入していた[53)]。通関税の帳簿にも油の記載がみられる。通関税の税収の一部は要地となる村・町に置かれた関所の事務員・警備員・関所の維持のために用いられたが[54)]，関所の維持費の中には灯用の油の費用が含まれていた。また，1777 年にインダプール町で強盗が出没するという噂が流れ，夜間パトロールのために油が買い足されるなど[55)]，インフラが整備されておらず強盗などが頻出した近世期のインド社会において，夜間の治安向上にも，油の灯が一定程度の役割を果たしていた。公的な文書の分析に限っても宗教・軍事・行政の様々な場面で油が用いられていたことがわかり，これに商業や社会生活における使用が加わったと考えると，油の高い需要と在地社会における油屋の重要性が容易に想像できる。

上に分析したような様々な目的での油の使用のために，町役場が毎年，油屋からつけ（Uchāpat）で油を購入していた[56)]。1777 年の油のつけの記録によると，町役場は，宗教的・行政的な目的で，その年に 55 マンの油を 9 名の油屋

51　Hishebī Telī Tel Kasbā Indāpūr Shuhūr 1192, Puṇe Jamāv Rumāl no. 707, MSAP.
52　Ajmās Parganā Indāpūr, Shuhūr 1168 and 1188, Prānt Ajmās, Puṇe, Rumāl no. 62, MSAP.
53　Yādī Uchāpat Telī Kasbā Indāpūr Fuslī 1186, Puṇe Jamāv, Rumāl no. 706, MSAP.
54　Yādī Uchāpat Telī Kasbā Indāpūr Fuslī 1186, Puṇe Jamāv, Rumāl no. 706, MSAP.
55　Yādī Uchāpat Telī Kasbā Indāpūr Fuslī 1186, Puṇe Jamāv, Rumāl no. 706, MSAP.
56　Yādī Uchāpat Telī Kasbā Indāpūr Fuslī 1186, Puṇe Jamāv, Rumāl no. 706, MSAP.

から購入していた[57]。他の事例では，1793年のサワール月（イスラーム暦第10月）12日から翌年のジャマーディラーカル月（イスラーム暦第6月）28日までに，町役場が祭り等のために9マン38セールの油を購入していた。町役場は同町の5名の油屋からこれを購入したが[58]，この5名中の3名は，1793年におけるつけの支払いリストに記載された油屋（9名）と異なる人物であった。このことから，町役場がつねに同じ油屋から油を購入していたわけではなかったことがわかる。他方でラーヌー・テーリーやマハタルジー・テーリーなど両事例のリストに名前が見出される油屋は，より町役場とのつながりが強かったと考えられる。

さらに村長（町長）ワタンの授受関係からも，油屋の活動の一端を知ることができる。インダプール町の長は，市場地区において，職人の活動規模に応じて，種々の取り分を得ていた。油屋からインダプール町の長は，搾油器ごとに，9タークの油を得ていた。この町長の帳簿によると，18世紀後半のインダプール町の市場地区には，36機または37機の搾油器が存在し，そのうちの2機を油屋頭が保有していた[59]。この町長の帳簿からは，他の搾油器の保有状況は明らかにならなかった。しかし，前節で引用した記録2によると，マハタルジー・テーリーは搾油器を保有しており，地税取り立て額が減免されていた。マハタルジー・テーリーは，上記2例で示した以外のつけのリストにもその名を連ねており，油屋の中でも，特に町役場との関係が深かったと考えられる。彼は搾油器も保有しており，インダプール町市場地区の油屋の有力者であったことが推察される。ただし，町長の帳簿から，マハタルジー・テーリーとは別

57　55ルピーのつけの内訳と9名の油屋は，サントゥー・テーリー（8ルピー），ゴーヴィンド・テーリー（8ルピー），ウダージー・テーリー（3ルピー），カノージー・テーリー（7ルピー），セティー・テーリー（8ルピー），マハードゥー・テーリー（5ルピー），ラーヌー・テーリー（8ルピー），ジョーティー・テーリー（4ルピー），マハタルジー・テーリー（4ルピー）である。Yādī Hiseb Uchāpat Telī Kasbā Indāpūr, Shuhūr 1186, Puṇe Jamāv 706, MSAP.

58　5名の油屋は，マハタルジー・テーリー，ザールー・テーリー，ハイバティ・テーリー，マルハーリー・テーリー，ラーヌー・テーリーである。Hiseb Telī Kasbā Indāpūr Fuslī 1210, Puṇe Jamāv no. 710, MSAP.

59　Tāḷeband, Deshmukhī Watan, Shuhūr 1172, 1178, and 1183, Puṇe Jamāv, Rumāl no. 797, MSAP.

に油屋頭が存在したことがわかる。搾油器の全数から判断して，インダプール町市場地区では，油屋頭とマハタルジー・テーリーだけが搾油機を保持していたわけではないと考えられる。おそらく，油屋頭を頂点に，その次に町役場と関係を築いていた有力油屋が存在し，それ以外に一般の油屋が活動していたのだろう。インダプール町市場地区（表4-10）やバラーマティ町市場地区（表4-11）の納税者リストは，油屋が少なくとも市場地区で営業を行なっていたことを示している。また，バラーマティ町農村地区（表4-9）で油屋が営業税を支払っていたことから，彼らが農村に店舗をもち商業活動を行なっていたことがわかる。市場地区と農村地区の油の流通は油屋自身が結合させていた。重要製品である油の流通は，農村の商業化を進めるうえで重要であったと考えられる。

2）グジャール

前述したように，グジャールは，18世紀半ばにデカン地方に来たと考えられるグジャラート商人の一派である。ヒンドゥー商人は，一般的にバニヤと呼ばれるが，デカンではワーニーと呼ばれることが多かった。ヒンドゥー商人の中でも，グジャラート出身で，17～18世紀にインド亜大陸で広く商業活動を行なった商人集団は，グジャラート・バニヤまたはグジャラート・ワーニー（いずれも，グジャラート商人の意味）と呼ばれた。グジャラート・バニヤの一派であるメシュラ・バニヤは，南インドのカルナータカ地方やマドラスに到達したといわれている。このメシュラ・バニヤの一派は，グジャールまたはグジャール・バニヤと呼ばれた[60]。英領期の地誌ではグジャールがこのように分類されているが，グジャラートがマラーター同盟領となった18世紀半ばには，様々な出自のグジャラート商人がデカンにやってきたと推察される。18世紀後半のグジャールは，メシュラ・バニヤの一派のみでなく，それ以外の集団を含んだグジャラート商人を広く意味する語であったと筆者は考える。

60　英領期の地誌には，本章で検討するグジャールは，今日もラジャスターン州などに居住するグジャールと同祖先であり，彼らもラジャスターン出身のラージプート（クシャトリヤ）であるというグジャールの主張が記載されている。その真偽は定かではない。James M. Campbell, ed., *GBP* Vol. IX, Part 1, Gujarat Population : Hindu, Bombay : Government Central Press, 1901, p. 71.

前節表4-11のバラーマティ町市場地区の営業税の納税者リストには，グジャールの項目があり，彼らが同税を払っていたことがわかる。他方で，前節表4-10のインダプール町市場地区の納税者リストにグジャールの項目はないが，店もち商人の項目内にグジャールの名を見出すことができる[61]。たとえば1784年のインダプール町市場地区の営業税リストを見ると，店もち商人の納税者81名の中に8名のグジャールが含まれていた。2年後の1786年のインダプール町農村地区の営業税納税者リスト（表4-8）には，4名のグジャールが含まれていたが，この4名は，全員が1784年の市場地区の営業税リストに店もち商人として記載されていた。すなわち，1784年の市場地区での店もちのグジャール8名の中で，半数の4名は農村地区にも店舗をもっていたことになる。1784年の市場地区の店もち商人の中に，グジャールの4名以外で，農村地区に店舗を有していた者はいなかった。市場地区と農村地区の商業を結ぶ重要な役割を，グジャールが担っていたことがわかる。

さらに，前項で油の重要性を考察する際に用いた通関税の記録にも，グジャールの名を見出すことができる。すなわち，インダプール町市場地区で，唯一の布商人として営業税を支払っていたマニーラム・グジャール（本章註61参照）は，インダプール町の外港であるヒンガン村の港に布製品を運んでいた[62]。多くのグジャールが町の市場地区間の交易，町と港との交易に従事して，商品の輸送・売買を行なっていたことを通関税の記録が示している。

地税納入者リストの中にも，数名のグジャールの名前を見出すことができる。特に詳細な地税納入者のリストが得られたインダプール町農村地区のデータを分析すると，同町農村地区で最初のグジャール耕作者として記録された，ムクンド・セート・グジャールの名前が1782年の納税者リストの中に出てくる。この人物は1782年に30ビガの土地を耕作していた[63]。一時的に30ビガ以上の土地をもったときに，ムクンド・セート・グジャールは，その超過地を，農業労働者を雇って耕作させていたが，30ビガの土地は自耕していた[64]。他の

61　表4-10に関して，1810年代の納税者リストには，布商人の中に1名のグジャールがつねに含まれていた。

62　Jakātkaḍīl Hishebī Kāgaḍ, Rumāl no. 59, MSAP.

63　Kasbā Indāpūr Kharch Fuslī 1195, Puṇe Jamāv Rumāl no. 710, MSAP.

グジャールも，自耕を基礎としてインダプール町農村地区の耕作を行なっていた[65]。19世紀後半に，グジャラート商人およびマルワーリー商人が不在地主としてデカン高原で土地を大規模に集積し，1875年にデカン農民反乱を引き起こした[66]。18世紀後半のグジャールの農業への進出は，自耕を基礎とする点において，後の土地保有のあり方と異なった。そしてムクンド・セート・グジャールは，インダプール町の農村地区および市場地区に店舗を保有していた。他のグジャールのうち数名は，インダプール町市場地区に店を有していた。同町市場地区ではモロコシなどの穀物も主要な商品として扱われており，グジャールを含めた耕作者兼店主が，農業と市場を結びつけていたといえる。

本節冒頭で述べたように，郡や村の帳簿の支出の部には，「つけの支払い」という項目があり，グジャールに支払いがなされていた。帳簿から抜粋して作成された「つけの支払い」に関する文書を下記に示す。

インダプール町
ファスリ暦1199年［西暦1790年］
ムクンド・セート・グジャール［に対する］つけのための［支払い］[67]

5ルピー：ムハッラム月29日　ディーワーリー祭のために
4ルピー：ラビラーワル月［イスラーム暦第3月］1日　サンクラーント祭におけるゴマの購入のために。［グジャールより］現金を得た。
25ルピー：ジャマーディラーワル月11日　雌馬の飼料のために
2ルピー：ジャマーディラーワル月29日　ホールカル候付きの金貸しのために

64　農業労働者を雇用する場合は，そのことが納税記録に記載されたので，農業労働者を用いていない場合は，グジャールが自耕していたと推察する。Kasbā Indāpūr Kharch Fuslī 1191 and 1195, Puṇe Jamāv Rumāl no. 710, MSAP.

65　たとえば，Kasbā Indāpūr Kharch Fuslī 1193, Puṇe Jamāv Rumāl no. 710, MSAP.

66　デカン農民反乱時における，インダプール町やバラーマティ町を含むプネー県の土地集積状況は下記に詳しい。Neil Charlesworth, *Peasants and Imperial Rule, Agriculture and Agrarian Society in the Bombay Presidency, 1850–1935*, Cambridge : Cambridge University Press, 1985/2002, pp. 95–115.

67　Kasbā Indāpūr Kharcha Fuslī 1199, Puṇe Jamāv Rumāl no. 709, MSAP.

12ルピー：ジャマーディラーカル月9日　バーラージー・バーブーラーオへの支払い
15ルピー：ラジャブ月30日　ある女性がガンジス川［への巡礼］に行なった時の費用[68)]
8ルピー：ジルカード月29日　［1ヶ月前の］サワール月［イスラーム暦第10月］の種々の現金支払いのためのつけ[69)]
7ルピー：サワール月29日　花菜栽培人の争いのために
　2ルピー：ファスリ暦1183年［の争いのために］
　5ルピー：ファスリ暦1192年［の争いのために］
［合計］7ルピー
1ルピー：サワール月22日　香水屋（Aṭār）への支払いのために
2ルピー11アンナ：ラビラーワル月1日　現金　shedopat［不明］
［合計］81ルピー11アンナ

町役場など地方政府の公的な支払いをグジャールが肩代わりしていたことがわかる。この「グジャールによる支払い」という行為自体を，地方政府がグジャールからつけで買っていたと帳簿では表現されており，つけを払うかたちでその金額をグジャールに返金していた。言い換えれば，これはグジャールからの無利子の短期貸し付けであった。上記のつけの詳細が示すように，村や町の祭礼に関する公的な支払いをグジャールが代わりに行なっており，インダプール町の他の事例では，同町の中心的なヒンドゥー寺院であるシッデーシュワル寺院への町役場からの支払いをグジャールが代納していた[70)]。詳細は明らかではないが，巡礼への公的な支払いも代替されたことを上記史料は示している。軍馬への飼料の提供や，町や村に一時的に駐留した兵士への兵站の提供[71)]など，軍事関連の物資を調達するためにも，グジャールが一時的に資金

68　18世紀にも北インド・ガンジス川への巡礼はしばしば行なわれた。史料の動詞は，一人称女性単数形となっているが，誰がインダプール町の公費で巡礼したかは，史料からは明らかにならなかった。
69　この項目に関しては，サワール月の現金支払いについて，具体的な使途が記されていなかった。
70　Nemnūkbād Kasbā Indāpūr Shuhūr 1195, Puṇe Jamāv, Rumāl no. 710, MSAP.

を提供した。マラーター諸侯のホールカル家への支払いやバーラージー・バーブーラーオなどの有力武官への支払いといった上位権力への地方政府による支払いも，グジャールが行なうことがあった。暦に従った祭礼や宗教儀式と異なり，政治的・軍事的支払いはその時々の情勢によって急に求められえた[72)]。グジャールによる急な支払いの代納は，地方政府の財政維持にとってきわめて重要であったと考えられる。また，使途は不明であるが，財政赤字の補塡も「つけ」の名目でグジャールが行なっていたことを上記史料は示している。宗教・軍事・行政面でグジャールは財政的に地方政府を支えていた。

さらにつけによる貸し付けと別に，グジャールは，利子付き[73)]の貸し付けを町役場に対して行なっていた。地方政府による利子付きの借り入れは，その帳簿上でも「借金による収入」として，つけと区別して表記された[74)]。グジャールからの利子付きの貸し付けと，つけによる貸し付けのうち，利子負担がないという点で後者は政府に有利であったが，両者がどのような条件で区別して用いられていたかは，明らかにならなかった。グジャールによる利子付きの貸し付けは，武官[75)]や町・村の住民に対して広く行なわれた。前節の記録 1 および記録 2 の分析で述べたように，地税などの税支払いのために，グジャールから住民への貸し付けがなされていた[76)]。前節の記録 1 では，金工師から借り入れて地税が支払われており，民間への貸し付け業は，グジャールのみが

71　Nemnūkbād Kasbā Indāpūr Shuhūr 1177, Puṇe Jamāv, Rumāl no. 710, MSAP.

72　一時的に駐留した武官の費用に関しては郡財政から支出されることが多かったが，インダプール町には郡庁があり，郡が行なう武官への兵站提供を同町役場が補佐することがあった。Tāḷeband Pargaṇā Indāpūr Shuhūr 1173, Puṇe Jamāv Rumāl no. 790, Tāḷeband Pargaṇā Indāpūr Shuhūr 1193, Puṇe Jamāv Rumāl no. 793, and Hisebī Pargaṇā Indāpūr Shuhūr 1193, Prānt Ajmās, Puṇe, Rumāl no. 503, MSAP.

73　第 2 章で述べたように，地方政府・中央政府への利子率は年利 12 % で固定されていた。T. T. Mahajan, *Industry, Trade, and Commerce during Peshwa Period*, pp. 94–96.

74　Yādī Wasūl Peṭh Indāpūr Shuhūr 1214, Puṇe Jamāv Rumāl no. 716, MSAP.

75　20 Sawāl Shuhūr 1183, Prānt Ajmās Puṇe, Rumāl no. 547, MSAP.

76　グジャールからの借り入れによって地税が支払われた事例を，筆者は別稿で分析した。Michihiro Ogawa, "Merchant Communities in a Qasba (Market Town) of Western India in the Late Maratha Period and the Early British Period (1760s–1840s)," in Lin Yu-ju and Medeleine Zelin, *Merchant Communities in Asia, 1600–1980*, London : Pickering & Chatto 2015, pp. 149–153.

担っていたわけではない。ただし地方政府への公的貸し付けは，グジャールのみが行なっており，このことがグジャールと地方政府の関係をより強固にしたと考えられる。

1780 年代以降の営業税や地税徴収の史資料には，「ゴーヴィンド・セート・グジャールの立ち会いで」という表現がしばしばみられ[77]，ゴーヴィンド等のグジャールの名前が散見された。この表現は，グジャールが地税や営業税の徴収の現場に立ち会い，徴税作業を監督していたことを示す。つまり，グジャールは地方政府の財政上の支援者から，地方財政・徴税行政に直接的に関わる存在に変化していったのである。グジャールの他に，地方政府と接近した集団は存在しなかった。グジャールは在地社会の外から来た存在であり，ワタン制の授受関係に縛られておらず，地方政府にとっても利用しやすい存在であったのではないかと筆者は推察する。

18 世紀半ばから 19 世紀初頭にかけて比較的継続したかたちで史資料が得られるインダプール町に注目すると，同町のグジャールに関する最初期の史料は，1761 年のラーヌー・テーリーの地税支払いの記録であった。地税支払いのために，ラーヌー・テーリーはクシャリー・グジャールから借金をしていた[78]。この事例が示すように 1760 年代初頭にグジャールはすでにインダプール町に存在し金融業を始めていた[79]。1770 年代にグジャールは，つけによる公的支払いの代行を行ない，地方政府との関係を強めていく。1780 年代になると，つけによらない，利子付きの貸し付けを地方政府に行なうようになり，同時期にインダプール町の徴税業務の監督をするようになる。このように，金融業を通じて，グジャールは在地の地方行政に深く関わるようになった。そしてグジャールは，1780 年代後半にダサラ祭などの祭りの付加税を払うようになった。1760 年代に彼らはインダプール町に在住し，種々の活動をしていたが，1770 年代の時点では部外者として祭礼での付加税を支払っていなかった。

77　Tahshīl Kasbe Indāpūr Shuhūr 1191–95, Puṇe Jamāv, Rumāl no. 710, MSAP.

78　Rānū Telī Jamā Kharch Shuhūr 1161, Puṇe Jamāv, Rumāl no. 703, MSAP.

79　インダプール町市場地区における営業税の納税者名が記載されたリストが現存しているのは，1780 年以降に限られており，1770 年代のグジャールの商業活動については明らかにならない。

1780 年代にグジャールが，地方行政に財政面から積極的に関わるようになったことで祭礼への参加を認められるようになったと筆者は推察する[80)]。もっとも，祭礼への参加を認められたといっても，ワタンの授受関係に関わっていない点で，インダプール町農村地区やその他の村にみられる在地共同体の正規のメンバーにグジャールが入ったわけではなかった。しかし，祭礼への参加を認められることにより，グジャールは徐々にインダプール町の社会空間の中で認知される存在になっていったと考えられる。

本項で注目したグジャールはグジャラート地方からやってきた外来の商人であった。地方政府への財政支援を行なう唯一の存在として，彼らは地方行政の中で特別な地位を得るにいたった。そのことが，彼らが在地社会で受け入れられる契機になったと考えられる。この点は，人の移動と在地社会の関係を考察するうえで，非常に重要である。そしてグジャールは，商業・金融業・農業を兼業しており，町の農村地区と市場地区はともに彼らの活動の場であった。市場地区と農業地区における異なる経済活動を結ぶ役割を外来商人であるグジャールが担っていたというのは注目に値する発見であり，本項で中心的に扱ったインダプール町以外の地域に関しても外来商人の役割を分析する必要がある。

おわりに

本章は，18 世紀半ばから 19 世紀初頭のインダプール郡を中心に，インド西部における職人・商人の活動を，従来の研究では用いられてこなかった税制史資料を用いて再検討したものである。税制史資料の分析は，インド西部の在地の諸関係を規定していたワタン制について新たな諸側面を示すにいたった。インド西部の在地社会は，ワタン制が支配的な農村社会とワタン制によらない町の市場地区に大別された。市場地区の職商の内情は，営業税によってある程度

80　つけによる公的支払いの代替というかたちでの一時的な支払いではあったが，グジャールは，在地の祭礼や宗教儀式へ資金を提供していた。このことは，グジャールが祭礼に参加するのに有利に働いたと考えられる。

把握できるため，営業税の記録をさらに収集することで，市場地区の内部構造をより明確にすることが今後の課題の一つとなろう。村や町の農村地区から成る農村社会では，バルテー職人やその他の職人の職務と権益がワタンによって規定されていた。18世紀後半には，バルテー職人に税が課されたが，この課税から，バルテー職人も一枚岩の存在ではないことが明らかになった。さらに，農村社会にありながら，ワタンの授受関係からは自由に展開していた店舗営業の実態が，営業税の課税によって把握された。農村社会での営業税の徴収は，農村の商業化を意味していた。農村の商業化は，グジャラート地方出身のグジャールやラジャスターン地方出身のマルワーリーなどの外来商人によって推し進められただけではなく，油や綿布など地域経済・地域社会にとって非常に重要であった商品を扱う油屋や織工の店舗営業によっても推し進められていた。

さらに職商集団の中には，農民ワタンを有していないウパリー農民として新開地を耕作し，地税を納める者がいた。職商集団による農業の兼業は，宰相政府・地方政府も巻き込んで進んでいた農地開発の問題と密接に関わっていた。小谷が指摘する二次的ワタンの出現など，18世紀を通じてワタン制は成熟していったと考えられるが，その一方で農村の商業化や農村の開発といった大きな変化が，少なくとも最後の4半世紀に農村社会で起こっていたことが税制史料から明らかになった。

本章の考察の中心となったインダプール郡では，第3章で論じたように軍馬の育成・再生産が新たな政策として推進されていた。第3章第2節で見たとおり，1780年代は肥沃な川沿いの村落の大部分がジャーギール村として武官に与えられ，内陸にジャーギール村が拡大した時期であった。本章の地税分析に鑑みれば，1780年代にジャーギール村が不足するなかで政府は村レベルで農業開発を進めており，それに応じるかたちでウパリー農民の新開地耕作，職商による兼業化が行なわれたと考えられる。職商は，その専業に関するワタンを保有したまま農業に従事したため，この点でワタン制は維持されていたが，この兼業の実態は，これまでの研究が前提としてきた農村の分業体制について，いくらかの修正を迫るものとなる。なお，こうした兼業は，相対的に地味が悪く，海外市場との直接的な結びつきが少ないデカン地方の開発とともに起こっていた。地味が良く，開発の必要性がデカンよりも低いインド東部や，海外市場を含む外部市場との結びつきがより強く，商業化がより進行していたと考えられるインド南部においても，インド西部と同様に職商集団の兼業がみられたか否かは，本章の議論からは結論を導くことができない。これに関しては，さらなる比較研究が必要となる。

油は，綿布と並び重要産品であった。税制関連の帳簿から，地方政府が油屋と関係を深め，油の調達を確実にしていたことが判明した。行政・軍事・宗教など様々な用途で油を用いる地方政府は，油屋にとっても重要な顧客であった。こうした地方政府の公的需要を満たすなかで，油屋による農村の商業化が進んでいった。同じく農村社会の商業化を担った外来商人のグジャールは，農村に店舗を有し，その商業化を促進する一方で，地方政府に融資する唯一の集団となることで徴税行政に入り込み，インダプール町に限っていえば，最終的に在地社会で一定の社会的認知を得るにいたった。他の町に関しても，管見の限り，マルワーリー商人ではなく，グジャールがこの役割を担っていた。商業化と貨幣経済の進展は，在地における金融業の必要性を大きくした。この状況の中で，外来商人も金融業者として在地社会に入り込むことができたが，彼らの職務・権益はワタン化することはなかった。

本章の分析は税制史資料を主体としたものであり，インダプール郡における農業開発や農村の商業化もあくまで政府の視点から見えてきた在地の諸変化の結果にすぎない。その点をふまえ，宰相政府の政策によって職商の兼業化が推進されたと因果関係をもって今回の分析結果を解釈はしていないことを，あらためて強調しておく。すなわち，1780 年代に税制史資料に変化をもたらすような，農村社会の変化の全体像を捉えるにはいたっていないのである。これを解明するにはより多様な公文書と私文書の収集・分析が必要となる。

第 II 部　インド西部の社会経済変化と植民地化

第5章
イギリス東インド会社の進出とマラーター同盟との対立

はじめに

第II部はインド西部が英領となる1818年までの時期を対象に，イギリス東インド会社の介入に端を発する一連の変化によってインド西部にもたらされた行政制度・社会経済の変容を解明し，植民地支配下における新地税制度の導入の直接的原因を見出す。それに先立ち本章では，イギリス東インド会社とマラーター同盟の関係を考察する。第1節では，第I部よりも時代をさかのぼって，17世紀に始まるイギリス東インド会社のインド進出の歴史を概観し，限定的ながらマラーター同盟宰相政府と外交関係を結ぶにいたる過程を描く。第2節では，1796年における最後の宰相バージーラーオ2世の即位に端を発するマラーター同盟内の内紛とそれに乗じた東インド会社の介入を分析することで，19世紀初頭に東インド会社がインド西部に与えた影響を論じる。

1　イギリス東インド会社のインド進出

1）三管区の成立と植民市支配の開始

イギリスのインド進出は，1608年のウィリアム・ホーキンズのスーラト来航までさかのぼる。1600年12月31日付のエリザベス1世の特許状によって発足したイギリス東インド会社は，発足当初はインドとの貿易ではなく，香料諸島での香料・コショウ貿易に力を入れていた。第1回目（1601～02年）と第

2回目（1604～06年）の航海では，スマトラ島のアチェーとジャワ島のバンダム，香料諸島を目指していた。第3回目の航海で東インド会社の船がバンダムに向かう途中に，スーラトでの交易を開く責任者となったホーキンズが同地に降り立った。これがイギリスのインド進出の始まりである。1608年以降，ホーキンズは，数度にわたりスーラトを含めた北インドの大部分支配していたムガル帝国の皇帝と交渉して，1612年にスーラトでの貿易と商館建設の許可を得たが，この間も，未だ東インド会社は，香料諸島など東南アジアでの貿易に力を入れていた。しかし，オランダ東インド会社との貿易競争に敗れたイギリス東インド会社は，1623年のアンボイナ事件[1)]を契機に，東南アジアから締め出され，インドとの貿易に集中せざるをえなくなった。スーラトは，ムガル帝国の海の玄関といわれる重要港で，東インド会社は，ここをインド貿易の拠点として，ムガル帝国内に次々と商館を開設していった。やがてスーラト商館長（Governor）を中心とした商館ネットワークが形成され，同商館長は総裁（President）と呼ばれ[2)]，総裁の管轄領域は「プレジデンシー（管区)」と呼ばれるようになり，西部管区が成立した[3)]。1687年に総裁がスーラトからボンベイに移ったので，それ以後は，アラビア海を中心としたインド西部の商館ネットワークは，ボンベイ管区と呼ばれた。これに前後して，1644年にマドラスに

1　アンボイナ事件とは，香料諸島アンボイナ島（現インドネシア）にイギリス東インド会社が設置した商館をオランダが襲い，商館員10名を虐殺した出来事を指す。この事件をきっかけに，イギリス東インド会社は香料諸島を去った。

2　各管区都市の総裁は，正式には「参事会における総裁（または総督）(the Governor and the President in Council)」と呼ばれた。ボンベイ管区の場合，この称号はボンベイ獲得の経緯を反映している。ボンベイは，イギリス東インド会社が到達したときはポルトガル領であったが，1661年にチャールズ2世と結婚したポルトガル王女キャサリンの持参金の代わりに，イギリス王家に譲渡され，1666年に東インド会社に年10ポンドで貸し出された。同年にボンベイ商館が設置されたが，ボンベイ商館長（Governor）は，スーラトの，参事会における総裁（Surat in Council）（総裁は参事会という決定機関を有したのでこの表現が用いられる）が，兼務していた。そのためGovernorとPresidentは，同様の意味をもつようになってからも，しばしば上記のように併記された。J. Gerson Da Cunha, *The Origin of Bombay*, New Delhi and Madras : Asian Educational Services, 1900/1993, pp. 323–324, and Phiroze B. M. Malbari, *Bombay in the Making, Being Mainly a History of the Origin and Growth of Judicial Institutions in the Western Presidency, 1661–1726*, London : T. Fisher Unwin, 1910, pp. 108, 113–114.

3　中里成章「英領インドの形成」，225–232頁。

聖ジョージ要塞が建設され，1696年にカルカッタにウィリアム要塞が建設され，マドラス管区とベンガル管区の基礎がつくられた。

東インド会社の目的は貿易であり，18世紀半ばまでは，商館周辺のごく限られた領土しかもっていなかった。この状況を大きく変えることとなったのが，フランス東インド会社のインド進出である。フランス東インド会社は1674年にアーディル・シャーヒー朝のスルターンからコロマンデル海岸のポンディシェリーを購入し，ここを要塞化して，インドでの根拠地とした。フランス東インド会社は，初めはイギリスにとって脅威ではなかった。しかし，ヨーロッパで勃発したオーストリア継承戦争（1740〜48年）の英仏対立がインドに持ち込まれ，第1次カーナティック[4)]戦争（1744〜48年）が勃発すると，デュプレクスが率いるフランス東インド会社軍はマドラスを占領するという戦果をあげて，イギリスに脅威を与えるようになった[5)]。この第1次カーナティック戦争はヨーロッパの英仏対立によって引き起こされたのに対し，第2次カーナティック戦争はインド内部の事情によって起こされた。ハイダラーバードにニザーム政権を樹立し，コロマンデル海岸にも大きな影響力をもっていたアーサフ・ジャーが1748年に死去し，カーナティック（アルコット）の太守[6)]であるアンワールッディーン・ハーンも戦死すると，両勢力で後継問題が起こった。イギリス東インド会社とフランス東インド会社は，それぞれの後継問題で，別々の後継者を推し，1750年に第2次カーナティック戦争が勃発した。当初はデュプレクス率いるフランス東インド会社と彼に与するインド勢力が優勢で始まったが，戦闘ではイギリス東インド会社のロバート・クライヴが活躍し，また独断でインド政策を進めるデュプレクスをフランス東インド会社本社が解任したことで，イギリス優位で1754年に戦争は終結した。この戦争を通じて，

4　カーナティックとは，南インドの東ガート山脈から東の地域を指し，主にコロマンデル海岸とその直接の後背地からなった。

5　ヨーロッパでのオーストリア継承戦争の終結とともに，マドラスはイギリスに返還された。

6　ムガル皇帝アウラングゼーブはデカンの南へ逃れたラージャー・ラームが率いるマラーター勢力を追いかけて南進し，1694年，アルコットに部下を太守として配置した。アウラングゼーブ帝の死後（1707年），カーナティック（アルコット）の太守は事実上の独立政権を樹立した。

イギリスはカーナティックで支配権を確立した。そしてそれ以上に重要なのは，2 度の英仏抗争を経て，フランスはハイダラーバードのニザームを，イギリスはカーナティックの太守を傀儡とし，両東インド会社は，インドの植民地化に大きく一歩踏み出すこととなった点であった[7)]。東インド会社は貿易会社であることをやめてはいなかったが，この英仏抗争の中で統治機関としての性格をもち始めていた。

カーナティック戦争から 2 年後の 1756 年に，インド東部のベンガルの太守が死去し，親仏のシラージュ・ウッダウラが太守の職を継承した。イギリス東インド会社は，ベンガル情勢に介入し，1757 年のプラッシーの戦いで[8)]，フランス東インド会社軍が支援した太守軍を破り，クライブと密約を交わしたミール・ジャファールが太守の職を継いだ。フランスとの関係においては，1758 年に 7 年戦争と連動して起こった第 3 次カーナティック戦争でイギリスが勝利し，インドでのイギリス東インド会社の優位が決定的となった。ヨーロッパのライバルを下したイギリス東インド会社は，インドへの内政干渉を強めた。カーナティックでは，傀儡とした太守を守る会社軍を，太守が費用を負担するかたちで引き続き駐屯させ，駐屯費の支払いのためにマドラス周辺地域の地税徴収権（Jāgīr）[9)]を与えられた。これによって南インド支配の端緒を得た。さらにベンガルにおいて東インド会社は太守政権を傀儡とした。1760 年にイギリスによって太守とされたミール・カーシームは東インド会社に抵抗するも敗れて，アワド太守シュジャー・ウッダウラーの下に逃れ，ここにムガル皇帝シャー・アーラム 2 世が合流した。この勢力と東インド会社は，1764 年にバクサルの戦いで衝突したが，インド連合軍が敗れた。戦いに勝利したイギリス東インド会社は，1765 年にムガル皇帝シャー・アーラム 2 世と条約を結び，

7　フランス東インド会社は，この戦争を経て，ニザーム領海岸部の北サルカール地方の徴税権を獲得し，植民地支配を開始した。

8　プラッシーの戦いはわずか一日で終結した。中里成章は，プラッシーの戦いは，ほとんど戦闘らしい戦闘はなく，実際は宮廷クーデタであったと指摘する。中里成章「英領インドの形成」，260 頁。

9　東インド会社は，カーナティックの太守への軍事奉仕の報酬として，周辺地域の地税徴収権を与えられたが，1780 年までは徴税を請負に出しており，ジャーギール地域の経営に直接関わっていなかった。

ベンガル，ビハール，オリッサの徴税権（Diwānī）を与えられ，これをもって東インド会社による東インドの領土支配が始まった[10]。この時のムガル皇帝との条約で，フランスが徴税権を得ていた南インドの北サルカールをイギリス東インド会社が獲得した。フランス東インド会社・インド現地勢力との一連の抗争を経て，イギリス東インド会社はインド亜大陸に領土を得るにいたり，インド諸勢力の事情にも深く介入することとなった。

インド西部におけるイギリス東インド会社の進出を論じる前に，18世紀後半になされた東インド会社の組織編成について付言しておく。イギリス東インド会社は最初の特許状によって1名の総裁と24名の役員に業務遂行の権限が与えられ，17世紀末までにこの役職は取締役会と株主総会に発展し，ロンドンにおいて東インド会社の意思決定を行なった[11]。しかしインド東部と南部に領土を得て，税金を徴収するようになるに及んで，イギリス東インド会社は貿易会社から統治機関へとその性格を変質させていった。イギリス議会は東インド会社の変質とそれに伴う腐敗を是正するために組織改革に乗り出し，1773年にノース規制法を制定して東インド会社職員が個人で商業活動をすることを禁じた。それまで職員は役得として商業活動に従事することが認められており，その代わりに給与が低く設定されていた。1773年以降，職員の給与は大幅に引き上げられ，彼らは商社員から植民地の官吏となっていった。同時に会社のインド統治組織も見直しが図られ，相互の関係が定まっていなかったベンガル知事，マドラス知事，ボンベイ知事の中でベンガル知事がベンガル総督に格上げされ，他管区の知事に優越することとなり，ウォーレン・ヘイスティングスが初代ベンガル総督となった。1784年にイギリス議会が制定したピットのインド法により，イギリス政府に監督局が設けられ，イギリス政府がロンドンにおける東インド会社取締役会・株主総会の活動やインドにおける各管区の活動を監督するようになった[12]。18世紀後半のイギリス議会による介入によって，

10　ベンガル太守政権はその後も存続したが，1765年に東インド会社が太守とその大臣を任命する方針を決めるとともに，太守の軍隊を東インド会社が解散し，会社軍を駐屯させたため，ベンガル太守政権は名目的なものとなった。

11　R. Nathan ed., *The Imperial Gazetteer of India, The Indian Empire*, Vol. IV, Administration, Oxford : The Clarendon Press, 1907, p. 6.

12　中里成章「英領インドの形成」，279–285頁。

イギリス側の組織と植民地機構としての統治組織が東インド会社に整えられていった。

2) 18 世紀におけるボンベイ管区とマラーター同盟の関係

インド東部と南部で 17 世紀中葉に植民地化が進行していったのに対し，当時の最大の現地勢力であったマラーター同盟国が支配していたインド西部では，植民地化は進んでいなかった。表 5-1 は，1788〜89 年にボンベイ管区が給与を支払った，管区管轄の商館員や駐在官のリストである。

このリストをもとに，管区都市ボンベイ，ボンベイ管区の商館，商館が置かれずに駐在員が派遣された地点の所在を示したのが図 5-1 である。図 5-1 から明らかなように，インド亜大陸の内陸に位置したのは，マラーター同盟の都があるプネーのみで，11 拠点はインド西海岸に属し，そのうち 3 拠点はボンベイ周辺に集中していた。11 拠点の中には，ポルトガル人のヴァスコ・ダ・ガマが初めてインドに到着したカリカットなど，後にマドラス管区に編入される，インド南西部のマラバール海岸の 3 拠点が含まれていた。さらに興味深いことに，この 12 拠点の他に，オスマン・トルコから商館建設の許可を得たバスラと，同じくペルシアのザンド朝から許可を得たブーシェフルというペルシア湾岸の 2 拠点が含まれていた。これら 14 拠点の配置からは，18 世紀後半のボンベイ管区は，インド亜大陸西部のネットワークというより，アラビア海（インド洋西海域）北部のネットワークであったことがわかる。

ボンベイ管区の勢力は，18 世紀半ばまでに，会社社員の私的商業活動（カントリー・トレード）やパールシー[13]などの在地商人との協力などにより拡大しつつあったが[14]，コンカン地方に勢力をおく水軍のアングレー家，スーラトを中心とするオランダ東インド会社[15]も勢力を保っており，アラビア海の覇

13 イスラーム化以降にペルシアを去ってインドに移住したゾロアスター教徒を指す。

14 Holden Furber, *Bombay Presidency in the Mid-Eighteenth Century*, London : Asia Publishing House, 1965, pp. 25 and 70–71.

15 オランダ東インド会社は，1616 年にスーラトに商館を建設し，18 世紀前半まではインド西部におけるヨーロッパの最大勢力であった。18 世紀半ば頃から香辛料交易が下火となり勢力が停滞するが，この時点ではイギリス東インド会社と拮抗する勢力であった。18 世紀後半にその活動がさらに衰退し，1824 年の英蘭協約で，スーラトの蘭領はイギ

表 5-1　ボンベイ管区における拠点と社員の年間給与・手当（1788〜89 年）

（ルピー）

No.	拠点名・役職	給与・手当
1	スーラト商館	
	商館長	20520
	第 2 商館員	11720
	第 3 商館員	7980
	第 4 商館員	10380
	第 1 補佐員	5000
	第 2 補佐員	3000
	第 3 補佐員	360
	第 4 補佐員	360
	第 5 補佐員	360
2	テリチェリ商館	
	商館長	3960
	第 2 商館員	3756
	第 3 商館員	4006
	第 1 補佐員	2640
	第 2 補佐員	1800
	第 3 補佐員	1200
3	ターナ商館	
	商館長	21308
	第 2 商館員	10972
	第 3 商館員	4620
	第 1 補佐員	1320
	第 2 補佐員	1200
4	アンジェンゴ砦	
	駐在官	2438
	商館員	1056
	補佐員	648
5	ブローチ	1778
	駐在官	
6	オノール(ボナワール)	
	駐在官	1440
	補佐員	636
7	プーナ（プネー）	
	駐在官	35856
	補佐員	6144
8	バスラ	
	駐在官	5484
	商館員	764
9	ブーシェフル	
	駐在官	4044
10	カランジャ	
	駐在官	7340
11	キャンベイ	
	駐在官	3748
12	カリカット	
	駐在官	1680
13	ヴェルソヴァ	
	駐在官	4100
14	ヴィクトリア砦	
	駐在官	2500

出典）Letters from Court of Directors and Secretary of State for India, Year 1788–89, Public Branch, Home Department, National Archives of India, New Delhi.

権を握っていたわけではなかった。ボンベイ管区は，領域的には海と陸の勢力ではなく，依然として海の勢力であり，しかもその内実は，アラビア海の制海権を握っているとは言いがたく，アラビア海北部にいくつかの拠点を有する海上交易組織といったところであった。このようにボンベイ管区は，その前身の

リスに引き渡される。

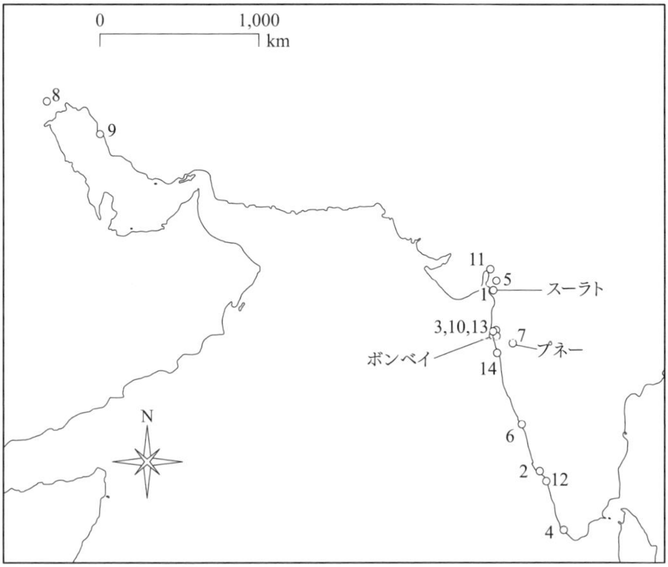

図 5-1　ボンベイ管区の拠点（1788〜89 年）

出典）表 5-1 より筆者作成。
註）地図中の 1〜14 は表 5-1 に対応。

スーラトを中心とする西部管区がベンガル・マドラス管区に先んじて成立したが，その勢力はまだ脆弱であり，内陸のマラーター勢力とも良好な関係を保つ必要があった。

最初のイギリス人大使となる W. A. プライスが，マラーター同盟宰相政府に派遣されたのは，1759 年のことである。この派遣は，ボンベイ管区が内陸の勢力と政治的関係を深めるうえで重要であったばかりでなく，第 2 次カーナティック戦争やプラッシーの戦いにより確実にその勢力を伸ばしていた東インド会社に近づこうとする宰相政府にとっても重要なものであり，宰相がボンベイ知事に打診して実現したものであった。しかし，理由は定かではないが，プライスはプネーの宰相宮廷にわずか 3ヶ月滞在した後，ボンベイに帰還してしまった[16)]。

16　J. H. Gense and D. R. Banaji eds., *The Third English Embassy to Poona comprising Mostyn's Diary and Mostyn's Letters*, Bombay : D. B. Taraporevala Sons & Co., 1934, pp. viii–ix.

ボンベイ管区がマラーター同盟と政治的交流を始めた1760年代は，東インド会社による植民地化が新たな段階に入った時期でもある。1765年までに東インドおよび南インドで，広大な領土と権益を得た東インド会社は，それを守るために，インド諸勢力と全面的に争うようになるのである。この段階は19世紀初頭に終わり，その頃にはイギリス東インド会社はインド亜大陸の覇者として，亜大陸の多くを手中に収めることになる。この新たな段階は，1760年代に，マドラス周辺で始まった。フランス東インド会社を駆逐して，カーナティックの一大勢力となったイギリス東インド会社に対し，同地への進出を狙うマイソール王国[17]が攻勢をかけ，両者の対立が深まっていった。1767年8月にチェンガム村（現タミル・ナードゥ州）の東インド会社の駐屯地をマイソール軍が襲撃し，第1次アングロ・マイソール戦争が始まった。ボンベイ知事は，マラーター同盟がマイソール王国に与するのを防ぐために，1759年にプライスに同行してプネーに滞在したトマス・モスティンを，1767年11月に2人目の大使として宰相の宮廷に送った。第1次アングロ・マイソール戦争は1769年に終結したが，マラーターがマイソールに与しないことが判明して早々，1768年2月の段階ですでにモスティンはプネーを去っていた[18]。

1772年の宰相ナーラーヤンラーオの暗殺は，宰相位の継承争いに発展し（第3章参照），ラーグナートラーオの亡命を受け入れたボンベイ管区とマラーター同盟は緊張関係に陥った。この状況を打開すべく，1772年9月にモスティンがプネーに送られたが交渉は失敗し，1774年12月に召還された。後継者をめぐる争いは1775年に第1次アングロ・マラーター戦争を引き起こすにいたり，両者の友好関係は途絶えた。この時点までは，ボンベイ管区は，内陸の勢力であるマラーター同盟の重要性は認識しつつも，常駐の大使を派遣する

17　1761年に，マイソール王国の軍司令官であったハイダル・アリーが政権を樹立し，拡張政策に転じていた。

18　第1次アングロ・マイソール戦争中に，マイソール王国とマラーター同盟の間で，領土をめぐる小さな衝突が始まっていた。同戦争で，ハイダル・アリーは優勢の場面が多かったが，対マラーター同盟の戦争で東インド会社の協力を得るために，東インド会社に和平をもちかけ，1769年に戦争は終結した。マラーター同盟とマイソール王国の対立を察知したモスティンは，目的は達成されたということで，プネーを去ったと考えられる。J. H. Gense and D. R. Banaji eds., *op. cit.*, pp. ix–xii.

ことはなく，目的に合わせて一時的に大使をプネーに送る程度であった。また少なくとも最初の大使の派遣を，宰相政府の側も望んでいたことは注目に値する。

3) 第1次アングロ・マラーター戦争とプネー駐在官の派遣

第1次アングロ・マラーター戦争において，東インド会社軍は，当初グジャラートで戦局を優位に進めたが，ボンベイからプネーに進軍しようとしたところで西ガート山脈の宰相政府軍に阻まれた。また，グワーリヤルを拠点とする，マラーター有力諸侯のマハーダジー・シンデーの活躍により，中央インドを経由して別ルートで進軍した東インド会社軍も敗れ（1779年），1782年にサルバイ条約を結んだ。東インド会社は，ラーグナートラーオの支援をあきらめ，宰相と和解し，戦争中に占領した地域のうち，ボンベイ島周辺のサルセット島，ホグ島[19)]，エレファンタ島，および亜大陸のカランジャを獲得した。またこの条約では，マハーダジー・シンデーが宰相政府と東インド会社の仲介役となることが定められ[20)]，サルバイ条約締結における東インド会社側の交渉役であったデイヴィッド・アンダーソンが駐在官（Resident）として，グワーリヤルのマハーダジー・シンデーのもとへ派遣された。

第1次アングロ・マラーター戦争以降，宰相と東インド会社の直接の関係は途絶えたままであった。東インド会社との交渉役をマハーダジー・シンデーに任せることで，同盟内の宰相の地位が弱体化すると考えた宰相後見役のナーナー・ファドニースは，プネーに東インド会社の駐在官を派遣するように要請し，チャールズ・W. マレットが駐在官として1786年3月に派遣され[21)]，1797年まで11年もの間，彼はプネーの宰相政府で駐在官を務めた。彼を含めて，4名の駐在官が宰相政府に派遣されたが，マレットが最も長くプネーに滞在した。彼の滞在期間中，東インド会社とマラーター同盟宰相政府の関係は良好であっ

19　サルセット島とホグ島は，後に埋立てによりボンベイ島と一つになり，現在は，ムンバイ市を構成する地区となっている。

20　C. A. Aitchison, *A Collection of Treaties, Engagements and Sanads relating to India and Neighbouring Countries*, Vol. VI, the Treaties, & c., relating to the Bombay Presidency, Part 1, Calcutta : Office of the Superintendent of Government Printing, India, 1892, pp. 41 and 43–44.

21　J. H. Gense and D. R. Banaji eds., *op. cit*., pp. xii–xv.

た[22]。

サルバイ条約にしたがって，イギリス東インド会社と宰相政府は相互の商船を保護することを認めあい，双方の商人が貿易を行なうことを認めた。同条約以降，宰相政府は東インド会社やヨーロッパ商人の商取引に関して通関税を免除し，ヨーロッパとの海外貿易を振興した。双方の貿易を認める相互条約を，宰相政府は1782年にフランスやポルトガルとも結んでおり，イギリス東インド会社とのみ貿易を行なっていたわけではないことを指摘しておく[23]。また，T. T. マハザンは宰相政府の対イギリス東インド会社貿易に関しても，ボンベイ管区だけではなく，ベンガル管区とも取引があったことを指摘した[24]。マラーター諸国とボンベイ管区の貿易については，マレットの報告書に1773〜74年，1777〜78年，1779〜80年，1786〜87年に関する比較的詳細な記録が残されている。それらを分析したマハザンの研究によると，ボンベイからマラーター諸国への主な輸入品はブロード，銅板，日本産銅，鉄，真鍮，鉛，紙，鉛丹，絹，砂糖などであったのに対し，マラーター諸国からボンベイへの主な輸出品は穀物（米，小麦，雑穀類），ココナッツ，香辛料（胡椒，ターメリック，生姜，ゴマなど），銅，鉄，鉛，ショール，毛織物，綿織物，綿花などであった。そしてマハザンは，上記の4年間の貿易額・貿易量の記録をもとに貿易傾向を示すことを試み，第1次アングロ・マラーター戦争における1779年の軍事衝突が一時的に貿易を停滞させたが，1780年代に入ると両者の貿易は再び盛んになったことを指摘した[25]。マハザンが用いたマレットの報告書に残された貿易記録の量は乏しく，宰相政府側の貿易記録が残されている可能性が高いため，筆者はここでは両者の貿易の分析に踏み込まず，これを今後の課題とする。ただしサルバイ条約以降，東インド会社と宰相政府間の貿易が好調であったとい

22　1790年に始まった第3次アングロ・マイソール戦争では，マラーター同盟は東インド会社に与し，ハイダラーバードのニザームも東インド会社に味方した。三国同盟軍は，この戦争を勝利し，3度目にして東インド会社はマイソール王国を1792年に打ち破り，同王国の領土の半分を，同盟三国に割譲した。これにより東インド会社のインド植民地化が大きく進んだ。この勝利の背景には，マラーター同盟と東インド会社の，良好な関係があったのである。

23　T. T. Mahajan, *Industry, Trade and Commerce during the Peshwa Period*, pp. 157–159.

24　*Ibid*., pp. 128–129.

25　*Ibid*., pp. 129–130.

うのは，当時の政治関係とも呼応しており，興味深い指摘である。1780年代半ばころから宰相政府とイギリス東インド会社の関係は政治面・経済面で良好であった。

2　最後の宰相バージーラーオ2世の即位と第2次アングロ・マラーター戦争

1）宰相バージーラーオ2世の即位

サルバイ条約（1782年）以降もナーナー・ファドニースが実権を握った宰相政府が同盟内で中心的役割を果たしたが，マハーダジー・シンデーは前述のように宰相政府とは別にイギリス東インド会社との交渉役をもち，フランス人軍人ベノワ・ドゥ・ボワを1784年に雇ってフランス式の軍隊を整備して[26)]，その独自性を強めていった。イギリス東インド会社は1779年の敗戦とサルバイ条約によって北インドの政治状況から一切手を引くこととなり，ベンガル総督ウォーレン・ヘイスティングスはデリーのムガル帝国事情に関してマハーダジー・シンデーに一任せざるをえなくなった。1784年にマハーダジー・シンデーは宰相の代理として，ムガル皇帝シャー・アーラム2世の摂政と軍総司令官に就任した[27)]。ここで重要なのは，マハーダジー・シンデーが自らを宰相マーダヴラーオ・ナーラーヤンの代理と位置づけていることで，このことは，マハーダジー・シンデーは宰相自身とは対立しておらず，宰相政府を牛耳る宰相後見役のナーナー・ファドニースと対立関係にあったことを示している。この時点ですでに内部に対立はみられるが，宰相を頂点とするマラーター同盟関係はかろうじて保たれていた。

この同盟関係が大きく動揺するのが1795年に起きた宰相マーダヴラーオ・ナーラーヤンの自殺である。マーダヴラーオ・ナーラーヤンは，第1次アングロ・マラーター戦争につながる宰相位をめぐる紛争の中，生後1ヶ月で宰相となったが，実際は後見のナーナー・ファドニースが宰相政府を牛耳っていたの

26　Surendra Nath Sen, *The Military System of the Marathas*, pp. 109 and 115–117.

27　Shanti Prasad Varma, *A Study in Maratha Diplomacy* (*Anglo-Maratha Relations, 1772–1782 A.D.*), Agra : Shiva Lal Agrawala & Co., 1956, pp. 391.

は先に見たとおりである。マーダヴラーオ・ナーラーヤンの治世は約20年に及び，宰相自らが政治執行をしようと試みられたこともあったが[28)]，その試みはナーナー・ファドニースによって幾度となく阻まれ，失意の内に若干21歳で宰相の宮殿のシャニワール・ワーダーから身を投げて自殺したというのが，この事件の顚末であった[29)]。マーダヴラーオ・ナーラーヤンが嫡子なく死去したため，マラーター同盟の諸侯間で宰相の後継者問題が生じた。結局，ナーナー・ファドニースが推すバージーラーオ2世が1796年に宰相に就任した。バージーラーオ2世は，第1次アングロ・マラーター戦争を引き起こしたラーグナートラーオの息子であったため，マラーター諸侯はこの就任に不満をもっていた。ナーナー・ファドニースは，過去の争いを責めずに前宰相の従弟にあたるバージーラーオ2世を迎え，自らが後見となった[30)]。1796年の即位以降もバージーラーオ2世およびナーナー・ファドニースとマラーター諸侯の対立は続いていたが，マラーター諸侯も一枚岩ではなく，マールワー地方をめぐってシンデー家とホールカル家の対立はバージーラーオ2世の即位後にむしろ激化していた。1800年にナーナー・ファドニースが死去する直前から，バージーラーオ2世はシンデー家と接近し，ホールカル家と対立するようになった。さらにバージーラーオ2世はシンデー家のみでなく，イギリス東インド会社との関係を深めるようになった[31)]。ナーナー・ファドニースの死によってマラーター諸侯は共通の敵を失い，諸侯間の対立は明確なものとなった。そしてこうした状況の変化がイギリス東インド会社の介入を招くこととなる。

28　その顕著な例が，約15年（1777〜91年）にわたってプネー市の警察署長（Kotwāl）を務めたガーシーラーム・コートワールの専横を厳罰に処すように宰相マーダヴラーオ・ナーラーヤンが命じた一件である。ガーシーラーム・コートワールはナーナー・ファドニースに取り入っていたためナーナー・ファドニースは宰相の命令に反対したが，宰相もその命令を翻さなかったために両者の意見は対立した。最終的にガーシーラーム・コートワールはプネーの人々の怒りを招き，石打ちの私刑によって1791年に殺された。小谷汪之『罪の文化——インド史の底流』東京大学出版会，2005年，180-197頁。C. A. Kincaid, Rao Bahadur, and D. B. Parasnis, *op. cit.*, pp. 174-175.

29　C. A. Kincaid, Rao Bahadur, and D. B. Parasnis, *op. cit.*, pp. 174-180.

30　*Ibid.*, pp. 183-184.

31　Stewart Gordon, *The Marathas 1600-1818*, pp. 171-172.

2) イギリス東インド会社の藩王国政策

宰相バージーラーオ2世が接近し始めた1800年頃までに，イギリス東インド会社はインド西部・南部で大きく勢力を伸ばしていた。インド南部では1790年の第3次アングロ・マイソール戦争以後，イギリス側はマイソール王国に対して攻勢に転じ，第4次アングロ・マイソール戦争（1799年）においてハイダル・アリーの後を継いだ息子のティプー・スルターンを敗死させ，ハイダル・アリーとティプー・スルターンの政権を打倒した。戦後に東インド会社は，実権を追われていたオデヤ家を復活させ，新生マイソール王国と1799年中に条約を結んだ。その重要な項目を下記に抜粋する[32]。

【第2条】東インド会社は，［マイソール国王の］領土の防備と治安維持のために［自らの］軍隊を維持管理することに同意し，マイソール国王は，［東インド会社の］軍隊を受け入れることに同意する。この防備のためにマイソール国王は東インド会社に対して毎年70万スターパゴダの支払いを約すること。1799年7月1日から，毎月同額の分割払いでこの額［すなわち，70万スターパゴダ］を支払うこと。さらにマイソール国王は，東インド会社によって管理維持される軍隊の雇用と配備，上記金額の使用をすべて東インド会社に委ねること。

【第3条】条約締結の両者もしくはいずれか一方の領土の防衛のため，戦闘行為が必要となる場合，またはある国家・勢力に対して戦闘行為を始める準備が必要な場合は，マイソール国王クリシュナ・ラージャ・オデヤは，自身の財力を考慮しつつ，軍隊の増強やウィリアム要塞の参事会におけるベンガル総督が負担した諸費用など，戦時の不可避な支出によって増加した費用を賄うために資金を提供することに同意し，そして公正かつ妥当な割合でマイソール王国の純収入からこれを負担すること。

32　C. U. Aitchison, *A Collection of Treaties, Engagements, and Sanads, relating to the India and Neighbouring Countries*, Vol. VIII, The Treaties etc., relating to the Madras Presidency including Ceylon, Hyderabad, Mysore and Coorg, and the Central Provinces, Calcutta : Office of the Superintendent of Government Printing, India, 1892, pp. 469–471.

【第４条】平時における常駐の［東インド会社］軍隊の費用，または本条約第３条に記載された臨時の出費を賄うべき財源を確保できなかったことに対して効果的かつ継続的な財政の安定をはかることが不可欠となった場合は，本条約では下記のことを条約締結者間で規定し，その適用に合意することとする。すなわち，ベンガル［管区の］ウィリアム要塞の参事会における総督が上記の財源における失政の原因を把握しているときに，徴税と内政にとって，そしてマイソール王国政府の他の部局のよりよい編成のために総督が効果的だと考える条例や命令を導入する権原を総督が掌握できること，およびマイソール国王クリシュナ・ラージャ・オデヤの領土の中で，平時または戦時に上述のような財源を確保するうえで必要だと総督が考える領土を東インド会社社員の直接管理下に置けることが規定され，合意される。

【第６条】マイソール国王クリシュナ・ラージャ・オデヤは，イギリス東インド会社とその同盟者の間に確立した平和と友好の関係に細心の注意を払っていくことを約し，そしてイギリス東インド会社と同盟関係にある国を含めて，いかなる国家の内政にも干渉しないことを約束する。本規定を確実に遵守していくために，［マイソール］国王は何があっても，イギリス東インド会社への事前の通知および会社からの許可なく，他国と交信しないことがここに規定され，合意される。

第２条によりイギリス東インド会社は，マイソール王国保護の名目で東インド会社軍を同国に駐留させ，その費用をマイソール王国に負担させた。そして第３条が示すように東インド会社が他国と戦争を始めた場合など，状況におうじて駐屯軍の規模を増大させることが可能となり，これにしたがってマイソール王国の負担も増大することとされた。イギリス東インド会社は，直接の征服のみによらず，このような軍事保護条約によってインドの諸国を利用しながらその勢力を拡大していったのである。さらに，駐留費の安定的な支払いを理由に，イギリス東インド会社はマイソール王国の内政に干渉する手段を得た。また，第６条は安全保障を理由に，マイソール王国が自由に他国と連絡を取ることを禁じている。すなわち第６条はマイソール王国の「自由な外交権」の剝奪を規定しているが，東インド会社への事前の通告を行なっていれば他国と交わることは可能であり，この条約で剥奪されたのは「自由な外交権」であることを強調しておきたい。

このように，1799年の条約によって，マイソール王国は東インド会社軍の駐留を費用負担とともに受け入れ，東インド会社による内政干渉を認め，「自由な外交権」を剥奪されて，東インド会社の保護国となった。この保護国化の要となっているのが東インド会社軍の駐留であり，この条項を含む保護国化を約した条約は一般的に軍事保護条約と呼ばれる。会社軍の駐屯費は保護国の負担となり，マイソール王国のように毎年の支払いをするか，駐屯費に見合う領土の割譲がなされた[33)]。軍事保護条約を結び，「自由な外交権」を剥奪され，内政干渉を許し，イギリスの保護国となった政体は藩王国（Princely States）と呼ばれた。

第3次および第4次アングロ・マイソール戦争においてイギリス東インド会社を支援したハイダラーバードのニザーム国と東インド会社の関係も，第4次アングロ・マイソール戦争の前後で大きく変化した。同戦争前年の1798年に東インド会社はニザーム国と軍事保護条約を結んだが，駐屯費の支払いが滞った場合でも東インド会社は内政に干渉せず，領土の一部からの税を東インド会社が駐屯費滞納分として徴収しうることが規定されるにとどまった（第3条）。外交権に関しては，ニザーム国に出仕していたフランス人将校の更迭が決まったものの（第8条）[34)]，東インド会社がニザーム国の「自由な外交権」を奪う条項は当初，みられなかった[35)]。ただし，同年中に下記の条項が追加された[36)]。

33　小谷汪之「イギリス東インド会社によるインド植民地化」小谷汪之（編）『南アジア史2　中世・近世』山川出版社，2007年，275頁。

34　上述したように，インドの覇権をめぐってイギリスとフランスはインド東部や南部で衝突し，イギリスが勝利していた。18世紀末にフランス革命が起こると英仏の対立は再び激化し，1796年にナポレオンがイタリア遠征を行なったため，イギリスはフランスをいっそう警戒するようになった。第8条は，当時の国際情勢を背景に規定された。小谷汪之「イギリス東インド会社によるインド植民地化」，277頁。

35　C. U. Aitchison, *A Collection of Treaties, Engagements, and Sanads, relating to the India and Neighbouring Countries*, Vol. VIII, pp. 308–311.

36　*Ibid*., p. 312.

ナワーブ・アーサフ・ジャー［すなわちハイダラーバードの太守］も，東インド会社政府も，ラーオ・パンディット・プラダーン［すなわち，マラーター同盟宰相］の政府およびその家臣[37)]との間で，今後いかなる理由があろうとも，両者［すなわち，ニザーム国および東インド会社双方］の同意なしに重要事項に関して通信をしないこと。そして重要性の大小を問わず，ラーオ・パンディット・プラダーンおよびその家臣と［条約締結者の一方が］取り決めを交わした場合は，いかなる取り決めであっても，同じ取り決めが即時に，留保なく［条約締結者の］他方とも交わされるようにすること。

第3次アングロ・マイソール戦争では，マラーター同盟，ニザーム国，東インド会社が同盟を結び，マイソール王国に対峙した。その後もこの同盟関係は維持されていたが，東インド会社はマイソール王国との全面戦争を前に，上記の追加条文によりニザーム国とマラーター同盟が密約を結ぶことを阻止し，ニザーム国・東インド会社間の関係強化に努めた。上記の追加条項は相互に対等であるとはいえ，ニザーム国の「自由な外交」を妨げるものであった[38)]。そして，第4次アングロ・マイソール戦争後の1800年にニザーム国と東インド会社の間で結ばれた条約によって，東インド会社はニザーム国の「自由な外交権」を剝奪したが，内政に関して東インド会社が介入できない領域が，きわめて曖昧ではあるが設けられた[39)]。前節で述べたように，1748年のアーサフ・ジャーの死後の後継争いを契機に，東インド会社はニザーム国に干渉するようになった。そして第1次アングロ・マイソール戦争直前の1766年に両国は，友好条約を結び，ニザーム国が必要とした場合にイギリス東インド会社は軍事

37　当時の状況から考えて，「家臣」の語には，宰相直属の武官のみならず，マラーター諸侯が含まれていると見てよいだろう。

38　ただしこの条約の後も，宰相政府とニザーム国の交流は続き，1800年に後述するサダーシヴ・マンケーシュワルがニザーム国付きの宰相政府の外交官としてハイダラーバードに送られている。詳しくは次節を参照のこと。

39　【第15条】本条約によって二国間の友好と融和は，両国が全く同一であると考えられるほどに確固たるものとなったので，ニザーム国は，東インド会社政府に事前の通知や協議をせずに，いかなる政治勢力とも今後交渉をもたないことをここに約す。そして東インド会社政府は，いかなる方法でも，太守の子息，親族，臣民および臣下に干渉しないことを誓う。C. U. Aitchison, *A Collection of Treaties, Engagements, and Sanads, relating to the India and Neighbouring Countries*, Vol. VIII, p. 328.

的援助を行なうことが規定され，その費用のためにニザーム国は北サルカールと総称されるベンガル湾沿いの5郡を東インド会社に割譲した。もし軍事的援助が必要なかった場合は東インド会社がニザーム国に90万ルピーを支払うことが定められた[40]。この時点では東インド会社の軍事的優位は決まっていないが，条項自体は後の軍事保護条約の内容に通じる部分がある。第2次アングロ・マイソール戦争で，ニザーム国と東インド会社は対立するが，第3次アングロ・マイソール戦争では再び同盟関係となり，1798年に軍事保護条約を結びニザーム国は東インド会社の軍隊を受け入れた。そして1800年にニザーム国は「自由な外交権」を剝奪されたが，内政干渉について明確な規定はなされなかった。全面戦争に敗北したマイソール王国と異なり，ニザーム国は東インド会社に戦争で敗れたわけではなく，漸次的に藩王国となっていった。さらに内政面において東インド会社の影響力はマイソール王国とニザーム国で異なっており，少なくともイギリス東インド会社が拡大過程にある19世紀初頭時点では，藩王国と東インド会社の関係は一様ではなかった。

3）第2次アングロ・マラーター戦争とその影響

1800年までに東インド会社はマイソール王国およびニザーム国を藩王国として，マラーター同盟領の東部と南部を勢力下においた。このような領土拡張政策を推進したのが1798年にベンガル総督に就任したリチャード・ウェルズリーであった。彼はインドをイギリスの支配下におく構想をもつ徹底した膨張主義者で，第4次アングロ・マイソール戦争を機に彼は自身の構想を実現に移していた。1800年にバージーラーオ2世が接近し始めたころ，東インド会社はこのように強大な力をもち，その長であるベンガル総督はインド征服の意図を明確にもっていたのである。1797年にチャールズ・W. マレットが宰相付きの総督代理を辞した後は，1797～1801年にウィリアム・パーマーが駐在官を引き継ぎ，1801年にバリー・クローズが駐在官となり，1811年まで10年間にわたりこの任に就いた。このようにマレット以降は，継続的にマラーター同盟宰相付きの駐在官が任命されていた。表5-1が示すとおり，プネーの東インド

40　小谷汪之「イギリス東インド会社によるインド植民地化」，275-276頁。

会社の拠点は地理的にはボンベイ管区の管理下に入り，彼らはボンベイ管区から給与を得ていたが，その立場としてはボンベイ知事ではなく，ベンガル総督を代理していた。すなわち宰相バージーラーオ2世は，パーマーやクローズを通じてベンガル総督ウェルズリーと交渉していったのである。

ベンガル総督ウェルズリーの代理であるパーマーは，第4次アングロ・マイソール戦争の勃発前後（1799年）から宰相政府との軍事保護条約締結を目論んだが，ナーナー・ファドニースは同条約が宰相政府の内政・外交に与える影響力の大きさを理解しており，パーマーからの申し出を拒否した[41]。さらに第4次アングロ・マイソール戦争の開戦前に宰相政府は，宰相バージーラーオ2世がウェルズリーとマイソール王国のティプー・スルターンの仲介役を申し出たり，同戦争への出撃準備をしたりと不穏な動きを見せていた。パーマーは総督に宰相の申し出を伝えるとともに，宰相政府内部の状況を逐一報告していた[42]。しかし，ウェルズリーはパーマーが一向に軍事保護条約締結の交渉を進められていないことに焦燥し，彼の更迭を1800年に初めて通告した[43]。その後1年半の任期延長がなされたものの，1801年にパーマーは，ウェルズリーの膨張政策を宰相政府で早々に展開させられないために，わずか3年で宰相政府付きの駐在官を辞すこととなった。先述したようにナーナー・ファドニースの死の直前から，マラーター諸侯のホールカル家とシンデー家の対立は激化しており，1799年にヤシュワントラーオ・ホールカルとダウラトラーオ・シンデーがマールワー地方など各地で軍事衝突を開始した。シンデー家と同盟していた宰相もホールカル家との戦争に参加し，1801年4月にヤシュワントラーオの弟であるヴィットージー・ホールカルを宰相が捕らえて処刑すると，ホールカル家の反宰相の気運は頂点に達した。同年7月にヤシュワントラーオ・ホールカルがシンデー家領の都のウッジャインに侵攻すると，ついに両家は全面戦争に突入し，ホールカル家が優勢になっていった。このような状況の中で，皮肉にもパーマー離任直前の1801年11月に宰相バージーラーオ2世から軍事保護条

41　R. D. Choksey, *A History of British Diplomacy at the Court of the Peshwa* (*1786–1818*), Poona : Israelite Press, 1951, pp. 241–242.

42　*Ibid*., pp. 244–250.

43　*Ibid*., p. 276.

約の受け入れの申し出がなされ，本格的な交渉は後任のバリー・クローズに託されることとなった[44)]。

①バッセイン条約の締結

バリー・クローズと宰相バージーラーオ2世の間で軍事保護条約締結に向けた具体的な交渉が進められたが，宰相は東インド会社軍の駐屯費を宰相政府が負担することをよしとせず，1802年6月まで交渉は進まなかった[45)]。1802年後半にヤシュワントラーオ・ホールカルは，宰相および他の諸侯との対立を終結させるべく交渉の場を求めながら，プネーに向けて南進していった。南進の途中でホールカル軍は，プネー州の北に位置するアフマドナガル州の都であったアフマドナガルを攻撃・略奪し，1802年10月8日に，バラーマティ町周辺で宰相政府軍を破った。バラーマティ地区およびインダプール郡はこの衝突の舞台となったばかりでなく，ホールカル軍による略奪が行なわれた。宰相政府軍を破ったホールカル軍は，ついにプネーを占領した。ホールカル軍のプネー占領に先立ち，同年10月27日に宰相バージーラーオ2世はプネーを去って西進し，最終的に12月5日に英領のバッセインに入り，イギリス東インド会社に保護された。ヤシュワントラーオ・ホールカルは宰相や東インド会社との交渉のためにクローズのプネー駐在の継続を求めたが，11月28日にクローズは宰相保護の名目でプネーを去った[46)]。彼は12月にバッセインで宰相と軍事保障条約の最終交渉に入り，12月31日に軍事保護条約（通称：バッセイン条約）が締結された。バッセイン条約の重要条文を以下に記す[47)]。

【第3条】総合的な防衛を目的とした本条約を履行するために，ラーオ・パンディット・プラダーン［すなわち宰相］は，少なくとも6,000人の東インド会社の現地人［すなわちインド人］の正規歩兵を，野戦砲とヨーロッパ人

44 *Ibid*., pp. 280–282, and U. N. Chakravorty, *Anglo-Maratha Relations and Malcom 1798–1830*, New Delhi : Associated Publishing House, 1979, pp. 17–19.

45 R. D. Choksey, *A History of British Diplomacy at the Court of the Peshwa* (*1786–1818*), p. 288.

46 *Ibid*., pp. 299 and 306.

47 C. U. Aitchison, *A Collection of Treaties, Engagements, and Sanads, relating to the India and Neighbouring Countries*, Vol. VI, pp. 53–59.

の砲兵部隊，そして軍事物資・弾薬の装備とともに常駐保護軍として受け入れることに同意し，東インド会社は，上記の正規歩兵と砲兵部隊を供することに同意する。本条約にしたがって，上記の軍隊は，永続的に宰相政府領内に駐屯させる。

【第 4 条】上記の保護軍の全支出を定期的に払うために，ラーオ・パンディット・プラダーンは東インド会社に，この条約に添付された表に詳細に記載された領土を永代的に割譲する[48)]。

【第 11 条】宰相は他国の［すなわちイギリス以外の］ヨーロッパ人を軍事および内政のために常態的に雇い入れていたが，イギリスとヨーロッパの当該国との間で戦争が勃発した場合，または当該のヨーロッパ人がイギリスと戦争状態にある国に属していて，イギリスに危害を加えようとしていたことや，イギリスの利権に敵対する企てをしていたことが明らかになった場合には，当該のヨーロッパ人を，規律に背いたとして宰相が解雇し，宰相政府領内に居住するのを認めないこと。

【第 12 条】本条約によって，あらゆる敵に対する相互の防備・守護のための総合的な防衛同盟が本条約の締結者間で結ばれている限りにおいて，ラーオ・パンディット・プラダーンは，［ハイダラーバードの］ナワーブ・アーサフ・ジャー，東インド会社の同盟勢力・従属勢力，マラーター帝国の諸侯またはあらゆる勢力に対して個人的な敵対心を向けたり，攻撃的な態度を取ったりしないこと。締結者間に立場の違いが生じた場合も，会社政府が正義と真実に照らして決定したいかなる調停・調整案をも，［宰相政府は］抗議なく受諾し，それに賛同すること。

48　付表には主にインド西部のグジャラート州の一部（大陸部）の郡名，町名，郡のチョウトの取り分，通関税などが記されており，いずれも宰相政府領であった。本条約で割譲された領地や権利はボンベイ管区が管理し，後にスーラト県，ブローチ県を構成する。*Ibid*., pp. 59–60.

【第17条】本条約によって二国間の友好と融和は，両国が全く同一であると考えられるほどに確固たるものとなったので，ラーオ・パンディット・プラダーンは，東インド会社政府に事前の通知や協議をせずに，いかなる政治勢力とも今後交渉をもたないことをここに約す。そして東インド会社政府は，いかなる方法でも，宰相の子息，親族，臣民および臣下に干渉しないことを誓う。

プネーから追われた宰相のためにプネーを回復し，宰相の勢力を復活させるには，東インド会社の軍隊のプネー常駐が不可欠であり，その意味では宰相が真に望んだ軍事保護条約であった。第3条には常駐する軍隊の規模に関して，マイソール藩王国の条約よりも明確に記されていた。この軍隊の駐屯費として，宰相政府はグジャラート州内の宰相政府領を東インド会社に割譲した（第4条）。具体的には，東インド会社常駐軍の年間費用は250万ルピーとなり，額面通りに徴税が行なわれた場合の補塡額を10万ルピーと見込んで260万ルピー相当の土地が割譲された（第6条）。この割譲によりこの地域の中心都市であるスーラト市が英領に囲まれて孤立するということもあり，東インド会社は宰相とその子孫がスーラト市への一切の権限を放棄し，これを東インド会社の領土とすることを第10条で定めた。その代わりに，第4条とその添付文書に明記された割譲地から，スーラト市の税収に相当するだけの土地を除外することが定められた（第10条）。この条文により，グジャラート州の宰相政府領の中心都市であり，イギリス東インド会社が最初の拠点として17世紀初頭以来商館を置いてきたスーラト市全体が，東インド会社の支配下に入った。東インド会社軍の保護を得る見返りに，宰相政府の税収は，年間260万ルピー減となった。

バッセイン条約には第3〜4条以外にも軍備に関わる条項が含まれていた。第15条は，東インド会社政府または宰相政府が第三国と戦闘状態に入った場合，両政府の連合軍を派遣することを定め，宰相政府にも歩兵と騎兵の提供を求めていた[49]。宰相政府は東インド会社の軍隊を受け入れたが，これは宰相政

49　第15条によると東インド会社の保護軍は6部隊から成り，第三者との戦闘状態に入ったとき，6部隊中の2部隊は宰相警護のために宰相政府に留まり，4部隊が戦闘に入ることが明記された。その際に宰相政府には6,000人の歩兵と10,000騎の騎兵の協力が求められており，バッセイン条約以後も宰相政府は大規模な騎兵隊を保持することとなっ

府軍がすべて東インド会社軍に取って代わられたことを意味せず，条文が示す限りでも一定規模の歩兵・騎兵を宰相政府は維持する必要があった。バッセイン条約後の宰相政府の軍事制度は本章末で概観する。

宰相政府にはイギリス人以外のヨーロッパ人が雇用されていたが，本条約第11条で，イギリスと戦争状態となった国出身の役人が反英の陰謀をめぐらせた場合は解雇し，宰相政府領内に留めないように命じている。バッセイン条約の締結時，ヨーロッパはナポレオン戦争の只中にあり，フランス人を宰相政府から締め出すことでフランス側の新たな策略の温床を事前に断つ意図があったと考えられる。第12条はインド亜大陸内の問題に言及しており，ニザーム国をはじめとするイギリスの同盟国およびマラーター同盟の諸侯と戦闘状態に入らないように宰相政府に求めている。ニザーム国の言及があるのは1795年のカルダー戦争[50]を想定してのことで，イギリス東インド会社の仲介によりデカン諸国（マイソール王国，ニザーム国，マラーター同盟）間の抗争を防ぐ意図があった。さらに注目すべきは，宰相政府とマラーター諸侯間の争いも禁じている点で，この条項によって東インド会社はマラーター同盟内の問題に干渉することが可能になった。18世紀末におけるインド最大勢力であるマラーター同盟内の抗争は中央インド・北インドなど東インド会社の勢力圏も巻き込みうる問題であったから，東インド会社はこの問題に介入する糸口を作っておく必要があったのである。インドにおけるイギリスにとっての安全保障のために第11条・第12条を定めたと考えられる。

そして第17条において，宰相政府は「自由な外交権」を放棄した。この第17条の形式は，ニザーム国が「自由な外交権」を放棄した条文と同種であり，宰相政府内の内政自治は認められた。しかし上述したように，宰相とマラーター諸侯間の関係に東インド会社は介入することができ[51]，同盟の体制は大き

た。そして，具体的な数値が指定されていることから，マラーター諸侯との戦闘もバッセイン条約締結時に想定されていたことがわかる。

50　マラーター同盟とニザーム国の間の戦争で，ニザーム国が大敗した。この敗北後ニザームは東インド会社との関係を強めていった。

51　第17条の内政不干渉に関する条項にマラーター諸侯（the principal branches of the Mahratta Empire）の語は含まれておらず，あくまで宰相政府内の事情に東インド会社が介入しないということが決められていた。

く揺らぐこととなった。

このように宰相政府は，保護国化の重要な条件といえる「自由な外交権」の放棄を受け入れて，イギリス東インド会社の藩王国となった。軍事保護条約締結が成功した要因はマラーター諸侯間の対立であり，より端的にはヤシュワントラーオ・ホールカルのプネー占領であった。ただし，このような東インド会社の介入を避けるために宰相と交渉してマラーター同盟を改革することがヤシュワントラーオの目的であったと主張する研究もあり[52]，プネー占領をヤシュワントラーオの愚行と単純化しない説は有力である。これらの説が強く主張するように，宰相と最も強く敵対したヤシュワントラーオ・ホールカルでさえマラーター同盟からの完全な離脱は意図しておらず，宰相位[53]は同盟の中心であり続けるはずであった。ホールカル家をはじめとするマラーター諸侯は，宰相政府の「自由な外交権」を剥奪し，マラーター同盟への東インド会社の介入を認めるバッセイン条約を受け入れることができなかったと考えられる。

1803年2月3日にマイソール藩王国の駐在官となったジョン・マルコムを中心に，マイソール藩王国の北辺に大規模な軍隊が組織され，パトワルダン家など宰相政府領南部の有力武官の協力を得ながらプネーへ向けて北上し，途中でベンガルからきた総督ウェルズリーの軍隊と合流した。同年2月25日にはヤシュワントラーオ・ホールカルは，自らが宰相に指名したアムラト・ラーオを残して部下とともにプネーを去っており，大きな軍事衝突はなかった。東インド会社軍は4月20日にプネーに入り，その後宰相バージーラーオ2世も西ガート山脈を越えてプネーに入り5月13日に復位した。ウェルズリーはプネー到着前の2月27日に，ホールカル家，シンデー家，ナーグプルのボーン

52　たとえばU. N. チョクロボルティーは，ベンガル総督ウェルズリーの秘書官であり，後にボンベイ知事となったジョン・マルコムの往復書簡を分析するなかで，ヤシュワントラーオ・ホールカルがバッセイン条約締結の知らせを受けて「バージーラーオはマラーター勢力［すなわち同盟］を破壊した。彼はイギリスから現金を取り，領土を差し出したのだ。マイソールでイギリスがした様に，頃合いを見て彼らは［マラーター同盟の］全領土を奪い取るであろう」と発言したことを紹介し，ヤシュワントラーオが同盟内の内紛の解決に努めていたと主張した。U. N. Chakravorty, *op. cit.*, pp. 22–23.

53　ヤシュワントラーオ・ホールカルは，プネー占領時に，バージーラーオ2世の父であるラーグナートラーオの養子アムラト・ラーオを宰相に任命して，新宰相の下でマラーター同盟を改革しようとしていた。

スレー家との間でバッセイン条約の承認を求める交渉を始めた。マラーター諸侯はこれを承認することはなく，ヤシュワントラーオ・ホールカルが自らの領地に帰った後にホールカル家・シンデー家・ボーンスレー家の間で対英同盟が結ばれ，マラーター諸侯はイギリス東インド会社への対抗姿勢をあらわにした[54)]。1803年8月8日にウェルズリーの軍隊がシンデー家のアフマドナガル城に侵攻し，マラーター諸侯と東インド会社の間で第2次アングロ・マラーター戦争が勃発した。

②第2次アングロ・マラーター戦争

第2次アングロ・マラーター戦争は膨張政策を取る総督ウェルズリーが率いる東インド会社軍とマラーター諸侯軍の全面戦争となるはずであったが，同盟関係にあってもホールカル家とシンデー家の政治的対立は根本的には解消されず，開戦と同時に軍を進めたのはシンデー家とナーグプルのボーンスレー家だけであり，ホールカル家は傍観していた。東インド会社軍は，北インドとデカンの二方面でシンデー領を攻撃した。ウェルズリー率いるデカン侵攻軍はシンデー家・ボーンスレー家の連合軍と衝突し，度重なる勝利を得た。東インド会社の北インド侵攻軍は9月14日に早くもデリーを占領し，シンデー家の保護下にあったムガル皇帝を東インド会社の手中に収めた。このような状況下で，シンデー家とボーンスレー家はウェルズリーの陣営に使いを送って和平交渉を始め，1803年12月17日にボーンスレー家と東インド会社の間でデウガーオン条約が，同年12月30日にシンデー家と東インド会社の間でスルジー・アンジャンガーオン条約が締結された[55)]。

デウガーオン条約によりボーンスレー家はオリッサを東インド会社に割譲し（第2条），同家領西方のデカン地方の領地の多くを失った（第3条）。ただし同条約に保護軍の規定はなく，これは軍事保護条約ではなかった。「自由な外交権」の剝奪が規定されなかったという点でも典型的な軍事保護条約ではなく，ボーンスレー家は藩王国になったわけではなかった。ただし，ボーンスレー家

54　R. D. Choksey, *A History of British Diplomacy at the Court of the Peshwa* (*1786-1818*), p. 311, and U. N. Chakravorty, *op. cit.*, pp. 26-30.

55　U. N. Chakravorty, *op. cit.*, pp. 34-36.

とマラーター同盟宰相間のやりとりは東インド会社が仲裁することとし（第7条），ボーンスレー家がシンデー家や他のマラーター諸侯と対英同盟を結ぶことを禁じる（第11条）など，マラーター同盟の運営に東インド会社が介入することとなった。さらに東インド会社の駐在官がボーンスレー家に置かれ（第9条），その動きは監視されることとなった[56]。

他方，シンデー家はスルジー・アンジャンガーオン条約により[57]，戦闘中に東インド会社軍が占領した地域の一部（グジャラート地方・カーンデーシュ地方のシンデー家領）は返還されたものの（第6条），アジャンター以南のデカン地方および北インドの領土の大部分を失った（第2条・第3条・第4条）。さらにデリーのムガル皇帝に関して，シンデー家が有した一切の権利を放棄することが規定される（第12条）とともに，ラジャスターン以北の諸勢力のシンデー家への朝貢関係は東インド会社がそれらの諸勢力と結ぶ条約によって変更しうることが確認された（第9条）。シンデー家は領地のみでなく，政治的影響力の要であったムガル皇帝の保護権を失い，ラジャスターン諸国との朝貢関係を事実上放棄することとなったのである。また，シンデー家と宰相が対立した場合は東インド会社が仲介することが定められ（第11条），シンデー家のマラーター同盟における活動に東インド会社が干渉しうる状況をつくり出した。注目すべきは，東インド会社駐留軍に関して規定がなされた第15条において，これまで見てきた軍事保護条約と異なり，シンデー家に同駐留軍を受け入れるか否かの選択権があった点である。駐留軍の常駐費には上記第2〜4条の割譲地からの税収が充てられることとなっていた。常駐軍の設置をシンデー家が拒んだ場合も割譲は行なわれると規定されており，戦勝を背景とした東インド会社による割譲に関する強硬な姿勢がみられる一方で，決定的な軍事介入となる会社軍常駐については留保されていることから，上記に示した他国の事例と異なる東インド会社側の譲歩を見て取ることができる。その後も東インド会社の保

56　C. U. Aitchison, *A Collection of Treaties, Engagements, and Sanads, relating to the India and Neighbouring Countries*, Vol. VIII, pp. 517–519.

57　C. U. Aitchison, *A Collection of Treaties, Engagements, and Sanads, relating to the India and Neighbouring Countries*, Vol. IV, the Treaties, relating to the Central India Agency, Part 1, Calcutta : Office of the Superintendent of Government Printing, India, 1893, pp. 39–50.

護軍に関する交渉は続き，翌 1804 年 2 月 27 日には同盟条約が更新された。更新条約[58]により，東インド会社軍の駐留が決定したが，同軍隊はシンデー家領内ではなくシンデー家領との境界地域の東インド会社領内に常駐させることが決まり（第 3 条），同軍隊はシンデー家領および東インド会社の国境地域の防備を任務とした（第 13 条）[59]。さらに 1804 年更新条約は，シンデー家が東インド会社と事前の協議をせずに，「主たる国家または勢力（Any Principal States or Powers)」と交渉することを禁じた（第 8 条)。これは，シンデー家の「自由な外交権」の剝奪を企図したものであり，「主たる（Principal)」の文言は前述したマイソール藩王国・ハイダラーバード藩王国との条約にはみられなかったが，やはりその外交権が大きく制限された点において大きな相違はなかったと判断する。

1803 年の戦闘後に結ばれたボーンスレー家とシンデー家の条約では，ともに東インド会社への領土の割譲が明記され，東インド会社は東部・北部インドに広大な領地を得ることとなった。加えて東インド会社は，両条約の規定によってマラーター同盟内の諸侯間の事情に介入することが可能となった。さらにシンデー家との関係では，英領内ではあるが東インド会社の保護軍の駐留が定められ，同家の外交権は大きく制限された。すなわち，シンデー家は東インド会社の藩王国に準ずる地位に落ちることとなった。他方でボーンスレー家は，東インド会社の駐在官を受け入れるにとどまった。

ホールカル家はボーンスレー家やシンデー家が敗戦後に条約を締結している際も傍観を続けており，イギリスとの交渉に応じることもなかった。1804 年 4 月にホールカル家は東インド会社と開戦したが，シンデー家は上記の条約のためにホールカル家に与することはなく，ホールカル家は単独で東インド会社と戦うこととなった[60]。序盤は東インド会社軍が優勢で，ホールカル家の北インドにおける拠点のトンクなどを占領したが，8 月のコーターにおける東インド

58　*Ibid*., pp. 50–56.

59　1803 年の条約に記載されたように，東インド会社常駐軍の費用には 1803 年の第 2〜4 条で決められた割譲地からの税収が充てられることとなった（第 4 条）。

60　R. D. Choksey, *A History of British Diplomacy at the Court of the Peshwa* (*1786–1818*), pp. 328–329.

会社軍の敗戦からホールカル家が優勢となり，上記の条約で英領となったデリーでの攻防が続くなど戦いは長期化した[61]。ホールカル家との戦争における東インド会社の苦戦は，シンデー家配下の北インド諸勢力やシンデー家自身の東インド会社への服従を再考させるものとなり，シンデー家は上記条約への不満もあり，自身の宮廷付きの駐在官を捕らえて，ホールカル家を支援する姿勢を見せた[62]。1805年に東インド会社は，一度は離反した北インドのブハラトプルのラナジット・シンと再び同盟を結んで形勢の逆転をはかるものの[63]，これまでにイギリス側の軍事費は長引く戦争で膨張しており，ウェルズリーの膨張政策による財政悪化は明らかであったため，イギリス政府は東インド会社に方針転換を迫るにいたった。これによりウェルズリーはイギリスに召還され，1786～93年にベンガル総督を務めたコーンウォーリスが総督に再任されて1805年7月にインドに赴任した[64]。

コーンウォーリスは強硬な膨張政策を転換し，シンデー家や北インド・ラジャスターンの諸勢力をホールカル家から離反させる政策を取ることで状況の打開をはかった。しかし同年10月，在任中にコーンウォーリスが死去し，ウェルズリー時代からの総督参事会メンバーであったG. H. バーロウが臨時総督となった[65]。1805年11～12月にシンデー家との条約は修正され[66]，グワーリヤル城およびゴハド地域がシンデー家に返還され（第2条）[67]，チャンバル川がシンデー家と東インド会社の国境となった（第5条）。すなわち，シンデー家は北インドの一部領土を回復したのである。さらに1803年の第9条を

61　U. N. Chakravorty, *op. cit*., pp. 66–67.

62　C. U. Aitchison, *A Collection of Treaties, Engagements, and Sanads, relating to the India and Neighbouring Countries*, Vol. IV, p. 13.

63　U. N. Chakravorty, *op. cit*., pp. 68–76.

64　R. D. Choksey, *A History of British Diplomacy at the Court of the Peshwa* (*1786–1818*), p. 330, and, U. N. Chakravorty, *op. cit*., pp. 71–73.

65　*Ibid*., pp. 330–331.

66　C. U. Aitchison, *A Collection of Treaties, Engagements, and Sanads, relating to the India and Neighbouring Countries*, Vol. IV, pp. 56–60.

67　1803年条約の第7条では割譲や貢納金の打ち切り等によるシンデー家の収入減を補償するために，東インド会社は毎年170万ルピーをシンデー家に支払うこととなったが，1805年条約によって東インド会社による補償金の支払いは取りやめとなった（第3条）。

改定し，ラジャスターンやマールワー地方の諸国とシンデー家の朝貢関係に対して東インド会社は介入しないことを定めた（第8条）。これによりシンデー家とチャンバル川以南の朝貢国との関係は，1803年以前の状態が復活することとなった。注目すべきは，ホールカル家とシンデー家との長年の係争地であるマールワー地方に関して，ホールカル家領からシンデー家が領地を奪った場合，東インド会社はこれに干渉せず，その領地はシンデー家領になることが確認された（第9条）点である。第9条には，シンデー家を懐柔するのみでなく，過去の対立関係を利用してシンデー家にホールカル家を攻撃させようとする東インド会社の意図が如実に示されていた。

シンデー家を中心とするインド側諸勢力が東インド会社との条約更新によって離反したことで，1805年末にはホールカル家は北インドで孤立するようになり，西北インドのシク王国に逃れていた。東インド会社軍はホールカル家を追撃しながら，他方でウェルズリー総督期来の総督秘書官であるジョン・マルコムが条約交渉を進め，1805年12月24日にホールカル家と東インド会社の間でラージュガト条約が締結された[68]。本条約によって[69]，東インド会社が占領したブンディ丘陵（すなわちラジャスターン地方）以北のホールカル家の領土は割譲され（第2条），英領や，シンデー家を含む東インド会社の同盟国領内のホールカル家の諸権益を放棄することが定められた（第5条）。東インド会社に戦局優位な状況で結ばれた条約であり，東インド会社への広大な領地割譲が定められているが，東インド会社保護軍の駐屯やホールカル家の外交権に関する規定はみられない。さらにマールワー地方，ラジャスターンのメワール地方，チャンバル川以南のホールカル家領は，同家の旧来の土地としてその支配が安堵された（第3条）。東インド会社側も長期の戦争で疲弊しており，これ以上の戦闘を避けるため，1803年の諸条約と比べてきわめて温情的・友好的な条約がホールカル家との間に結ばれた。さらに翌年2月に，バーロウ総督は1805年条約第2条を破棄し，同条項による割譲地域の中でトンク郡，ランプーラ郡などホールカル家の旧来の土地を返還する[70]と宣言して，東インド

68　U. N. Chakravorty, *op. cit.*, pp. 78–81.

69　C. U. Aitchison, *A Collection of Treaties, Engagements, and Sanads, relating to the India and Neighbouring Countries*, Vol. IV, pp. 167–169.

会社がマラーター諸勢力との友好を望んでいることを強調した。1806 年 8 月にはボーンスレー家との 1803 年の条約が更新され，1803 年に割譲されたオリッサ地方の一部がボーンスレー家に返還された[71]。マラーター諸侯（ボーンスレー家，シンデー家，ホールカル家）との友好・平和条約をもって，第 2 次アングロ・マラーター戦争は終結した。

③第 2 次アングロ・マラーター戦争の影響

この戦争により一定の譲歩がホールカル家およびシンデー家になされたものの，東インド会社はインド北部に大きく領土を拡大し，デリーのムガル皇帝保護権はシンデー家から東インド会社に移った。この点は東インド会社のインド統治を考えるうえできわめて重要である。マラーター同盟の体制は，宰相政府が東インド会社の藩王国となり，諸侯間に争いがあれば東インド会社の介入が可能となるなど，大きく動揺した。他方で東インド会社も，ウェルズリーが進めた軍事膨張政策の限界が生じて方針を転換せざるをえなかった。マラーター諸侯との和平のために，東インド会社はジャイプルやジョードプルなどのラジャスターン諸国やインド中央部の小国との同盟関係を放棄し，これら諸国は引き続き，ホールカル家・シンデー家の保護下に置かれた[72]。中央インドやラジャスターン地方における両家の影響力は大きく減じたと考えられるが，第 2 次アングロ・マラーター戦争後も両家の勢力は存続したのである。

バッセイン条約締結後に東インド会社軍によってプネーの宮殿に再入城した宰相バージーラーオ 2 世は，外交の自由を奪われ東インド会社政府の保護下に入った。しかし一方で内政面では，ナーナー・ファドニースが死去し，シンデー家やホールカル家が第 2 次アングロ・マラーター戦争およびその後の条約によって宰相政府に介入できなくなったため[73]，バージーラーオ 2 世が親政を

70　*Ibid*., pp. 169–170.

71　C. U. Aitchison, *A Collection of Treaties, Engagements, and Sanads, relating to the India and Neighbouring Countries*, Vol. VIII, pp. 519–520.

72　U. N. Chakravorty, *op. cit*., pp. 84–85.

73　グジャラート地方バローダのガイクワード家の当主継承争いにイギリス東インド会社が介入し，バッセイン条約よりも早く，1802 年 3 月 15 日にガイクワード家はすでに軍事保護条約を結び，東インド会社軍を受け入れていた。C. U. Aitchison, *A Collection of*

行ないうる状況が整った。ウェルズリー総督はバージーラーオ2世が1803年にプネーに再入城した後は，内政に干渉しないように駐在官クローズに命じており，イギリス東インド会社の対外的庇護の下で，バージーラーオ2世は宰相政府を統治する立場を得たのである。バージーラーオ2世は宰相政府内での権力を自身に集中させるために，有力な官僚を次々に入れ替えていき，次章で詳述するサダーシヴ・マンケーシュワルをはじめとしてナーナー・ファドニース時代とは異なる新たな人材を次々に登用した[74]。バージーラーオ2世の新体制に異を唱えたのは，ナーナー・ファドニース時代にマラーター同盟の軍事力を支えた宰相政府下の武官たちであった。その筆頭は，ナーナー・ファドニースが重用した宰相政府領南部のパトワルダン家であり，同家は東インド会社の仲介でバージーラーオ2世と表面上は1804年に和解したものの，両者の反目は続いており，その後も宰相政府領内の反バージーラーオ2世の動きに関わっていたようである[75]。バージーラーオ2世は18世紀初期に遡る宰相旧臣の武官も含めて，敵対する有力武官のジャーギールを廃止して，ジャーギール地を宰相政府の直轄地とした。バージーラーオ2世は，旧来の有力武官に代えて軍事力，すなわち軍役規模の少ない武官を現金給与で雇用する新たな方針を展開した[76]。S. N. センはこうした展開の前提として，宰相政府下でのジャーギール制偏重の問題を指摘する[77]。マラーター同盟は領土を拡大するにあたって武功のあった武官にジャーギールを与えたが，戦争のたびにこの授与が繰り返され，たびたびその世襲化を認めたために宰相政府への軍事負担が継続的に増加していった。その上，パトワルダン家や第3章で論じたバープージー・ナーイクのようにジャーギール地を集積して一大勢力となる有力武官が現れ，宰相政府の政治に介入するようになっていたのである。

バッセイン条約によって東インド会社の軍隊を受け入れたことで宰相政府の

Treaties, Engagements, and Sanads, relating to the India and Neighbouring Countries, Vol. VI, p. 79.

74　Pratul C. Gupta, *Baji Rao II and the East India Company 1796–1818*, Humphrey Milford : Oxford University Press, 1939, pp. 87–90.

75　*Ibid*., pp. 82–83 and 86–87.

76　Andre Wink, *op. cit*., p. 326.

77　Surendra Nath Sen, *Administrative System of the Marathas*, pp. 284–285.

軍事状況は大きく変化し，軍事費を削減することも可能となった。こうした状況の変化の上に，バージーラーオ2世は旧来の武官のジャーギールを収公したと考えることができる。すなわち，ジャーギール収公は宰相政府内での政争の結果であるとともに，宰相による財政再建の意図があり，収公後のジャーギール地を直轄としたうえで武官に現金支給を行なったのは，中央集権化への動きの一端であったと考えることができる。宰相政府は直轄地において新たな徴税請負制を1804年に導入し，1802年のホールカル家の侵攻とその後の混乱を考慮して11年目に十分に農業生産力が回復した段階で満額を徴収するという段階的な税額減免の条件を付して徴税請負を入札に出した[78]。第2章で論じたように，入札による地税請負制は18世紀後半においても実施されていたが，バージーラーオ2世の治世で行なわれた請負制はより短期で，ナーナー・ファドニース時代は郷主の陳情を重視するなど在地共同体および生産性保護のためにカマヴィスダールの権限を制限することがあった。アンドレ・ウィンクはバージーラーオ2世の治世において在地と宰相政府のコミュニケーションが皆無であったことを指摘したが，こうした状況が，請負期間が短期であったことと相まって，徴税請負人が農業生産性の回復を顧みず，税額の減免条件を無視して農民から搾取し，多くの宰相政府領で農業生産性が回復するどころか，農村社会が大いに混乱する事態を生んだ。バージーラーオ2世の治世における徴税請負制はこのように大きな問題をはらむものであったが，彼の政策はジャーギールの収公と中央集権化という新たな方向を示しており，すべての政策が愚策であったとは必ずしも言えない。従来の研究や言説はバージーラーオ2世を失政者と評するが，こうした評価はモンステュアート・エルフィンストン（後述）など，バージーラーオ2世に直接取って替わってデカンを統治した行政官の報告書・著作に基づいており，この意味では客観的と言いがたい部分もある。バージーラーオ2世の政策は一次史料を用いたさらなる研究が必要な分野であることを付言しておく[79]。

78　Andre Wink, *op. cit.*, pp. 366–368.

79　エルフィンストンは『宰相からの征服領土に関する報告書』の中で，バージーラーオ2世の望みが権力の掌握と政敵への復讐のみであったと指摘して彼の失政を非難している。後にA. R. クルカルニーは，このようなエルフィンストンの評価を性急な人物・時代認

バージーラーオ2世の評価がどのようなものであれ，バッセイン条約と彼の政策は宰相政府領の政治・軍事・社会経済を大きく転換するものとなった。インダプール郡に関していえば，同郡のジャーギール政策はプネーの防備を意図したものであったが，バッセイン条約によりプネーには東インド会社の保護軍が駐屯し防備することとなった。この意味で，インダプール郡の宰相政府における地政学的位置づけは大きく変化したのである。次章ではこの変化がインダプール郡の行政および社会経済に与えた影響を考察する。

おわりに

17世紀初頭にインドに進出したイギリス東インド会社は，カルカッタ，ボンベイ，マドラスに根拠地を得たが，各々の根拠地での活動は18世紀末まで独立していた。ボンベイを中心とするボンベイ管区は，他の2管区に比べて内陸への進出が遅れ，18世紀後半に入って初めてマラーター同盟宰相政府に駐在官を置くことが可能になった。このような状況にあったボンベイ管区において，管轄とするインド西部への影響力強化が大きく進んだ端緒が，1796年の宰相バージーラーオ2世の即位であった。この即位がマラーター同盟内に内紛を生じさせ，イギリス東インド会社はこれに介入することによってマラーター同盟宰相政府を英領インドの藩王国とした。そして，このとき締結された条約によって，宰相政府が領土の一部を割譲することを条件に，中心都市プネーに東インド会社軍が駐屯することとなった。これは1761年の内政改革において，プネーの防備に関する政策の大々的な転換を迫るものであった。これ以後，東インド会社と宰相政府の関係は大きく変化し，軍事面を中心に宰相政府の政策も見直しがはかられるにいたった。インダプール郡へもその影響が強く及んだが，これに関しては次章で検証する。

識で，事実誤認を含んでいると分析している。Mounstuart Elphinstone, *Report on the Territories Conquered from the Paishwa*, Calcutta : the Government Gazette Press, 1821, p. 18, and A. R. Kulkarni, *Maratha Historiography* (*based on Heras Memorial Lectures*), New Delhi : Manohar, 2006, pp. 52–53.

他方で第2次アングロ・マラーター戦争において，イギリス東インド会社は長期戦を強いられることとなり，戦費の拡大からウェルズリー総督は召還され，東インド会社もまた膨張政策の転換を余儀なくされた。北インドを中心にマラーター同盟はその影響力を大きく減じたが，軍事的に東インド会社と対抗しうる勢力は，マラーター諸侯を中心に残存していたのである。

第 6 章
植民地化前夜の在地社会の混乱と変化

はじめに

1796 年に宰相位を継いだバージーラーオ 2 世の即位と継承権をめぐり，マラーター同盟に内紛が生じた。この内紛にイギリス東インド会社が介入し，第 2 次アングロ・マラーター戦争が勃発した。この東インド会社の介入の際に結ばれたバッセイン条約により，宰相政府が東インド会社の藩王国となり，プネーに東インド会社軍が駐屯することとなったのは前章に示したとおりである。同条約の締結は，宰相政府に軍事制度の変革を迫るものであったと同時に，中心都市プネーの防備を企図したインダプール郡の軍馬飼育の政策の終了を意味するものであった。宰相政府の中央での政策転換は，特にインダプール郡の支配にどのような影響を与えたのであろうか。本章では植民地化前夜におけるインダプール郡の行政および社会経済を考察する。そこでまず，中央での政治変動がインダプール郡行政へ与えた影響を分析するとともに（第 1 節），その結果として植民地化前夜に同郡の権力が集中した過程を論じる（第 2 節）。

1　1802〜03 年の災害とインダプール郡行政の変化

第 2 次アングロ・マラーター戦争を引き起こしたマラーター同盟内の内紛は，その後の宰相政府の政策の変化のみでなく，より直接的にインダプール郡に影響を与えていた。すなわち宰相バージーラーオ 2 世の統治に異を唱えて，1802

年にマラーター同盟諸侯のヤシュワントラーオ・ホールカルがプネー州を襲撃した際に（第 5 章参照），インダプール郡もその襲撃地域に含まれており，インダプール町などを中心に同郡の主要地域で略奪が起こった。さらに 1803 年の干ばつが相まって飢饉が起こり，インダプール郡は大いに荒廃したのである。1802〜03 年の災害はインダプール郡行政に様々なかたちで大きな影響を及ぼした。本節では，インダプール郡行政の災害後における変化を検証するために，第 1 項では徴税業務，第 2 項では軍事・司法業務，第 3 項では行政の担い手であるカマヴィスダールや郷主など郡の役人に注目する。

1）災害以降のインダプール郡における徴税業務

まず本項では，徴税業務に関して，本税である地税と付加税の徴収に対する災害の影響を考察し，その際に特にカマヴィスダールと郷主の送金に注目する。地税の徴収に関しては，18 世紀後半の区分に従って（a）政府村，（b）郷主のイナーム村，（c）ジャーギール村の順にその影響を検証する。

①地税徴収

図 6-1 は，前掲図 3-1 に 19 世紀初頭の約 20 年が追加された図で，インダプール郡における構成村の推移を示している。1802 年のホールカル軍による略奪の結果，1802 年の地税は徴収が不可能となった[1)]。さらに 1803 年，1804 年，1806 年は地税の徴収がなされず帳簿の数値は 0 を示しており，1805 年はプネー文書館に郡帳簿が収蔵されていなかった。1805 年に関しては，インダプール郡の状況を考えると，郡帳簿自体が作成されなかった可能性もある。いずれにせよ，図 6-1 における 1803〜06 年の空白は，1802〜03 年の災害による行政の混乱と同郡の荒廃を示している。1807 年から 1818 年の期間に関しては，一部の郡帳簿が未収蔵であるため経年ではないが，再び税に関する詳細な情報がプネー文書館で得られる。図 6-1 が示すように，1807 年以降は，イナーム村数に 18 世紀後半から変化がないのに対し，ジャーギール村が激減して政府村が激増しており，インダプール郡の村構成が大きく変化したことがわかる。

1　Tāḷeband Parganā Indāpūr, Prānt Ajmās, Puṇe, Rumāl no. 63, MSAP.

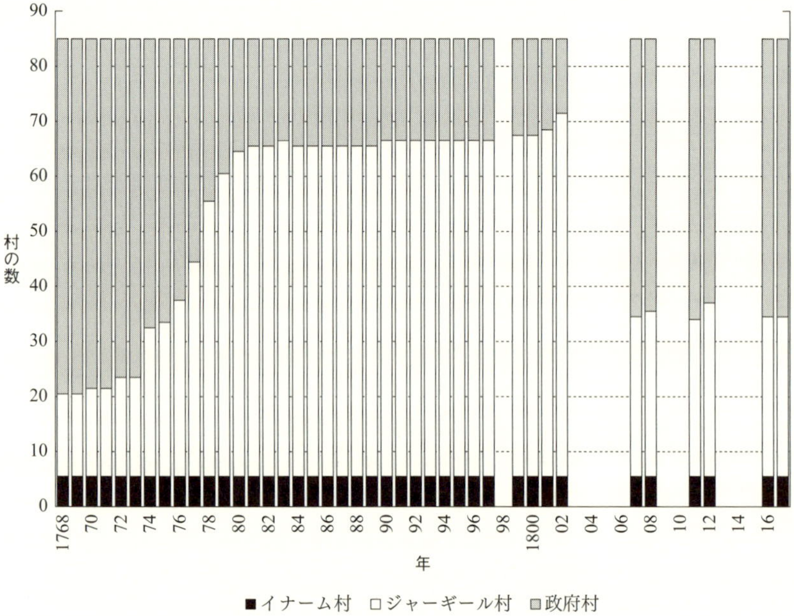

図 6-1　インダプール郡における構成村の推移（1768〜1802 年）

出典）Tāḷeband Pargaṇā Indāpūr, Prānt Ajmās, Puṇe, Rumāl nos. 58–63, MSAP.

以下では構成村別の変化を検証する。

(a) 政府村

1802〜03 年の災害以降，カマヴィスダールと宰相政府の地税取り決めは 1807 年まで行なわれず，この間の地税徴収額は，1801 年の 1 割にも満たなかった。1807 年に新たなカマヴィスダールとしてマルハール・ムクンドが任命され，宰相との間に 1802 年以来の地税取り決めが行なわれたが，その年の郡帳簿の冒頭は以下のようにインダプール郡の惨状を記している。

この地域［インダプール郡］では，［人々は］ホールカル軍によって略奪された田畑を捨て，飢饉のために多くの者は行方知らずとなり，また多くの者が死亡した。わずかな住民が残る村もあるが，住民が完全にいなくなった村も

> 多くある。カマール制による地税徴収は実行不可能となっており，従来のタンカー制による査定値をもとにした[2]減税措置は効果がなく農民は逃散した。インダプール郡のザミンダール［郷主や郷書記］は，逃散した農民を連れ戻し，新たな農民を郡に勧誘し，新たな減税方針にしたがって農民と地税取り決めを行ない，郡が再び活気を取り戻すことができる状況を整えるように，宰相政府に陳情した。今年［1807 年］からカマヴィスダールは，検見を行なった後にタンカー制による新たな査定値を定め，それに基づいて減税を取り決めることとなった。ジャーギール村を除いて，地税と通関税のタンカー制による査定値は以下のように改められること[3]。

上記引用は 1802〜03 年の災害によって，それ以前のカマール制が崩壊したことを示しており，1807 年の取り決め時にこれまでの徴税体制は抜本的に見直された。新たな検見により，タンカー制による査定値は 30,251 ルピー 6 アンナに減額され，タンカー制の査定額によって決められるカマヴィスダールの給与や郡の警備兵の規模・給与額が見直された。これに基づいて新カマヴィスダールと宰相の間で税の取り決めが交わされた。この取り決めでは，新たな地税査定額が初年度は免除され，毎年増額されて最終的に査定額に達するという年次累増課税（Istāwā）方式と呼ばれる減税措置が 10 年間の計画で取られており，上記引用での郷主らの陳情に応えるかたちとなっていた[4]。具体的には，1802〜03 年の災害時でのインダプール郡の政府村は(1)1802〜03 年の災害を生き抜いた村人が居住を続けた村と(2)村人の数が激減した[5]村に大別された（表 6-1 参照）。1802 年時点の政府村（18 村）の中で，インダプール町農村地区を含む 7 村・地区が前者の(1)群の村に属したのに対し，インダプール町市場地区を含む 11 村・地区が(2)群の村に属した。

2　カマール制が導入された後も，第 2 章で示したとおり，軍役やカマヴィスダールの給与などに関してタンカー制による査定値が用いられていた。本史料は，18 世紀後半来の行政規模を前提とする地税額は，たとえ減額されたとしても各村が支払える状況になく，抜本的な変革が必要であったことを示している。

3　Tāḷeband Pargaṇā Indāpūr, Shuhūr San 1207, Prānt Ajmās, Puṇe, Rumāl no. 63, MSAP.

4　Tāḷeband Pargaṇā Indāpūr, Shuhūr San 1207, Prānt Ajmās, Puṇe, Rumāl no. 63, MSAP.

5　ここで分析している史資料が税関連文書であることを考えると，ここでの村人は納税者を指していると思われる。

表 6-1　インダプール郡政府村（1802～03 年）の被災区分

(1)1802～03 年災害後の住民居住村	(2)1802～03 年災害後の人口激減村
インダプール町農村地区	インダプール町市場地区
ニンブ村	オジャレ村
ニルグデ村	ピンプリー本村
カラス村	ゴーカリー村
ラクディー村	カティ村
カトワリー村	ピトケシュワル村
バワデ町	バルプディ村
	サナサル村
	ルイ村
	アコレ村
	バダルワディ村

1807 年の取り決め時点で 21 村のジャーギール村が，荒廃して村人が去ったために軍務を維持できないとして収公されていた。旧ジャーギール村の 21 村のうち 9 村では，1807 年の新たな取り決めにおいて地税を査定しうるだけの生産力がわずかに残っていた。逆にいえば，上記の旧ジャーギール村の中で 12 村は査定もできないほどに荒廃していたということがわかる。これらの旧ジャーギール村は上記の(2)群に加えられた。荒廃した旧ジャーギール村では村長など村役人を中心とした村落共同体によって立て直しがはかられ，他村からの来住者は大いに歓迎され，1807 年以前に逃散した農民の土地が割り当てられたことが郡の帳簿にも記されている。インダプール郡のカマヴィスダールと宰相政府が取り決めた年次累増課税方式，そして当該の土地などの状況にしたがって，村落共同体によって来住世帯ごとに村への支払いの取り決めがなされていた。

18 世紀後半において村落内の取り決めが政府の行政資料で言及されることは稀であった。具体的な数値は記されていないものの，1807～08 年の郡の予算や帳簿には村内の穀物支払いの取り決め状況についても記述がみられた[6)]。1807 年の取り決めでは，上記(1)群と(2)群とで異なる基準によって下記の通りに年次累増課税方式による地税額が定められた。表 6-2 が示すように，1807

6　Ajmās Parganạ̄ Indāpūr Shuhūr 1208, Prānt Ajmās, Puṇe, Rumāl no. 63, MSAP.

表 6-2　1807 年の取り決め時における年次累増課税の徴収計画

（ルピー）

年	表 6-1 の(1)		表 6-1 の(2)	
	地税額	増減	地税額	増減
1807	8500		0	
1808	10500	+2000	200	+200
1809	11650	+1150	1550	+1350
1810	13950	+2300	2850	+1300
1811	16900	+2950	4300	+1450
1812	20350	+3450	7500	+3200
1813	23300	+2950	10200	+2700
1814	27051	+3751	12700	+2500
1815	27051	+0	15200	+2500
1816	27051	+0	16725-8-6	+1625-8-6

出典）Ajmās Parganā Indāpūr Shuhūr 1208, Prānt Ajmās, Puṇe, Rumāl no. 63, MSAP.

表 6-3　1807 年における年次累増課税の徴収計画（1807～16 年）

（ルピー）

年	1807	1808	1809	1810	1811	1812	1813	1814	1815	1816
地税額	8500	10250	13200	16800	21200	27850	33500	39751	42251	43776-8-6

出典）Ajmās Parganā Indāpūr Shuhūr 1208, Prānt Ajmās, Puṇe, Rumāl no. 63, MSAP.

表 6-4　1812 年における年次累増課税の徴収計画（1812～19 年）

（ルピー）

年	1812	1813	1814	1815	1816	1817	1818	1819
地税額	32650	39850	48201	53201	58426-8-6	62765-15-6	64915-15-6	67145-14-6

出典）Ajmās Parganā Indāpūr Shuhūr 1212, Prānt Ajmās, Puṇe, Rumāl no. 16, MSAP.

年に(1)群全体で 8,500 ルピーの地税が課されることとなり，(2)群の地税は免除されることとなった。2 度目の増額以降は荒廃地域（(2)群）も 1,000 ルピー以上の増額を見込んでおり，5 年目の増額は(1)群と(2)群はほぼ同値であり，1807 年の取り決めでは前半 5 年間での回復が見込まれていたことがわかる。

表 6-3 は表 6-2 の合計，すなわち 1807 年の取り決め時のインダプール郡における年次累増課税方式による地税の徴収計画を示している。この 1807 年の年次累増課税の計画は 1816 年に完了する前に，1812 年に新たな累増課税の計画が出されて更新されることとなった（表 6-4 参照）。

1812 年の新たな累増課税の計画では，1812 年時点の徴収予定額は 32,650 ルピーとなっており，1807 年の計画における徴税予定額 27,850 ルピーを上回っている。1812 年の更新は上方修正であったことがわかる。インダプール郡における 1812 年の予算によると[7]，1811 年の地税査定額は，1807 年時の累増課税計画をもとに若干増額して 24,725 ルピーと決められた。それにもかかわらず，1811 年のインダプール郡の帳簿によると，1811 年に実際に徴収された地税額は 25,288 ルピー 1 アンナ 4 パイサであった[8]。すなわち，1807 年時の計画値よりも高い予算見込みをさらに超える地税額をカマヴィスダールは徴収したのである。このことは 1807 年時の計画よりも早期にインダプール郡の生産性が回復していたことを示しており，この早期回復が明らかになったことにより累増課税計画は上方に見直されたのである。1818 年の宰相政府滅亡時に向けて，インダプール郡の生産性は当初の見込みよりも良好なペースで回復を進めており，宰相政府はこれにしたがって少しでも多くの地税を確保しようとしたのである。

なお，これに加えて，地税取り決めの際に課された納入同意手数料（Kabuliyāt Paṭṭī）などの郷主への支払いも減免されており，これが農村の回復の一助となった一方で，郷主ワタンからの収入減をもたらした。

(b) 郷主のイナーム村

1802〜03 年の災害は郷主のイナーム村をも襲い，1809 年までイナーム村において，郷主が受け取る地税の徴収は行なわれていなかった。政府村が 1807 年に地税取り決めを再開したことを考えると，郷主のイナーム村は政府村よりも深刻な打撃を受けていたと考えられる。上述したように納入同意手数料などのその他の取り分の減免も相まって，郷主ワタンからの収入は激減したと考えられる。この間に郷主代官であったメーグシャン・ナーグナートは，ワタンの取り分を送金しなかっただけでなく，イナーム村をはじめとするインダプール郡における郷主ワタンの実情をサタラのマラーター国王に通知することもなく，

7　インダプール郡における 1811 年の予算案がプネー文書館で得られなかったため，次年（1812 年）の予算を用いて 1811 年の予算額を得た。Ajmās Pargaṇā Indāpūr Shuhūr 1212, Prānt Ajmās, Puṇe, Rumāl no. 16, MSAP.

8　Tāḷeband Pargaṇā Indāpūr Shuhūr 1211, Puṇe Jamāv Rumāl no. 714, MSAP.

郷主たるマラーター国王と郷主代官は没交渉に陥ったようである。そのために宰相政府が介入して，郷主ワタンの取り分徴収のために事務官を 1808 年にインダプール郡へ送り，宰相政府からの命令書の下に郷主ワタンの取り分に関する新たな取り決めがなされた[9)]。同年に，メーグシャン・ナーグナートの息子であるクリシュナラーオ・メーグシャンに郷主のイナーム村を管理させる命令書を，宰相政府が慣習にしたがって発行した[10)]。命令書には明記されていないが，これ以後，クリシュナラーオ・メーグシャンがイナーム村の管理のみでなく，郷主代官ワタンを継承して，郷主の代役を務めたことが関連文書からわかる。状況から判断して，この継承には宰相政府が干渉したと推測される。後述するように，サタラのマラーター国王は 1812 年に宰相政府によって幽閉されており，この時期は国王勢力に対する宰相政府の影響力も増大したと考えられる。インダプール郡の郷主ワタンはサタラのマラーター国王が世襲していたために特殊な状況にあったが，郷主代官は郷主に代わって在地共同体を実際に代表する立場にあったはずである。しかし，1802～03 年の災害の結果，宰相政府が郷主代官ワタンの継承に介入するようになり，在地共同体を代表する自治的な性格はこの時に大きく揺らいだと考えられる。

1809 年になり，新たな郷主代官の下で郷主の帳簿が作成され，サタラへの送金が再開された。1809 年の帳簿によると郷主のイナーム村（2.5 村）の地税徴収額の総計は 57 ルピーにまで落ちていた。特に地税額の半分がイナームとなっていたルイ村では，1809 年に全く地税が徴収されなかった[11)]。1809 年以降，イナーム村の税収はわずかに増加し，1813 年には政府村と同様に累増課税計画が実施された。政府村では 1807 年の地税取り決めの再開と同時に累増課税計画が導入されたのに対し，イナーム村では 1813 年まで導入がずれ込んだ。政府村の事例のように，インダプール郡における累増課税計画が実質的な成果を伴ったものであることを考慮するならば，回復の兆しがイナーム村では 1813 年まで見えてこなかったことを意味する。この点においてもイナーム村

9　Yādī Watan Deshmukhī Parganạ̄ Indāpūr wa Pātīlkī Kasbe wa Peṭh Majkūr Yāvishī Patra, Shuhūr 1208, Puṇe Jamāv Rumāl no. 797, MSAP.

10　Yādī 24 Safar Shuhūr 1208, Puṇe Jamāv Rumāl no. 797, MSAP.

11　Tāḷeband Watan Deshmukhī Pargaṇā Indāpūr Shuhūr 1209, Puṇe Jamāv, Rumāl no. 797, MSAP.

の被害がより深刻であったことが理解されよう。現に，1813 年の累増課税方式導入直後から実際の地税徴収額は増加し始めて 1815 年には 1,936 ルピー 11 アンナに達した[12]。この値は 1760〜80 年代のイナーム村の徴税額の平均に達するものであった。すなわち，より深刻な被害を受け，回復の時期が遅れたと考えられるイナーム村も，1818 年の宰相政府滅亡時にはその生産性を回復していたことがわかる。

(c) ジャーギール村

インダプール郡の荒廃は，多くの牧草を必要とする軍馬の再生産・育成を困難にし，特に荒廃が激しい村をジャーギールとして与えられていた武官は，義務となっている軍馬等の軍用品を維持できないインダプール郡をこの時期に去っていった。インダプール郡のジャーギール村の保有を諦めた武官は，徴税権ではなく，直接に現金での給与支払いを求めたか，1802〜03 年の災害の影響を受けていない村・地域の徴税権をジャーギールとして望んだと考えられる。このことは，インダプール郡においてジャーギール制が 18 世紀後半の最盛期のようには成り立たなくなっていたことを示している。他方で宰相政府のプネーにおける軍制も大きく変わり，インダプール郡の武官が担っていた中心都市防衛の役割を 1803 年以降はイギリス東インド会社が担うにいたっていた。こうした状況下で，中央の宰相政府においても同郡の武官の役割は大きく変わったと考えられる。この結果として，図 6-1 が示すように，1807 年までに合計で 37 村のジャーギール村が収公され[13]，ジャーギール村の数は 29 まで激減した。ホールカル家の家臣であったヴィサジー・シャームラーオのジャーギール村（1 村）は 1807 年以前に収公されていたが，1808 年には本人にジャーギールが返還され，インダプール郡のジャーギール村数は 30 となった[14]。インダプール郡のジャーギール村は同郡 86 村中で，1802 年には 66 村

12　Tāḷeband Watan Deshmukhī Pargaṇā Indāpūr Shuhūr 1215, Puṇe Jamāv, Rumāl no. 799, MSAP.

13　1807 年の取り決め時に 21 村のジャーギール村の収公が記録されており，1802〜07 年の 5 年間における徴税記録がないために確認できないものの，少なくとも 1807 年より前に 16 村のジャーギール村収公が行なわれたと考えられる。

14　ホールカル軍による 1802 年のプネー州襲撃は，同諸侯と宰相政府の対立を決定的なものとし，1802 年までホールカル家の家臣がインダプール郡のジャーギール村を維持し

であったから，1807 年にその数は半数以下になったこととなる。以後，1818 年まで，インダプール郡のジャーギール村数に大きな変化はみられなかった。1802 年以降の激動の中で，パンドゥーラング・ナーイクが有していたジャーギール村数は 1802 年時点の 16 から 1807 年には 7 に減少していた。さらに郷主代官はインダプール郡に有していたジャーギール村（2 村）をすべて失った。シンデー家家臣のバージー・ナルシーが有していたジャーギール村（3 村）は，災害前の 1801 年にサダーシヴ・マンケーシュワル（後述）に与えられていた。18 世紀後半のジャーギール村をめぐる政治状況は大きく変化していたのである。

図 6-2 は 1807 年の取り決め時のジャーギール村（29 村）の分布を示している。宰相政府の軍事政策の変化とインダプール郡の荒廃のためにジャーギール村数が大きく減少したのは，第 3 章図 3-5 と比べると明らかである。しかし 1807 年のジャーギール村の分布（図 6-2）を見ると，インダプール郡内の肥沃地帯である河川流域，すなわち南北の郡境付近に，残されたジャーギール村の多くが分布しており，村数の上では崩壊したと考えられる軍馬政策もその命脈を保っていたことがわかる。特に 18 世紀末における有力武官のパンドゥーラング・ナーイクにとって軍馬育成の上で重要であったニラ川沿いのジャーギール村はまとめて，マノーハル・ギールに属していた。彼もまたパンドゥーラング・ナーイク同様，中央の宰相政府直属の有力武官であり，インダプール郡を中心にプネー周辺の複数郡にわたってジャーギール村を与えられていた[15)]。彼

ていたが，この後に収公されたと考えられる。1805 年末にホールカル家とイギリス東インド会社が条約を結び戦争状態は終結したため，イギリスに援助を求めていた宰相とホールカル家の関係も改善に向かい，1808 年にジャーギール村がホールカル家の家臣に戻されたと考えられる。

15　マノーハル・ギールの 1817 年における簡易収支簿によると，宰相政府領南部カルナータカ州ラニベヌール郡（現カルナータカ州）の全収入が彼にジャーギールとして与えられており，1817 年の同郡収入は 85,547 ルピー 4 アンナ（簡易帳簿収入部の 35.9 % 相当）だった。他方でカーンデーシュ州などにもジャーギールを有しており，その権益が広域にわたっていたことがわかる。そのなかでマノーハル・ギールはインダプール郡に 8.5 村，バラーマティ地区に 5 村をジャーギールとして有しており，簡易帳簿の収入総額は 238,278 ルピー 5 アンナに及んだ。簡易帳簿における支出の多くは彼の部下の兵等への給与等だったが，46,878 ルピーが大砲の修理・維持に充てられた。大砲はプネー州の南に位置するサタラ州ファールタン郡に配備されており，宰相政府の都があるプネー

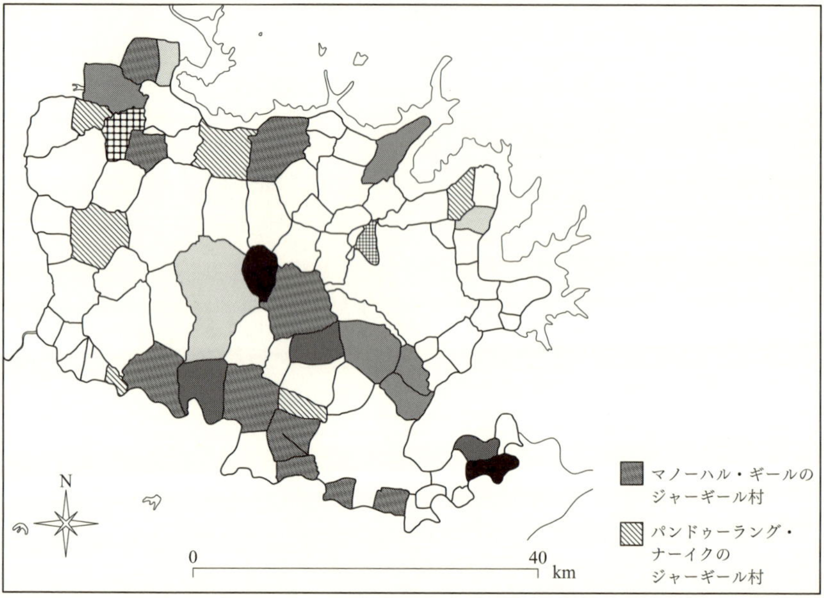

図 6-2　インダプール郡における 1807 年のジャーギール村

がナーイク家に部分的に取って代わり，インダプール郡の有力武官となった。この空間分析から，中央政府における軍馬政策の頓挫後も宰相政府が，地方では軍馬育成を続けて一定の兵力を保持していたことがわかる。ジャーギール保有者の勢力は，制度自体が大きく後退するなかで郡内の肥沃な土地を基盤として命脈を保っており，ジャーギール制は存亡をかけた大きな変化の中にあったのである。

州とその周辺の防備を，宰相政府が引き続き固めていたことがわかる。インダプール郡やバラーマティ地区は，マノーハル・ギールの重点軍備地域から最寄りのジャーギール地域であり，特にインダプール郡のジャーギール村は肥沃地帯にあったため，マノーハル・ギールの軍事活動にとって戦略上きわめて重要であったと考えられる。Yādī Manohar Gīr 1217, Faḍke Manohar Gīr, Ghaḍṇī Rumāl no. 518, MSAP.

②付加税等の徴収

付加税の徴収額はもともと地税に比べるとわずかであり，財政的な影響は少ないが，1802〜03 年の災害後の徴税状況を見ることで，災害が郡行政にどれほどの影響を及ぼしたかが明らかになる。ここではカマヴィスダールが徴収した付加税に加えて，郷主が集めた付加徴収の中で注目すべき税目の変化を記す。

付加税の中で最大額を占めていた通関税に関しては，郡内の荒廃度によって減免の度合いも異なったと考えられる。前掲表 6-1 にて，人口激減村に区分されたインダプール町市場地区では，1802〜03 年の災害でインダプール町が荒廃したときに，カマヴィスダールが同町市場長（Peṭhkar）[16] と交渉して通関税の減額を 1807 年に取り決めた[17]。インダプール町は郡庁所在地として郡行政の中心であっただけでなく，通関税の徴収行政において重要な役割を果たしており（第 7 章参照），通関税徴収人は徴税業務をさらに市場長（Peṭhkar）に請け負わせていた。インダプール町の市場地区は郡経済の一つの重要な中心であり（第 7 章参照），在地の流通を損なわせないために，宰相政府としても通関税を減免することでインダプール町の経済活動を活性化させる必要があった。T. T. マハザンは，マラーター同盟下では在地経済が停滞した際に，市場地区（Peṭh）での通関税徴収が一般的に 3〜5 年ほど免除されたと指摘している[18]。インダプール郡全体の通関税も 1807 年の取り決め時に引き下げられ[19]，ここでも累増課税（Istāwā）の方法が導入された[20]。1812 年の一時的な減額を例外として，1810 年以降，通関税の実際の徴収額は増加し続けたが，その額が 18 世紀後半の水準に回復することはなかった。郷主の通関税の受け取りは 18 世紀後半の 203 ルピーから災害後の 1807 年には 101 ルピーに減額し，その後は 100〜150 ルピーの間を推移した。

16　一般的に町には，世襲の市場長（Seṭh）と世襲の市場書記（Mahājan）が存在してワタンを有していた。インダプール町にも世襲の市場長と世襲の市場書記が存在したが，カマヴィスダールと交渉した市場長（Peṭhkar）が世襲の市場長（Seṭh）と同一人物であるか否かは史料からは明らかにならなかった。

17　Ajmās Pargaṇā Indāpūr Shuhūr 1207, Prānt Ajmās, Puṇe, Rumāl no. 16, MSAP.

18　T. T. Mahajan, *Industry, Trade, and Commerce during Peshwa Period*, p. 67.

19　Ajmās Pargaṇā Indāpūr Shuhūr 1207, Prānt Ajmās, Puṇe, Rumāl no, 16, MSAP.

20　Wahiwāt Mahāl Pargaṇā Indāpūr Shuhūr 1217, Prānt Ajmās, Puṇe Rumāl no. 793, MSAP.

諸税（Bāje Paṭṭī）は18世紀後半には，郷主・郷書記のイナーム村，ホールカル家およびシンデー家の家臣が有したジャーギール村において徴収されていた。諸税の額も1807年の取り決め時に減額されており，インダプール郡の中間層を占める在地世襲役人や武官への税負担を軽減することが意図されていた。郷主のイナーム村に課された諸税は18世紀後半の748ルピーから大きく減額され40ルピーとなり，その額は徐々に増額していった。他方で郷書記の諸税額は18世紀後半と同様の40ルピーであり，その後も変化がなかった。先述したように郷主のイナーム村が大きく荒廃したことが，諸税の減額に反映されたといえよう。郷書記の諸税は18世紀後半の時点で少額であったので，その後も大きな変化はみられなかったと考えられる。1807年の取り決めでは，シンデー家が保有していたジャーギール村を1801年に与えられたサダーシヴ・マンケーシュワルに対して諸税が課されており，その額は18世紀後半の135ルピーから15ルピーに大きく減額され，ホールカル家のヴィサジー・シャームラーオの課税額は121ルピー12アンナから42ルピーに減額されていた。前者が3村のジャーギール村であるにもかかわらず，後者の2村のジャーギール村よりも諸税の課税額が低くなっており，前者3村の方が災害による被害がより大きかったことを示唆している。こちらも累増課税の方法が取られたようで，1807年以降は徐々に徴税額が上がっていき[21)]，1817年には，前者の課税額が135ルピー，後者が121ルピーと18世紀後半の水準に達していた[22)]。1818年の宰相政府滅亡の直前にジャーギール村の生産性が回復していたことを，諸税の回復は示唆している。

従者・傭兵への支払い（Masālā）の税目は災害後も帳簿に確認でき，引き続きカマヴィスダールが地税徴収のために従者・傭兵（Nāikwādī）を雇っていたことを示している。他方で郷主の帳簿に，従者・傭兵への支払いという付加徴収項目は見えなくなっており[23)]，郷主は従者・傭兵を従来の方式では雇っておらず，何か別の方法で地税徴収を遂行していたと考えられる。従者・傭兵は特

21　Tāḷeband Parganạ̄ Indāpūr Shuhūr 1211, Prānt Ajmās, Puṇe, Rumāl no. 63, MSAP.

22　Tāḷeband Parganạ̄ Indāpūr Shuhūr 1211, Prānt Ajmās, Puṇe, Rumāl no. 63, MSAP.

23　Tāḷeband Watan Deshmukhī Parganạ̄ Indāpūr Shuhūr 1209–1215, Puṇe Jamāv, Rumāl nos. 797–799, MSAP.

にイナーム村での地税徴収を重視して配置されており，このことからも災害によって郷主のイナーム村が，従者・傭兵を用いた従来の経営方式を維持できないほどに荒廃したことが推測される。郷主の帳簿には，災害以降，インダプール郡内での定期市の開催時における郷主の取り分に関する項目もみられなくなっていた。しかし次章で検討するように，少なくとも 1811～12 年において多くの商品がセール村，パラスデーオ村，バワデ町に集積しており，店舗営業も行なわれていたと考えられる。このことは，郷主が有した，在地社会の長としての役割およびその権原にゆらぎが生じていたことを示唆している。

③送　金

カマヴィスダールによる国庫への送金（Rasad）の額は 1802～03 年の災害以降に大きく減少し，1803 年にはその額は 1,149 ルピー 6 アンナ 3 パイサであった[24)]。政府村が多かった 1760 年代は 10 万ルピーを超える額が国庫への送金として送られていた。ジャーギール村の増大とともに送金額も減少し，1794 年には送金額は 3,100 ルピーであった[25)]。1794 年以降のジャーギール村数は微増であったにもかかわらず，災害によってこの送金額は半分以下に減少した。1807 年の取り決めによって政府村の数は 13.5 村から 50.5 村に増加した反面，同年の送金額は 3,500 ルピーと決められ，1794 年時（政府村数：18.5 村）をわずかに上回るのみであった。累増課税方式が地税に適用されて，インダプール郡の生産性が回復し徴税額が増加するのに応じて国庫への送金額も増加し，1810 年には 10,000 ルピーに達した[26)]。1807 年以降はカマヴィスダールであるマルハール・ムクンドが国庫への送金を行なっており，18 世紀後半同様に宰相への支払い（Antastha）も同時に負っていた。そして宰相への支払いに関して宰相政府がマルハール・ムクンド宛に発行した書簡から[27)]，ゴーヴィンド・ケーシャヴ・ベデーカルなる人物が宰相への支払いのみならず，国庫への送金

24　Tāḷeband Pargaṇā Indāpūr Shuhūr 1203, Prānt Ajmās, Puṇe, Rumāl no. 63, MSAP.
25　Tāḷeband Pargaṇā Indāpūr Shuhūr 1194, Prānt Ajmās, Puṇe, Rumāl no. 63, MSAP.
26　Tāḷeband Pargaṇā Indāpūr Shuhūr 1210, Prānt Ajmās, Puṇe, Rumāl no. 63, MSAP.
27　Patra Shuhūr 1214, Puṇe Jamāv Rumāl no. 794, and Indāpūr Phaḍke, Ghaḍṇī Rumāl no. 572, MSAP.

に関しても現金をカマヴィスダールに融資していたことが明らかになった。ゴーヴィンド・ケーシャヴ・ベデーカルがどのような人物であるかは明らかにならなかったが，この人物の存在は，インダプール郡の送金が同郡の税収のみで賄えず，マルハール・ムクンドが厳しい経営を強いられていたことを示唆している。やがて 1810 年を過ぎると，マルハール・ムクンドに代わってサダーシヴ・マンケーシュワルの名が国庫への送金に関連する書簡にみられるようになる。しかし 1810 年以降もマルハール・ムクンドはカマヴィスダールであり続けた。サダーシヴ・マンケーシュワルは 1810 年代に広範にわたってインダプール郡の行政に関わっていた人物であるが，この人物と郡行政の関係については節を改めて論じる。

ホールカル軍がインダプール郡を襲撃した 1802 年に，郷主代官は，郷主であるサタラのマラーター国王との間で，王家への送金として当該年に 300 ルピーを支払うことを取り決めた[28)]。18 世紀後半における郷主代官からサタラの国王への送金額は 3,000 ルピーであったから，この取り決めは送金額が 10 分の 1 に減少したことを意味した。大幅な減額にもかかわらず，郷主代官は規定の 300 ルピーを納めることが困難になり，銀行家からの借り入れにより 1802 年は 50 ルピーを支払うにとどまった[29)]。続く 1803～08 年に関して，郷主ワタンの帳簿からは送金に関する情報は得られなかった。これらの状況からは，1802～03 年の災害がインダプール郡の郷主たるサタラの国王のワタン経営に，大きな悪影響を及ぼしたことがわかる。1809 年の郷主ワタンの帳簿によると送金額は 650 ルピーに増加しており[30)]，その後も増加を続けて 1814 年には 2,551 ルピーに達し[31)]，郷主のイナーム村の生産性が十分な回復を見せたのに対応して増加した。しかしその後は 2,000 ルピー前後を推移し，宰相政府滅亡の 1818 年まで，郷主への送金は 18 世紀後半の水準であった 3,000 ルピーに達することはなかった。

28　Patra 20 Jamādilākhar Shuhūr 1203, Puṇe Jamāv, Rumāl no. 797, MSAP.

29　Patra 20 Jamādilākhar Shuhūr 1203, Puṇe Jamāv, Rumāl no. 797, MSAP.

30　Tāḷeband Watan Deshmukhī Parganā Indāpūr Shuhūr 1209, Puṇe Jamāv, Rumāl no. 797, MSAP.

31　Tāḷeband Watan Deshmukhī Parganā Indāpūr Shuhūr 1217 and 1218, Puṇe Jamāv, Rumāl no. 798, MSAP.

2）災害以降のインダプール郡における司法・軍事業務

司法業務に関しては，インダプール郡の帳簿によると司法手数料が 18 世紀後半と同様に徴収されており，司法行政は 1802〜03 年の災害後も従来と同様に行なわれていたことがわかる。そして司法手数料の一部は，取り分として 18 世紀と同様に郷主に与えられていた。

他方で大きく変化したのが軍事業務である。上述したように 1802〜03 年の災害と，バッセイン条約締結（1802 年）による中央での軍事政策の変化は，インダプール郡のジャーギール制を壊滅させることはなかったものの，ジャーギール制に支えられた軍事力の規模を大きく縮小させた。他方で，災害はカマヴィスダールが担当していた郡の警備兵の維持にも悪影響を与えた。1804 年には，郡の税収は激減していたが，郡の警備兵への給与は災害前と同水準の 2,760 ルピーが支払われていた。1807 年の新たな取り決めまでは，タンカー制に基づく査定値は 18 世紀後半のままに固定されており，これに基づいて設定される郡の警備兵の給与も変化していなかったと考えられる。1807 年の新たな取り決めでは，カマヴィスダールの管轄下の郡の警備兵への給与は 1,100 ルピーまで減少した。これは 1807 年の一連の税の減免に対応する措置であったが，累増課税方式などにより税収入が回復するにしたがって同給与の額も増加し，1811 年には，災害前と同水準の 2,760 ルピーにまで回復していた（表 6-5）。次項にて検証するカマヴィスダールや郡の下級役人に比べて，災害前の水準への回復が早期に達成していることは表 6-4 から明らかである。インダプール郡におけるジャーギール村の激減は，同郡の軍事を担ってきた武官数およびその軍事力の激減を意味した。これを補完する郡の警備兵の重要性が 1760 年代以来，再び大きくなり，郡の役人・下級役人の給与に先んじてその給与が確保されたと考えられる。

災害後に政府村数がジャーギール村数を上回ったことは，インダプール郡の軍事業務における郡の警備兵とジャーギールを有する武官の重要性が逆転したことを意味しており，この点を考慮に入れるならば，郡の警備兵の規模および給与は災害前よりも拡大されるべきであったといえる。しかし，1811 年以降も郡の警備兵の給与は 2,760 ルピーに留まっており，その規模は災害前と同程度であったと考えられる。これに関しては，インダプール郡の生産性が早期に

表 6-5　カマヴィスダール，郡の下級役人，カマヴィスダールの事務官，郡の警備兵の年給

（ルピー）

年	～1804*	1807	1808	1809	1811	1812	1813	1814
カマヴィスダール	1921	200	286	300	500	600	700	700
郡の下級役人								
財務官	1000	100	105	106	n.d.	n.d.	n.d.	n.d.
監査官	200	150	150	150	150	150	150	150
記録整理官	250	100	103	107	155	175	195	195
カマヴィスダールの事務官	200	n.d.	0	150	150	150	150	150
郡の警備兵	2760	1100	1300	1881	2760	2760	2760	2760

出典）Ajmās Pargaṇā Indāpūr Shuhūr 1207, 1209, 1211, 1213, and 1214, Prānt Ajmās, Puṇe, Rumāl no. 16, and Hiseb Shuhūr 1190, Prānt Ajmās, Puṇe, Rumāl no. 503, MSAP.

註）＊ 1804 年以前の基準値を示しており，例外的な金額の増減は 1804 年以前にみられた。

回復したものの，郡の警備兵の規模を拡大させるには十分でなかったという内情からの解釈が成り立つ。他方で，18 世紀後半のインダプール郡におけるジャーギール村とそれに伴う軍事力の拡大がプネーの防備を目的としていたのに対し，1802 年のバッセイン条約締結によりプネーの防備をインダプール郡が担う必要が建前上はなくなったため，郡の警備兵はインダプール郡の防備に集中すればよいという観点から，その規模を縮小させたという中央の軍事政策の変化に応じた解釈も成り立つ[32)]。管見の限りでは，インダプール郡の郡の警備兵の規模に関する宰相政府や郡庁の意図を記した文書は見出されず，これらは推測の域を出ない。しかし政府村数とジャーギール村数の逆転は，カマヴィスダール下の郡の警備兵の郡行政における重要性を大いに高めたと考えられる。

郷主ワタンの帳簿によると，郷主の警備兵の給与も災害前の 400 ルピーから 1809 年には 250 ルピーにまで減じられたが，1809 年以降は徐々にその額が上昇し，1814 年には災害前の水準である 400 ルピーに回復していた[33)]。

32　郡の警備兵の規模縮小とともに，災害後はゾウ舎，ラクダ舎，砲兵庫のための軍事費に関する記述が郡の帳簿にはみられなくなった。これに関してもインダプール郡の経営状況と，プネー周辺の軍事政策の変化の二通りから解釈が可能となるが，その実情は明らかにならなかった。いずれにせよインダプール郡の軍事業務は，災害を境に大きく変化したのである。

33　Tāḷeband Watan Deshmukhī Pargaṇā Indāpūr, Shuhūr 1209–1218, Puṇe Jamāv Rumāl nos. 797 and 798, MSAP.

3) 災害以降のインダプール郡の役人

政府の郡役人であったカマヴィスダールの職に，1802年にはゴーヴィンド・サカーラームが就いていたことは明らかであるが，その後は1807年まで徴税業務が機能せず，郡の帳簿からも十分な情報が得られないため，災害の最中・直後にカマヴィスダール職を担っていた人物について明確な情報が得られない。1804年はガネーシャ・ラーマチャンドラ，1806年はクリシュナジー・カンデラーオがカマヴィスダールであったようであるが，彼らと宰相政府との徴税に関する交渉を示す文書は残されておらず，1807年のマルハール・ムクンドのカマヴィスダール就任と新たな徴税取り決めによって，ようやく災害後の郡行政の体制が明らかになるのである。1818年の宰相政府滅亡まで，このマルハール・ムクンドがカマヴィスダールを務めていた。

郡行政の下級役人に関しては，郡の帳簿・予算から彼らの給与に関する記録が得られる（表6-5）。しかし，災害前の同種の記録と異なり，給与の対象となっているのは財務官（Diwān），記録整理官（Daftardār），監査官（Majumdār），カマヴィスダールの事務官のみであった。第2章で示したように，記録整理官の職務は記録官（Faḍnīs）の仕事と密接に関わっているために代行が可能であり，カマヴィスダールの事務官が不足する当座の業務を補ったと考えると，ここに記されていない下級役人職は，災害後には設置されていなかった可能性がある。1807年の新体制の約10年後にあたる1818年に宰相政府が滅亡したために，たとえ下級役人職が不設置となっていたとしても，それが一時的な措置であったか否かは判断できない。いずれにせよ郡の下級役人にも災害のために大きな変化が及んだことは，給与記録の変化から明らかである。

表6-5は1802〜03年の災害以降の郡の警備兵の給与とともにカマヴィスダールと郡の下級役人の給与の推移を示している。1804年時点では，郡の警備兵と同様にカマヴィスダールも郡の下級役人も災害前の給与額が記載されていた。これに関しても，タンカー制に基づく額が郡の警備兵と同様に1807年まで変更されていないため，災害以前の給与額が継続して用いられていたことを裏づける記録となっている。ただし，実際にどれほどの給与が支払われたかは明らかではない。1807年の取り決めで給与額は減じられ，相対的に高額であったカマヴィスダールと財務官の給与は災害以前の10％程度へと大幅に減

額された。相対的に給与が少額の記録整理官も監査官もさらに給与を減らされ，カマヴィスダールの事務官は1809年まで給与の記録すらなかった。このことは事務官職が1809年になって初めて復活した可能性を示している。反対に1811年以降は財務官の給与記録が得られず，その職が維持されなかった可能性もある。前項にて指摘したように，郡の警備兵の給与に比べると，役人の給与は概ね増加していたがそのペースは遅く，1814年時点で郡の役人の中で災害以前の給与水準に達したものはなかった。カマヴィスダールの給与は政府村の増加にもかかわらず，以前の最大額の半分以下であり，職務のみでなく給与面でも厳しい状況が続いていたと考えられる。

インダプール郡の郷主職を有していたサタラのマラーター国王は，1808年にシャーフー2世が死去したため，プラタプシンが新たにその座に就き，郷主ワタンを受け継いだ。シャーフー2世統治下の1806年から宰相政府領とマラーター国王領をめぐる領土問題が持ち上がり，1810年にプラタプシンは捕らえられてサタラの国王領内のワソタ砦に幽閉されたが[34]，彼は変わらずにインダプール郡の郷主ワタンを保持し続けた。郷主代官ワタンは前述のように，1782年から郷主代官を務めていたメーグシャン・ナーグナートから1808年に彼の息子であるクリシュナラーオ・メーグシャンへ引き継がれた。この継承は世襲の形を取っているが，宰相政府による郷主代官ワタンの継承への介入があったと考えられる。いずれにせよ，郷主であるサタラ国王と郷主代官がともに1808年に交代し，1809年に新たな体制の下でインダプール郡からサタラへの郷主ワタンに関わる送金が再開された。

1809年の送金再開以降，郷主が郷主代官に支払う手当は災害以前の700ルピーから110ルピーに大幅に減額されたうえ，郷主代官は前述の通り2村のジャーギールを災害のために失っており，イナーム村（1村）は保持したものの，その収入は大きく減少して弱体化していったと推測される。郷主代官の他に，郷主の下級役人として雇われていた記録役と監査役の給与も減額された。郷主の帳簿によると，災害以降，記録役の給与は年間200ルピーから年間55ルピーにまで減少した。その後，1811年から上昇し始めるものの，1813年に

34　James M. Campbell ed., *GBP* Vol. XIX, Satara District, Bombay : the Government Central Press, 1885, pp. 299–300.

125 ルピーに達したのちは上昇を見なかった。他方で監査役の給与は，災害以降の郷主の帳簿に 1814 年までその記録がみられることはなく，監査役のその間の活動を示す文書も管見の限りみられない。これらの史料状況から，災害以降，1814 年まで郷主の監査役は置かれていなかったと考えられる。ワタンに規定された郷主職や郷主代官職は災害後も存続したものの，その権限は災害によって大きく変質し，その収入は減少した。それに伴って，郷主が雇用していた郷主の下級役人のあり方も変化したことが明らかになった。

本節では 1802〜03 年の災害がインダプール郡行政に与えた影響を考察した。この災害は，1802 年のバッセイン条約による宰相政府の軍事政策の転換と相まって，18 世紀後半にインダプール郡で積極的に行なわれていた軍馬育成政策に大きな影響を与え，同政策を支えた武官の勢力は大きく後退した。宰相政府とカマヴィスダールが 1807 年における新たな取り決めによってインダプール郡行政の立て直しをはかった結果，1810 年代前半にこの企てはある程度の成果をあげ，税収は 1807 年時の年次累増課税計画より早期に回復した。ジャーギール村が激減して軍馬育成政策を支えたジャーギール制が衰えたのに対し，政府村が増加したことにより，収税・軍事を中心に郡行政におけるカマヴィスダールの重要性が，災害後に相対的に増大したといえる。ただし 1810 年代に入ると種々の文書に，カマヴィスダールであったマルハール・ムクンドに代わって，サダーシヴ・マンケーシュワルの名がみられるようになる。次節では，このサダーシヴ・マンケーシュワルに注目し，植民地化前夜におけるインダプール郡の行政の実情を明らかにする。

2　植民地化前夜のインダプール郡における権力の集中

前節では，1802〜03 年の災害によって郡行政が大きく変化したことを示すとともに，1818 年の宰相政府滅亡時に郡行政および郡の生産性が回復傾向にあったことを示した。ところどころに回復傾向が見えてきたこの 1810 年代，インダプール郡の行政に関する種々の文書に，サダーシヴ・マンケーシュワルの名がみられるようになる。宰相政府滅亡直前のインダプール郡行政において，彼は重要な役割を果たすこととなるのである。そこで本節では，第1項でサダーシヴ・マンケーシュワルの来歴を示し，第2項でインダプール郡における彼の活動を考察する。そして第3項で，1818年の宰相政府の滅亡とインダプール郡への影響を概観する。

1）サダーシヴ・マンケーシュワルの来歴

サダーシヴ・マンケーシュワルの家系は，インダプール郡の東方に位置するテンブールニ郡の郷書記を代々務めていた。彼が同郡の郷書記ワタンを継承したか否かは明らかではないが，彼の中央での経歴は，彼がハイダラーバードの宮殿における宰相政府派遣の駐在官に，1800年に任命されたことに始まる[35)]。1802年にホールカル軍がプネー州を襲撃した際に，彼はハイダラーバードに滞在しており，その時の混乱に巻き込まれることはなかった。1803年にベンガル総督ウェルズリーによって宰相バージーラーオ2世がプネーで復権すると，バージーラーオ2世はサダーシヴ・マンケーシュワルを，宰相政府の財政管理と収租権を担う要職である財務官（Diwān）に任命した[36)]。さらにサダーシヴは財務官の地位にありながら，1815年まで宰相政府付きのイギリス人駐在官と交渉する立場に就いた[37)]。そのため，駐在官により作成された，サダーシヴ・マンケーシュワルに関する英語文書も多く残されている。サダーシヴ・マンケーシュワルは優れた外交手腕の持ち主であったと駐在官の文書に記されており，上記の職歴から，宰相バージーラーオ2世も彼の外交力をよく理解していたと考えられる。さらに，サダーシヴ・マンケーシュワルは宰相の財務官で

35　*Major General Sir John Malcom's minutes on the Revenue and Judicial administration of the Southern Maratha country and the Genealogy of the Maratha Chiefs*, 1829, Miscellaneous Records, serial no. 204, the Genealogy of the Maratha Chiefs, Foreign Department, National Archives of India（以後，*John Malcom's minutes*), p. 63.

36　G. C. Vad, ed., *Kaifiyat*, *Yadis*, *& c.*, *Selection*, *from Records in the Alienation Office*, *Poona*, Poona : Arya Bhushan Press, 1908, p. 195.

37　James Grant Duff, *A History of the Mahrattas*, Vol. III, London : the Exchange Press, 1826/1864, pp. 336 and 346, and G. S. Sardesai, *Poona Residency Correspondence*, Vol. 13, Poona Affairs Part II (1816–1818), Bombay : the Government Central Press, 1952, Letter no. 36, pp. 142–143.

ありながら，宰相と対立するホールカル家を率いていたヤシュワントラーオ・ホールカルとも通じていたようで，プネーの駐在官やベンガル総督は，第2次アングロ・マラーター戦争の戦中・戦後にあってサダーシヴ・マンケーシュワルからヤシュワントラーオ・ホールカルの情報を得ようとしていたほどである[38)]。

さらにサダーシヴ・マンケーシュワルは，宰相政府の代理人としてパトワルダン家などの宰相政府領南部の有力武官やコルハープルのマラーター王家と交渉する立場にあり[39)]，マハーラーシュトラ州立文書館コルハープル分館には，それらの交渉について記録した多くの文書が残されている。たとえば，コルハープルのマラーター国王サンバージー3世（在位：1812〜21年）の弟であり，国王を補佐したシャーハジー（後のコルハープル藩王，在位：1822〜37年）と宰相との往復書簡を取り次ぐ役割をサダーシヴ・マンケーシュワルが担っていた[40)]。さらに，南部のニパーニー地方の郷主で，宰相を支持していたシドジラーオ・ナーイク・ニンバルカルと宰相の通信を補助するのも，サダーシヴ・マンケーシュワルの役割であった[41)]。マラーター同盟に政治的権威をもたらすのはサタラのマラーター王家であり，コルハープルのマラーター王家は敗者の王家（第1章参照）であったが，実際にはサタラの王家が18世紀後半に途絶えたためにコルハープルの王家から国王が迎えられたように，宰相政府にとっても無視できない勢力であった。さらにコルハープルの王家は，周辺の宰相政府下の有力武官との争いを繰り返すなかでイギリス東インド会社に接近し，1812年に友好条約を締結した[42)]。同条約によって東インド会社はコルハープルの王

38　Political Department Diary no. 170 of 1805, Maharashtra State Archives, Mumbai（以後，MSAM), and Original Consultation, 7 November, 1808, no. 33, Political Branch, Foreign Department, National Archives of India, New Delhi.

39　Original Consultation, 8 September 1807, no. 31, Political Branch, Foreign Department, National Archives of India, New Delhi.

40　Patra no. 754, Faḍke no. 1, Chiṭnīs Rumāl no. 15, Maharashtra State Archives, Kolhapur.

41　Patra no. 750, Faḍke no. 1, Chiṭnīs Rumāl no. 15, Patra no. 238, Faḍke no. 1, Chiṭnīs Rumāl no. 57, and Patra no. 518, Faḍke no. 3, Chiṭnīs Rumāl no. 58, Maharashtra State Archives, Kolhapur.

42　James M. Campbell ed., *GBP* Vol. XXIV, Kolhapur District, Bombay : the Government Central Press, 1886, pp. 235–236.

国の権益を守るかわりに「自由な外交権」を剝奪し，コルハープルの王国は実質的に[43]東インド会社の藩王国となった[44]。東インド会社の宰相政府領南部への勢力伸長を宰相政府は警戒し，サダーシヴ・マンケーシュワルを用いてコルハープルの王国の情勢を探ろうとしたと考えられる。さらに宰相政府領南部には，有力武官のパトワルダン家をはじめとして，バージーラーオ2世の宰相就任に反対した勢力がおり，宰相に名目上の忠誠を誓っていても統治の不安定な地域であったため，各勢力との交渉が重要であった。このような状況にあって，サダーシヴ・マンケーシュワルは宰相にその外交的手腕を認められ，南部の勢力との交渉を任されていたのである。外交交渉を通じて，サダーシヴ・マンケーシュワルは宰相政府内での発言力を強めていったと考えられる。しかし，1815年にトリンバク・ダングレーがプネーのイギリス人駐在官との交渉役に任じられるに及んで，サダーシヴ・マンケーシュワルの宰相政府における影響力にも陰りが見えてきたと報告されている[45]。

1800〜15年の期間に，宰相は報酬として様々な税収項目をサダーシヴ・マンケーシュワルへ委譲した。税収項目は基本的に宰相政府領各地のジャーギールやカマヴィスダールとしての各徴税区の地税徴収権（Kamāvīs）であった。ただし，サダーシヴ・マンケーシュワルに与えられたジャーギールおよび地税徴収権の1800〜15年における完全なリストはプネー文書館では得られなかった。そこで，部分的ではあるが，サダーシヴ・マンケーシュワルの税収項目から見て取れる収入のあり方，規模・範囲を検証する。

①ジャーギール

サダーシヴ・マンケーシュワルのジャーギールの帳簿によると，彼は1802

43　コルハープルにおけるマラーター王国の藩王国化については第8章を参照のこと。

44　コルハープルの国王は，イギリス東インド会社に通知・相談なく他国と敵対・戦闘することが禁じられたが，平時の通信や外交に関しては制限されなかった。C. A. Aitchison, *A Collection of Treaties, Engagements, and Sanads, relating to the India and Neighbouring Countries*, Vol. VII, the Treaties, relating to the Bombay Presidency, Part II, Calcutta : Office of the Superintendent of Government Printing, India, 1892, p. 200.

45　G. S. Sardesai ed., *Poona Residency Correspondence*, Vol. 12, Poona Affairs. Part I (1811-1815), Bombay : the Government Central Press, 1950, Letter no. 201, p. 463.

年に合計で31,900ルピーのジャーギールを有していた。詳細は下記の通りである。

表6-6には，インダプール郡内のジャーギールについての記録も含まれている。前節で示したとおり同郡の3村のジャーギールは，かつてシンデー家家臣のバージー・ナルシーが有していたものであり，1801年にサダーシヴ・マンケーシュワルに与えられた。また，本ジャーギール帳簿によると，ワギー郡全体がバルワントラーオ・クリシュナにジャーギールとして与えられていたが，上記8村のチョウトなどの項目が，バルワントラーオ・クリシュナのジャーギールから除外され，サダーシヴ・マンケーシュリルに与えられた。さらに，インダプール郡北東80 kmに位置するジャムカンディー郡のゴーデ村のモカーサー（Mokāsā）とジャーギール[46]はパラシャラーム・ラーマチャンドラに与えられていたが，彼から収公されてサダーシヴ・マンケーシュワルに与えられた。同様に，カルデー・ラジャン（村）郡ボリ村のモカーサー，ジャーギール，サルデーシュムキーがアーナンドラーオ・ビカジーとシャームラーオ・ラクシュマン・ラステーの2人にあわせて与えられていたが，収公されて，あらためてサダーシヴ・マンケーシュワルに与えられた。このように1802年のジャーギール帳簿からは，13村がジャーギールとしてサダーシヴ・マンケーシュワルに与えられていたが，政府村から新たにジャーギール村が設定されたわけではなく，既存のジャーギール村が一度収公されて，サダーシヴに与えられていたという特徴を見出すことができる。

1803年のジャーギール帳簿によると，この年に30,000ルピーのジャーギールが新たにサダーシヴ・マンケーシュワルに与えられた。その詳細は下記の通りである。

1803年のジャーギール帳簿には，既存のジャーギールが与えられたか否かなどジャーギールをめぐる状況については記載されていなかった。1802年のジャーギールに関しては収公された記録はないため，1802年と1803年の帳簿

46　第3章で示したように，モカーサーもジャーギールと同様に「土地や村の地税徴収権の授与」を意味する語であったが，本事例では両語が併記されており，地税収入において両語は別々の取り分を指したと考えられるが，両語が何を示しているかは，本書で用いたジャーギールに関する史料からは明らかにならなかった。

表 6-6　サダーシヴ・マンケーシュワルのジャーギール帳簿（1802 年）

ジャーギール額（ルピー）	対象村	所属地区名（史料ママ）	詳　細
6667-6	**インダプール郡**		
	アウサリ村		ジャーギール[1]
	バード村		ジャーギール
	ガージワラン村		ジャーギール
23370-4-6	**ワギー郡**		
9377-12	ケラー村		ジャーギール，王の取り分 (Bābtī)[2] サルデーシュムキー
13992-8-6	ビッタル村		チョウト
	セール村		チョウト
	マルワディー村		チョウト
	セウデ村		チョウト
	ドカリ村		チョウト
	スルリ村		チョウト
	ニボレ村		チョウト
1448-12	**ジャムカンディー郡**		
	ゴデ村		モカーサーおよびジャーギール
413-9-6	**カルデー・ラジャン（村）郡**		
	ボリ村		モカーサー，ジャーギールおよびサルデーシュムキー
31900	合計		

出典）Yādī Shuhūr 1202, Faḍke Sadāshiv Māṇkeshwar, Ghaḍṇī Rumāl no. 518, MSAP.
註 1）チョウトの 25％はサタラのマラーター国王の取り分と呼ばれた（第 8 章参照）。王の取り分やチョウトは，第三者に給与などの名目で与えられることがあった。
2）本章表 6-6 以下の表中の詳細におけるジャーギールとは，第 3 章で検討した村の地税徴収権が与えられた村ジャーギールを指す。

を総合すると，1803 年に少なくとも 61,900 ルピーのジャーギールをサダーシヴ・マンケーシュワルは有していたことになる。1803 年に新たに加えられたジャーギールのうち，ジュンナル州はプネー州内の準州で，宰相政府があるプネーに近く，ワイ郡はサタラ州に位置し王都サタラに近かった。カリヤーン地区はボンベイに近い沿岸のコンカン地方に位置したのに対し，ボーセ郡および 1802 年の帳簿に記されたワギー郡は宰相政府領南部のサングリー地方に位置しており，ジャーギールが沿岸部から南部まで広範な地域に分布していたことがわかる。サダーシヴ・マンケーシュワル自身は，インダプール郡の西側に位置するバラーマティ地区に居住していたと報告されている[47]。広範な地域に散

表 6-7　サダーシヴ・マンケーシュワルに新たに与えられたジャーギール（1803 年）

ジャーギール額（ルピー）	対象村	所属地区名（史料ママ）	詳　細
5006-3-9	**ジュンナル州**		
	ラカディー郡		
	カデー村	カンデー地区	ジャーギール
	ツァトゥース村	ツァーカン地区	ジャーギール
	モカール村	カンデー地区	ジャーギール
6744	**ボーセ郡**		
	ゴチ村		ジャーギール
	ジャケリー村		ジャーギール
3412-10	**カーティー郡**		
	スステ村		ジャーギール
878-9-6	**プネー州**		
	ボレワディー村	ハヴェリ地区	ジャーギール
11625-3-9	**カルデー・ラジャン(村)郡**		
	サダル村		ジャーギール，サルデーシュムキー
	サルサ村		ジャーギール，サルデーシュムキー
	ワラヴネ村		ジャーギール，サルデーシュムキー
	ガール村		ジャーギール，サルデーシュムキー
	アバレ村		ジャーギール，サルデーシュムキー
	ゴツウィー村		ジャーギール，サルデーシュムキー
	コトゥレ村		ジャーギール，サルデーシュムキー
1762-10	**ワイ郡**		
	スルール村		ジャーギール
570-11	**カリヤーン地区**		
	ポタル村	ナサルプール地区	ジャーギール
30000	合計		

出典）Yādī Shuhūr 1203, Faḍke Sadāshiv Māṇkeshwar, Ghaḍṇī Rumāl no. 518, MSAP.

らばったサダーシヴのジャーギールの中で，インダプール郡のジャーギールは自らの居住地区に最寄りのジャーギールの一つであった。

さらに，サダーシヴ・マンケーシュワルの収入に関して，1811 年の詳細な帳簿がプネー文書館に所蔵されている。1811 年の帳簿はジャーギール部門と徴税区の地税徴収権（Kamāvīs）部門から成っていた。この帳簿は，サダーシヴ・マンケーシュワルが中央の宰相政府において重要な役割を果たしていた

47　*John Malcom's minutes*, p. 63.

表 6-8　サダーシヴ・マンケーシュワルの帳簿（1811 年）のジャーギール部門

ジャーギール額（ルピー）	対象村	所属地区名（史料ママ）	詳　細
3412-10	**カーティー郡**		
	スステ村		ジャーギール
6744	**ボーセ郡**		
	ゴチ村		ジャーギール
	ジャケリー村		ジャーギール
18156-9-6	**ジュンナル州**		
	ツァトゥース村	ツァーカン地区	ジャーギール
	ケトゥール町	パーバル地区	ジャーギール
	パーバル町	パーバル地区	ジャーギール
570-11	**カリヤーン地区**		
	ポタル村	ナサルプール地区	ジャーギール
878-9-6	**プネー州**		
	ボレワディー村	ハヴェリ地区	ジャーギール
113-8	**ジャーギール地**		
	プネー町(プネー　カスバ市場地区)		
	コートゥルード		
	ボウダン小村		
124	**プネー州**		
	ラワテ村	ハヴェリ地区	モカーサー，サルデーシュムキー
30000	合計		

出典）Yādī Shuhūr 1211, Faḍke Sadāshiv Māṇkeshwar, Ghaḍṇī Rumāl no. 518, MSAP.

1811 年の収入の状況を示している。そのジャーギール部の詳細は下記の通りである。

インダプール郡におけるジャーギールを，1802～03 年の災害後もサダーシヴ・マンケーシュワルは保持し続け，1811 年も同郡のジャーギールを保有していたが，表 6-8 には記載されていない。すなわちこのリストは，彼のジャーギールの保有リストとして不完全であると言わざるをえない。それでも注目すべきは，この帳簿に記載されているカーティー郡，ボーセ郡，カリヤーン地区のジャーギール以外が，すべてプネー州に属している点である。前章から見てきたとおり，ホールカル軍の襲撃や中心都市プネーの防備のあり方の変化は，プネー州のジャーギールのあり方にも変容をもたらしたと考えられるが，1811 年の時点でサダーシヴ・マンケーシュワルは 19,000 ルピー以上のジャーギールをプネー州内に有していた。災害以降，プネー州においてさえジャーギール制が完全に崩壊したわけではないこと，そして同制度を支えた者の一人にサダーシヴ・マンケーシュワルがいたことがわかる。

②地税徴収権（Kamāvīs）

サダーシヴ・マンケーシュワルの 1811 年の地税徴収権帳簿は表 6-9 である。

第三者に与えられたジャーギールやイナームなどの項目および種々の行政支出を差し引いた後に，地税純収入（表 6-9 中の純収入合計）がサダーシヴ・マンケーシュワルに残された[48]。宰相政府への送金は純収入の受取りよりも早く，純収入がサダーシヴ・マンケーシュワルの収入となった。ラタザン郡等に関する宰相政府への送金は，日付が必ずしも対応しないかたちで支出として別の書類に記載されたと考えられる。上記の 1811 年の帳簿の註記によると，表 6-9 の地税徴収権の全項目は，1810 年までジャーギールとしてパンドゥーラング・ナーイクに与えられていた。第 3 章で述べたように，パンドゥーラング・ナーイクはバープージー・ナーイクの息子で，宰相政府下の有力武官の一人であった。1810 年にパンドゥーラング・ナーイクが死去すると，宰相政府は彼がジャーギールとして有していた上述の全税収項目を差し押さえて，サダーシヴ・マンケーシュワルに全税目を徴収するように命じた。この際に宰相政府は，当該地域の地税徴収権をサダーシヴ・マンケーシュワルに与えていた[49]。

表 6-10 は，1811 年に作成されたサダーシヴ・マンケーシュワルの地税徴収権に関する別の帳簿を基にしており，インダプール郡とバラーマティ地区において彼が地税徴収権を得た地域を示している。基となった帳簿によると，1810 年のパンドゥーラング・ナーイクの死後，宰相政府は，上述のラタザン郡やバルシー郡アガル村地区と同様に，パンドゥーラングのインダプール郡とバラーマティ地区のジャーギールも差し押さえて，サダーシヴ・マンケーシュワルに当該村の地税徴収権（Kamāvīs）を与え，徴税に当たらせている。これがインダプール郡とバラーマティ地区においてサダーシヴ・マンケーシュワルが地税

48　表 6-9 中の追加支出（Kherīj Mushāhirā）は臨時手当，特別手当，贈与から成り，イナーム，宗教的施与などもこれに充てられた。Wilson, *op. cit.*, p. 280.

49　Yādī Shuhūr 1211, Faḍke Sadāshiv Māṇkeshwar, Ghaḍṇī Rumāl no. 518, MSAP.

表 6-9　サダーシヴ・マンケーシュワルの帳簿（1811 年）の地税徴収権部門

地税徴収権額（ルピー）	対象地域／詳細	備　考
30369-13	**ラタザン郡（31ヶ村）の地税純収入**	
収入		
47007-2-9	**ラタザン郡の地税収入**	
除外・支出		
3461-5-9	ジャーギール村（4ヶ村）の施与	
1210-14-9	ヤワリ村	アディー・ナラヤン・バワーに対して
830-2-9	ウパリ村	アディー・ナラヤン・バワーに対して
473-6	バル村	ゴーヴィンド・ゴサヴィーに対して
946-14-3	ダマン村	ボドネー・バワーに対して
9626	郡内の税収 3 項目の施与	
3636	サルデーシュムキー	宰相政府へ送金
5445	モカーサー	ラーングラーオ・マハデーオに対して
545	サホートラー*	マラーター王国内大臣(Pant Sachiv)へ送金
3550	行政支出	
400	カマヴィスダール	
200	記録官(パンドゥーラング・クリシュナ)への支払い	
200	監査官（クリシュナ・ガンガーダル）への支払い	
2550	郡の警備兵	
200	臨時支出（Kherīj Mushāhirā）	
30369-13	**地税純収入**	
36750-7	**バルシー郡アガル村地区の地税純収入**	
収入		
52175-12-9	**バルシー郡アガル村地区からの地税収入**	
除外・支出		
2409-3-9	ジャーギール村（2ヶ村）の施与	
1003-11-9	ウバルゲ村	バルワントラーオ・ムデーに対して
1405-8	アガル村	ガンガーダル・ガネーシャに対して
10466-2	郡内の税収 3 項目の施与	
5062	サルデーシュムキー	宰相政府へ送金
5379-2	モカーサー，チョウト，サホートラー	武官への施与
25	カンドカル村におけるイナーム地	マハデーオ・ゴサヴィに対して
2550	行政支出	
300	カマヴィスダール	
100	カマヴィスダールの事務官	
300	臨時支出（Kherīj Mushāhirā）	
1850	郡の警備兵	
36750-7	**地税純収入**	
67120-4	**地税純収入合計**	

出典）Yādī Shuhūr 1211, Faḍke Sadāshiv Māṇkeshwar, Ghaḍṇī Rumāl no. 518, MSAP.

註）＊チョウトの 6％がサホートラー（Sāhotrā：6％の意）として，サタラのマラーター王国の内大臣（Pant Sachiv）に送られた。

表 6-10　パンドゥーラング・ナーイクの死後にサダーシヴ・マンケーシュワルが地税徴収権を得た地域

バラーマティ地区	インダプール郡
バラーマティ町	パラスデーオ村
カトパル村	ダイズ村
カラド村	カザド村
グナワディー村	チカリ村
メカーリー村	
ルイ村	
ジャローチー村	
カワレーシュワル村	
カウトワディー村	
ゴージェバウィ村	
バラーマティ町バドシャプール市場地区	

出典）Tāḷeband Ijmāylī Karyāt Barāmatī and Gānv Indāpūr Pargaṇā, Prānt Ajmās, Puṇe, Rumāl no. 63, MSAP.

徴収権を得た地域となったのである。その詳細は下記の通りである。

インダプール郡の徴税帳簿[50]によると，同郡の上記 4 村はパンドゥーラング・ナーイクの死後も，公的には宰相政府が滅亡する 1818 年まで，彼のジャーギール村であり続けた。しかし実際には政府にジャーギールが差し押さえられており，サダーシヴ・マンケーシュワルが地税徴収を行なって宰相政府に送金していた。すなわち名目上はジャーギール村でありながら，インダプール郡においてこれら 4 村は事実上の政府村であったのである。上記バラーマティ地区の町村および表 6-9 に見たラタザン郡やバルシー郡アガル村地区も同様の状況にあったと考えられる。総合すると，公的にはパンドゥーラング・ナーイクのジャーギールは彼の死後も広域にわたって維持されていたが，実質的にはサダーシヴ・マンケーシュワルがその勢力に取って代わっていたといえる。ただし，パンドゥーラング・ナーイクは 1802〜03 年の災害後に 7 村のジャーギールを維持しており，すべてのジャーギール村が彼の死後にサダーシヴ・マンケーシュワルの管轄下に入ったわけではない点もここで指摘しておきたい。インダプール郡におけるジャーギール村の分布図（図 6-2）が示すよう

50　Tāḷebanḍ Pargaṇā Indāpūr Shuhūr 1212 and 1213, Prānt Ajmās, Puṇe, Rumāl no. 63, MSAP.

に，宰相政府は少なくともインダプール郡においてジャーギール制の維持をある程度は企図していたと考えられ，有力武官の死後，ただちにそのジャーギール村を収公して税収を増加させることはせずに過渡期的な措置を取っていたと考えられる。なお，こうした宰相政府の措置の意図を示す文書は見出されなかった。

サダーシヴ・マンケーシュワルによる国庫への送金の 1814～15 年の送金予定リストからは，彼が宰相政府領内の様々な地域に対して地税徴収権をもっていたことがわかる。1814～15 年の送金予定リストは 2 部からなり，第 1 部はヒンドゥー暦第 5 月バードラパド月（8～9 月）からヒンドゥー暦第 1 月ヴァイシャーク月（4～5 月）までのリストであった。その詳細を示したのが表 6-11 である。また，予定リストの第 2 部（表 6-12）は，ヒンドゥー暦第 2 月ジェシュト月（5～6 月）からヒンドゥー暦第 4 月シュラーヴァン月（7～8 月）までのリストであった。

リストを統合することで，1814 年のバードラパド月（8～9 月）から 1815 年のシュラーヴァン月（7～8 月）の 1 年にわたる送金予定を知ることができる。このリストは，第 1 部の時期がインドにおけるラビ作（冬作）の生育・収穫期と対応し，第 2 部はカリーフ作（夏作）のそれと対応していた。リストでは第 1 部と第 2 部に同じ郡・地区を見出すことができ，サダーシヴ・マンケーシュワルがこれらの地域において，ラビ作（冬作）とカリーフ作（夏作）の両方で徴収・送金を行なっていたことがわかる。上記の地税徴収権は少なくとも 1814～15 年においてサダーシヴ・マンケーシュワルが有していた権益であり，この時期はサダーシヴ・マンケーシュワルの中央政界における最盛期の最後と一致する。表 6-11 および表 6-12 は地税徴収権が，彼のジャーギールと同様に宰相政府領内の様々な地域に分布していたことを示しているが，なかでもソーラプール州，特にテンブールニ郡とその周辺の地税徴収権が多く付与されていた。インダプール郡内の地税徴収権も同郡の周辺地域に位置していたと捉えることができる。本項冒頭で示したように，マンケーシュワル家は本来テンブールニ郡の郷書記の家系であり，そのためであると断ずることはできないが，同地を中心に地税徴収権がサダーシヴ・マンケーシュワルに委任されていたことになる[51)]。

表 6-11　1814～15 年における国庫への送金リスト（バードラパド月～ヴァイシャーク月）
（徴税額・両替手数料：ルピー）

徴収額	徴収対象地域	対象地域の所属行政区		税目	両替手数料
7000	ソーラプール郡（Tālukā）			地税	140
40000	ローガーガド郡（Tālukā）およびヴィサプール郡（Taluka）			地税	800
4000	ソーラプール郡（Pargaṇā），ソーラプール町市場地区			通関税	80
500	ソーン村	バラーマティ地区		地税	10
2000	バワデ町	インダプール郡		地税	40
14000	バルシー郡など			地税	280
1000	ソーラプール州の村々			地税	20
6000	バラーマティ地区およびインダプール郡の村々			地税	120
300	ウパレ村	コーキー郡		地税	10
3000	サナル町および周辺村		ワラード州	地税	60
200	チッタル・ウェデー村	アコラ郡		地税	10
400	ワレ村	ワナース地区	ナサルプール郡	地税	10
1000	ボーセ郡の村々			地税	20
2500	ヒパルギー村	ジャムカンディー郡		地税	50
7000	マフール県等			サルデーシュムキー	140
300	チャドカンデ村およびカトパダク村	パーバル地区		地税	10
150	ラディ村	アンバージョガイ郡		地税	10
89350					1810

出典）Rājeshrī Sadāshiv Māṇkeshwar, Swāmī Gosāwī Shuhūr 1215, Faḍke no. 9, Ghaḍṇī Rumāl no. 529, MSAP.

本項で見てきたように，サダーシヴ・マンケーシュワルは少なくとも 1815

51　プネー文書館において宰相政府の重要史料を項目別に保管した中央政府の帳簿群（haḍṇī）部門 572 番「宰相への私的支払い」には，サダーシヴ・マンケーシュワルが実際に支払った宰相への支払いに関する断片的な 12 枚のリストが収められており，1813 年のイスラーム暦第 9 月のラマザーン月から 1815 年のイスラーム暦第 1 月のムハッラム月までの送金記録となっている。宰相への支払いは，サダーシヴ・マンケーシュワルと宰相の間で額が決められたが，地税徴収権（Kamāvīs）の地区を単位とせずに，その合計額のみが決められた。インダプール郡のカマヴィスダールであったマルハール・ムクンドと同様に，サダーシヴ・マンケーシュワルも，宰相への支払いの送金に際してゴーヴィンド・ケーシャヴ・ベデーカルより借入を行なっており，その記録からサダーシヴ・マンケーシュワルによる宰相への支払いの内容が明らかになった。Jhādā, Shuhūr 1214 and 1215, Faḍke Pargaṇā Indāpūr, “Khāsgī Antastha,” Ghaḍṇī Rumāl no. 572, MSAP.

表 6-12　1815 年における国庫への送金リスト（ジェシュト月〜シュラヴァーン月）
（徴税額・両替手数料：ルピー）

徴収額	徴税対象地域	対象地域の所属行政区		税目	両替手数料
2100	ソーラプール郡（Tālukā）			地税	42
12000	ローガーガド郡（Tālukā）およびヴィサプール郡（Taluka）			地税	240
1200	ソーラプール郡（Pargaṇā），ソーラプール町市場地区			通関税	24
150	ソーン村	バラーマティ地区		地税	3
600	バワデ町	インダプール郡		地税	12
4200	バルシー郡など			地税	84
300	ソーラプール州の村々			地税	6
1800	バラーマティ地区およびインダプール郡の村々			地税	36
90	ウパレ村	コーキー郡		地税	3
900	サナル町および周辺村		ワラード州	地税	18
60	チッタル・ウェデー村	アコラ郡		地税	3
120	ワレ村	ワナース地区	ナサルプール郡	地税	3
300	ボーセ郡の村々			地税	6
750	ヒパルギー村	ジャムカンディー郡		地税	15
2100	マフール県等			サルデーシュムキー	42
90	チャドカンデ村およびカトパダク村	パーバル地区		地税	3
45	ラディ村	アンバージョガイ郡		地税	3
26805					543

出典）Rājeshrī Sadāshiv Māṇkeshwar, Swāmī Gosāwī Shuhūr 1215, Faḍke no. 9, Ghaḍṇī Rumāl no. 529, MSAP.

年までは宰相バージーラーオ 2 世から厚い信頼を受けた中央の官僚であり，その報酬として宰相政府領各地にジャーギールを有する有力武官であり，各地の地税徴収権（Kamāvīs）経営を兼務する有力カマヴィスダールでもあった。さらに，マンケーシュワル家が郷主を務めていたソーラプール州テンブールニ郡にイナーム地を有し，同郡内に彼は砦を建設した[52]。また，砦と同時に貨幣鋳造所を設置し，そこでテンブールニ・ルピーを鋳造していた[53]。彼は代々の世

52　James M. Campbell ed., *GBP* Vol. XX, Sholapur District, Bombay : the Government Central Press, 1884, p. 503.

53　K. K. Maheshwari and Kenneth W. Wiggins, *Maratha Mints and Coinage*, Monograph no. 2, Indian Institute of Research in Numismatic Studies, Bombay : Indian Institute of Research in

襲役職の地であるテンブールニ郡に施設を置いて，軍事・経済活動の一拠点としたのである。彼自身が居住するバラーマティ町が位置するバラーマティ地区とテンブールニ郡の間に位置し，宰相政府が置かれたプネーから近いインダプール郡は，サダーシヴ・マンケーシュワルの活動にとってきわめて重要な位置を占めていたと考えられる。たとえば，表 6-11 と表 6-12 の中で 1814〜15 年における彼の地税徴収権の委任地域の一つに挙げられたインダプール郡バワデ町は，テンブールニ郡に隣接するインダプール郡内の経済の要衝（第 7 章参照）であった。宰相政府は，1803 年にラームラーオ・クリシュナ・ナーイク[54]が同町に有していたジャーギールを差し押さえた際に，サダーシヴ・マンケーシュワルに同町の地税徴収権を与えて，徴税を命じた[55]。1807 年のインダプール郡の新たな取り決めに先んじてバワデ町は収公されて政府村となっていたが[56]，収公後も，政府村を管轄するカマヴィスダールではなくサダーシヴ・マンケーシュワルが引き続き徴税と送金を担当していたことが，表 6-11 と表 6-12 からもわかる。おそらくはバワデ町の立地上の重要性が徴税管轄の継続の理由となっていると考えられ，サダーシヴ・マンケーシュワルにとってのインダプール郡の重要性を示す象徴的な事例といえる。次項では，インダプール郡におけるサダーシヴ・マンケーシュワルの活動を考察する。

2）サダーシヴ・マンケーシュワルのインダプール郡における活動と権力集中

サダーシヴ・マンケーシュワルのインダプール郡の行政・権益への関わりを示す最初期の文書は，1801 年の同郡におけるジャーギールの授与に関する証書（Sanad）であり，ここでその全文を記す[57]。

Numismatic Studies, 1989, p. 96.

54　ラームラーオ・クリシュナ・ナーイクはクリシュナラーオ・ナーイクの息子で，パンドゥーラング・ナーイクの甥であり，18 世紀末にクリシュナラーオ・ナーイクよりジャーギール村の経営を受け継いでいた。ラームラーオによる継承後もバワデ町のジャーギールは名目上はパンドゥーラング・ナーイクに属していた。

55　16 Moharam Shuhūr 1203, Puṇe Jamāv Rumāl no. 756, MSAP.

56　インダプール郡の帳簿によると，バワデ町をはじめとする 16 町村のジャーギールが 1802〜03 年の災害以降，1807 年の取り決めより前に収公されて，政府村となっていたようであるが，その詳細は明らかではない。

57　23 Safar Shuhūr 1202, Prānt Ajmās, Puṇe, Rumāl no. 503, MSAP.

シュフール暦サファル月［イスラーム暦第2月］すなわちジェシュト月［ヒンドゥー暦第3月］23日。インダプール郡におけるアンサリ村，バード村，ガジワラン村の税収は，ジャーギールとして，これまでバージー・ナルシーの母の下にあった。彼女の下からジャーギールを取り去って，今年［1801～02年］から，馬やゾウによる軍事奉仕のために，サダーシヴ・マンケーシュワルにこのジャーギールが与えられることが決定した。上記の村落からの税収の詳細は以下の通りである。

［収入の部］
1,557ルピー13アンナ　アンサリ村
3,923ルピー13アンナ　バード村
1,320ルピー　ガジワラン村
［合計］6,802ルピー6アンナ

［支出の部］
6,667ルピー6アンナ　軍事奉仕のためのジャーギールの総［支出］額
135ルピー　政府が，従来の通りに毎年，上記の人物［ジャーギール保有者たるサダーシヴ・マンケーシュワル］から徴収する額
［合計］6,802ルピー［6アンナ[58]］

合計6,802ルピー6アンナに達する上記ジャーギールの取り決めが完了し，この証書があなた［カマヴィスダール］の下に送られたら，［上記村落の］税収を彼［サダーシヴ・マンケーシュワル］に委譲すること。そしてインダプール郡に赴いて，彼の収入から135ルピーを徴収すること。残額は，彼の［軍事奉仕に関する］支出として記載すること。宰相の名の下，本証書は発行された。

58　史料中には6アンナの記載がみられなかったが，前後の文脈から考えて記入ミスであると考えられる。

本証書でジャーギールとして与えられた 3 村は，もともとシンデー家家臣のバージー・ナルシーに与えられていた（第 3 章参照）。彼は 1775 年に死去したが，嫡子なく死去したと考えられ，親族の助けで彼の母親がジャーギールを継承・維持した[59]。嫡子なく死去した場合，しばしばジャーギールは収公されたが，1775 年がナーナー・ファドニースおよびマーダヴラーオ・ナーラーヤンとラーグナートラーオの争いの最中であり，第 1 次アングロ・マラーター戦争が勃発した年であること，加えて当時のシンデー家当主がナーナー・ファドニースらを援助していたことから，おそらくは政治的な判断によって収公を免れたと判断できる。因果関係は明らかではないが，1800 年にナーナー・ファドニースが死去した後に，これらの村のジャーギールはサダーシヴ・マンケーシュワルに与えられたのである。サダーシヴ・マンケーシュワルがハイダラーバードの駐在官に任命されたのが 1800 年であり，宰相政府の政治動向を反映してジャーギールの収公と新たな施与が行なわれたことがわかる。上記証書には，バージー・ナルシーと同様に，有力者から徴収する諸税（Bāje Paṭṭī）の賦課が明記されており，宰相政府はバージー・ナルシーに取って代わる有力武官としてサダーシヴ・マンケーシュワルを捉えていたことがわかる。さらに本証書において注目すべきは，サダーシヴ・マンケーシュワルには馬やゾウによる軍事奉仕が期待されていた点であり，災害以前の軍事体制の中で行なわれた施与であったことがうかがえる。

次にサダーシヴ・マンケーシュワルの名がインダプール郡の行政文書に登場するのは，1802～03 年の災害後の 1810 年代である。1810 年代は，前節で見たようにインダプール郡の生産性および税収が，1807 年の取り決め時の見込みよりも早期に回復へと向かっている時期であった。1810 年代のインダプール郡帳簿では，カマヴィスダールであったマルハール・ムクンドに代わって，サダーシヴ・マンケーシュワルが国庫への送金（Rasad）と宰相への支払い（Antastha）を扱っており，カマヴィスダールに代わって，この送金に関するやりとりを宰相政府と行なうようになっていた。インダプール郡庁所蔵の 1814 年の郡帳簿とともに保管されていた宰相政府の書簡は「サダーシヴ・マンケー

59　18 Ramajān Shuhūr 1175, Prānt Ajmās, Puṇe, Rumāl no. 503, MSAP.

シュワルに命じることには，インダプール郡における税徴収権はマルハール・ムクンドに属するが，実際の運営・統括は貴君［サダーシヴ・マンケーシュワル］が行なうこと」と明記されていた[60)]。カマヴィスダールにとって最も重要な業務であった国庫への送金と宰相への支払いの取り扱いを代行し，1810年代に名目的なカマヴィスダールに代わって実質的にインダプール郡の行政を担っていたのは，サダーシヴ・マンケーシュワルであったと宰相政府による命令から判断できる。

1802～03年の災害によってサタラのマラーター国王であった郷主とインダプール郡の郷主代官の間が没交渉となり，宰相政府がこの問題に介入して，サタラへの送金を再開させたのは前節で論じたとおりである。宰相政府の介入によって郷主ワタンの取り分に関する新たな取り決めが生じたことを通知する書簡は，カマヴィスダールのマルハール・ムクンド，郷書記，インダプール郡の各村役人（村長・村書記），イナーム村の村長補佐（Trigūl）[61)]に送られ[62)]，郷主代官をめぐる詳細な状況，および宰相政府による介入は在地社会の役人のみでなく，政府役人であるカマヴィスダールの知るところとなった。このことは，第2章で論じたカマヴィスダールと郷主・郷主代官の郡行政におけるバランスを崩したと考えられる。1817年に，郷主ワタンの徴収に関する取り決めを仲介する事務官を郷主代官が派遣しなかった際は，宰相政府が取り決めを行ない，郷主ワタンの収入を送金するように郷主代官に命じていた[63)]。1818年の滅亡まで宰相政府は郷主と郷主代官の仲介役となっており，宰相政府の介入が郷主ワタン維持にとってきわめて重要であったこともわかる。

このような状況の中で，1814年にサダーシヴ・マンケーシュワルは自身の部下であるワーマンラーオ・ゴーヴィンドとダージー・ナルシンハを，それぞ

60　Tāḷeband Mahāl Parganā Indāpūr Shuhūr 1214, Puṇe Jamāv, Rumāl no. 794, MSAP.

61　郷主代官の継承に介入したと考えられる宰相政府は，新たな郷主代官（クリシュナラーオ・ナーグナート）が就任するまで，郷主のイナーム村の管理を村長補佐に命じていた。Yādī 24 Safar Shuhūr 1208, Puṇe Jamāv, Rumāl no. 797, MSAP.

62　本章註10で論拠として示した史料（書簡）が通知されたのである。Yādī Watan Deshmukhī Parganā Indāpūr wa Pāṭīlkī Kasbe wa Peṭh Majkūr Yavishi Patra, Shuhūr 1208, Puṇe Jamāv, Rumāl no. 797, MSAP.

63　Patra 27 Moharam Shuhūr 1217, Puṇe Jamāv, Rumāl no. 800, MSAP.

れインダプール郡における郷主の記録役と郷主の監査役に任命した[64]。1810年代は宰相政府，そしておそらくは宰相政府の代理人であるカマヴィスダールが郷主と郷主代官の関係に介入して，郡行政における政府側の役人の権力を強めている時期であり，そのために，カマヴィスダールに取って代わったサダーシヴ・マンケーシュワルは，自身の部下を郷主の下級役人に据えることが可能であったと考えられる。前節で述べたように，1802〜03年の災害以降，郷主の監査役は置かれておらず，郷主の記録役には別の人物が置かれていたものの，1814年までに解職となっていたようである。サダーシヴ・マンケーシュワルは自身の部下を郷主の記録役および郷主の監査役[65]に据えることで，郷主・郷主代官の権力により直接的に介入することが可能となった。

総じて，1810年代半ばにサダーシヴ・マンケーシュワルはインダプール郡に種々の権益を有するにいたった。18世紀末の有力武官であったパンドゥーラング・ナーイクの死後に保持されたジャーギール村の中で，一部の地税徴収権は実質的にサダーシヴ・マンケーシュワルに与えられていた。さらに彼は，パンドゥーラング・ナーイクのジャーギールが収公されて政府村となったバワデ町の地税徴収権も有しており，これをあわせてインダプール郡内に計5村の地税徴収権をもっていた。いずれもパンドゥーラング・ナーイクのジャーギール村に関わるものであったから，同人物のインダプール郡におけるジャーギール村の多くが与えられたマノーハル・ギールとともに，サダーシヴ・マンケーシュワルは，18世紀後半にインダプール郡で大きな権力を有したナーイク家に取って代わる存在となった。加えて，彼はシンデー家配下のバージー・ナルシーのジャーギール3村を得て，有力者として諸税（Bāje Paṭṭī）を支払った。すなわち，彼は武官としてシンデー家に取って代わって権益を獲得したのである。このように，18世紀後半のインダプール郡における有力勢力に取って代わるかたちで，サダーシヴ・マンケーシュワルは同郡における自身の権益を拡

64　Tāḷeband Watan Deshmukhī Parganạ̄ Indāpūr Shuhūr 1214, Puṇe Jamāv, Rumāl no. 799, MSAP.

65　1814年に新たに任命された郷主の記録役には年給55ルピーが支払われ，郷主の監査役には年給45ルピーが支払われた。両者の災害前の年給200ルピーをかなり下回るが，その額は徐々に増加して1818年には郷主の記録役の年給は133ルピーに，郷主の監査役の年給は115ルピーに達した。Tāḷeband Watan Deshmukhī Parganạ̄ Indāpūr Shuhūr 1214 and 1218, Puṇe Jamāv, Rumāl no. 799 and 801, MSAP.

大していった。

以上見てきたように，1810年代半ばには，サダーシヴ・マンケーシュワルの下にインダプール郡行政にかかわる権力が集中することとなった。スミット・グハは，宰相政府領南部のキットゥール郡を事例に，19世紀初頭の混乱の中で在地の世襲役人である村長や郷主がその権益を強化し，権力を集めたことを主張した[66]。宰相政府の都プネーから遠い宰相政府領南部と異なり，プネー州は宰相政府の影響力が強く，さらに郷主が域外のマラーター国王であったインダプール郡の特殊性ゆえに，19世紀初頭の混乱の中で同郡において権力を集中させたのは在地の世襲役人ではなく，政府の役人たるカマヴィスダールに取って代わった中央官僚のサダーシヴ・マンケーシュワルであった。

3）第3次アングロ・マラーター戦争とインダプール郡への影響

1818年の宰相政府滅亡時までのインダプール郡行政を考察するにあたって，最も重要となるのが，その滅亡の直接的原因となった第3次アングロ・マラーター戦争である。本項では同戦争を概観するとともに，インダプール郡への影響を考察する。

第3次アングロ・マラーター戦争を引き起こす端緒の一つとなったのが，1802年に当主継承争いのためにマラーター諸侯の中でいち早くイギリスの保護下に入ったガイクワード家で生じた問題であった。1802年に当主となったアーナンドラーオ・ガイクワードは失政を繰り返し，宰相バージーラーオ2世はその領地であるジャーギールの一部を収公して，宰相政府領に組み込もうとした。ガイクワード家はこの問題を解決するために，家臣のガンガーダル・シャーストリーを送り，1814年にようやく交渉が始まった。宰相政府側の交渉役となったのがトリンバク・ダングレーで，彼は翌1815年にはサダーシヴ・マンケーシュワルに取って代わってイギリス人駐在官との交渉役となっており，サダーシヴ・マンケーシュワルと同様に多方面にわたる交渉役を担った[67]。しかし，ガンガーダル・シャーストリーとトリンバク・ダングレーの交

66　Sumit Guha, “Society and Economy in the Deccan 1818–1850,” p. 193.

67　トリンバク・ダングレーは1808年の時点でサタラのマラーター王家との交渉役に任じられ，サダーシヴ・マンケーシュワルと同時代に別方面の交渉役となっており，やがて

渉は決裂し，トリンバク・ダングレーはガンガーダル・シャーストリーを 1814 年に殺害した。バッセイン条約にしたがって，宰相政府とガイクワード家の仲介役となっていたイギリス東インド会社は，平和的な外交が侵されたとしてトリンバク・ダングレーを逮捕して収監した。しかし，1816 年に彼は囚われていた砦を脱走した。1811 年に新たに宰相政府付きの東インド会社駐在員となっていたエルフィンストンの度重なる要求にもかかわらず，宰相政府はトリンバク・ダングレーの再逮捕に協力せず，彼を擁護していたようであった[68]。このために東インド会社と宰相政府の関係は著しく悪化し，宰相バージーラーオ 2 世はホールカル家やシンデー家などマラーター諸侯に東インド会社に対抗するための協力を呼びかけた。

イギリス東インド会社は 1817 年 7 月に，バッセイン条約に違反があったとして宰相政府との新たな条約を更新し，そこでは，イギリス東インド会社以外の外交官を宰相の宮廷に置かないこと，そしてマラーター同盟（Maratha Confederacy）を解散し，マラーター諸侯との交流・連絡を行なわないことが明記され，これら諸侯領内にある宰相政府の全権益を放棄することが定められた(第 4 条)[69]。少なくとも 19 世紀初頭に関しては，藩王国から剝奪されていたのは基本的に「自由な外交権」であり，事前にイギリスに通知し許可を得るという制限の下で外交権の行使は可能であった。1798 年に藩王国となったハイダラーバードの宮廷においても，1800 年にサダーシヴ・マンケーシュワルが宰相政府の外交官として駐在しており，外交権の行使が認められていたことがわかる。1817 年の更新条約第 4 条は，制限下で認められていた外交権を完全に否定するものであった。さらに条約の中で初めて「マラーター同盟（Maratha Confederacy)」の語が記載されるとともに[70]，その解体を決定した。東インド

サダーシヴに取って代わった人物であった。G. C. Vad ed., *SSRPD* Vol. V, Bajirav II, Poona : The Poona Deccan Vernacular Translation Society, 1908, no. 104.

68　C. A. Kincaid, Rao Bahadur, and D. B. Parasnis, *op. cit.*, Vol. III, pp. 209–212.

69　C. A. Aitchison, *A Collection of Treaties, Engagements and Sanads relating to India and Neighbouring Countries*, Vol. VI, p. 65–67.

70　ナーグプルのボーンスレー家付きの東インド会社駐在官からベンガル総督ウェルズリーへの 1801 年 5 月 4 日付の書簡に「マラーター同盟（Maratha Confederacy)」の語が初めて見出されると V. S. カッダムは指摘する。V. S. Kadam, *op. cit.*, p. 4.

会社は，これまで個々の勢力と条約を締結して同盟内部に深く干渉する力をもっていたが，1817 年の更新条約で，ついにマラーター同盟という政体そのものを終わらせることとしたのである。宰相バージーラーオ 2 世はマラーター同盟の終焉を意味する更新条約を受け入れることはできず，1817 年 11 月に宰相政府軍がエルフィンストンが居住する駐在官の屋敷を攻撃して，第 3 次アングロ・マラーター戦争が勃発した。

宰相政府はマラーター諸侯の支持を取り付けてイギリス東インド会社への総力戦を展開しようとしたが，宰相バージーラーオ 2 世の 19 世紀初頭の立て直しと距離を置いていたシンデー家は，第 3 次アングロ・マラーター戦争勃発直後の 1817 年 11 月に東インド会社と軍事保護条約を結んで領土の保全を条件にイギリスの藩王国となり[71]，同戦争では中立の立場を取った。マラーター諸侯のボーンスレー家とホールカル家が宰相政府に協力して参戦したが，ボーンスレー家は 1818 年 1 月に根拠地のナーグプル市内の戦いで，同月にホールカル家はその領地であるマールワー地方での戦いでそれぞれ東インド会社に敗れ，両家は 1818 年に軍事保護条約を締結して東インド会社の藩王国となった[72]。マラーター諸侯の両家は宰相政府とは別々の戦線でイギリスに敗れたのである。1817 年 11 月の襲撃後，プネー市内で宰相政府軍が東インド会社軍と衝突したが，会社軍に敗れて 1818 年にはプネーを追われた。東インド会社の離間政策により，パトワルダン家など宰相政府領南部を中心とした複数の有力武官は中立の立場を取った[73]。マラーター諸侯がプネーより遠く離れた自身の領内で早々に敗退した一方で，宰相政府領内の有力武官から十分な支援が得られず，宰相バージーラーオ 2 世は孤立をよぎなくされ，戦線が宰相政府領南部などへ広く拡大することはなかった。そのため彼は，宰相政府の影響力が強いプネー州や隣接するソーラプール州でイギリスとの軍事衝突を繰り返した。その間に

71　C. A. Aitchison, *A Collection of Treaties, Engagements and Sanads relating to India and Neighbouring Countries*, Vol. IV, pp. 13–14.

72　C. A. Aitchison, *A Collection of Treaties, Engagements and Sanads relating to India and Neighbouring Countries*, Vol. IV, pp. 154–155, and Vol. VIII, pp. 494–495.

73　パトワルダン家は宰相バージーラーオ 2 世の即位に反対であっただけでなく，1812 年のサタラのマラーター国王の幽閉に強く反発しており，宰相の政治に不信感を抱いていた。C. A. Kincaid, Rao Bahadur, and D. B. Parasnis, *op. cit.*, Vol. III, p. 219.

会社軍は，1818年3月にサタラのマラーター国王を幽閉から解放してその保護下へ置き，さらに宰相政府軍を追い詰めた。1818年6月にバージーラーオ2世は降伏し，第3次アングロ・マラーター戦争は終結した[74]。バージーラーオ2世は北インドのカーンプル近郊へ追放されて年間80万ルピーを与えられ，1851年に同地で死去した[75]。バージーラーオ2世の追放により宰相政府は1818年に滅亡してマラーター同盟は解体し，マラーター王国やマラーター諸侯領は英領内の藩王国となった。第3次アングロ・マラーター戦争後の状況については次章にて概観する。

プネー州および隣接するソーラプール州が第3次アングロ・マラーター戦争における宰相政府軍と東インド会社軍の主戦場となったことは，インダプール郡にも大きな影響を与えた。その影響はインダプール郡の村落配置に見て取ることができる。図6-3は第3次アングロ・マラーター戦争終結後のインダプール郡におけるジャーギール村の配置を示している。

1807年における新たな地税取り決め時のジャーギール村数は29であり，第3次アングロ・マラーター戦争勃発時の1817年も同数であった。1807年から1817年の10年間で若干のジャーギール村数の変化がみられたものの，概ね前掲図6-2に見るジャーギール村の配置が維持されていた。ジャーギール村は第3次アングロ・マラーター戦争後に7村に激減し，図6-3が示すように河川沿いにおけるジャーギール村の重点的な配置も確認できなくなった。1817年時点のジャーギール村の保有者の多くが宰相政府への帰順を示したか，実際に宰相政府側として参戦したために東インド会社にジャーギール村を取り潰されたと考えられるが，詳細な参戦者のリストをプネー文書館内に見出せていないために推測の域を出ず，この点は今後の研究課題となる。残された7村のジャーギール保有者の一部はイギリス東インド会社との関係が明らかになっており，それによるとイギリス側に与したためにジャーギール村が残っており，ジャーギール村の存続に関して政治的な判断がなされたことはこの点から明らかであ

74　James M. Campbell ed., *GBP* Vol. XIX, Satara District, pp. 305–307, and C. A. Kincaid, Rao Bahadur, and D. B. Parasnis, *op. cit.*, Vol. III, pp. 219–220.

75　C. A. Aitchison, *A Collection of Treaties, Engagements and Sanads relating to India and Neighbouring Countries*, Vol. VI, pp. 8–9.

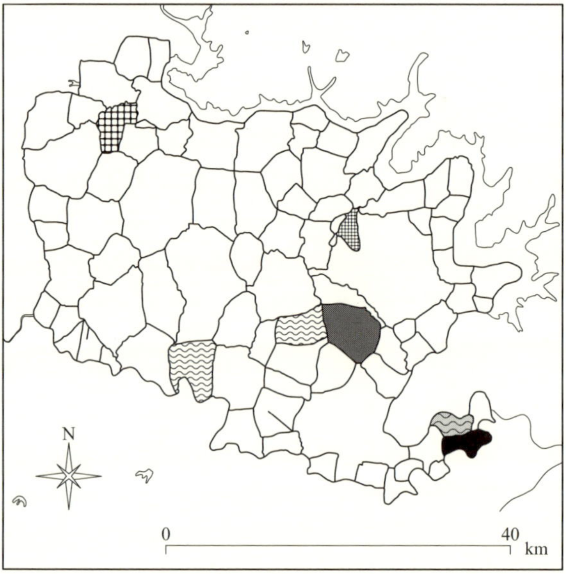

図 6-3　インダプール郡における 1818 年のジャーギール村

出典）図 3-2 に同じ（第 3 章註 54 参照）。

る。いずれにせよ，インダプール郡のジャーギール村の配置は 1818 年に大きく変わり，1807 年以降もかろうじて命脈を保っていたインダプール郡のジャーギール制はここにおいて崩壊したといえる。1761 年の改革の中で，軍事重視の政策が少なくともインダプール郡に適用された結果，18 世紀後半に同郡の中間層を担うほどにジャーギール保有者，すなわち武官の勢力は伸長した。この勢力およびこれを支えたジャーギール制が 19 世紀初頭に 2 段階の変化を経て崩壊したことは，インダプール郡内の力関係およびその統治のあり方を大きく変えることとなった。

カマヴィスダールと郷主・郷主代官に大きな影響力を有し，郡行政の実権を掌握していたサダーシヴ・マンケーシュワルは，1817 年に死去した。第 3 次アングロ・マラーター戦争直前の死であったが，その真相は明らかにならなかった。プネーの宰相政府付きの東インド会社駐在官であったエルフィンストンは，彼の死がプネーの中央政府に変化をもたらさなかったことを報告していた[76]。1815 年にトリンバク・ダングレーに取って代わられてから，サダーシヴ・マンケーシュワルは中央政府での影響力を失っていたと考えられる。しかし，インダプール郡の行政を実質的に動かしていた人物が不在となったという意味で，サダーシヴ・マンケーシュワルの死はインダプール郡には大きな影響を及ぼした。その直後に同郡は第 3 次アングロ・マラーター戦争に巻き込まれ，1818 年には東インド会社による植民地支配が始まった。ジャーギール制の最終的な崩壊とサダーシヴ・マンケーシュワルの死は，18 世紀後半に鼎立関係がみられた 3 つの中間層，すなわちカマヴィスダール，郷主（より正確には郷主代官），ジャーギール保有者である武官の衰退を意味し，インダプール郡に権力の空白を生んだのである。イギリスが植民地支配を開始したときのインダプール郡は，18 世紀後半来の新制度導入，19 世紀初頭の混乱を経て，中間層が一掃されたきわめて特殊な状況にあった。

おわりに

本章では，1802〜03 年の中央と地方の変化・騒乱がインダプール郡行政に与えた影響を考察し，植民地化前夜の郡行政の実情を解明した。ジャーギール村の激減は，カマヴィスダールが徴収する税額の増加を意味し，同時にジャーギール保有者が担ってきた軍事力をカマヴィスダール下の郡の警備兵が補完することを意味した。すなわち災害後の郡行政において，相対的にカマヴィスダールの重要性が増したのである。さらに郷主・郷主代官関係への宰相政府の介入は，インダプール郡における郷主とカマヴィスダールの関係も変化させるものであった。18 世紀後半に郡行政に介入したバープージー・ナーイクおよびパンドゥーラング・ナーイクに部分的に取って代わったと目されるマノーハル・ギールは，管見の限りインダプール郡行政に関わることはなかった。18 世紀後半のインダプール郡行政にみられた，カマヴィスダール，郷主・郷主代官，および有力武官でもあったバープージー・ナーイクによる鼎立は崩壊し，

76　Political Department Diary no. 438 of 1817, MSAM and G. S. Sardesai, *Poona Residency Correspondence*, Vol. 13, Letter no. 64, p. 221.

カマヴィスダールがその力を増大させたといえる。1807年の宰相政府とカマヴィスダールによる新たな取り決めは，カマヴィスダールを主体として郡行政の立て直しをはかるもので，1810年代初頭に当初の計画よりも早期に徴税額が回復したことは，このカマヴィスダールによる政策の後押しにつながり，郡行政におけるカマヴィスダールの重要性はさらに増したと考えられる。

1810年代にカマヴィスダールの業務を代行するようになったサダーシヴ・マンケーシュワルは中央官僚であり，宰相政府領の広範囲にその権益を有していたが，彼の居住地・故地などの関係からインダプール郡は彼にとっても重要な地域の一つであった。彼は郡行政推進の要たるカマヴィスダールの職務を通じてインダプール郡行政全般に関わっていくとともに，バワデ町などの政府村やパンドゥーラング・ナーイクのジャーギール村の地税徴収権を実質的に享受することで，より直接的にインダプール郡の要地と関わりをもった。彼は，1800年にシンデー家家臣のジャーギールを得ることでインダプール郡に権益を有するようになっており，この点においては，シンデー家家臣に代わる有力武官でもあった。さらに，郷主・郷主代官の下に自身の部下を送り込み，1810年代半ばにはより直接的にインダプール郡における郷主の職務に関わるようになったと考えられる。マラーター同盟下において，郷主は在地の長としてカマヴィスダールと対抗関係にあり，他の地方では19世紀初頭の混乱の中で郷主が自立化を強める動きもしばしばみられた。しかしインダプール郡では，郷主が在地に不在であるという特殊な状況があり，さらに19世紀初頭の混乱の舞台となったことで，この時期に郷主が没落し，かえって政府系の権力が強まるにいたり，最終的にサダーシヴ・マンケーシュワルに取り込まれるにいたった。サダーシヴ・マンケーシュワルへの権力の集中はインダプール郡の特殊性がもたらした一つの帰結であったといえる。

1817〜18年の第3次アングロ・マラーター戦争とその前後の変化はインダプール郡の特殊性をさらに際立たせることとなった。第3次アングロ・マラーター戦争は，18世紀後半に軍馬育成政策によって十分に強化されたインダプール郡におけるジャーギール制を，ほぼ完全に崩壊させる結果を生み出し，19世紀初頭から段階的ではあったものの，中間層およびその権力の空白をもたらした。ジャーギール制の大きな後退がもたらした中間層勢力の衰退は一時的にサダーシヴ・マンケーシュワルによって補われたが，1817年の彼の死は，政府の役人であるカマヴィスダールと在地の長である郷主およびその代官が担う権力に空白をもたらした。翌年の第3次アングロ・マラーター戦争における宰相政府の敗北はジャーギール制の崩壊をもたらし，サダーシヴ・マンケーシュワルの死とともに，インダプール郡における中間層権力の不在を生じさせた。18世紀に鼎立関係にあった三勢力は，様々な要因のために植民地化前夜にすべて後退し，インダプール郡は中間層たる有力者不在のまま，1818年の宰相政府の滅亡と英領化を迎えたのである。この状況は，中間層の排除というライヤットワーリー制の最も重要な目的が1818年のインダプール郡ですでに達せられていたことを意味する。同郡におけるライヤットワーリー制導入の過程は第9章で論じることとし，第8章ではボンベイ管区における植民地支配体制の確立を概観する。次章では，在地の流通に注目して19世紀初頭の混乱を別の角度から考察することで，植民地化前夜のインダプール郡の社会経済状況をまとめる。

第7章

在地流通ネットワークの存続

——通関税記録による地方経済の分析——

はじめに

前章まででは，インダプール郡の郡行政制度とその変化について論じてきた。本章では，19 世紀初頭までのインダプール郡における地方経済・流通を考察することで同郡の社会経済状況をより多角的に考察していくと同時に，宰相政府下の地方経済の一つのあり方を示す。「18 世紀問題」の議論の中で地方政権の興隆とともに地方経済の発展が論じられた[1)]。本章はインダプール郡に注目しながら，地方行政単位であり，地方支配の要であった郡（Pargaṇā）が地方経済の空間となりえたかを問うものとなる。ここでは，村や郡の境界線を越えた商品に対して課された通関税（Jakāt）の記録を用いて，在地での商品の流れや商人の活動を分析する。プネー文書館に所蔵されている通関税記録（Jakātkaḍīl Hisebī Kāgad）部門の文書には，宰相政府下における農村部の諸郡と，プネーな

1　近世の地方経済に関してはインド洋貿易が経済史の一つのジャンルとなっており，サンジャイ・スブラマニアムは南インドの主要な沿岸・内陸交易ルートに関する研究を行なったが，流通ネットワークなど領域的な研究には及んでいない。18 世紀インド西部の地方経済については，T. T. マハザンが宰相政府下の通関税徴収などの制度，産業，交通，貿易に関する網羅的な研究を行なっているが，農村社会と深く関わる地方経済の細部には踏み込んでおらず，本章はその点を明らかにする。他方で農村社会における商業活動に関してはムガル帝国史の中に研究蓄積があり，本書もその成果を利用する。Sanjay Subrahmanyam, *The Political Economy of Commerce Southern India, 1500–1650*, New Delhi : Cambridge University Press, 1990/2004, pp. 46–90. T. T. Mahajan, *Industry, Trade and Commerce during the Peshwa Period*. Jagadish Narayan Sarkar, *Mughal Economy : Organization and Working*, Calcutta : Naya Prokash, 1987.

どの主要都市で徴収された通関税に関する記録が集中的に収められている。このことは，農村部では郡が徴税の単位であり，都市部では都市自体が徴税の単位であったことを示している。本書が対象とするインダプール郡に関しても税史資料が作成されており[2]，本章ではこれを用いて宰相政府下のインダプール郡の流通ネットワークを解明する。インダプール郡の通関税記録は主に1811〜12 年の通関税徴収記録となっており，前章で議論した災害からの回復期におけるインダプール郡の地方経済の記録となる。他にインダプール郡には1780〜90 年代の通関税帳簿も残されており[3]，関連文書と併用することで災害以前の地方経済との連続性について見通しを示すことが可能となる。

本章では 19 世紀初頭の通関税記録を用いて，在地の流通ネットワークを解明し，行政組織とは別の面からインダプール郡のあり方を示し，1802〜03 年の災害前後の地方経済の連続性について議論する。流通ネットワークの解明は，18 世紀における地方経済のあり様を示すこととなる。そのために第 1 節では前提として通関税の徴収業務自体に注目し，通関税記録が残された背景を解明する。第 2 節ではこの通関税記録に記された商人・商品・流通ルートを検証し，第 3 節で流通ネットワークを再構築して，その特徴および連続性を考察する。

1　通関税徴収業務にみるインダプール郡の流通

本節では通関税の郡帳簿を用いて通関税徴収業務そのものを考察するとともに，そこから見えるインダプール郡の流通を検証し，次節以降の流通ネットワークの分析の準備をする。第 1 項で通関税帳簿の収入部にあたる通関税徴収の業務を明らかにし，第 2 項で本章の主史料となりうるほど詳細に通関税記録が取られたことの背景を第 1 項との関わりで論じる。第 3 項では帳簿の支出部に注目し，在地経済・流通における政府の働きを概観する。

2　Jakātkaḍīl Hishebī Kāgaḍ, Rumāl nos. 58 and 59, MSAP.

3　Tāḷeband Jakātī Parganā Indāpūr, Shuhūr San 1182, 1185, 1193, and 1194, Prānt Ajmās, Puṇe, Rumāl no. 64, MSAP.

1）インダプール郡における通関税の徴収

①通関税

通関税帳簿には関所が設置された村・町が記載されており，帳簿によってその場所は若干異なるものの，おおよそ30の関所がインダプール郡に1780～90年代に存在したことがわかった。そしてインダプール町とパラスデーオ村に主要関所が置かれ，主要関所は常設で場所を替えることがなかった。インダプール町は郡庁が置かれたインダプール郡の中心であったが，パラスデーオ村は常設市をもつ町（Qasbā）ではなかった。パラスデーオ村は，プネー州を流れる主要河川の一つであるビマ川沿いにある村で，港を有していた。その他の関所は行政的にはいずれかの主要関所に属しており，関所での通関税収入は管轄の主要関所に送られた。1782年における主要関所管轄の空間的分布を示したのが図7-1であり，この地図から，北側の郡境の村々の関所はパラスデーオ村の主要関所に属したのに対し，その他の村々の関所はインダプール町の主要関所に属していたことがわかる。少なくとも1782年については，パラスデーオ村の主要関所に属する全村がビマ川沿いに位置していたことから，同村の主要関所は河川交通・商業に課する通関税徴収に特化していたと考えられる。

インダプール郡の徴税責任者はカマヴィスダールであったが，カマヴィスダールは通関税の徴収を第三者に請負に出しており，実際には通関税請負人（Jakātdār）がその任にあたっていた。このような関係は宰相政府下の他地域にも広くみられた。カマヴィスダールと通関税請負人との間の契約書によると，通関税請負人は実際の徴税業務に先立って請負税額の一部を前金としてカマヴィスダールに支払う必要があり，通関税請負人は，残りの税額を請負契約にしたがって分割でカマヴィスダールに支払った[4)]。通関税請負人が通関税の満額を一定期間以内にカマヴィスダールに送金できない場合，カマヴィスダールは通関税徴収人をただちに解任して，その不足分を支払った人物に徴収業をあらためて請負に出し，その人物が新たな通関税請負人になった[5)]。請負契約に

4　26 Safar Shuhūr 1180, and 8 Jilkād Shuhūr 1190, Faḍke “Jakāt Pargaṇā Indāpūr Nisbat Narso Awadhūt,” Prānt Ajmās, Puṇe, Rumāl no. 504, MSAP.

5　26 Safar Shuhūr 1180, and 8 Jilkād Shuhūr 1190, Faḍke “Jakāt Pargaṇā Indāpūr Nisbat Narso Awadhūt,” Prānt Ajmās, Puṇe, Rumāl no. 504, MSAP.

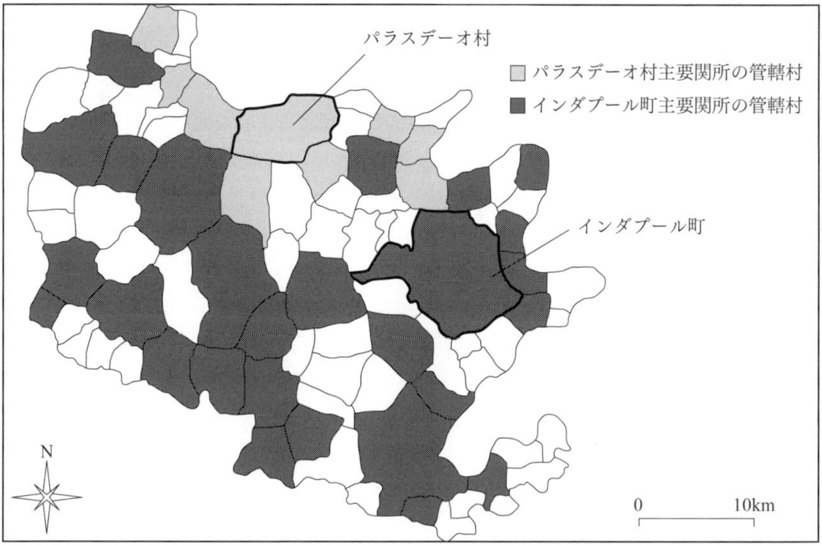

図 7-1　インダプール郡の主要関所と管轄村

出典）*Map of the Indapoor Pargana of the Poona Zilla*, 1875, Maps, I. S., Map Collection, British Library より筆者作成。

おいて，通関税請負人は，地方行政が正常に機能している状況下で徴収しうる理想的な税額以上に通関税を徴収しないように命じられた。通関税請負人がこの命にしたがって徴税業務を行なっているかを確認するために，宰相政府が調査役人を現地に送ることもあった[6)]。宰相政府はカマヴィスダールとの契約で過度の通関税徴収を禁じており，それにしたがってカマヴィスダールが通関税請負人に通関税の過徴収を禁じていたと考えられる。通関税の権原は宰相政府にあるため，カマヴィスダールを超えて宰相政府が通関税徴収に干渉したのである。

インダプール郡では以下のように通関税が徴収された。すなわち，インダ

6　「税は善政の下で［すなわち，過度な税負担を納税者に強いない限りで］，徴収すべきである。その限度を超えた額が徴税されるべきではない」。8 Jilkād Shuhūr 1190, Faḍke "Jakāt Parganạ̄ Indāpūr Nisbat Narso Awadhūt," Prānt Ajmās, Puṇe, Rumāl no. 504, MSAP. スレンドラナート・センは監視役が派遣されるのは，宰相政府下では一般的であったと指摘している。S. N. Sen, *Administrative System of the Marathas*, pp. 197–198.

プール郡内の各関所の事務官（Kārkūn）が関所を通過する品物に関して通関税を徴収し，パラスデーオ村またはインダプール町の主要関所に徴収した通関税を送金した。通関税帳簿には事務官のリストが掲載されており，出身カースト・社会集団が掲載されている。これによると各関所で通関税徴収の任にあたった事務官の職には特定のカースト・社会集団のみが就いたわけではなく，その出自は多様であったことがわかる。傾向として事務官の多くは，世襲の通関税徴収人（Pāṇsarā）であった。彼らがどのような集団であったかは明らかでないが，彼らは現地の商業・流通の慣習に通じており[7]，それに基づいて通関税を徴収していたと考えられる。すなわち通関税の徴税は，宰相政府が仕組みをつくってその方式を地方事務官に習得させて実行していたのではなく，代々通関税を徴収している世襲の通関税徴収人がおり，彼らが通じている通関税徴収・流通に関する在地のルールが存在したのである。在地レベルでの通関税徴収は在地のルールに基づいていたといえる。本章の主史料である通関税記録は各関所で作成されており，世襲の通関税徴収人がこの記録作成に関わっていた可能性がきわめて高い。主要関所の事務官は，各関所からの通関税を受け取った後に，主要関所での支出分を差し引いて[8]，インダプール郡の通関税請負人に送金した。そして，通関税請負人は，請負契約にしたがってカマヴィスダールに請負額の通関税収を送金した。宰相政府は請負額にしたがった税収を得ていた一方で，郡内の関所では在地のルールにしたがって税が集められ，おそらくその額は変動した。通関税請負人は在地のルールと政府のルールの調整役を担っていたのである。

②諸　税

関所では通関税とともに流通に関わる諸税が徴収されたが，必要に応じて徴収される税も多く，税目は年によって変動した。本項では，毎年徴収された主要な税目（5種目）のみを取り上げる。

7　通関税の額を計算する際に，ルピー貨の交換比率など現地の知識やその他の商慣習の知識が必須であった。Jakātkaḍīl Hishebī Kāgaḍ, Rumāl no. 59, MSAP.

8　後述するように，通関税収はすべてが宰相政府に送られるわけではなく，その一部が関所に関わる諸経費として用いられ，在地に還元されていた。

第1は村民徴収（Gāvkarī Khanḍnī）である。この税は主要関所があるインダプール町とパラスデーオ村でのみ徴収されていた。1785年のインダプール郡通関税帳簿によると，村民徴収は店もち商人（Bakāl），布商人（Bajāj），毛織工（Dhangar），肉屋（Kārtik），織工（Koshtī）などの職商から徴収されており[9]，彼らは商品運搬のために主要関所に通関税を納めていた。同税は村民（Gāvkarī）からの徴収を意味するが，実際には村民全体から集められたわけではなく，関所を通過する職商が納めていた。主要関所は交通の要所に位置し，後述するように通関税の税収を用いて主要関所のインフラ整備が重点的に行なわれた。この恩恵をうける同地の職商に対して追加徴収を行なったのが，村民徴収であると考えられる。

第2の税目である行商人税（Bichhāyat）も，主要関所があるインダプール町とパラスデーオ村にやってくる行商人に対して課された。第1税目の村民徴収と同様の理由で，主要関所の設置地域の恩恵を受ける行商人に対しても通常の通関税とは別に追加徴収が行なわれたのが行商人税であると考えられる。

また，第2章で論じた司法手数料（Khanḍfuroī）（第3税目）が関所でも徴収されていた。インダプール郡の通関税帳簿によると，商業上の紛争に関する司法手数料は管轄する関所で徴収されていた。たとえば，サナサル村のグジャールは郡庁に馬を95ルピーで売却したが，郡庁が商品である馬を受け取っておらず争いが起きていた。詳細は明らかではないが，この事件に関して50ルピーの司法手数料が支払われている[10]。商業上の争いに関しては，査問料（Chiṭṭī Masālā）も同様に関所で徴収された。たとえ関所が紛争解決の場自体でなかったとしても，司法手数料や査問料の支払いの場であったことから，少なくとも関所は宰相政府からの司法認可の場であり，商業上の紛争と公権力を結びつける場であったことがこの税の徴収から明らかとなる。

さらに，第2章で考察した両替手数料（Baṭṭā）（第4税目）も，関所の諸税として徴収された。在地で流通するルピーと国庫に受け入れられるルピーは異なっていたため両替が必要で，両替商への手数料として両替手数料を地方官権が支払ったが，地方官権は同名の付加税を徴収して，その税額を両替商への支

9　Tāḷeband Jakātī Parganā Indāpūr, Shuhūr San 1185, Prānt Ajmās, Puṇe, Rumāl no. 64, MSAP.
10　Tāḷeband Jakātī Parganā Indāpūr, Shuhūr San 1185, Prānt Ajmās, Puṇe, Rumāl no. 64, MSAP.

払いに充てた。通関税帳簿によると通関税徴収人はカマヴィスダールに送金するときに，地税等と同様にチャンドワニー・ルピーに両替していた。興味深いことに，インダプール町主要関所へは主にアルコット・ガンジコート・ルピーで税収が集められ[11]，パラスデーオ村の主要関所へは主にパンチュメール・ルピーで集められ[12]，いずれもチャンドワニー・ルピーに両替されていた。関所では在地で流通する銅貨などの少額貨幣や他種のルピーで通関税が支払われた可能性も十分にあるが，主要関所の管轄によってアルコット・ガンジコート・ルピーかパンチュメール・ルピーかに集約されたようである。むしろ管轄によって集約されるルピーが異なることは注目すべき現象であり，本書では十分なデータがないためにこれ以上の検証はできないが，郡内の貨幣の流通・利用状況が一様ではなかったことがわかる。

第 5 税目は運送請負人税（Huḍekarī）である。マラーター同盟領の内外を問わず，近世インドでは通関税が広く徴収されており，このために関所で商品が留め置かれることとなった。この不便を解消するために，町には運送請負人とよばれる集団がおり，終着点への荷物の運搬を請け負っていた。運搬依頼者は運送料と通関税などの諸経費を運送請負人に支払った。運送請負人は通関税請負人と交渉して，商品精査・記録を必ずしもすべての関所で受けなくてもよいという措置[13]を受けていた[14]。このような措置のために，運送請負人は運送請負人税を通関税請負人に支払っていた。この税額も，依頼人が一括で支払う代金の中に含まれていたと考えられる。通関税帳簿によると，運送請負人の中にはニザーム領内のバルシー町から来ている者がおり，運送請負人がマラーター同盟領を越えて活動していたことがわかる[15]。

11　Tāḷeband Jakātī Parganā Indāpūr, Shuhūr San 1185, Prānt Ajmās, Puṇe, MSAP.

12　Tāḷeband Jakātī Parganā Indāpūr, Shuhūr San 1185, Prānt Ajmās, Puṇe, MSAP.

13　運送請負人が運搬を請け負った商品の精査・記録がどのようになされたのか，または精査自体が免除されたかについては明らかにならなかった。

14　Molesworth, *op. cit.*, p. 905, Mounstuart Elphinstone, *op. cit.*, pp. 40–41, and S. N. Sen, *Administration System of the Marathas*, p. 197.

15　Jhāḍti Mahāl Jakātī Parganā Indāpūr, Shuhūr San 1193, Prānt Ajmās, Puṇe, Rumāl no. 64, MSAP.

2）通関税徴収の政策的意図

通関税請負人を介してカマヴィスダールのもとに集められた通関税とそれに関わる諸税の大部分は，第 2 章で論じたインダプール郡からプネーの宰相政府への送金の一部をなした。税収規模で見ると 1782 年におけるインダプール郡の総税収額は 216,332 ルピー 11 アンナであり[16]，通関税の税収（19,153 ルピー 1 アンナ）は全体の 8.85 % を占めるにすぎなかった。通関税は毎年の徴収があり，地税に次ぐ第 2 位の税額が得られていたが（第 2 章参照），地税収入（1782 年：187,038 ルピー[17]）とは大きな差があり，規模のみで判断するならば地方財政にとって通関税はそれほど重要ではなかったこととなる。それにもかかわらず，詳細な通関税記録が残されていたことからすると，通関税徴収には行政上の何らかの意義があったと考えられる。

その意義を知る鍵は，カマヴィスダールと通関税請負人との請負契約関係の中に見出すことができる。先に示したように通関税請負人が契約通りに送金を行なわない場合はその解任もありえたが，通関税徴収額・請負額は契約後に決して動かないというわけではなかった。むしろプネー文書館には，通関税徴収額が契約後に変更されたことを示す文書が数多く残っている。インダプール郡での契約変更を中心に，いくつかの例を示す。

飢饉は，通関税徴収額が変更される一つの典型例である。飢饉が起こると穀物の流通が在地の経済・住民の生存のために平常時以上に重要となった。飢饉時の流通を円滑にするために，インダプール郡のカマヴィスダールは宰相政府の命令にしたがって通関税を減免していた[18]。また，飢饉に際して，郷主や郷書記などの在地世襲役人はインダプール郡の在地社会を代表して通関税の減税を宰相政府に申し出た[19]。在地世襲役人の請願に応じて，宰相政府はカマヴィスダールに請負額の減免を命じることが多かった[20]。先に述べたように，宰相

16　Tāḷeband Pargaṇā Indāpūr Shuhūr San 1182, Prānt Ajmās, Puṇe, Rumāl no. 61, MSAP.

17　Tāḷeband Pargaṇā Indāpūr Shuhūr San 1182, Prānt Ajmās, Puṇe, Rumāl no. 61, MSAP.

18　19 Jilhej Shuhūr 1175, Prānt Ajmās, Puṇe, Rumāl no. 547, MSAP. インダプール郡以外の郡についても，飢饉時には同様の対応がなされたことが明らかになっている。*SSRPD* Vol. VI, no. 782, and Vol. VII, no. 469.

19　Ajmās Pargaṇā Indāpūr Shuhūr 1207, Prānt Ajmās, Puṇe, Rumāl no. 16, MSAP.

20　たとえば 11 Moharam Shuhūr 1177, Prānt Ajmās, Puṇe, Rumāl no. 503, MSAP.

政府は過度の通関税徴収を防ぐために役人を派遣することもあったが，在地の社会経済の状況を恒常的に伝えることができたのは在地の世襲役人であり，彼らは通関税徴収においてもカマヴィスダールや通関税請負人などの政府側の人物を監視していた。カマヴィスダールと通関税請負人の間の契約には，つねに「災害や戦乱による被害が大きく拡大する場合には，在地の慣習を考慮して請負契約額が削減される」という条項が含まれていた[21]。他郡における通関税徴収の請負契約にも同様の条項が含まれていた[22]。上記の条項では，飢饉という用語自体は用いられていない。むしろこの条項は，飢饉の原因となりうる災害や戦乱が生じた場合に，カマヴィスダールがそれにいち早く対応して飢饉を未然に防ぐことを求めていたことを示している。その有効な手段が，通関税の請負契約額の削減による通関税負担の軽減であった。たとえば，第 1 次アングロ・マラーター戦争（1775〜82 年）の際に道路を中心にインダプール郡の交通網が被害を受けて，複数の道路が閉鎖された。この時に通関税請負人の報告にしたがって，1779 年にカマヴィスダールは通関税の請負額を 1,450 ルピーほど軽減した[23]。史料に明確に記されてはいなかったが，現場ではこれに応じて通関税の徴収額が減じられたものと考えられる。他郡に関しては，マラーターとニザームとの戦争のために，通関税請負額が軽減された複数の事例が記録されている[24]。このように何らかの理由で秩序が崩れた際に，郡内の流通を確保して経済面から秩序を回復するために，通関税の請負額が軽減されることがあった。政治秩序のみならず，自然災害に対してもカマヴィスダールや宰相政府は迅速な対応を迫られることがあった。ある郡の公刊記録によると，干ばつが起こった際に宰相政府は通関税徴収額を減免し，在地の商人に対して当該郡に穀物を輸入することを奨励した。それと同時に当該郡において宰相政府やカマヴィスダールは，日用品に対する通関税の徴収額を半減させ，域内流通を活発化させようとした。このようにして日用品等の不足を解消するために，宰相政

21　26 Safar Shuhūr 1180 and 8 Jilkād Shuhūr 1190, Faḍke “Jakāt Pargaṇā Indāpūr Nisba Narso Awadhūt,” Prānt Ajmās, Puṇe, Rumāl no. 504, MSAP.

22　*SSRPD* Vol. VII, nos. 472 and 475.

23　12 Moharam Shuhūr 1179, Prānt Ajmās, Puṇe, Rumāl no. 547, MSAP.

24　*SSRPD* Vol. VII, nos. 471 and 472.

府はしばしば通関税を減免したとT. T. マハザンは主張している[25]。すなわち，宰相政府にとって通関税は在地の流通を調整する重要な手段であったのである。

インダプール郡内を流通した種々の品物・商品の中で，塩は内陸の同郡では産せず，海岸部のコンカン地方やゴアから輸入された。塩は人間の生存のために不可欠な食品であったことから，内陸部への流通を確保するためにしばしば塩への課税が免除された[26]。そして，戦争やその他の問題で郡内の塩の流通量が減少した場合に，カマヴィスダールは通関税請負人に対して塩に対する通関税徴収を減じるように命じた。通関税の請負契約には，「塩の船着き場での売買・流通が円滑に行なわれるように，塩への通関税の減免を命じることがありうる」という条項がしばしば含まれていた[27]。通関税の徴収は全体として請負に出され，その細部に関しては通関税請負人の裁量に任されていた。しかし，在地の社会生活にとってきわめて重要な塩の流通はその例外であったようで，宰相政府およびカマヴィスダールは，塩などの重要産品の通関税徴収に個別に干渉することで，在地の流通・社会生活の調整を行なったのである。

社会経済事情に加えて，政治事情のために通関税が減免されることもあった。たとえば，宰相政府が購入した穀物等の品物に対して通関税はかけられなかった[28]。一見すると政府の物品からの税収は宰相政府および地方官権に還元されるように思われるが，通関税徴収は請負に出されており，政府の物品に対する通関税収が純粋に還元・循環することはなく，このような措置が取られていた。他郡の通関税の請負契約書には「宰相政府は，通関税徴収による足止めを受けることなく，米などの穀物を政府の倉や砦に運ぶことができる」と明記されていた[29]。また，通関税の徴収に際しては種々の記録が取られたために，品物は関所通過に一定の時間を要した。本条項は，流通の観点からも通関税徴収が一

25　T. T. Mahajan, *Industry, Trade, and Commerce during Peshwa Period*, p. 68.

26　11 Moharam Shuhūr 1177, Prānt Ajmās, Puṇe, Rumāl no. 503, MSAP.

27　29 Jamādilākhar Shuhūr 1166, Prānt Ajmās, Puṇe, Rumāl no. 503, MSAP.

28　通関税徴収の請負契約には，通常，以下のような条項が含まれている。「政府が穀物などを買った場合に，貴君［通関税請負人］は，その品物から通関税を徴収することができない」。26 Safar Shuhūr 1180 and 8 Jilkād Shuhūr 1190, Faḍke “Jakāt Pargaṇā Indāpūr Nisbat Narso Awadhūt,” Prānt Ajmās, Puṇe, Rumāl no. 504, MSAP.

29　*SSRPD* Vol. VI, no. 777.

定の負担となりうることを示しており，通関税免除はより迅速に物品を運搬・流通させるうえでも重要であった。政府関連の物品は，その恩恵を受けて通常の物品とは異なる経路・速度で運搬された。S. N. センと T. T. マハザンは，政府の役人も同様の免税特権を享受していたと指摘する[30)]。さらに，宰相政府は軍事活動のためにも通関税額を減免することがあった。特に武官がインダプール郡で購入した軍馬（第3章参照）に対しては通関税が免除されていた[31)]。同郡は軍馬の産地であり，宰相政府領内の軍馬を広く配備することを政府は目指していたので，軍事政策にとって同郡での通関税免除は非常に重要であった。これに加えてマハザンは，イギリス東インド会社などのヨーロッパ勢力が，宰相政府から貿易特権を与えられて通関税の徴収を免除されていたことを示した（第5章参照）。宰相政府は大砲などの武器やインド国内では製造不可能なものを海外から輸入しており，それ以外の商品も含めて海外との外国貿易を振興していた。ヨーロッパ人への特権付与はその一環であった[32)]。ただし外国貿易はボンベイやプネーなどの大都市が中心で，インダプール郡の通関税記録に外交特権による通関税免除の事例はみられなかった。

このように経済事情，政治・軍事事情，外交事情など様々な理由で通関税は減免されていた。インダプール郡の帳簿が示す限りでは，通関税の占める割合は総税収の10％未満であったにもかかわらず，通関税記録が関所での聴取に基づいて様々な情報を含んでいたのは，関所での詳細な調査によってカマヴィスダールおよび宰相政府の下に在地の経済・流通に関する情報をもたらすため，つまり情報収集のためであった。こうした情報をもとに，在地の流通に危機が生じた場合には宰相政府・地方官権が介入し，地方の荒廃を防ごうとした。地方経済や流通を保つことにより，最終的に税収の8〜9割を占める地税を安定的に徴収することが可能となるのであった。宰相政府は，軍事目的等で穀物や塩などを在地で入手し，それを政府の砦，倉庫，野営地に運搬することがあっ

30　S. N. Sen, *Administrative System of the Marathas*, pp. 206–207 and T. T. Mahajan, *Industry, Trade and Commerce during the Peshwa Period*, p. 67.

31　21 Jilkād Shuhūr 1186, Prānt Ajmās, Puṇe, Rumāl no. 503, and 30 Jamādilākhar Shuhūr 1183, Prānt Ajmās, Puṇe, Rumāl no. 547, MSAP.

32　T. T. Mahajan, *Industry, Trade and Commerce during the Peshwa Period*, p. 68.

た。そのため在地の物価も政府の公的活動に無関係ではなく，在地経済への関心はこの点からも高かった。そして公的な物品運搬においては，通関税を免除することで在地の一般商品とは異なる物品の流れをつくることが可能となり，政府の政治・軍事活動を円滑に執行することが可能になった。さらに通関税の免除特権を与えることで外国貿易を奨励し，武器を含む海外産品を入手することができた。

このように通関税の徴収を調整することによって，宰相政府は在地経済から様々な利益を得ることができた。すなわち，通関税徴収は単なる税収の確保にとどまらず，在地経済・流通の情報を入手する手段であり，政府の活動を円滑に進めるために在地経済・流通に干渉する手段であった。ただしここで，通関税徴収が通常は請負に出されていたことがあらためて重要になる。宰相政府は，政府の役人を用いて在地経済・流通をつねに統制しようとしていたのではなく，またそれを可能にする組織や権力を有してもいなかった。通関税の減免による調整が飢饉時など限られた場合になされたこと，または塩や軍事物資などの物品に対象が限られていたことから，宰相政府は必要最小限の在地経済・流通への干渉を企図しており，実際にはそれ以上の干渉は不可能であったのである。

3）通関税帳簿の支出

カマヴィスダールはインダプール郡の通関税の税収を，地税等の他の税収とともに宰相政府に送金した。通関税帳簿から通関税の税収における宰相政府への送金の割合を算出できる。たとえば1782年のインダプール郡における通関税の税収は19,153ルピー1アンナであったが，その中で14,611ルピー12アンナ（税収の76.29％）が宰相政府に送られた。1785年，1793年，1794年の帳簿を見ると税収に送金額が占める割合が年によって異なることがわかるが[33]，この割合を平均すると73.3％であり，税収の7割以上が宰相政府へ送金されて

33　1785年には13,732ルピー15アンナ9パイサのインダプール郡での税収入に対して，10,118ルピー13アンナ3パイサ（税収の73.68％）が送金された。1793年にはインダプール郡で11,363ルピー14アンナの税収入があり，その中で7,641ルピー2アンナ（税収の67.24％）が送られた。1794年には9,607ルピー3アンナの収入があり，7,300ルピー（税収の75.99％）が送金された。Tāḷeband Jakātī Parganā Indāpūr, Shuhūr San 1182, 1185, 1193, and 1194, Prānt Ajmās, Puṇe, MSAP.

いたことがわかる。残りの約3割の税収がインダプール郡での支出に充てられた。在地での支出の大部分は，関所に常駐する事務官と警備歩兵（Pyādā）のためのものであった。通関税帳簿によると[34]，警備歩兵はすべての関所に駐在しているわけではなかった。そして警備歩兵は駐在している関所で事務官の職務も行ない，その関所に事務官は置かれていなかった。すなわち関所では，基本的に事務官か警備歩兵のいずれか1名のみが駐在していたのである。この配置に関する唯一の例外がバワデ町の関所で，ここでは事務官と警備歩兵がともに配備されていた。このことは，主要関所こそ置かれていないがバワデ町が町として経済・流通面で重要であったことを示している。インダプール町とパラスデーオ村の主要関所には複数の事務官と警備歩兵が配置されていた。具体的に見ると，インダプール町の主要関所には4名の事務官と歩兵部隊（Shibandī）が駐在していた一方[35]，パラスデーオ村の主要関所には，1名の事務官と3名の歩兵が置かれたのみであった。この配備から，インダプール町主要関所がより重要であり，この主要関所が同郡の関所の中心であったことを意味している。通関税帳簿には関所の事務官名簿が掲載されているものがあり，それによると事務官の多くは，世襲の通関税徴収人であった。この集団以外にも，マハールやマラーターなどの複数のカースト集団の出身者がこの職に就いており[36]，在地の特定のカーストとこの職が結びついていたわけではなく，多くの社会集団に開かれた役職であったことがわかる。

第2位の規模をもつ在地の支出は，インダプール郡のインフラ整備であった。ここでは，宰相政府下のインダプール郡におけるインフラ状況を概観したうえで，インフラ関連の支出項目について言及する。当時のインフラは陸上インフ

34　Tāḷeband Pargaṇā Indāpūr, Shuhūr San 1183, Prānt Ajmās, Puṇe, Rumāl no. 62, and Tāḷeband Jakātī Pargaṇā Indāpūr, Shuhūr San 1183, Prānt Ajmās, Puṇe, Rumāl no. 64, MSAP.

35　1785年，1793年，1794年の通関税帳簿には歩兵部隊のリストが掲載されており，それによると1785年に12名，1793年に18名，1794年に25名が歩兵部隊としてインダプール町の主要関所に駐屯していた。Tāḷeband Jakātī Pargaṇā Indāpūr, Shuhūr San 1185, 1193, and 1194, Prānt Ajmās, Puṇe, Rumāl no. 64, MSAP.

36　通関税帳簿の事務官名簿には，世襲の通関税徴収人が事務官職を得ている場合は，通常はマハールやマラーターなどカースト名が記載される欄に，その名のみが書かれていた。彼らがどのような社会集団に属していたか，または彼らが在地で何らかの社会集団を形成していたかは，通関税帳簿の情報からは明らかにならなかった。

ラと水上インフラに大別できる。

次節で主史料となる通関税記録には，陸上輸送手段として役牛の語が最も頻繁に記載されている。T. T. マハザンは，重荷を運ぶときはインド西部では一般的に牛車が使われたと指摘したが[37)]，植民地期の地誌は，インダプール郡が位置しているプネーとソーラプール間の道では，その状態が悪いために牛車はめったに用いられなかったと報告する[38)]。このことから，インダプール郡では，牛車ではなく役牛が重荷の運搬に用いられていたと考えられる。A. R. クルカルニーは，役牛自体が17世紀後半のインド西部で最も重要な運搬手段であったと述べているが[39)]，道の状態がそれほど良くないインダプール郡では，この状況が19世紀まで続いていたといえる。このことは道路の管理・維持が陸上交通にとって非常に重要であったことを示唆している。このことを裏づけるように，公刊史料集には，宰相政府がカマヴィスダールに通関税収入を用いて道路を修理するように命じた書状が，他郡に関するものではあるが収録されている[40)]。

インダプール郡が属したプネー州では，プネー・ハイダラーバード道路の一部となる，プネー・ソーラプール道路が基幹道路となっていた。プネー・ハイダラーバード道路はマラーター同盟の都プネーとニザーム国の都ハイダラーバードを結ぶ政治上の要路であった。そしてこの要路上に位置するソーラプールは，内陸デカンの綿織物産業の中心であり，綿花・綿織物の交易の中心でもあった[41)]。こうした事情から，マラーター同盟の都プネーとこの地を結ぶプネー・ソーラプール道路は政治経済的にきわめて重要であった。インダプール町はこの道路上に存在し（図7-2参照），この道路がインダプール郡の幹線道路となった。幹線道路沿いにはインダプール郡の関所が多く存在し，これら関所に重点的に警備歩兵が置かれ，関所と幹線道路の安全確保がはかられた。関所では道路を照らすために油が用いられており，この費用は通関税収入から支出

37　T. T. Mahajan, *Industry, Trade and Commerce during the Peshwa Period*, p. 45.

38　James M. Campbell ed., *GBP* Vol. XVIII, Poona District, Part 2, pp. 144–145.

39　A. R. Kulkarni, *Maharashtra in the Age of Shivaji*, p. 209.

40　*SSRPD* Vol. VIII, no. 1053.

41　T. T. Mahajan, *Industry, Trade and Commerce during the Peshwa Period*, pp. 42 and 145.

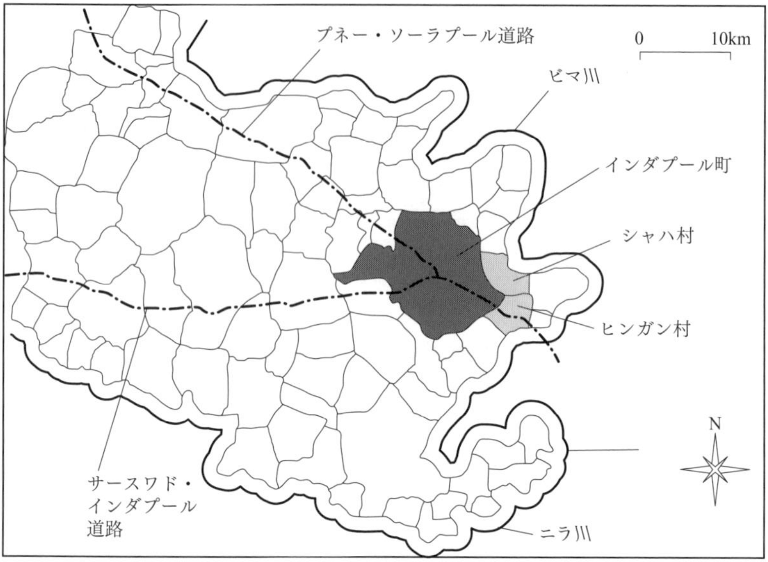

図 7-2　インダプール郡の交通路

出典）図 7-1 に同じ。

されていた。表 7-1 は，1787〜88 年に東インド会社社員[42] がボンベイからプネーに送った手紙の送達日時の一覧表である。

表 7-1 が示すように，プネーへの到着時刻が 11〜1 月の午後 7 時となっている事例が複数存在し，日没後も書簡が配達されていたことがわかる。18 世紀後半の東インド会社の勢力は 19 世紀よりもずっと弱く，東インド会社独自の郵送システムを確立していたとは考えにくい。つまりこれが当時の一般的な状況であり，油の灯によって治安の悪い夜間でもある程度は業務が行なわれていたことがわかる。また 1777 年にインダプール町で強盗が出没するという噂が

42　第 5 章で示したように，1759 年から断続的にプネーの宰相政府にイギリス東インド会社駐在官が送られ，1786 年以降はプネーに常駐駐在官が置かれた。インド西部の管区都市であったボンベイとプネーの間の書簡郵送ルートを確保するために，現状を伝える送達記録（表 7-1）が作成された。Original Consultation 22 April 1789, no. A, Part 4 & 5, Public Branch, Home Department, National Archives of India.

表7-1　1787～88年のボンベイ・プネー間の手紙送達記録

ボンベイからの郵便送付				プネーへの郵便到着		
月日	年	時刻		月日	年	時刻
6月7日	1787	n.d.	⇒	6月12日	1787	午後6時
6月27日	1787	n.d.	⇒	7月2日	1787	午前10時
7月12日	1787	n.d.	⇒	7月16日	1787	午前11時
9月12日	1787	n.d.	⇒	9月17日	1787	午後1時
10月24日	1787	n.d.	⇒	10月30日	1787	午前7時
11月21日	1787	n.d.	⇒	11月26日	1787	午後1時
11月21日	1787	n.d.	⇒	1月27日	1787	午後4時
12月6日	1787	n.d.	⇒	12月11日	1787	午後2時
12月20日	1787	n.d.	⇒	12月25日	1787	正午
12月6日	1787	n.d.	⇒	12月11日	1787	午後7時
12月20日	1787	n.d.	⇒	12月25日	1787	午後2時
1月9日	1788	n.d.	⇒	1月14日	1788	正午
2月1日	1788	n.d.	⇒	2月6日	1788	午後7時
4月23日	1788	n.d.	⇒	4月27日	1788	午後4時
5月21日	1788	n.d.	⇒	5月25日	1788	午後4時
6月4日	1788	n.d.	⇒	6月8日	1788	午後6時
6月19日	1788	n.d.	⇒	6月24日	1788	正午
7月18日	1788	午後4時	⇒	7月21日	1788	午後2時
7月30日	1788	午後4時	⇒	8月7日	1788	午後4時
8月6日	1788	n.d.	⇒	8月13日	1788	n.d.
8月9日	1788	n.d.	⇒	8月15日	1788	午前9時
8月14日	1788	n.d.	⇒	8月20日	1788	午前9時
9月11日	1788	午後4時	⇒	9月18日	1788	午前8時
10月8日	1788	n.d.	⇒	10月13日	1788	正午
10月22日	1788	n.d.	⇒	10月27日	1788	午前11時
11月20日	1788	n.d.	⇒	11月25日	1788	午後7時

出典）Original Consultation 22 April 1789, no. A, Part 4 & 5, Public Branch, Home Department, National Archives of India.

流れ，夜間パトロールのために油が買い足されていた[43)]。インフラが整備されておらず，強盗などが頻出した近世インド社会において，夜間の治安向上に，油の灯が一定程度の役割を果たしていたのである。しかし，当時の夜間交通が油の使用によって問題なく可能になったと楽観視することはできない。たとえばプネー・ハイダラーバード道路の一部であったソーラプール・ハイダラー

43　Yādī Uchāpat Telī Kasbā Indāpūr Fuslī 1186, Puṇe Jamāv, Rumāl no. 706, MSAP.

バード道路上のホムナーバード村近くで，プネーの宰相政府付の駐在官からハイダラーバードのニザーム宮廷付きへ送られた書簡が強奪されたという報告が1797年になされている。報告によると，ホムナーバード村周辺の関所に詰めていた警備歩兵は強盗に殺害されたということであった[44]。18世紀を通じてプネー・ハイダラーバード道路はインド西部の政治経済上の要路であり，同道路沿いの関所には安全な通行のために重点的に警備歩兵が置かれていた。しかしこの事例は，この配備が同道路の安全を完全に保証するものではなく，近世の交通は従来言われてきたとおり危険を伴うものであったことを示している。

図7-2に示されているサースワド・インダプール道路は，インダプール町と隣郡のバラーマティ町を結び，さらにプネー市南東30 kmのサースワド町に続いていた。この街道がプネー・ソーラプール道に加えて要路であったと植民地期の地誌で紹介されている[45]。サースワド・インダプール道路は，インダプール町でプネー・ソーラプール道路に合流しており，インダプール郡においてインダプール町は陸路の要地であったことがわかる。

次に水上の輸送手段について見ていこう。インダプール郡の東境と北境を形成しているビマ川（図7-2参照）は18〜19世紀を通じてプネー州の主要な河川であり[46]，インダプール郡の河川交通において最重要であった。それに加えて，インダプール郡の南境を形成するニラ川も同郡の水上交通に用いられていたことをA. R. クルカルニーが指摘している[47]。これらの河川による水上交通は，道路整備が不十分であった近世期に重荷を運ぶ有効な手段となったが，インダプール郡が位置するデカン高原は，6〜9月の雨季を除いて降雨がほぼなく，1年間を通じて河川の水位が大きく変化した。通関税記録から，19世紀初頭におけるインダプール郡周辺のビマ川ではヒンドゥー暦ジェシュト月からシュラーワン月（西暦5〜9月）に水上交通の利用が集中しており，少なくとも雨季の期間にはこの河川に十分な水位が保たれていたことがわかる。T. T. マハザ

44　Original Consultation 21 August 1797, no. 27, Public Branch, Home Department, National Archives of India, New Delhi.

45　James M. Campbell ed., *GBP* Vol. XVIII, Poona District, Part 2, p. 149.

46　James M. Campbell ed., *GBP* Vol. XIII, Poona Distruct, Part 1, p. 6.

47　A. R. Kulkarni, *Maharashtra in the Age of Shivaji*, p. 208.

ンは，雨季は陸路がぬかるんで利用困難となるために，内陸部では雨季の交通手段として河川がきわめて重要であったことを指摘しており[48)]，乾季に河川の水位が下がったことを考慮するならば，河川交通と陸上交通は補完的な関係にあったといえる。雨季の通関税記録にはしばしば船賃（Utār）という記載があり，ここから少なくとも雨季には水上交通がインダプール郡において盛んに用いられたことがうかがえるとともに，商人の中には船を所有せずに渡し舟を共同利用していた者がいたことがわかる。マハザンは，このような渡し舟を交易業者のみならず，旅行者も共同利用していたことを指摘している[49)]。商人が水上交通を用いて運搬した穀物，綿布，食料品等の様々な商品はビマ川沿いの港村に集まった。このような港村の中でシャハ村とヒンガン村（図 7-2 参照）では，船着場（Ghāṭ）に関所が設けられており，水上交通に特化した流通管理の仕組みが整えられていたことがわかる。シャハ村とヒンガン村は 18 世紀末の通関税額からも見ても，ビマ川沿いの水上交通と陸上交通をつなぐ商品の集散地であり，図 7-2 が示すようにインダプール町とも隣接していることから，同郡の経済の中心の一つであったインダプール町の外港の役割を果たしていたと考えられる。

インダプール郡における通関税収入の一部は，同郡の渡し舟の維持のために用いられた。宰相政府下では一般的に河川や沿岸の要地において渡し舟が配備されており[50)]，プネー州では，インダプール郡以外でもビマ川沿いの渡し舟をカマヴィスダールが管理していた[51)]。他郡の事例を考慮すると，インダプール郡においても通関税収入の一部を用いた公営の渡し舟の管理を行なったのはカマヴィスダールまたはその事務官であったと考えられる。18 世紀末のインダプール郡の通関税帳簿によると，ビマ川沿いにはシャハ村，ヒンガン村，タクリ村の船着場に各 1 隻の公営の渡し舟が維持された[52)]。その配置から見ても，シャハ村とヒンガン村が重要な港村であったことがわかる。1793 年の通関税

48　T. T. Mahajan, *Industry, Trade and Commerce during the Peshwa Period*, p. 3.

49　*Ibid*., p. 49.

50　*SSRPD* Vol. VI, no. 776, and Vol. VII, nos. 467 and 468.

51　*SSRPD* Vol. VII, no. 467.

52　Tāḷeband Jakātī Parganā Indāpūr, Shuhūr San 1182, 1185, 1193, and 1194, Prānt Ajmās, Puṇe, Rumāl no. 64, MSAP.

帳簿によると，1隻の舟がニラ川沿いのカロチ村に配備されており[53]，通関税記録とこの配備から，ビマ川より規模が小さいニラ川でも水上交通が用いられたことがわかる。

以上のように宰相政府は，通関税収入を用いて街道沿いの関所の設置・管理，渡し舟の配置など，インダプール郡の交通整備を行なっていた。S. N. センは宰相政府がその領内で広く交通手段を維持していたことを指摘しており[54]，この点は本書の分析結果に通ずる。すなわち通関税収入は，大部分が宰相政府の歳入に組み入れられたものの，在地の交通インフラ整備のための財源としての意味をもっていたのである。

通関税を財源とする支出の考察を終えるにあたり，第3の使途，すなわち現地での種々の出費についても検討しておきたい。種々の出費は年によって支出項目に変化がみられたが，ここでは毎年出費が生じた主な項目に注目する。主要項目の1つ目は地方役人への支払いである。通関税帳簿によると郷主，郷主代官，郷書記，世襲の市場長，世襲の市場書記，イスラーム法官という6名の在地の世襲役人および有力者に定額の支払いがなされた[55]。上述したように通関税の徴収は世襲の通関税徴収人（Pāṇsarā）によって行なわれており，在地の助力を得て徴税が可能となっている。この点は地税徴収と同様であり，在地世襲役人は徴税には直接関わっていないが，在地の助力に対する謝礼として彼らへ特権的な支払いがなされたと考えられる。さらに郡の下級役人（Darakdār），すなわち財務官（Diwāṇ），監査官（Majumdār），記録官（Faḍnīs），記録整理官（Daftardār），金庫管理官（Potnīs）に対しても毎年の定額支払いがなされた。これら下級役人も通関税の徴収自体には関与していなかったが，税収の送金等に関わる業務に対する報酬として，現地の下級役人の給与の一部が通関税収からも賄われていたと考えられる。通関税はカマヴィスダールへ支払われた後に地税等の他の税収と合算されたが，その時に郡の下級役人がこれを処理して，最終的

53　Tāḷeband Jakātī Parganạ̄ Indāpūr, Shuhūr San 1194, Prānt Ajmās, Puṇe, Rumāl no. 64, MSAP.

54　S. N. Sen, *Administrative System of the Marathas*, pp. 200–201.

55　1785年の通関税帳簿によると，郷主に225ルピー，郷主代官に120ルピー，郷書記（3名）に265ルピー，市場長に22ルピー，市場書記（4名）に40ルピー，イスラーム法官に24ルピーが支払われた。Tāḷeband Jakātī Parganạ̄ Indapūr, Shuhūr San 1185, Prānt Ajmās, Puṇe, Rumal no. 64, MSAP.

に宰相政府への送金を行なう役割を担っていた。

2つ目は宗教関係の支出であり，この項目の中に宗教的施与（Dharmadāy）が含まれた。1785年の通関税帳簿は施与の詳細を示しており，そこからインダプール郡のバラモンのみでなく，マラーター同盟領内のヒンドゥー教聖地にあたるパイタンやパンダルプールのバラモン，さらにはカーシー（現ヴァーラーナシー）のバラモンまでがその受け手となっていたことが判明した[56]。カマヴィスダールは地税などの他の財源を用いても宗教的な施与を行なっており，郷主もまた同様の施与を自らの歳入から行なった。すなわち宗教的施与は公的支出としてごく一般的な項目であり，例外なく通関税からもこの支出がなされたのである。いずれの施与もバラモンが有力な受け手となっていたが，地税等の帳簿，通関税帳簿，郷主ワタンの帳簿によるとそれぞれが異なるバラモンに施与を行なっており，宗教者と地方官権に多様な結びつきがあったことがわかる。他にヒンドゥー寺院・モスク支援のための支出（Dewasthān）や祭礼時の油代（Roshnāī）などの支出項目が通関税帳簿に確認された。

3つ目は公的機関での支出である。特に記録庫の費用（Daftar Kharch）は毎年支出されており，通関税の税収も記録所を運営する資金源の一つであった。

通関税帳簿の分析により，政府にとって通関税の徴収が単なる税収確保にとどまらず，在地経済・流通の情報を得る有効な手段であったことが明らかとなり，この情報をもとに政府は在地経済・流通に干渉することがあった。ただし史料が示す限りでは，政府は戦時を除き，在地の経済・流通を良好に維持しようとして過干渉を控える立場にあった。さらに，流通を円滑にするために通関税収入の一部を使ってインフラが整備された。

加えて注目すべきは，通関税収入の一部が在地の世襲役人や宗教施設に支払われていたことである。一見すると流通や通関税システムに無関係な支出であるが，この支払いは在地社会の域を越える流通や通関税に対して，在地社会から承認を得る手続きであったと考えることが可能であろう。世襲の通関税徴収人が任に当たっていることから，在地社会からの承認・協力は通関税徴収に不

56　Tāḷeband Jakātī Pargaṇā Indāpūr, Shuhūr San 1185, Prant Ajmās, Puṇe, Rumāl no. 64, MSAP.

可欠であったといえる。このような状況の下で，詳細な通関税記録が作成された。次節では，通関税記録を分析することで，宰相政府支配下でのインダプール郡における商業活動のあり方を解明する。

2　通関税記録にみる商業活動

本節で用いる通関税記録（Jakātkaḍīl Hishebī）は，通関税の日録（Rojkīrd）を基本文書として，宰相政府への報告のために，月ごとに日録を編集したものである。インダプール郡に関しては1811〜12年の一年間の記録がほぼ切れ目なく収められている。各記録は，関所の通行者（商人[57)]）とその居住地域，課税対象となる品物，関所名，商品の移入元・移出先，運搬手段などが記載されている。本節では，筆者が収集したインダプール郡内の約3,200件の通関税記録を用いて，インダプール郡内で活動した商人および彼らが運んだ商品の分析を行ない，さらに出発地・通過関所・終着点から商品の流通ルート，すなわち商品の移入元および移出先を解明し，同郡の流通ネットワークの考察を準備する。

1）通関税記録にみる商人

①居住地域

通関税記録には，商人の活動拠点となる居住地域が示されており，インダプール郡で活動する商人はその居住地から3つのグループに大別できる。第1グループは，インダプール郡内に居住する商人である。この集団の中では，郡内の3か所の商業地区であるインダプール町，パラスデーオ村，バワデ町居住の商人が最も頻繁に記載され，彼らはインダプール郡内の様々な地点で商品流通を担っていた。特に，インダプール町の市場長（Peṭhkar[58)]）の名が多く記録

57　本章で商人とは通関税記録の「商人・運び手」の項目に記載された人々を指している。ここでいう「商人」が属する社会集団に関しては次項にて詳述する。

58　通関税記録にみられる市場長（Peṭhkar）は，その綴りから少なくとも，先に言及した，カマヴィスダールが通関税の減免について交渉していた人物と同一であると判断される。すなわち市場長は市場地区の行政の責任者であるばかりでなく，在地，つまりインダプール郡の有力商人であったことがわかる。

の中に見出され，おそらく彼が商業地区居住の商人の中で中心的な役割を果たす人物であったと考えられる。第1グループに属する商人のうち上記の3商業地区出身以外の者は，主にビマ川またはニラ川沿いの村々に住んでいた。ニラ川沿いの村々に居住している商人の多くが，ビマ川沿いの村々の関所で通関税を支払っており，舟によるビマ川・ニラ川間の取引が盛んに行なわれていたことがわかる。第1グループは，ある種の商品に特化せず，種々の品々を扱っていた。

第2グループは，インダプール郡周辺の地域に居住する商人たちである。上述したように，ビマ川が北方と東方で，ニラ川が南方でインダプール郡の境界を形成しており，西方はバラーマティ地区と接していた。第2グループの商人の多くは，インダプール郡から最寄りの町であるバラーマティ町に居住しており，第1グループの3商業地区出身者と同程度の頻度でこれらバラーマティ町からの商人の名が記録されていた。すなわちインダプール郡の商品流通の主な担い手は，郡内の3商業地区の商人および近接する町の商人であったことがわかる。インダプール郡の南方に注目すると，境界となっているニラ川の対岸にはサタラ州に属する村々・町があり，これらの地域の商人がインダプール郡でも活動していた。特にバワデ町の南方にあるサラティ村には，ニラ川対岸のサタラ州アクルーズ町から多くの商人が来て，取引を行なっていた。サラティ村はバワデ町のニラ川岸の外港の役割を果たしており，アクルーズ町の商人は，バワデ町に集まった商品をニラ川の水運を用いて再分配していた。バラーマティ町やアクルーズ町の商人活動は，インダプール郡の商品流通の範囲や担い手が同郡に限られていないことを示している。ニラ川対岸の村々・町から来た商人たちは，インダプール郡側の商人と同様にビマ川沿いの村々でも商業活動を行なっていた。インダプール郡の東方にはテンブールニ町があり，プネー・ソーラプール道路沿いに位置する同町は，インダプール郡周辺，すなわちプネー州東部とその隣接州における綿布流通の中心地であった59)。テンブールニ町からインダプール郡にやってくる商人も多かったが，彼らは主に綿布を扱っ

59　たとえば，バラーマティ町に設置された関所の記録は，多くの綿布がバラーマティ町を経由してテンブールニ町へ運ばれたことを示している。Rojkīrd Jakāt Chautra Kasbā Barāmatī, Jakātkaḍīl Hishebī Kagaḍ, Rumāl no. 121, MSAP.

ていた。彼らはインダプール郡内で流通している綿布を，インダプール町の外港であるヒンガン村や，郡の南西端に位置するタワシ村に運んでいた。そこで彼らは綿布を売却するか，荷の積みなおしをして，インダプール郡の外へ綿布を流通させていたと考えられる。

第3グループは遠隔地域から来た商人から成り，特にプネーからの商人はインダプール郡内の各地で商業活動を行なっていたことがわかっている。プネーからやってきた商人は肉屋，油屋，毛織工が多く，その専門職に関わる商品を扱っていた。その他，ビマ川上流のハヴェリ郡タレガーオン町からの商人は，ヒンガン村に綿布を持ち込んでいた。ヒンガン村はビマ川上のインダプール町の外港であり，この商人の活動が，インダプール町とビマ川沿いのプネー州内の他町を結びつけていた。他にプネー州サースワド町からの多くの商人がインダプール郡で活動しており，サースワド町はサースワド・インダプール道路の一端であった。タレガーオン町とサースワド町の事例は，河川や道路などのインフラが遠隔地の商人とインダプール郡を結びつけるうえでいかに重要であったかを示している。実際に，インダプール郡につながる河川沿いの町や同郡につながる道路沿いの町の出身者が第3グループの多くを占めていた[60)]。プネー州以外では，東方のソーラプール町とその周辺村から，またはアフマドナガル州バルシー郡ヴァイラグ町などから来る商人が多く，彼らはビマ川沿いのパラスデーオ村や郡南西端のタワシ村等で商取引を行なった。通関税の税帳簿によると[61)]，バルシー郡からの商品を運んでいる者の中には上述の運送請負人が含まれていた。他にも事例は少ないが近接するニザーム領など，広域から商人がインダプール郡に商品を運んできた[62)]。このことから，インダプール郡を直接

60　インダプール郡とプネー市は，プネー・ソーラプール道路により陸路で結ばれていただけでなく，プネーを流れるムラ川・ムタ川はビマ河の支流であり，河川交通によっても両地域は結びつけられていた。

61　Tāḷeband Jakātī Pargaṇā Indāpūr Shuhūr San 1193 and 1194, Prānt Ajmās, Puṇe, Rumāl no. 64, MSAP.

62　ニザーム領からは，地理的にはヴァイラグ町の最寄りの町となるオスマナバード町から商人がインダプール郡に入っていた。1811～12年の通関税記録に記録された限りでは，記録時にニザーム領となっていたパイタンが商人居住地の最北であり，最南端はコルハープルのマラーター王国の北端に位置し西ガート山脈上にあるマヒマトガード砦地域であった。

の終着点とする取引に限定しても，かなり広域な商業圏が存在していたことがわかる。プネー以西の沿岸地域とインダプール郡の直接的な結びつきは商人居住地の分析からは見出されないが，これについては次節にて詳述する。

②カースト

前項で指摘したように，本章で扱う「商人」は通関税記録の商人・運び手の項に記載された人物と定義され，必ずしも商取引を専門とする集団ではなく，実際には商品の運搬や取引に関わった様々な社会集団から成る人々であった。彼らを社会集団によって区分すると 3 種類に大別することができる。第 1 グループは，商取引を専門とする職業商人である。通関税記録には，職業商人を意味するワーニー（Wānī）の語が頻繁に記録され，ワーニーの中では特にグジャールの名がよく見出された。先述の通りグジャールとはグジャラート商人の一派であり，グジャラート商人はラジャスターンのマルワーリー商人とならんでインドを代表する商人集団で，その活動域は 17〜18 世紀の段階でインド亜大陸を越え，インド洋各地に広がっていた。グジャールはインダプール郡では，粗糖などの加工食料品や穀物を扱う傾向にあった。他方でマルワーリー商人の名は通関税記録に散見されるのみで，インダプール郡における彼らの活発な商業活動は見出されない。デカン地方外の職業商人としては他に，インド南部，特にニザーム領から来たテルグ語を母語とするコーマティがおり[63]，彼らはインダプール町の外港であるヒンガン村で水上交易に従事していた。特定の商品を扱う商人としてはパーン屋，肉屋などがいた。前者はキンマの葉でビンロウの実などをくるんで噛む嗜好品を売る商人で，彼らはこの商品を取り扱う以外に穀物を扱う傾向があった。肉屋は羊肉・山羊肉を扱っており，前述の通りプネーから来訪する者が多く，それ以外の肉屋は主にインダプール町に居住していた。ここから肉屋は主に都市・町で商業展開していたことがわかる。他にラマーン（Lamāṇ）と呼ばれる商集団がおり，彼らはバンジャーラーと呼ばれる行商人の下位集団であった。バンジャーラーはムガル帝国などの近世史料に広くみられ，荷牛などからなる大規模なキャラバンを率いて穀物などの多様

63　James M. Campbell ed., *GBP* Vol. XVIII, Poona District, Part 1, p. 270.

な商品を扱っていた[64]。インダプール郡においてラマーンは，プネー・ソーラプール道路沿いにある郡北西部の交通の要所であるビグワン村に塩を運び入れ，さらに塩をバラーマティ町からインダプール町へ運んでいた。他方でラマーンはインダプール・サースワド道路にあり，同道のインダプール郡への入り口にあたるサナサル村に油と穀物を運搬していた。すなわちラマーンは，塩などの様々な商品を陸路で郡外からインダプール郡に運び入れる役割を担っていた。

第 2 のグループは職人と農民である。通関税記録には様々な職人集団の名が記載されており，このことは，近世期のインダプール郡の職人が財の生産のみでなくその商取引にも関わっていたことを示している。たとえば毛織工は毛織物・毛糸を，織工は綿布を扱っていた。油屋は油の運搬・販売を行なっていたが，通関税記録には油と同頻度で穀物の記載があり，彼らが穀物交易にも従事していたことがわかる。皮革工は革製品のみならず穀物も扱っており，陶工も同様に穀物，塩，食料品などの商売に従事していた。真鍮細工師（Kāsār）も真鍮製ブレスレット以外に穀物と食料品を運んでいた。このように職人の中には，専門職として生産した品物とは別に穀物などの種々の品物を扱う者がいた。職人が専門とする品物を商っている場合に通関税を免除することを宰相政府は命じているが[65]，むしろこのことは，多くの職人が専門的に生産する以外の品物を扱っていたことを示唆している。これらの職人の多くはプネーからの肉屋集団を例外としてインダプール郡在住か，同郡周辺の出身であった。彼らは自らの専門職が繁忙期ではないときに交易に従事していた可能性があり，その際は，彼らが専門的に生産したものよりも，より流通性が高い穀物などの品物を扱うことを好んだと考えられる。他方で農民は自身で生産したであろう穀物や飼葉を商っていた。

専門的な商人，職人・農民を除いた多様な社会集団が第 3 のグループを構成した。支配階級であったバラモンやマラーターもインダプール郡における交易に参加した一方で，マハールやマーングなどの不可触民も参加していた。概して，不可触民を含む低カーストは主に穀物を扱っていたのに対し，高カースト

64　Irfan Habib, *op. cit.*, pp. 69–70 and J. N. Sarkar, *Mughal Economy, Organization and Working*, pp. 116 and 255.

65　T. T. Mahajan, *Industry, Trade and Commerce during the Peshwa Period*, p. 67.

は穀物だけでなく，粗糖などの食料品，タバコなど種々の商品を扱っていた。第 3 グループの社会構成は，様々な社会集団がインダプール郡における在地交易に参加していたことを示している。これら諸集団の多くが穀物交易に程度の多少はあれども従事しており，穀物は自給自足的な村内でのみ受け渡されていたのではなく，商品として郡内で盛んに流通していたことがうかがえる。

2）通関税記録にみる商品

通関税記録の商品欄には様々な品目が記載されており，本項では登場頻度が多かった主たる商品に注目する。

主要商品の中で最重要であったのが塩である。塩の重要性とこれがデカンで産出しないことはすでに述べたとおりである。植民地期初期の 1825 年にプネー県で社会経済調査を行なった統計報告官（Statistical Reporter）のサイクスは，デカン地方への塩の輸入額が同地方からの商品の輸出総額に等しいと述べ，同地方における塩の重要性を報告した[66]。そして前節の飢饉における塩交易の保護の事例は，宰相政府も塩を重要な交易品と位置づけていたことを裏づける。通関税記録は塩が町のみでなく郡内の多くの村に運ばれたことを記しており，インダプール郡の商人だけでなく，テンブールニ町など同郡周辺地域の商人もこの交易に従事していた。インダプール郡を含むデカン地方で流通した塩は海岸部のコンカン地方やゴアで生産されており[67]，インダプール郡内へはヒンガン村，カラシ村，アジョティ村などビマ川沿いの港村を通じて流入していた[68]。通関税記録における頻度から，ヒンガン村経由でインダプール町に水路で流入するのが，インダプール郡における塩の流通の主要なルートであったと考えられる。その後，塩は陸路で郡内を西進し，多くが郡西南端のタワシ村に到達した。同村に到達した塩の一部はさらにインダプール郡以西の地域に流出したよ

66　サイクスの社会経済調査は，プネー県内のビマ川およびゴレ川以北を対象としており，インダプール郡は対象地域に含まれていなかったが，19 世紀前半におけるインダプール郡周辺の状況を知るうえで本書にとってもきわめて重要である。*Lieut-Colonel Sykes' Statistical Report of the Poona Collectorate*, Revenue Department, 22/154A of 1826, MSAM, p. 15.

67　*Ibid.*, p. 31.

68　11 Moharam Shuhūr 1177, Prānt Ajmās, Puṇe, Rumāl no. 504, MSAP.

うで，塩についてはビマ川の水上交通による東進と陸路での西進によるU字の交易路を見出すことができる。塩の交易路は水上交通の効率性を示すとともに，水路と陸路の組み合わせによって流通が成立していたことを示している。

塩に次いで通関税記録に多くの頻度で見出されるのが綿布であった[69]。インダプール郡では綿布はインダプール町とヒンガン村に集中する傾向にあり，これに次いで内陸のゴートワディー村に多くの綿布が集まった。ただしゴートワディー村に集まった綿布の一部はインダプール町へ再運搬されており，同村はインダプール町への綿布輸送の中継地点でもあった。主要関所が置かれ，郡の主要な港村であったパラスデーオ村，およびインダプール郡周辺の主要な町（バラーマティ町，ファルターン町，サースワド町など）出身の商人が主に綿布を扱っていた。毛織物はカラシ村やヒンガン村などのビマ川沿いの村々，ゴートワディー村そしてインダプール町に集中し，ゴートワディー村およびカラシ村に集まった毛織物の多くがインダプール町へ運搬された。インダプール郡周辺に居住する多くの毛織工がインダプール郡で，毛織物の運搬・売買に従事していた。綿糸はインダプール郡内の村々に運ばれていたことが記録されており，プネーやソーラプールの商人たちも綿糸交易に従事していた。ソーラプールはデカン地方の綿織物業の中心地の一つであった[70]。材料の綿花もパラスデーオ村，インダプール町，バワデ町を主な交易拠点としながらインダプール郡内に流通していた。総じて，綿布およびその関連品は，陸路ではサースワド・インダプール道路沿いのゴートワディー村を介して，水路ではビマ川沿いのヒンガン村を通じてインダプール町に集積しており，これらがこの種の商品の郡内における主要な流通経路である。より広い視野で捉えると，綿関連製品が他の町からインダプール町へ流入し，その多くがビマ川沿いのヒンガン村を経由して，東方のテンブールニ町へ再び流れていったという商品流通経路が見出せる。テンブールニ町はインダプール郡周辺の綿布の集散地であり，この文脈において，プネー州とその周辺における郡域を超えた交易の中に，インダプール郡の綿関連製品の流通を位置づけることができる。

69　通関税記録では綿布は集合的に記されており，綿布の種類などの詳細は明らかにならなかった。

70　T. T. Mahajan, *Industry, Trade and Commerce during the Peshwa Period*, p. 16.

塩，綿布に次いで高い頻度で通関税記録に記されていたのが穀物である。本章では何度か穀物について言及しているが，通関税記録ではデカンの主要作物であった雑穀や海岸部から流入する米が基本的に区別されることなく「穀物」と分類されていた。米（Tandūl）や雑穀のモロコシ（Jowārī）が明確に表記されることもあったが，その記録頻度はかなり少なく，これらの品目はほとんどの場合穀物に分類されたと想定される[71)]。まとめて記録されたこれら穀物はインダプール郡のほぼすべての関所を通過しており，様々な経路で郡内を流通していたことがわかる。とりわけその多くが，陸路ではゴートワディー村経由で，水路ではヒンガン村経由でインダプール町に集積しており，綿布の主たる流通経路と同じルートを取っていた。頻度は少ないが米とモロコシが明記された記録に注目すると，前者はサースワド・インダプール道路沿いのサナサル村やセール村を経由してインダプール郡内を流通しており，主たる流通の担い手はサースワド町の商人であった。米は雨量の少ないデカン地方では生産できず，インド西部海岸地帯のコンカン地方やゴアからデカン地方へ流入していた。穀物の分類の仕方に鑑みると，通関税記録がインダプール郡における米流通を正確に記録しているとは考えにくいが，少なくとも米のインダプール郡への流入ルートの一つとしてサースワド町を経由した陸路があったことがわかる。モロコシはデカン地方で産する主要な穀物で，小麦が流通している現在でも，インド西部では円状のパンにして食されている。インダプール郡を構成する村々で主に生産されていたのはモロコシであったが，郡内にも流通がみられ，陸路の拠点であったゴートワディー村や，ビマ川沿いのシャハ村を経由してインダプール町に集められた。通関税記録では，モロコシの運搬に関してインダプール町で為替手形（Hunḍī）が発行される事例が非常に多くみられ，流通したモロコシの多くがここで売却されたことがわかる。すなわち，インダプール郡周辺も含めた村々におけるモロコシの余剰生産分は陸路と水路でインダプール町に集められ，そこで売買が行なわれたと考えられる。通関税記録によると一部のモロコシはインダプール郡から再びビマ川沿いのシャハ村を経由して，水路で他郡へ送られており，主要農産物についても郡を越えた余剰生産物の交易が

71　どのような条件でモロコシや米が穀物と区別して表記されたかについては，通関税記録の分析からは明らかにならなかった。

行なわれていたことがわかる。

穀物に加えて飼葉も郡内を流通していた。宰相政府の軍事体制におけるインダプール郡の役割を考えると，飼葉が軍事上非常に重要であったことは容易に想像できる。飼葉は強制労働等によって武官が駐屯する周辺村でも調達されたが（第3章参照），通関税記録によるとプネー・ソーラプール道路沿いのパラスデーオ村やロニ村に集中しており，飼葉の余剰分が陸路で集められていたことがわかる。インダプール町への飼葉の集中度は両村より相対的に低く，すべての商品についてインダプール町への一極集中がみられるわけではなかった。そしてインダプール郡で産する若馬は，同郡で流通する交易品の中でも特に高額であり，軍事的・経済的に重要な商品であった。インダプール産の若馬はインダプール町市場地区の常設市場に運ばれて取引され，同郡に駐屯した武官はこの市場で若馬を購入することが多かった。馬の購入額に関わりなく，武官が購入した場合は馬にかかる通関税は免じられたため，購入後の馬の流通過程は通関税記録からは明らかにならない[72]。しかし，この免税の記録は少なくとも，宰相政府が都プネー防備のために，インダプール郡の武官に現地での軍馬の購入と整備を推進していたことを示している。通関税記録には，非軍事的利用のための若馬の運搬・取引についてごく少ない事例が確認されるが，これによると若馬はインダプール郡西端のタワシ村を通じて，またはインダプール町の外港ヒンガン村を通じて他郡へ移出されていたようである。

4）通関税記録にみる商品の流通ルート[73]

①インダプール郡に流通する商品の移入元

流通ルートを見出すために必要となるのが，その出発点である商品の移入元に関する情報である。通関税記録の項目である商品の移入元とは，関所を通過する商品を，商人がどこで積み荷したかを示す情報であり，この点において移入元はインダプール郡内に限られるわけではなく，前項まででインダプール郡外から様々な商人やモノがやってきたことを示したとおりである。しかし，通関税記録の同項目の記載を整理すると，インダプール郡外の地名が出てくる

72　2 Ravilākhar, Shuhūr San 1195, Prānt Ajmās, Puṇe, Rumāl no. 504, MSAP.

73　本項で頻出するインダプール郡内の町村の位置は後掲図7-3を参照のこと。

ケースはごく少例であり，インダプール郡内の地名が記されるか，または同項目が無記載であることが非常に多かった。無記載に関しては，関所が位置する村・町が移入元となっている場合であり，そこで商品が生産されたか，取引の末に商品が積み出されたことを意味する。ただし移入元が無記載の商品について他郡の商人が関わっているケースも多いことから，郡外からの商品が移入した場合も無記載になる可能性が高い。様々な商品がインダプール郡外から移入したが，郡外の移入元について多くが無記載となっているために，流通の全体像を考察することは現状では不可能である。ここでは，移入元として記入された郡内の地名，および流通の出発点であるために移入元が無記名となった関所の地名から，インダプール郡内の流通の出発点を解明することとする。この作業を通じて，可能な限りにおいて，郡外からの移入の経路を検証する。

通関税記録を分析した結果，郡内の3箇所が主要な移入元として見出された。第1はインダプール町で，通関税記録では最頻出した移入元であった。インダプール町の関所における通関税記録を分析すると移入元が空欄になっている場合が多く，空欄の事例ではインダプール町の商人が関わっている例も多数みられた。このような事例に関しては郡外からインダプール町に商品が入り込んだというよりも，インダプール郡で商品が生産されたか取引されたかによって同町が流通の起点となったと想定できる。インダプール町は郡最大の農村であり，市場地区は郡の手工業の中心であった。そのため同町において手工業品や農産物が生産されていたことは，インダプール郡の商品流通を考えるうえで非常に重要な点となる。さらに同町では，同郡最大の市場として様々な商品が取引され，積みなおされて郡の内外に配送されていた。同町を起点として流通する商品は，塩，タバコ，粗糖などの食料品，主要作物であったモロコシ，綿布など非常に多様であった。塩はインダプール郡内で産出しないため，同町で売買された品が積みなおされ出荷されたと考えられる。他方でモロコシは同町の農村地区が郡内最大の生産量を誇っており，余剰分が移出された可能性が高い。これらの商品の中で，塩やタバコなど食料品の多くは郡南西端のタワシ村へ運ばれ，それ以外の商品は，サースワド・インダプール道路沿いで郡内陸部に位置するゴートワディー村やニンブ村へ運ばれたり，インダプール町の外港であるシャハ村やヒンガン村に運ばれたりした[74)]。後者はビマ川の水運を用いて，さらに郡外へ商品が運送されていったと考えられる。

第2の主要な移入元は，ビマ川・ニラ川沿いの港村である。ビグワン村，パラスデーオ村，ヒンガン村はビマ川沿い，サラティ村はニラ川沿いに位置した。上述したとおり，ビマ川・ニラ川はインダプール郡の流通において重要な役割を果たしていた。ビグワン村が移入元として記載される頻度はパラスデーオ村やヒンガン村に劣るものの，インダプール郡北西端に位置し，ビマ川（水路）とプネー・ソーラプール道路（陸路）で商品が移入された場合に最初に到達するインダプール郡の入り口として戦略的な位置を占めていた。英領期の地誌によると，ビグワン村は町ではなかったが，少なくとも同誌編纂時には週市が立っていたことが記録されている[75]。ビグワン村からは穀物，飼葉などが主にパラスデーオ村へ運ばれた。ヒンガン村からは穀物，塩，その他の食料品が主にインダプール町へ運ばれており，これはヒンガン村の外港としての役割を示すものであった。ヒンガン村とインダプール町間の交易に関しては，同町の商人のみならず，インダプール郡に隣接するテンブールニ町の商人もこれに従事していたことが注目に値する。ニラ川沿いのサラティ村では主に穀物が，インダプール町や対岸のアクルーズ町へ運ばれ，アクルーズ町の商人が多くこの交易に関わっていた。

第3の主要な移入元はインダプール郡の内陸部にあり，サースワド・インダプール道路沿いに位置したセール村，ゴートワディー村，ニンブ村である。これらの村々からは，穀物，塩，食料品がタワシ村やパラスデーオ村へ運ばれた。ゴートワディー村とニンブ村からは種々の商品がインダプール町へ流れた。通関税記録では，移入元として他村に比べて多い頻度で上記の内陸3村の名前が見出されたが，他方で内陸3村の関所の記録を見ると移入元が空欄であることも多かった。穀物などの商品が内陸3村で生産されて出荷されたのみでなく，セール村では定期市が立っていたため（第2章参照），市場で取引された商品が同村で積みなおされたと考えられる。注目すべきは移入元が空欄であった商品

74　インダプール町の外港という位置づけではなかったが，雨季にはビマ川沿いのアゴティ村やアジョティ村に商品が運ばれており，先述したように雨季にはビマ川の水運がより重要となっていたことがわかる。

75　James M. Campbell ed., *GBP* Vol. XVIII, Poona District, Part 3, p. 119.

をサースワド町やバラーマティ町の商人たちが運んでいる事例も多かったことである[76]。内陸3村は，サースワド・インダプール道路沿いに位置しており，同道路はサースワド町やバラーマティ町を通っている。このことから，これらの町の周辺地域から商品を運んできた商人がおり，さらにインダプール町などへこれらの商品を運んでいたことが推察できる。内陸3村は主要な商品供給地であると同時に，商品中継地でもあったのである。

②インダプール郡に流通する商品の移出先

通関税記録には，移出先の地名とともにChiṭṭī という語が非常に頻繁に記された。Chiṭṭī の訳語の第1は「記録（note)」であるが，第2に「為替手形（A bill of exchange or Hunḍī)」であり[77]，A. R. クルカルニーは，この語がしばしば為替手形（Hunḍī）を指す語であったと指摘している[78]。通関税記録が流通を記録する文書であったことを考えると，Chiṭṭī は単なる記録ではなく為替手形を示していたと見てよいだろう。地名との組み合わせは当該村で為替手形が用いられたことを示しており，ひいては通関税記録に名前を記載された商人が商品を売却し為替手形を受け取ったことを意味している。同語が頻出したことから，為替手形が民間の取引において広く用いられたことがわかると同時に，流通の中で商取引が繰り返されたことが読み取れる。移入元の項目と同様に移出先も空欄の場合が多く，多くの商品がインダプール郡以外の村々に運ばれていったと考えられる。そのため，インダプール郡において流通していた商品が郡域を越えてどこへ運搬されていったかについてその全体像を明らかにすることは不可能である。移入元の分析と同様に，ここではインダプール郡内における流通の主要な到着点を解明する。

インダプール郡内の流通には5地域の主要な終着点が存在し，その第1はインダプール町であった。インダプール町は移出先として最も頻繁に記録され，郡内の多くの村から商品が集積した。たとえば内陸のゴートワディー村からは

76　サースワド町，バラーマティ町出身の商人は主に綿布や毛織物を扱っていた。

77　Molesworth, *op. cit.*, p. 282.

78　A. R. Kulkarni, “Money and Banking under the Marathas Seventeenth Century to AD 1848,” pp. 113–114.

綿布，モロコシを含む穀物などがインダプール町へ運ばれていた。ゴートワディー村とインダプール町がともにサースワド・インダプール道路沿いにあるために，同道路沿いの主要な町の商人（サースワド町の商人やバラーマティ町の商人）もこの交易に関わっていた。他方でインダプール町の主要関所の記録には移出先の項に空欄が多く存在する。これは商品がインダプール郡外へ移出されたか，同町で商品が売却されたことを意味している。インダプール町に集まる商品には綿布，モロコシを含む穀物，食料品，山羊などがあり，プネー市を含めた様々な都市・町から商人がやってきていた。あるいは，インダプール町（終点）と商品が積み込まれた郡内の村（始点）を結ぶ交易ルートの延長上にある都市・町の商人が商品を扱うという一つの傾向もみられた。たとえば，バラーマティ町の商人がゴートワディー村からインダプール町へ穀物を運んだという記録がある。バラーマティ町とインダプール町はサースワド・インダプール道路沿いにあり，同道路沿いで両町の間にゴートワディー村が位置していた。商業効率を考えるならば，バラーマティ町の商人は穀物または何らかの商品を持って，サースワド・インダプール道路を東方（インダプール町の方向）へ進み，ゴートワディー村で積み荷を入れ替えて穀物を運搬し，インダプール町へ到達したと考えられる。この事例は，周辺郡の商人が積み荷を替えながら商品運搬を行なっていたことを示唆しており，当時の在地交易のあり方を知るうえで非常に重要な記録であるといえる。そして雨季は，外港であるヒンガン村経由の商品記録の頻度が上がることから，雨季にビマ川の水運が積極的に用いられたと考えられる[79)]。インダプール町の主要関所記録を見ると，バワデ町・サラティ村から穀物がインダプール町へ運搬され，ゴートワディー村から綿布，穀物，モロコシ，山羊が運ばれ，ヒンガン村からは穀物，塩が年間を通じて運ばれて雨季には商品がより多様になっている。これらの流通経路は通関税記録の中で特に頻度が高いもので，それ以外にも郡内の様々な村から商品がインダプール町に集まった。

インダプール郡内のもう一つの町であるバワデ町が，郡内流通の第2の主要

79　特に雨季にはアジョティ村などビマ川沿いのヒンガン村以外の村とも双方向の交易がなされており，少なくとも雨季の時期には，インダプール町はヒンガン村のみでなく複数のルートでビマ川の水運につながっていたことがわかる。

な終着点となった。バワデ町の周囲の村々，セール村などのインダプール郡内陸の主要な商品供給地，インダプール町から，穀物を中心に様々な商品がもたらされた。バワデ町は流通の主要な出発点ではなかったが，バワデ町のニラ川沿いの外港であるサラティ村の郡内の主な移入元としての役割を果たしており，バワデ町・サラティ村地域がインダプール郡内の流通ネットワークの一つの中心になっていたと考えられる。

インダプール郡内の流通における第３の主要な終着点はビマ川・ニラ川沿いの港村で，具体的にはビマ川沿いのヒンガン村およびパラスデーオ村，そしてニラ川沿いのサラティ村がこれにあたる。パラスデーオ村へは，穀物や綿布など種々の商品が同村周辺やセール村を含む内陸の商品供給地よりもたらされた。インダプール町の主要関所の通関税記録では，種々の商品の移出先がヒンガン村となっており，為替手形の表記も頻繁に確認できた。ヒンガン村がインダプール町の外港であったことを考え合わせると，インダプール町からヒンガン村へ商品が運ばれて，同村で商取引と商品の積みなおしが行なわれて郡外に移出されたと考えられる。興味深いことに，通関税記録が示すヒンガン村を終着点とする商品の半分弱が，内陸の商品供給地からインダプール町を通過してくる商品であった。この動きはインダプール町で商品が売却・積みなおしされずに同町主要関所を通過したことを示している。すなわち，インダプール町の市場は同郡最大であったが，郡外へ持ち出される商品は同町市場ではなく外港（ヒンガン村）で直接取引が行なわれており，この場合のインダプール町は通過点にすぎなかったのである。

郡内流通の第４の主要な終着点はインダプール郡の内陸部（セール村，ゴートワディー村，ニンブ村）であり，粗糖などの食料加工品や塩など，種々の商品がインダプール町からゴートワディー村に運ばれ，同村で売却された。ゴートワディー村はインダプール町へ商品を供給するばかりでなく，逆にインダプール町からも同村へ商品が流れており，双方向の交易がなされていたことがわかる。塩，穀物や食料加工品などがヒンガン村からインダプール町を経由してニンブ村へ運ばれ，そこで商品が売却された。おそらく様々な商品が水上交通によってヒンガン村へ集められ，その一部が内陸部に達したと考えられる。この交易には，インダプール町に近いテンブールニ町の商人が多く関わっていた。

第 5 の主要な終着点は郡南西端のタワシ村であった。同村へはインダプール町やパラスデーオ村など郡内の主要な商品供給地から，食料品・穀物などの様々な商品が運ばれ，そこで売却された。さらに，インダプール町経由でヒンガン村やアジョティ村などビマ川沿いの村々からも商品が運ばれており，タワシ村がインダプール郡内の非常に重要な交易拠点であったことがわかる。タワシ村の通関税記録では，移出先は空欄の場合や他郡の町が記されている場合が多いことから，タワシ村に集められた商品は同村で消費されるのではなく，さらに西方または南方へ輸出されたと考えられ，同村はインダプール郡の域外交易への中継地点であったことがわかる。

通関税記録の分析は，専門的な商人のみでなく様々な社会集団がインダプール郡とその周辺における交易に関わっていたことを明らかにした。さらに，その活動域に注目すると，商品と商人がともに一つの郡の行政域をはるかに超えて動いていることが明らかになり，商品の流通に関しては，流通の出発点・終着点としていくつかの拠点が浮かび上がってくる。次節では，インダプール郡の商人や商品が総体として形成した流通ネットワークを，交易拠点を統合することで再構築し，その特徴を検証する。

3　インダプール郡における流通ネットワーク

1）インダプール郡内の交易拠点

インダプール郡の主要な流通経路，郡内流通の主要な出発点・終着点の分析から，図 7-3 が示す 5 箇所の交易拠点が現出する。5 箇所の交易拠点は，インダプール町と外港ヒンガン村・シャハ村（第 I 地区），パラスデーオ村（第 II 地区），ゴートワディー村，ニンブ村，セール村からなる内陸部（第 III 地区），バワデ町とその外港サラティ村（第 IV 地区），タワシ村（第 V 地区）である。インダプール郡での町・村間，村間の交易は基本的にこの 5 箇所を拠点に展開していた。郡内の 2 ヶ町に加えて，3 ヶ村が交易拠点となっていたのは注目に値する。商品の流れを見ると，インダプール町へはタワシ村を除く 3 交易拠点か

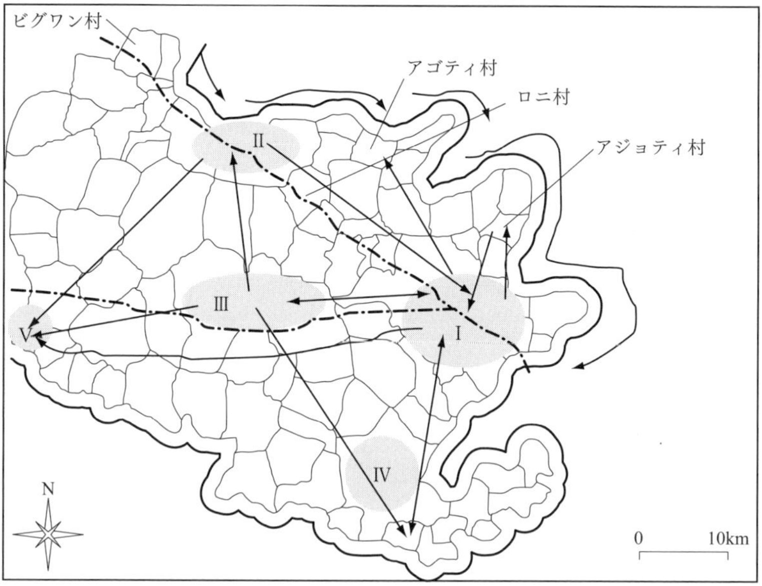

図 7-3　インダプール郡における交易拠点と流通ネットワーク

出典）図 7-1 に同じ。

ら商品が集積し，商品の多くはインダプール町内の常設市で売却されるか，同町を経由して外港のヒンガン村へ送られた。インダプール町（第 I 地区）とパラスデーオ村（第 II 地区）との交易は主にプネー・ソーラプール道路を用いて実施され，パラスデーオ村とヒンガン村（インダプール町の外港）の間では綿布の交易がなされ，さらにヒンガン村から郡外へ綿布が移出された。これがインダプール郡における綿布の主要な交易ルートの一つとなった。綿布を中心に種々の商品がパラスデーオ村（第 II 地区）からインダプール町・ヒンガン村（第 I 地区）に運ばれ，雨季にはパラスデーオ村とヒンガン村の間でビマ川の水運が積極的に用いられたようである。この水上ルートでは，ヒンガン村のみでなくビマ川沿いのアゴティ村やアジョティ村へも商品が運ばれた。パラスデーオ村（第 II 地区）を中心とするその他の交易では，穀物などの種々の商品がビグワン村からパラスデーオ村へ送られた。パラスデーオ村はインダプール郡の水上交易の中心地であり，そのために通関税の主要関所がこの地に置かれたと考えられる。さらにパラスデーオ村へは内陸の交易拠点（第 III 地区）からも商品が流れており，サースワド・インダプール道路沿いの内陸交易とも無関係ではなかった。

インダプール町（第 I 地区）と内陸部（第 III 地区）の間ではサースワド・インダプール道路を用いて交易が行なわれた。塩や穀物などの種々の商品がインダプール町とゴートワディー村の間においては双方向で取引されていた。さらに，インダプール町の外港ヒンガン村からインダプール町での取引を経ずに直接ゴートワディー村へ商品が運ばれる事例も頻出し，ヒンガン村とゴートワディー村の間でも双方向で交易が行なわれていた。ゴートワディー村はインダプール町とヒンガン村の両地域と相互的な交易を行なっていることとなり，さらに両地域との双方向での交易が行なわれているのはゴートワディー村のみであることは，第 I 地区と第 III 地区の商業的結びつきの強さを示している。内陸部（第 III 地区）からはバワデ町およびサラティ村（第 IV 地区）へも穀物などの種々の商品が運ばれていた[80)]。インダプール町（第 I 地区）とバワデ町（第 IV 地区）の町間でも，第 I 地区と第 III 地区間ほど頻繁に記録されていなかったが，やはり双方向の交易が行なわれていた。

食料加工品，タバコ，果物など様々な商品がインダプール町（第 I 地区），パラスデーオ村（第 II 地区），内陸部（第 III 地区）からタワシ村（第 V 地区）へ集められ，アジョティ村など，ビマ川沿いの小規模港村からも食料加工品などがタワシ村（第 V 地区）へと運ばれていた。第 I・第 II・第 III 地区からタワシ村への商品の流れは，同村を終着点とする一方的な流れであり，同村に集められた商品は基本的にインダプール郡内を流通することがなかった。タワシ村がインダプール郡の南西端に位置していたことを考慮すると，同村に集められた商品は，インダプール郡の南方または西方へ移出されたと考えられ，同村がインダプール郡から南西へと向かうルートの中継地点となっていたことがうかがえる。

80　内陸部の交易拠点（第 III 地区）は他の交易拠点以外に，ビマ川沿いのアジョティ村やアゴティ村とも取引を行なっていた。

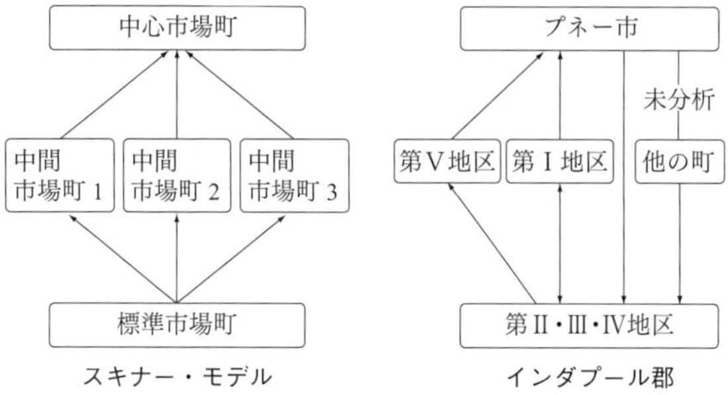

図 7-4　スキナー・モデルとインダプール郡の比較

出典）筆者作成。

2）インダプール郡における流通ネットワークの特徴

通関税記録の分析からインダプール郡内に5つの交易拠点が存在したことが明らかになった。これらの拠点間でどのような関係が結ばれ，流通ネットワークが形成されたかを考察することが次の課題となる。流通ネットワークの再構築にあたって有用となるのが，ウィリアム・スキナーの中国の市場モデルである[81)]。スキナーのモデルは，1949〜50年に彼が中国四川地方で行なった調査をもとに描いた市場の階層モデルで，対象地域や時代は異なるものの，モデル自体が他地域と比較可能なように形式化して作成されていること，およびインド史研究において市場のモデルが作成されていないことから，本章ではスキナーの市場モデルを用いて流通ネットワークの再構築を試みる。

スキナーは市場町（Market Town）を階層的に3つのタイプに分類した（図7-4参照）。標準市場町は市場の階層構造の最下層にあり，周囲の農村住民の必需品が取引される最も基礎的な市場をもった町であった。標準市場町は，在地の日用品の交換の場であっただけでなく，農産物や手工業品がより上級の階層の市場に流通していく際の出発点となっていた。中間市場町は，その名の通り，在地における階層間の商品やサービスの垂直的な移動において，階層構造上で標準市場町と中心市場町の中間に位置する市場町であった。階層構造の最上位

81　G. William Skinner, "Marketing and Social Structure in Rural China, Part 1," *The Journal of Asian Studies*, Vol. XXIV, 1964, pp. 3–43.

にある中心市場町は，基本的に交通ネットワークの戦略的な位置にあり，輸入品を受け入れる施設が整っている市場町を指した。

スキナーは商品が標準市場町から中間市場町へ商品が流通していたとしている[82)]。図 7-3 が示すように，インダプール郡では，商品は 5 つの交易拠点の間を流通し，その中でもインダプール町（第 I 地区）とタワシ村（第 V 地区）に相対的に多くの商品が集中していた。スキナーのモデルを適用すると，この 2 拠点（第 I 地区・第 V 地区）が中間市場町となり，残りの 3 拠点（第 II 地区・第 III 地区・第 IV 地区）が標準市場町ということになる。標準市場町は 2〜3 の中間市場町に従属していたとスキナーは主張しているが[83)]，インダプール郡の標準市場町（第 II 地区・第 III 地区・第 IV 地区）は両中間市場町の双方と交易関係にあったから，スキナーのモデルとインダプール郡の交易拠点間の構造は符合しているといえる。さらにインダプール郡の郷主は，定期市が立った際に各店舗からビンロウの実を受け取るという慣習的な取り分を有していたが，その取り分が徴収されたのがパラスデーオ村（第 II 地区），セール村（第 III 地区），バワデ町（第 IV 地区）であり，本モデルにおけるインダプール郡の標準市場町であったのである（第 2 章参照）。この徴収は，標準市場町では共通して定期市が開催されたことを示唆しており，これら 3 拠点を同一の市場階級に含めることの妥当性を在地の慣習が裏づけている。

しかしこれら 5 箇所の交易拠点は，輸入品を受け入れる施設をもっていなかった。インダプール郡の周りで，ヨーロッパ商人との交易が盛んに行なわれ，スキナー・モデルの中心市場町に対応するのは，宰相政府が置かれたプネーであった。本分析では，プネーを，インダプール郡の外に位置しているが，市場の階層構造で最上位に分類される中心市場町と定める。中心市場町たるプネーは，インダプール郡外に位置するバラーマティ町やテンブールニ町を中間市場町としてインダプール郡の市場構造とは別の市場構造にも接続していたと考えられるが，本書はインダプール郡外の町の通関税記録を用いないため，郡外の経路については検証しない。その代わりに次項にて，インダプール郡とプネーの交易・市場構造に関してより広い視野で考察する。

82　*Ibid*., pp. 6–7.
83　*Ibid*., p. 21.

図7-4が示すように，スキナーは商品が下位から上位へと移動する階層的な市場モデルを描いたが，図7-3からは，インダプール郡の中間市場町であるインダプール町（第I地区）と標準市場町の3拠点（第II地区・第III地区・第IV地区）の交易は双方向で行なわれていたことがわかる。このことは標準市場町の3地区が，完全にインダプール町（第I地区）に従属していたわけではなかったことを示唆している。すなわちスキナー・モデルをインダプール郡の事例に完全に当てはめることは不可能であることがわかる。両モデルの差は図7-4において示したとおりである。本章では，交易ネットワークの実態をより明確に理解するために，5つの交易拠点を整理するツールとしてスキナー・モデルを用い，標準市場町と中間市場町に交易拠点を当てはめるにとどめて，モデルの細部の特徴を無批判にインダプール郡の市場構造に適用しないこととする。

スキナー・モデルを用いた考察の結果，以下のようなインダプール郡の流通ネットワークの特徴が明らかになった。すなわちインダプール郡では，スキナー・モデルの中間市場町に比定しうる2拠点を中心として2つの流通ネットワークが存在したと考えられる。1つ目の流通ネットワークの中心であったインダプール町には，プネーから多くの商人がインダプール町にやってきており，彼らは中間市場町（インダプール町）と中心市場町（プネー）を結びつける役割を果たしていた。こうした商人の動きは，高位の商人がより低位の市場を訪れる傾向があるとするスキナーの指摘とも符合するものである[84)]。インダプール町は郡庁（Kacherī）が位置する郡都であり，主要関所も置かれていた。郡の行政機構はインダプール町を中心として，バワデ町（第IV地区）が村落とは異なる町として郡内で第2位の地位にあり，また，通関税の徴税プロセスから読み取れるように，主要関所が置かれたパラスデーオ村（第II地区）がインダプール町に次ぐ拠点となっていた。インダプール町を頂点とする流通ネットワークは，より下位に3つの標準市場町があり，その周辺には農産物を市場に提供する村落があった。郡行政の要地は標準市場町と重なっており，インダプール町を中心とする流通ネットワークの階層構造は，郡行政の階層構造と対

84　*Ibid.*, p. 30.

応関係にあったことがわかる。上述したようにインダプール町は交通の要所でもあり，同町が様々な意味でインダプール郡の中心であった。

スキナー・モデル（図 7-4）と図 7-3 はともに，タワシ村（第 V 地区）がインダプール郡においてインダプール町と同様に重要な拠点であったことを示している。しかし，タワシ村は郡行政の中での要地ではなく，行政上は一村落にすぎなかった。通関税の徴収プロセスにおいては，タワシ村は関所を有していたが，その関所はパラスデーオ村（第 II 地区）の主要関所の管轄下にあった[85]。すなわち，タワシ村で徴収された通関税がパラスデーオ村に送られたが，図 7-3 で示したとおり，商品はパラスデーオ村からタワシ村へ送られていた。この流れは，行政的にはタワシ村がパラスデーオ村の下位にあるにもかかわらず，流通ネットワークの中ではタワシ村の下位にパラスデーオ村が位置していたことを意味し，タワシ村を中心とする流通ネットワークの階層構造は郡行政の階層構造と対応していなかったことを意味する。さらに興味深いことに，タワシ村に入った商品は，通関税記録が示す限りではインダプール郡内で再分配されずに，郡外へ移出されていた。すなわちタワシ村を中心とする流通ネットワークは，インダプール郡の行政域を越えて広がっていたことがわかる。流通ネットワークは，その構造およびその領域に関して必ずしも行政機構・行政域と対応関係にあるわけではなかったのである。

18 世紀末のインダプール郡の通関税帳簿の記録によると，種々の諸税も加算された主要関所に次いで通関税額が多かったのはタワシ村であり[86]，これは点的な情報にすぎないがタワシ村の交易拠点としての位置づけが 1802～03 年の災害前後で連続性を有したことを示唆している。さらに興味深いのは 1811～12 年の標準市場町（第 II・III・IV 地区）が，18 世紀後半を通じて郡内で定期市が開かれている地区であったことであり，第 II～IV 地区の交易拠点としての連続性も示されている[87]。すなわちインダプール郡の 5 つの交易拠点は 1802～

85　Tāḷeband Jakātī Parganā Indāpūr, Shuhūr 1185, 1193 and 1194, Prānt Ajmās, Puṇe, Rumāl no. 64, MSAP.

86　Tāḷeband Jakāti Parganā Indāpūr, Shuhūr San 1185, 1193, and 1194, Prānt Ajmās, Puṇe, Rumāl no. 64, MSAP.

87　逆の見方をすれば，18 世紀後半に郷主が権益を有していた定期市をもつ 3 地区は郡内の商品集散地としての機能を 1811～12 年の時点で回復していたことを示している。に

03年の災害に前後して連続して存在していたことがわかり，流通ネットワークも連続性をもっていたと推察される。19世紀初頭に激変した地方行政とは対照的に，地方経済は一時的な混乱[88]の後に回復・継続したのである。

3）インド西部における流通ネットワークの広がり

最後にインダプール郡の流通ネットワークをより広域的に考察し，郡外との商業的な関係を明らかにする。本項では特に前項のスキナー・モデルで中心市場町に比定したプネーとインダプール郡の商業的な関係に注目し，インド西部の経済の中にインダプール郡の流通ネットワークを位置づけることを目標とする。

宰相政府下のプネーはデカン地方における内陸交易の最重要結節点であり，デカン高原では産出しない塩や米，および穀物，粗糖等の食糧加工品などの日用品から，馬やラクダを含めた高級品までを扱う，様々な市場が内包されていた。プネーは，マラーター同盟領域内の州間の交易拠点としてパイタンや中央インドのバルハンプールなど他の内陸の拠点と遠隔地交易を展開するとともに，ボンベイの東インド会社との海外貿易を盛んに行なっていた[89]。他方で通関税記録の分析から，プネーの商人がインダプール郡へ来て，穀物も含めて様々な商品を扱っていたことが明らかになっている。インダプール郡で商業活動を行なった商人の多くはプネーの肉屋で，プネーから山羊（肉）を移入していたようである。また，ラクダなどの多数の高級品もプネーからインダプール町に移入された。ただし，通関税記録を見ると，移入者がプネーの商人であるにもかかわらず，商品の起点として，プネーではなく，ビグワン村，パラスデーオ村，サナサル村などインダプール郡の西側の郡境地域の村が登録されていた。この記録が示すのはインダプール郡辺境地域からインダプール町への商品の流れのみである。インダプール郡外の移入元・移出先が基本的に記載されなかったの

もかかわらず，郷主の取り分が回復しなかったのは，郷主の在地への影響力低下を明示している。

88　前章でインダプール町市場の通関税が1807年に減免されたことから，交易拠点も一時的には災害の影響を受けたと考えられる。

89　T. T. Mahajan, *Industry, Trade and Commerce during the Peshwa Period*, pp. 143–144.

はすでに指摘したとおりであり，これらの項目が空白で，かつ郡外の商人が記録されている場合は，その商人の拠点からインダプール郡を越えた商品の移動を推測することは可能であった。そのような事例とは別に，インダプール郡外の多くの商人が関わっていたのが，同郡辺境から交易拠点への商品の移動・取引であった。プネー商人など，インダプール郡外の商人による，このような商品の取り扱いが何を意味するのであろうか。本項ではこの点をより深く考察していく。

前段落で見た，プネー商人による商品運搬の移入元として登録されていた3村の中で，パラスデーオ村はプネー・ソーラプール道路沿いにあるとともにビマ川沿いの交通の要所であった。ビグワン村もビマ川沿いにあり，河川上や道路上のインダプール郡の入り口としての役割を果たしていた。他方でサナサル村はサースワド・インダプール道とインダプール郡境が交わる地点に位置し，こちらもサースワド・インダプール道路上のインダプール郡の入り口であった。すなわち3村は，インダプール郡の西方に向けての水路および陸路上の入り口であった。史料の通りに表現するならば，プネーの商人は，入り口となるこれらの村にたどり着き，そこで積み荷を入れ替えて新たに通関税の納付と移入元の登録を行ない，インダプール郡へ商品を移入して商業活動を展開したということになる。ここでいう積み荷の入れ替えは，おそらくは売買によるものであったと考えられ[90]，パラスデーオ村の定期市や，英領期に市場として記録されるビグワン村の取引場がその舞台であった。プネーの商人は，郡境地域での売買後に登録した商品を用いてインダプール郡で商業活動を行なっていた。他方で，通関税記録によるとプネー商人など郡外の商人が運ぶ商品の終着点として，インダプール町のみでなくヒンガン村も同様の頻度で登録されていた。すなわち彼らの商品の主な終着点は，インダプール町およびヒンガン村であったことになる。前述したようにインダプール町の外港であるヒンガン村はインダプール郡の水路の東側の入り口であり，プネーなど西側から来た商人にとっては，インダプール郡の出口となった。すなわち，プネーからインダプール郡の西側の入り口で積みなおされた商品はインダプール町の市場で売買されるか，

90　プネーの商人は各地に倉庫や支店をもっていれば，売買によらない積み荷の入れ替えは可能であったと考えられるが，現段階で支店や倉庫に関する記述は見出されていない。

ヒンガン村で他郡への移出のために積みなおされた可能性がある。この商業行為はインダプール郡域と無関係ではなかったと考えられる。

他方で移入元・移出先が空欄の記録も多数あったから，すべての商品や商人が郡域によって動き方を規定されていたわけではなかったことは明らかである。インダプール郡における商人や商品に関わる２種の異なる動きは，同郡の流通ネットワークを想起するとき，その関係がより明らかになる。すなわち，インダプール町を中心とする同郡の流通ネットワークは郡の領域や要地・要衝と深く結びついており，この流通ネットワークで商業を展開する商人は，インダプール郡の行政的な領域や重要地において活動することとなり，前段落のプネー商人のように郡域と関わって商業活動を行なっているように見えたと考えられる。他方で郡域を超え，行政上の重要地と関わりが少ないタワシ村を中心とする流通ネットワークで活動する商人にとっては郡域は重要な活動域とはならず，郡境で積み荷の入れ替えを行なわなかったため，移入元や移出先は空欄になったと考えられる。インダプール郡における商人の活動を，周辺地域も含めてより広い視野で見ると，商人は郡の領域に従っていたわけではなく，流通ネットワークの領域に従って活動していたことが浮き彫りとなる。

このような流通ネットワークは，インダプール郡のみでなく，デカン地方全体に多数存在したと考えられる。そして，先に注目したプネーからの商人は，一つの流通ネットワークから別のネットワークへと売買によって積み荷を変えつつ移動しながら，様々な地域における主要な町の市場で商業活動を展開していた。その中で彼らはインダプール郡を通過し，ネットワークの商域にしたがってインダプール町で商取引を行なう場合もあっただろう。他方で，移入元としてプネーが登録されていた事例は，インダプール郡の通関税記録全体の中では例外的であるが，商品が積みなおしなく運ばれたことを示しており，運送請負人（Huḍekarī）による運送である可能性が高い。

プネーのさらに西方には，イギリス東インド会社領のボンベイが位置する西海岸のコンカン地方がある。コンカン地方はモンスーンによる降雨の影響を強く受ける多雨地帯で，内陸のデカン地方と異なり米を産出し，沿岸部では塩が生産されていた。コンカン地方南部に位置するポルトガル領ゴアも同様に米と塩を産出し，通関税請負人の契約書など種々の文書に「ゴアおよびコンカン地方」から米と塩が移入されたことが明記されていた[91]。インド西海岸部（ゴアおよびコンカン地方）から移入された塩および米に関するインダプール郡の通関税記録には，ヒンガン村，シャハ村，カラシ村などのビマ川沿いの港村やバラーマティ町が移入元として登録されていた。すなわちプネーとインダプール郡間の交易のように，これらの商品はインダプール郡の境界で取引され，積み替えられたと考えられる。特に塩に関してはヒンガン村，インダプール町を経由して内陸の市場町（第III地区）に運ばれるのが主要な交易ルートであり，塩交易ではインダプール町とその外港のヒンガン村が水路と陸路の結節点としてきわめて重要な役割を果たした。他方で米はほとんどインダプール町に運搬されることはなく，サースワド・インダプール道路を通って陸路でインダプール郡に入り，同道路におけるインダプール郡の入り口となるサナサル村や同道沿いの交易拠点であるセール村などの内陸の市場村（第III地区）に到達した。米と塩はともに海岸部からの重要交易品であったが，インダプール郡において必ずしも同じ交易ルートを取ったわけではないことがわかる。

公刊史料集には，塩や米が，カリヤーン町などが位置する沿岸部（コンカン地方）からプネーまで運送請負人によって，積み替えられずに直接運ばれた事例が採録されている[92]。プネーまでの直接のルートに加えて，インド西部におけるいくつかの流通ネットワークが海岸部とプネーを間接的に結びつけており，このルートが流通ネットワークを越えるごとに商品の積み替えが行なわれた。そして直接のルート[93]であろうと，間接のルートであろうと，米や塩などの沿岸部から来た商品の多くはプネーにおいて積みなおされて，商品の中には東方へ向かいインダプール郡に供給されるものがあったと考えられる。米や塩の分析から，沿岸地方の商品は，いくつかの流通ネットワークを介しながら沿岸より離れた内陸の交易拠点まで運ばれていたことがわかった。

内陸の複数の流通ネットワークの中で中核的な位置を占めていたのがプネー

91　26 Safar Shuhūr 1180, and 8 Jilkād Shuhūr 1190, Faḍke "Jakāt Pargaṇā Indāpūr Nisbat Narso Awadhūt," Prānt Ajmās, Puṇe, Rumāl no. 504, MSAP.

92　*SSRPD* Vol. VII, nos. 773 and 777.

93　以上の考察から運送請負人は，流通ネットワークを越えて直接商品を出発点から終着点へ運搬した集団であると定義づけられる。

であり，この都市は運送請負人による遠距離交易，東インド会社との外国貿易と内陸の流通ネットワークで展開されるローカルな交易とを結びつける役割を担っていた[94]。内陸の流通ネットワークは，村より広い範囲で，時には郡都を中心として郡行政機構と対応しながら，また時には郡域とは無関係に形成されていた。本章で明らかにしたインダプール郡に関わる 2 つの流通ネットワークも，内陸の流通ネットワーク群の中に位置づけることができ，この内陸ネットワークは，インダプール郡よりもさらに東方へと広がっていた。

おわりに

本章は通関税記録を用いて 19 世紀初頭のインダプール郡における流通ネットワークを考察した。インダプール郡ではインダプール町とパラスデーオ村の主要関所を中心に関所が配置されていた。宰相政府にとって通関税の徴収は単なる税収確保にとどまらず，主要関所や各地の関所を通じて在地経済・流通の情報を得る有効な手段であり，時にはそれをもとに在地経済・流通に干渉したことが明らかになった。そして世襲の通関税徴収人（Pāṇsarā）が任に当たっていることから，現段階で明示的な結論を示すことはできないが，在地社会からの協力は通関税徴収および通行の安全に不可欠であったと考えられる。宰相政府の政策意図のもと，現場での在地からの支援を得て，本書の主史料たる通関税記録には商品流通に関する詳細な情報が蓄積されることとなった。

通関税記録の分析は，専門的な商人のみでなく職人や農民など様々な社会集団が交易に関わっていたことを明らかにした。さらに，その活動域に注目すると，商品と商人がともにインダプールの郡域をはるかに超えて動いていることがわかった。商品の流通に関して，郡域を超えた流通の全体像をつかむことは通関税記録からはできなかったが，郡内の流通にのみ注目しても商品流通の出発点および終着点となる特定の地区が見出され，商品集積地および主要ルート

94　在地で用いられた各貨幣や度量衡の通用範囲は，流通ネットワークの領域と関係していたと筆者は推察するが，これを示す史料は現段階では十分ではないので，今後の課題としたい。

が明らかになった。

本章第3節では，これら通関税記録の分析を総合してインダプール郡内に5つの交易拠点を見出し，5拠点の相互関係からインダプール郡には2つの流通ネットワークが存在したことを明らかにした。第1の流通ネットワークは郡都であるインダプール町を中心として郡域とも関わりがあり，流通ネットワークの階層構造が郡行政のそれと対応していた。第2の流通ネットワークは，郡内の一村落であるタワシ村を中心としており，ネットワークの範囲は郡域を超えるものであった。さらにこの流通ネットワークの階層構造は郡行政のそれとは対応していなかった。第1の流通ネットワークにとって郡域・郡行政の拠点は流通に関わりえたが，第2の流通ネットワークにおいて関わりはほぼ皆無であり，郡との関係が異なる2つの流通ネットワークが併存している状況がインダプール郡の地方経済の実態であったといえる。そして，5つの交易拠点は18世紀後半にはすでにその位置づけを確立していたと考えられ，1802～03年の災害で郡行政のあり方は大きく変わった一方，同郡の地方経済は一時的な困難の後に1810年代初頭までには回復していたと見ることができる。より広い視野で見ると，インド西海岸から宰相政府の都プネーを中心としてインダプール郡の東方まで様々な流通ネットワークが存在した。これらのネットワークがインド西部の内陸地域をより広範に支えており，インダプール郡は2つの流通ネットワークをもって他地域とつながっていたのである。

第 III 部　新地税制度の導入と植民地政策の浸透

第8章

植民地期初期の行政再編

——ボンベイ管区体制の成立とジャーギール制のゆくえ——

はじめに

第3次アングロ・マラーター戦争の結果，マラーター同盟宰相政府は敗れてインド西部は英領となり，最終的にボンベイ管区に編入された。インダプール郡など宰相政府直轄領は英領直轄地となったのに対し，パトワルダン家の所領などマラーター同盟内の武官や，マラーター諸侯・マラーター王家の領地が藩王国となり，インド政庁の間接支配地域となった。本章では，1818年のインド西部における植民地支配のあり方を，インダプール郡などの英領直轄地と藩王国という間接支配地域とに分けて論じる。

第6章では，宰相政府下におけるジャーギール制の興亡がインダプール郡行政に大きな影響を与えたことを述べた。ジャーギール制の崩壊による権力の空白はライヤットワーリー制導入を可能にする条件となるわけであるが，他方で1818年の植民地支配開始時にインダプール郡に7村のジャーギール村が残存したことは，ジャーギールの権益が植民地統治下に存続したことを意味している。本書第3章は近世のインド西部においてジャーギール制が中間層形成の一翼を担ったことを示しており，藩王国となった上述のパトワルダン家も宰相政府下の有力武官であった。藩王国との関係も含めて，ジャーギール制は植民地支配のあり方に大きな影響を与えるものであった。

本章の目的は，次章でライヤットワーリー制の導入と展開を議論する前提として，インド西部の植民地化による行政再編を概観することである。しかし，本書がこれまで議論してきたジャーギール制の在地での重要性と，同制度が植民地支配下でも存続したという事実を考えると，同制度を無視して植民地化によるインド西部の行政再編を論じることはできない。本章では英領直轄地ボンベイ管区と藩王国の支配体制の再編を概観するなかで，新体制下でのジャーギール制のあり方を論じていく。

1　英領インドの行政編成——宰相政府直轄領の植民地化

18 世紀後半におけるボンベイ管区の領域はボンベイを中心とした沿岸部のごく限られた地域を占めたにすぎなかったが（第 5 章参照），1802 年のバッセイン条約によって宰相政府領のグジャラート地方がイギリス東インド会社に割譲されてボンベイ管区に編入された。1818 年の宰相政府の滅亡はインド西部内陸の広大な領地を東インド会社にもたらし，これによって東インド会社はインドでの最大勢力となった。本節では 1818 年にイギリスが獲得した旧宰相政府領の英領への編入過程を概観し（第 1 項），編入後の地方行政のあり方を論じる（第 2 項）。そのうえで，インダプール郡内の 7 村のように英領直轄地内に残されたジャーギールに対する植民地政策を論じる（第 3 項）。植民地政府による対ジャーギール政策の考察は，宰相政府と東インド会社の支配を連続的に考える視点を与えるだけでなく，ライヤットワーリー制が排除の対象とした中間層に対する植民地期初期の政府の姿勢を浮き彫りにすることとなる。

1）デカン特別行政区の設置

1818 年に宰相政府が滅亡すると，その直轄領は英領に編入され，西ガート山脈以東のデカン高原にデカン特別行政区が設置されて，その責任者としてデカン長官（Deccan Commissioner）が置かれた。すなわち，旧宰相政府領は即座に既存の管区に編入されたわけではなかった。この特別行政区の設置は，19 世紀初頭のイギリス東インド会社の統治機構の変化の中で考察することで，その意義が理解できる。18 世紀来のイギリス東インド会社の基本的な支配構造は，ベンガル管区，マドラス管区，ボンベイ管区の 3 管区制であり，1773 年にベンガル知事が昇格してベンガル総督となり，他の 2 管区の上位に立ったことは第5章で示したとおりである。マドラス・ボンベイ両管区は，行政面ではベンガル総督の下に位置づけられたが，独自の立法権を有するとともに，1726年の取締役会の陳情により，管区都市のカルカッタ，ボンベイ，マドラスに国王の裁判所が設置されて，それぞれ司法権を与えられていた。さらに東インド会社の領土拡大とともに，インドの後継国家の裁判機能に取って代わる会社の裁判所が管区都市以外に組織されることとなった[1)]。このような二重性をもちつつ，各管区は司法権を独自に掌握していたのである。総じて，参事会における総督に立法権が集中する1834～61年の時期を除いて，ベンガル管区，ボンベイ管区，マドラス管区の各管区が行政権のみならず，立法権，司法権をも有していたのである[2)]。

支配領域の面では第3次アングロ・マラーター戦争が勃発した1817年の時点で，ボンベイ管区は管区都市ボンベイに加えてグジャラート地方の領域支配を行なっていた一方，マドラス管区はアングロ・マイソール戦争の結果，インド亜大陸南西部に領土を広げていた。そして，ベンガル管区は18世紀最後の四半世紀から1817年までに領土を北西へ大きく拡大した。1775年に東インド会社はビハール地方に隣接するヴァーラーナシー地方の支配権を，北インドの一部を支配していたアワド太守から得た。さらにアフガニスタンのドゥッラーニー朝による侵攻からアワド太守を保護するため，東インド会社は同太守と1801年に軍事保護条約を結び，太守を藩王として保護下に入れると同時に，会社軍の駐屯費として領土の約半分（ローヒルカンド地方とドアーブ地方）の割譲を受けた[3)]。第2次アングロ・マラーター戦争では，ホールカル家とシンデー家の北インドの領地が東インド会社に征服され，19世紀初頭に広大な北

1　R. Nathan ed., *op. cit.*, p. 143.

2　英領インドの統治機構が整備されるなかで，1813年の特許状によって中国貿易・茶貿易以外における東インド会社の貿易独占が廃止され，1833年の特許状で東インド会社の独占は廃止された。同特許状でベンガル総督はインド総督に格上げされて，英領インドを支配する全体の枠組みが用意された。1853年に東インド会社は商業行為を完全に禁止され，インドの統治機関となったのである。中里成章「英領インドの形成」，282-283頁。

3　C. A. Aitchison, *A Collection of Treaties, Engagements and Sanads relating to India and Neighbouring Countries*, Vol. II, the Treaties, relating to the North Western Provinces, Oudh, and Nepal, Calcutta : Office of the Superintendent of Government Printing, India, 1892, pp. 61-62.

インドの領地がベンガル管区に編入されることとなった（第5章参照）。カルカッタから遠方の北インドの広大な領地を首尾よく統治するために，ベンガル管区は特別行政区を設置して行政長官（Commissioner）を置いた。行政長官はベンガル総督に属する役職であり，管轄地域の行政を担ったが，立法権・司法権は有しておらずベンガル管区の体系に従った[4)]。

アフガン勢力との抗争やマラーター同盟との戦争はイギリス東インド会社に広大な領地をもたらす結果となったが，1818年の宰相政府の滅亡とその直轄地の編入は，18世紀末来のこのような領土拡張の一つの帰着であった[5)]。一連の過程の中で，北インドと同様に，宰相政府領の大部分を管轄とするデカン特別行政区が設置され，デカン長官が任命されたのである。デカン長官はボンベイ管区知事ではなくベンガル総督に帰順し，西ガート山脈以東の旧宰相政府領において行政権を行使した[6)]。他方で西ガート山脈以西，すなわち海岸部のコンカン地方における宰相政府領は，1818年の同政府滅亡後にただちにボンベイ管区に編入され，北コンカン県と南コンカン県を形成した。コンカン地方は管区都市ボンベイと類似する環境を有し，ボンベイもコンカン地方の港市であった。コンカン地方はボンベイに直近の後背地であるという地政学的な重要性もあり，即座にボンベイ管区に編入されたと考えられる。さらにコンカン地方は，西ガート山脈で阻まれているために，プネー州と異なり宰相政府の力が強く及ばない地域であった[7)]。それに対して西ガート山脈以東のデカン特別行政区の領域は，旧プネー州を中心に，宰相政府の影響力が強く及んでいた地域であった。そのため，宰相政府の支持者による植民地支配への反乱などの政治不安を取り除いてから正式に英領に編入する必要があったと同時に，宰相政府の統治機構を利用可能な部分は十分に利用して効率的に植民地支配を実行する

4　この地域は1836年にベンガル管区内の北西州として準州に昇格し，準知事（Lieutenant Governor）が置かれ，1861年には準州として立法権を付与された。Nathan R. ed., *op. cit.*, pp. 31–32.

5　イギリスとアフガンとの抗争は，マラーター同盟崩壊後に最後の独立勢力として残っていたシク王国を巻き込み，1849年のシク王国併合につながり，これをもってイギリスによるインド亜大陸の支配は完成した。

6　R. Nathan ed., *op. cit.*, p. 32

7　インド西部広域における宰相政府の影響力とその後の植民地支配との関係については次章第3節で考察する。

ために，従来の管区機構とは分けて旧統治の分析と新統治への調整をはかったと考えられる。宰相政府付きの最後の駐在官としてプネーに 7 年間（1811～18 年）滞在し，宰相政府による統治の事情に比較的よく通じているエルフィンストンが初代デカン長官となったことからも，上記の 2 つの目的がデカン特別行政区の設置に課されていたことがわかる。エルフィンストンはマラーター王家の存続や既得権益の調査・整理によってデカン支配を安定させようとした。これに関しては本節第 3 項および次節にて詳述する。さらにデカン特別徴税区はその南でマドラス管区と接しており，同特別区はボンベイ管区に属するわけではなかったから，1818 年時にマドラス知事であったトマス・マンローもデカン地方の植民地支配を安定化させるべく，エルフィンストンと統治に関して議論を繰り返していた[8)]。マドラス管区でライヤットワーリー制を推進したマンローがデカン特別徴税区に関わっていたことはライヤットワーリー制のボンベイ管区への導入を考えるときに非常に興味深い。

デカン特別行政区はカーンデーシュ県，アフマドナガル県，プネー県，ダールワール県の 4 県からなり，マラーター王家が治めるサタラ藩王国（後述）など多くの藩王国と領域を接した。初代デカン長官のエルフィンストンは 1819 年にボンベイ管区知事（任期：1819～27 年）に任命されたため，デカン長官を 1 年で辞すこととなった。同年に第 2 代デカン長官となったウィリアム・チャップリンはマドラス管区ベッラーリ県の収税官であり，トマス・マンローの推薦でデカン南部のダールワール県の収税官となっていた[9)]。チャップリンはマドラス管区での業務経験をデカン統治に活かしたと考えられる。1826 年にチャップリンが病のためにデカン長官を辞して同職は廃止され，エルフィンストンによってデカン特別行政区はボンベイ管区に統合された。これにより，デカン地方はボンベイ管区の立法・行政・司法の支配権に服することとなった。1827 年 1 月 1 日に，既存の法令の改訂版に新法令を加えた「エルフィンストン法典」とよばれる 28 条例からなる一連の条例をエルフィンストンが発布し，旧宰相政府領を含んだボンベイ管区に広く適用される法体系を整備した。エルフィンス

8　Kenneth Ballhatchet, *Social Policy and Social Change in Western India 1817–1830*, London : Oxford University Press, 1957/1961, pp. 14–15.

9　*Ibid*., pp. 15–16.

トンはデカン特別行政区の成果を最大限に活用して，ボンベイ管区によるインド西部支配を確立したのである。

2）デカン特別行政区およびボンベイ管区における地方支配

1818 年にデカン特別行政区が設置されると，その下で英領インド式の地方支配の仕組みが整えられた。本項では地方支配の再編を論じながら，インダプール郡を支配する枠組みを概観する。

デカン特別行政区はベンガル総督に属する特別行政区で，前項で示したとおりカーンデーシュ県，アフマドナガル県，プネー県，ダールワール県の 4 県に分けられた。宰相政府時代もカーンデーシュ，アフマドナガル，プネーは地域行政単位であり，ダールワールはカルナータカ州の下位に属した。宰相政府領の詳細な地図がないため，領域的な下位区分の変化を正確に比較することは不可能であるが，次節で注目するように多くの藩王国がボンベイ管区から分かれて領域が再編されたことは確かである。さらに，1818 年の時点でインダプール郡はプネー県ではなくアフマドナガル県に属していたなど，郡の包含関係にも変化がみられた。県（District）は後述するように徴税および司法が取りまとめられる地方支配の要であり，ベンガル管区やマドラス管区でも県が行政単位として管区の下に置かれ，地方支配の基礎となっていた[10]。19 世紀初頭における英領インドの県の全体像は明らかではないが，19 世紀を通じて様々な改変を繰り返し，20 世紀初頭には 250 県以上が英領インドに存在した[11]。

英領インドでは県の下に郡（Taluka）が置かれ，行政村（Village）の上位の地域区分となった。宰相政府領には，郡（Pargaṇā）と郡（Tālukā）が併存し，カルナータカ州など宰相政府領南部では，郡（Tālukā）が郡（Pargaṇā）を包含する上位の地方行政単位であった。英領インドでは村と県の間の地域単位が郡

10　4〜6 県を一単位として県と管区の間に地区（Division）が設定され，行政長官（Commissioner）がこれを管轄したが，地区が制度的に導入されるのは 1829 年のベンティング総督下である。地区の制度はマドラス管区に導入されなかった。準州となった北西州，パンジャーブ州，ビルマ州（英領期に行政区分の変更があった）では，地区とベンガル管区の間に（準）州という地方単位が挿入された。このように県の上位組織は管区によって異なった。R. Nathan ed., *op. cit.*, p. 49.

11　*Ibid.*, p. 49.

(Taluka) に一元化され，1818 年以降の英語史料では「インダプール郡 (Indapoor Taluka)」と表記された。実際の郡領域変化にあたっては，藩王国がデカン特別行政区や管区に組み込まれなかったことによる再編がみられたが，インド西部では小規模の藩王国も郡 (Pargaṇā) を単位としている事例が比較的多く，県ほどの大幅な再編は行なわれなかった。インダプール郡に関しては宰相政府時代から行政村の数・配置に変化はみられなかった。そのために少なくとも 1820 年代のマラーティー語史料では，宰相政府時代と変わらずに「インダプール郡 (Indāpūr Pargaṇā)」という表現も「インダプール郡 (Indāpūr Tālukā)」と同じ意味・文脈で用いられており，少なくとも英領期初期には両語は互換可能であったことがわかる。そこで本書では引き続き，インダプール郡という語で表現する。次章にて述べるように，ライヤットワーリー制の施行は郡ごとに行なわれており，特に徴税において郡が引き続き重要な単位であったことがわかる。郡 (Taluka または Tahshil) も英領インドで広く用いられた地方行政単位であった。

地方における英領インド支配の要であった県の行政は，イギリス人行政官である収税官 (Collector) と司法官 (Magistrate) によって執行された。収税官は地税の査定と徴収，諸税の徴収に加えて，県の財務を管理し，安定的に地税を徴収するために農民・農村の問題にも関与した。他方で司法官は警察の職務を担い治安維持を行なうとともに，刑事裁判を管轄した。上述した会社の裁判所は，最終審裁判所である首位民事裁判所 (Sadar Diwānī Adālat) と首位刑事裁判所 (Sadar Nizāmat Adālat) を頂点に，各県に県民事裁判所 (Mofussil Diwānī Adālat) と県刑事裁判所 (Mofussil Nizāmat Adālat) が置かれ，その下に郡の裁判所がピラミッド状に組織されていた。県において司法官は軽犯罪者を裁き，重犯罪者を裁判所に引き渡すなど県刑事裁判所と関係が深く，収税官は民事裁判所と関係を有した。ベンガル管区では永代ザミンダーリー制 (第 9 章参照) を導入したベンガル総督コーンウォーリスの改革の中で収税官と司法官には別人が就任したのに対し，マドラス管区やボンベイ管区では県長官 (The Collector-Magistrate) が両職を兼任して公共事業，森林，刑務所管理，衛生管理，教育など多岐にわたる職務を行なっていた。1859 年以降は英領インド全域で両職が兼任されることとなった[12)]。

英領インドの収税官と司法官，端的には財務権（Diwānī）と刑事裁判権（Nizāmat）を軸とした地方統治は，1765 年にムガル帝国およびベンガル太守からベンガルの財務権を譲渡されるプロセスを取った結果[13]，ムガル帝国下のシステムが部分的に受け継がれたものであると考えられる。マラーター同盟宰相政府の下では地方によって様々な統治方法が採用され，必ずしも財務権と刑事裁判権を中心とした統治が行なわれたわけではなかった。本書の対象地域となる宰相政府領プネー州は，財務権と刑事裁判権を軸とした統治のスタイルを取らず，州長官（Subhedār）に地方行政が一任されていた。その意味では，実質的に県長官の役割を果たしていた収税官による植民地統治は，少なくとも組織上部に関しては，プネー州において宰相政府時代と連続性を保っていたといえる。ただし，植民地化以前との連続性を総合的に考察するには，さらなる史料分析が必要となる。

植民地支配下の郡行政においては，収税官補佐（Assistant Collector）が各郡を担当した。特別職を除いてこの職はイギリス人行政官の中で地方統治の最下位に位置し，その意味で最も在地に近いポジションを占めていた。村落にはイギリス人行政官は置かれなかった。収税官補佐は第 1 級と第 2 級に分かれていたが，給与や職務上の権限にどのような差異があるかは明らかにならなかった。たとえばプネー県は県都プネーおよび 8 つの郡に下位区分され，各区分を担当するために合計 9 名の収税官補佐が任命された。9 名の中で 5 名が第 1 級で，4 名が第 2 級であったが，インダプール郡は第 2 級補佐である J. B. シムソン（任期：1818〜25 年）[14]が 1825 年のインダプール郡のアフマドナガル県からプネー県への移管までの時期を担当し，同じく第 2 級補佐である W. W. マレット（任期：1825〜33 年）がライヤットワーリー制の試験的導入時の収税官補佐であった[15]。各郡ではインド人郡役人（Māmlatdār）が収税官補佐による郡行政

12　地方行政組織の分析に関しては，下記の文献を参照した。中里成章「英領の形成」，286 頁，山崎利男「イギリスのインド統治機構の再編成 1858-72」中央大学人文科学研究所（編）『アジア史における法と国家』中央大学出版部，2000 年，404-405 頁，R. Nathan ed., *op. cit.*, pp. 48-52 and 144.

13　R. Nathan ed., *op. cit.*, pp. 142-144.

14　No. 25 of 1823, Revenue Department 10/94 of 1824, MSAM.

15　Consultation, 8th August 1827, no.75, India Office Records（以後，IOR）P/369/45, British

を支えたほか[16]，各郡に存在した郷主・郷書記も廃されることはなかった。郡行政に関しては，インダプール郡に注目して次章で詳述する。村落に関しては引き続き村長（Pāṭīl）と村書記（Kuḷkarṇī）に統治が任され，収税官補佐がインド人郡役人の助言をもって担当郡の村を郡全体として管轄することとなった。

インダプール郡の事例が示す限りでは，収税官補佐は司法官の郡における代理を務め，刑事裁判権を有していた。県において収税官が司法官を兼職したように，郡においては収税官補佐が司法官職を兼務するという同様の構造を見出すことができる。プネー県収税官から収税官補佐マレットへの書簡によると，収税官補佐は最大で 6 ヶ月の禁固刑までの刑事事件を扱うことができた[17]。これは第 2 級司法官級の権限をもっていたことを意味し，第 2 級司法官は 200 ルピーまでの刑事事件を扱う権限を有していた[18]。司法官の役割に関してもインド人郡役人が収税官補佐を助けた。

ここまで県・郡行政組織を概観してきたが，インダプール郡における収税官補佐とインド人郡役人の関係や宰相政府時代との連続性については次章にて詳述する。

3）インド西部の英領直轄地におけるジャーギール政策

本節ではここまで，旧宰相政府領が植民地行政に包摂されていくプロセスをデカン特別行政区およびその下位組織について考察してきた。それをふまえて本項では，英領直轄地に残存したジャーギールがインド西部における初期の植民地行政の中でどのように扱われたかを考察する。インド西部を統治したデカン特別行政区もボンベイ管区政府も軍事・行政制度としてジャーギール制を採用しなかったため，イギリスの植民地支配下で新たにジャーギールが与えられることはなかった。後述するように，植民地期に残存したジャーギールはイナームなどとともに，既存の在地権益の一類型として扱われることもあった。

Library.

16　James M. Campbell ed., *GBP* Vol. XVIII, Pune District, Part 2, pp. 310–311.

17　Robertson to Malet, 13 December 1826, Consultation 21st March 1827, no. 28. IOR P/369/37, British Library.

18　R. Nathan ed., *op. cit.*, p. 148.

本項は主にジャーギールに対する植民地初期の政策を論じるが，議論の必要に応じてイナームなどの関連する既得権益についての植民地政策にも言及する。

インド西部の植民地初期にあたる 1818 年から 1830 年頃までの報告書を見ると，郷主などの在地の世襲役人が享受した種々の特権に加えて，イナームやジャーギールも在地の権益として捉えられており，様々な植民地行政官がその制度の解明を試みていた。これは植民地支配開始時の中間層のあり方の検証にも関わる問題であった。

宰相政府領の植民地化において中心的な役割を果たした初代デカン長官のエルフィンストンは，宰相政府下での在地の徴税システムが複雑であったことを『宰相からの征服領土に関する報告書』の中で記しており，その典型例としてジャーギール制を挙げて，制度の仕組みの解明を試みていた。しかし彼はジャーギール村の構造を地域によらず一様であると考えて，モデル化したジャーギール村の中に様々な事例をすべて包含しようとしたために，彼が示すジャーギール村のあり様はきわめて複雑な様相を呈することとなった。エルフィンストンは，ジャーギール村について徴税額の 25 % がチョウトで，残額がジャーギールとして武官に与えられ，サルデーシュムキーは徴税額の 10 % として別に課されたと解説し，さらにチョウトの 25 % がサタラ王の取り分（Bābtī）で，チョウトから王の取り分を取り去った残高がモカーサーであったと解説した[19]。第 3 章で見たように，インダプール郡のジャーギール制はエルフィンストンのモデルほど複雑ではなく，すべての事例においてジャーギール村でチョウトが課されたり，その中に王の取り分が存在したわけではなく，地域や宰相政府との関係によってジャーギール村の仕組みは多様であった。エルフィンストンは，宰相政府の時代に 7 年間にわたりプネーに駐在したが，駐在先は都市であり，農村，すなわち在地の仕組みを理解するのは彼にとっても困難なことであったと考えられる。

エルフィンストンの後，第 2 代デカン長官のチャップリンを筆頭に，プネー県州税官のロバートソン，アフマドナガル県収税官のポッティンジャーなどデカン特別行政区を構成する各県の収税官が管轄県のイナーム村やジャーギール

19　Mountstuart Elphinstone, *op. cit.*, pp. 29–31.

村のあり様を示し，その分類・解説を行なった。彼らの報告内容はそれぞれが異なる論点や見解を有していた。このことを理解したうえで彼らの報告内容をまとめると，1820 年代においてプネー県にはジャーギール村などの権益が少ないと伝えられた一方で，カーンデーシュ県やアフマドナガル県ではジャーギールを含めた複雑な権益関係が報告されており[20]，これらから総合的に判断すると，少なくとも 1820 年代には旧宰相政府領内において権益や中間層のあり方に地域差があったことがわかる。プネー県に関する報告はインダプール郡に深く言及していないが，宰相政府の影響力が強かったこと，第 3 次アングロ・マラーター戦争の舞台となったために宰相に与した武官が一掃されたことを考えると，1820 年代のプネー県の状況は本書の宰相政府期の研究とも符合する。少なくとも 1820 年代の既得権益のあり方は，宰相政府期末期の状況の延長線上に考えることができ，植民地支配下に入ったといっても，残存したジャーギールのあり方がすぐさま抜本的に変化したわけではなかった。

1824 年にボンベイ管区の統計報告官に任じられ，1830 年までデカンにおける旧宰相政府領の調査を行なっていたサイクスは，イナームやジャーギールを徴税体制から除外（Alienation）された地域と位置づけて，さらにそれぞれの項目を類型化した。ジャーギールに関しては兵馬の維持を含めた軍事奉仕を伴う軍事ジャーギールと，軍事奉仕を伴わず，給与の代わりとしてなど状況に応じて個別に与えられた個別ジャーギールに大別し，宰相政府下でジャーギールと同様の文脈で与えられていたサランジャムは軍事ジャーギールであると整理した[21]。軍馬政策のために軍事奉仕を条件とするジャーギールが重点的に配備されたインダプール郡においてさえ，財務官や郷主代官などの文官にジャーギールが与えられる事例がみられた（第 2 章参照）。このような事例を，サイクスは個別ジャーギールと分類したのである。イナームやジャーギールを除外地域とみなしたうえで，その性格を調べ上げて詳細に分類した背景には，徴税地域を

20　*Selections of Papers from the Records of the East India House relating to the Revenue, Police, Civil and Criminal Justice under the Company's Government in India*, Vol. 4, London : J. L. Cox, 1826, pp. 543–544（以後，*Papers from the Records of the East India House*）.

21　W. E. Sykes, "Special Report on the Statistics of the Four Collectorates of Dukhun under the British Government," *Report on the Seventh Meeting of the British Association for the Advancement of Science*, Vol. VI, London : John Murry, 1838, pp. 285–286.

確定するというサイクスの調査意図があった。これらの報告書の作成者は，各県の収税責任者たる収税官であり，デカン 4 県を統括する税収の上位責任者たるデカン長官であった。すなわち，これらの報告書もまた支配地域の現状を知ったうえで，徴税地域を確定し，少しでも多くの税収を得る目的で作成されたと考えられる。

他方でエルフィンストンは，1817 年にジャーギールやイナームに関して下記のような方針を宣言していた。

> すべてのワタン，イナーム（世襲の土地），ワルシャサン（年給），そしてすべての宗教的・慈善的既得権益は保護される。そして全宗教の宗派は容認される。公正かつ道理に適っている限りにおいて，その慣習は維持されるであろう[22)]。

この宣言は，第 3 次アングロ・マラーター戦争中にサタラのマラーター国王を東インド会社軍が解放した際に，エルフィンストンが発したものであった[23)]。この宣言はイギリス統治下においても在地の権益を保障することを企図しており，宰相政府に対する勝利宣言であったと同時に，宰相政府下の武官や文官の権益を保証することで彼らを味方につけようとする離間政策の一環であった。離間政策を推進したエルフィンストンは，その当事者として在地権益政策における政治的側面を十分に理解していた。宰相政府期にジャーギールを保有した武官のうち，イギリス東インド会社に与して条約を結んだ者は藩王となり，それ以外の武官はボンベイ管区内の既得権益保有者に組み込まれたことを，エルフィンストンは報告していた[24)]。両者の違いは政治的プロセスにすぎず，次節

22　T. Ogilvy, *Memoir on the Satara Territory*, Selections from the Records of the Bombay Government（以後，SRBG), New Series, no. 41, Bombay : Bombay Education Society's Press, 1857, pp. 47–48.

23　James M. Campbell ed., *GBP* Vol. XIX, Satara District, pp. 303–304.

24　Report of the Commissioner, the Honorable M. Elphinstone, to the Governor General, dated 25th October 1819, *Papers from the Records of the East India House*, p. 154.

Report of the Commissioner, the Honorable M. Elphinstone, to the Governor General, dated 25th October 1819 はエルフィンストンによる報告で，彼の報告書 *Report on the Territories Conquered from the Peshwa* の原版である。前者には，後者への編集の際に削除された箇所がところどころ含まれているため，必要に応じて原版を用いる。

で論ずるボンベイ管区周辺の藩王と管区内のジャーギール保有者をエルフィンストンは同じ集団として認識しており，植民地支配の安定を考えるうえで藩王国と同様に英領直轄地内のジャーギール保有者も重要な存在と考えていたことがわかる。ただし第 6 章第 3 節で論じたように，第 3 次アングロ・マラーター戦争において宰相政府に与した武官のジャーギールは収公されており，1818 年以降に残った武官の多くは反英的姿勢を示していない者であったことを付言しておく。

植民地支配下でもジャーギールが残存したということは，当該の土地や村の税収の一部またはすべてが，植民地政府ではなくジャーギール保有者に送られたことを意味した。この意味でジャーギールに対する政策は，イギリス東インド会社の植民地支配にとって，税徴収上の障害となった財政問題の解決策としての側面をもつ。ただしそれは他方で，第 3 次アングロ・マラーター戦争における離間政策の流れをくみ，安定した植民地統治を実現するという政治的側面も有していた。加えてイギリス人行政官の在地社会に関する知識・経験の不足は，二面性をもつこの政策をさらに難解なものとした。エルフィンストンは宰相政府下の徴税制度について多くの情報が必要であるとして，部下の J. マクロードに，プネーにおける宰相政府時代の文書の所在を調査させた。マクロードはバージーラーオ 2 世の就任以前まで，政府の文庫（Huzūr Daftar）に資料が収められていたことを報告し，これを活用して宰相政府の文書を収集・保管することが必要であると主張した[25]。彼の進言をもとにプーナ文庫（Poona Duftur）が 1819 年に設立され，これが本書で用いる史料の大部分が収められているプネー文書館の祖型となった。第 2 代デカン長官のチャップリンはアフマドナガル県収税官ポッティンジャーの報告書に言及しながら，在地のワタン制における授受関係の難解さにふれ，ジャーギール制も含めて，徴税制度に関して土地台帳などの正確な情報源が得られない段階で複数県において統一的な政策を展開することは不可能であると指摘した。さらに，本来郡庁（Kacherī）にあるべき郡帳簿の多くがアフマドナガル県で失われていることを報告している[26]。

25　*Correspondence exhibiting the nature and use of The Poona Duftur and the measures adopted for its preservation and arrangement since the introduction of British rule*, SRBG, New Series, no. 30-1, 1856, pp. 1-4.

チャップリンは，このような問題に対する解決策の一つとして，宰相政府の書記官（Mutasaddī）などの文官の再雇用が多くの点で利益になると主張した[27]。エルフィンストンやチャップリンなど初期の行政官は，宰相政府時代の資料やそれを扱った文官を活用して，いうなれば宰相政府の支配経験を活かしてインド西部を統治しようとしたのである。

既得権益のうちジャーギールへの対策が先に着手され，1818 年にエルフィンストンが軍事ジャーギールの収公を進めた。ボンベイ政府の軍隊への報酬が貨幣給であったことや，宰相政府の武官であった彼らの反乱を恐れたことが理由として考えられる。この政策は在地の軍事のあり方を変えるものであり，治安維持という政治的側面に直結したため，政治的判断による例外措置も多く認められた[28]。1820 年代後半にデカンを調査したサイクスが制度として軍事ジャーギールを見出しうるほど軍事ジャーギールは残存しており，収公は慎重に進められたのである。個別ジャーギールに関しては，最後の宰相バージーラーオ 2 世の時代に与えられたジャーギールは保有者の死後に収公される方針が打ち出され[29]，最終的には先述のエルフィンストン法典によって，イナームと同時に政策方針が決定づけられることとなった。1827 年条例 27 号[30]の 9 章 35 節でイナームの保有規定が定められ，同章 38 節でジャーギールの保有規定

26　William Chaplin, *A report exhibiting a view of the fiscal and judicial system of administration introduced into the conquered territories above the ghauts under the authority of the Commissioner*, Bombay : Courier Press, 1824, pp. 17–19.

27　チャップリンはこの主張と同箇所で，宰相政府の文官の多くが失業状態にあり，これを最大限活用すべきとも主張している。*Ibid*., p. 99.

28　たとえばマラーター諸侯のホールカル家やシンデー家につながるクダム・バンデー家のジャーギールがバージーラーオ 2 世によって収公されたが，デカン長官はあえてクダム・バンデー家のジャーギールを復活させ，一代限りの保有を認めた。*Correspondence exhibiting the results of the scrutiny by the Inam Commission of the lists of Deccan Surinjams prepared in 1844*, SRBG, New Series, no. 31, Bombay : Bombay Education Society's Press, 1856, Appendix A, p. 13.

29　上述したように最後の宰相バージーラーオ 2 世の治世に関しては証書などの文書が散逸しており，文書による裏づけが可能な同宰相の就任以前の個人ジャーギールの存続を認めたと考えられる。

30　R. Clarke, *The Regulations of the Government of Bombay in Force at the End of 1850 to which are added, the Acts of the Government of India in Force at That Presidency*, London : J & H Cox, 1851, pp. 212–222.

がなされた。イナームとジャーギールは宰相政府下の税徴収権の譲渡を意味したが（第2章・第3章参照），エルフィンストン法典ではともに免税地として捉えられており（同条例2章1節），複雑な取り分の諸関係を土地に一元化しようというボンベイ政府の意図が見える。イナームの保有に関しては，証書（Sanad）の有無や60年の保有期間の証明によってボンベイ政府下においてもその保有が保証されたのに対し，ジャーギールに関しては事前の通知を行なえば政府が任意に収公できることが定められ，ボンベイ政府に強い権限が与えられたことがうかがえる。イナームの一部は保証されたものの，エルフィンストン法典では既得権益は障害であるとみなされ財政的側面が重視されたことがわかる。ただしこの方針が植民地支配期を通じて一貫して保たれたわけではなく，ライヤットワーリー制の展開とともに在地の権益に対するボンベイ政府の政策も変化した。これに関しては次章で再び考察する。

デカン特別行政区の設置は，英領となったデカン地方の政治・社会秩序を乱さずに行政再編を遂行すること，および再編に際して宰相政府の統治のあり方や組織を利用することを意図したものだった。地方支配においては県と郡にイギリス人行政官が置かれ，行政区画の再編もみられたが，郡行政はインド人郡役人が補佐し，村落行政は引き続き現地の村役人が担当するなど，宰相政府時代の地方統治・自治の仕組みは踏襲される部分も多かった。このような状況の中で，宰相政府期の軍事行政制度であったジャーギール制も植民地統治下での再編を経験することとなった。第3次アングロ・マラーター戦争における勝利によって，第6章で示したようにイギリス東インド会社は同戦争で敵対した宰相政府軍の武官のジャーギールを収公した。さらに，植民地統治下においてジャーギール制が採用されることはなかったため，新たなジャーギールは生み出されずに，第3次アングロ・マラーター戦争を生き抜いたジャーギールのみが既得権益として残存するかたちとなった。より多くの税収を確保する財政的な観点からはジャーギールは障害であり，軍事奉仕を目的とするジャーギールは騒乱を起こしうる軍事力を在地に残すことを意味したため，エルフィンストンはデカン長官時代に軍事ジャーギールの廃止を決め，エルフィンストン法典において事前の通告をもってジャーギールを任意に収公可能とした。同じ既得権益のイナームよりも，軍事や政治が関わるジャーギールに対してボンベイ政府が強い権限をもてる制度づくりがなされたのである。しかし，実際には即座にすべての軍事ジャーギールが廃止されることはなく，きわめて慎重にジャーギール政策は展開された。この背景には，英領インドの藩王と英領直轄地内のジャーギール保有者とを同じ集団として捉えるエルフィンストン自身の認識があった。直轄地内のジャーギール政策は，インド西部の政治・社会秩序を乱さずに植民地化を進めるという政治的意図をもっており，藩王国への政策と深く関わっていたのである。次節ではインド西部における藩王国の成立を論じ，ジャーギール政策の政治的側面をより広い視野で捉える。

2　インド西部における藩王国の成立——宰相政府領周辺の植民地化

1818 年の第 3 次アングロ・マラーター戦争におけるイギリスの勝利によって，マラーター同盟は解体され，英領インドに組み込まれていった。ただしこのことは，マラーター同盟の領域すべてが英領直轄地となったことを意味しない。インド西部の政治秩序を維持するために，同盟内の要人，すなわちマラーター王家やマラーター諸侯の領域は直轄地とならず，英領インドの藩王国となった。さらに，第 3 次アングロ・マラーター戦争においてイギリス側に取り込んだ宰相政府下の武官らの所領も藩王国となった。本節では，宰相政府が滅亡した後に，イギリスが藩王国とどのような関係を結び，インド西部の政治秩序を保ったのかを検証する。藩王となった，宰相政府下の有力武官が，かつて給与として得ていたものもジャーギールであり，前節末で示したとおり，藩王国の処遇は英領インド下で存続したジャーギールへの対策と深く関わっていた。そこで本節では，第 1 項で宰相政府下の武官，第 2 項でマラーター国王およびマラーター諸侯といったマラーター同盟内の要人に注目し，インド西部における藩王国の成立を論じる。

1）宰相政府下での武官による藩王国の成立

マラーター同盟が滅亡する 1818 年前後に藩王としてイギリス東インド会社

の保護下に入った者の多くは，第3次アングロ・マラーター戦争において東インド会社の離間政策に応じ，宰相政府に与しなかった有力武官（ジャーギール保有者）であった[31]。宰相政府領南部のパトワルダン家は，こうした有力武官の好例である。本項ではパトワルダン家に注目して，同家と東インド会社との間に結ばれた条約や藩王国の支配構造を検討し，インド西部における武官が治めた藩王国のあり方とこのような藩王国に対する植民地政策を示す。

①パトワルダン家の来歴

パトワルダン家は，宰相政府の下で18世紀後半に勢力を拡大した新興武官であった。同家は，宰相と同様にコンカン地方のバラモンであったハリバット・パトワルダンを始祖としている。ハリバットが仕えていたゴールパデー家の子息が宰相バーラージー・ヴィシュワナートの娘と1722年に結婚し，この際にハリバットは宰相の知遇を得た。この関係を契機としてハリバットの子息・孫が宰相バーラージー・バージーラーオやマーダヴラーオ1世の側近となり，多くの軍功をたててパトワルダン家の最盛期を築いた[32]。この時代にパトワルダン家は宰相に莫大な額のジャーギールを与えられ，その額は18世紀後半を通じて増加し続け，同家は18世紀後半の宰相政府において政治・軍事面できわめて重要な役割を果たした[33]。

1796年のバージーラーオ2世の宰相即位にともなう継承争いで，パトワルダン家は宰相バージーラーオ2世と対立した。1812年に東インド会社の仲立ちで仲裁協定が宰相とパトワルダン家の間で結ばれるが，第3次アングロ・マラーター戦争では東インド会社の離間政策もあり，チンターマンラーオを除いてパトワルダン家の中に宰相に与する者はいなかった。他方でパトワルダン家

31　深沢宏「十八・十九世紀南マラータ地方における知行領主制――特にパトワルダン家について」，135頁。

32　深沢宏「十八・十九世紀南マラータ地方における知行領主制――特にパトワルダン家について」，119頁。E. W. West, *A Memoir of the States of the Southern Maratha Country*, SRBG, New Series, no. 113, Bombay : The Education Society's Press, 1869, pp. 1–2.

33　1770年以降の周辺国との争いでは，パトワルダン家からマラーター同盟宰相政府軍の総司令官が出ている。深沢宏「十八・十九世紀南マラータ地方における知行領主制――特にパトワルダン家について」，121–122頁。

内部では，18 世紀末から 19 世紀初頭にかけてジャーギールの管理や諸権益の配分をめぐる争いが生じ，ジャーギールはパトワルダン家の嫡子（宗家）と庶子の間で分割された。その結果，宰相政府滅亡時にはジャーギール地域はサングリー，ミラジ，タースガーオン，ジャムカンディー，クルンドワル，ジェードヴァルの 6 地域に分割され，パトワルダン家の 6 家系が治めていた[34]。

②イギリス東インド会社との協定の締結

第 3 次アングロ・マラーター戦争に勝利し，宰相政府を滅ぼした東インド会社は，1819 年にパトワルダン家の各家系と協定（Agreement）[35]を結び，パトワルダン家の諸分家の藩王国が成立した[36]。東インド会社とパトワルダン家の直接的な関わりは 1812 年の宰相政府との仲裁協定（上述）にさかのぼる。この協定において軍事規約（Taināt Jābtā）に基づいた宰相政府への軍事奉仕（第 3 条）や，宰相政府の許可がない軍事行動の禁止など（第 4 条），宰相政府のパトワルダン家に対する宗主権が確認された[37]。その後 1819 年にパトワルダン家は宰相に替わってイギリス東インド会社に宗主権を認めて藩王国となった。このとき東インド会社とパトワルダン家との間で交わされた協定の中には[38]，1812 年の協定に基づいた条項もあった（第 1 条）。第 3 次アングロ・マラーター戦

34　分裂以後，6 家系はサングリー家やミラジ家など支配地域の名称で区分・認識されるようになった。深沢宏「十八・十九世紀南マラータ地方における知行領主制――特にパトワルダン家について」，123–124 頁。

35　藩王国との取り決めに関して，パトワルダン家の場合は協定の内容を明記した証書が発行されることで条約締結と同様の効果が生じることとなった。マイソール藩王国，ハイダラーバード藩王国などの広域を支配する藩王国との間では条約（Treaty）が結ばれた。協定や証書も他所で条約（Treaty）と呼称されることがあるなど，インド政庁と藩王を結ぶという外交上の機能は変わらなかった。ただし条約，協定，証書などインド政庁と結んだ形式の違いは，インド亜大陸における藩王の家格の差を表していると筆者は考える。形式の分類については下記を参照のこと。Barbara N. Ramusack, *The Indian Princes and Their States*, The New Cambridge History of India 3-6, Cambridge : Cambridge University Press, 2004/2005, pp. 51–52.

36　深沢宏「十八・十九世紀南マラータ地方における知行領主制――特にパトワルダン家について」，122–123 頁。E. W. West, *op. cit.*, p. i.

37　C. U. Aitchison, *A Collection of Treaties, Engagements, and Sanads, relating to the India and Neighbouring Countries*, Vol. VII, pp. 227–228.

38　*Ibid.*, pp. 229–230.

争において宰相政府に与したチンターマンラーオ・パトワルダンのサングリー分家はパトワルダン家で最有力であり，さらなる争いを避けるために友好的な政策を取るべきことを初代デカン長官のエルフィンストンは主張しており，ベンガル総督もこれを承認した[39]。1819 年，他分家と同様にサングリー分家と東インド会社の間で取り決めがなされてサングリー分家に対する東インド会社の宗主権が確認され[40]，サングリー藩王国を加えてパトワルダン家系の 6 藩王国が成立した。離間政策に応じた武官のみならず，インド西部の治安・秩序の維持のために必要であると認められる場合は，東インド会社と対峙した武官とも取り決めを結んで，英領インドの藩王としたのである。パトワルダン家との取り決めで注目すべきは，インド政庁が宰相に取って替わる形式を採用したため，宰相政府下でジャーギールの授与条件となった軍事奉仕の義務が残り，インド政庁（ボンベイ政府[41]）に対して実際に履行されたことである。パトワルダン家のように宰相政府下の旧武官は，かつての軍事規約に基づいてインド政庁（ボンベイ政府）に対する軍事奉仕の義務を負ったのに対し，ハイダラーバードの藩王国やマイソール藩王国など，軍事保護条約以前は独立勢力として東インド会社に対峙した勢力は軍事奉仕が定められていなかった。藩王国とは英領インド内の保護国であったが，条約以前の状況にしたがって，各藩王国の間で，植民地政府との関係に大きな違いが生じていた。

旧宰相政府領南部（南マラーター地方）には，パトワルダン家を中心に，宰相政府下の有力武官が治める藩王国が数多く存在した。サタラのマラーター王家とコルハープルのマラーター王家の王位継承争い以来，コルハープルを含む南マラーター地方ではコルハープルのマラーター王家とその武官がマラーター同盟の半独立勢力となっていた（第 1 章参照）。他方でパトワルダン家などのように宰相政府下の武官も同地方に多く駐屯した。前者に関してはサタラの国王および宰相政府との対立から，後者には宰相バージーラーオ 2 世との対立から，

39　E. W. West, *op. cit.*, pp. 32–33.

40　C. U. Aitchison, *A Collection of Treaties, Engagements, and Sanads, relating to the India and Neighbouring Countries*, Vol. VII, pp. 227–228.

41　取り決めでは，インド政庁を率いるベンガル総督への軍事奉仕が条件とされたが，パトワルダン家の藩王国は，南マラーター地方の政務代理（後述）の管轄下にあり，軍事奉仕やその代替行為（後述）はすべてボンベイ政府に対して行なわれた。

第 3 次アングロ・マラーター戦争において積極的に宰相軍に与することなく傍観した武官が多く出た。このような武官たちは，1818 年以降，イギリス東インド会社の保護下に入り，藩王国としてその勢力を保持した。マラーター同盟内の複雑な事情のために，宰相政府期末期の混乱の中で宰相に与しない多くの武官が辺境地域に現れ，イギリス東インド会社の離間政策との後押しもあって，彼らは中小の藩王国を形成するにいたったといえる。ベンガル管区周辺の藩王国数[42]が 62[43]，マドラス管区周辺の藩王国数がわずかに 5 であったのに対し，ボンベイ管区周辺の藩王国数が 354 と圧倒的に大きかったのには[44]，このような政治的経緯が大いに関係している。このような経緯で成立したボンベイ管区南部の藩王国は，南マラーター地方の政務代理（Political Agent of Southern Maratha Country）の管轄下に置かれた[45]。

1819 年の取り決めでは，軍事奉仕を条件に東インド会社によって領土が保証され，この取り決めの内容が記載された証書が発行された。パトワルダン家のジャーギールは，インダプール郡などのデカン地方も含めて広域に散在していた。この取り決めでは，英領直轄地内に存在するこのような権益についても存続が保障されることが明記された。加えて，藩王国による軍役奉仕の負担軽減のために[46]，軍事ジャーギールの下で義務づけられていた軍馬の保有数が取り決め時の 4 分の 1 に削減することが定められた。この条項において，東インド会社が藩王国の軍備縮小を意図していたことは明らかである[47]。保有数が 4

42　藩王国は，ハイダラーバード藩王国，マイソール藩王国などのように，州に相当する規模があって英領インド内の独自勢力となっている場合を除き，隣接する管区の政務省に属する政務省代理が管轄していた。大規模な藩王国には，その藩王国を専門に担当する政務代理が派遣され，総督の下で独自の役割を担っていた。

43　ベンガル管区の中で，東インドのベンガル州の藩王国数は 26，北部のパンジャーブ州の藩王国数は 32，ガンジス川沿いの北西州の藩王国数はわずかに 2 であった。

44　R. Nathan ed., *op. cit.*, pp. 61–62.

45　デカン地方以外にも，マラーター同盟辺境であるグジャラート地方に駐屯する武官や半独立勢力が多く，同地方にも数多くの中小藩王国が存在した。

46　取り決め第 1 条には，軍事規約（Tynat Zapta：原文ママ）の額に従って武官が軍役奉仕を実行することは不可能であると記載されていた。取り決め時の藩王国の経済事情は後述するが，一般的に規定数通りの軍馬保有は過剰負担であり，軽減を前提としていたように推察される。C. U. Aitchison, *A Collection of Treaties, Engagements, and Sanads, relating to the India and Neighbouring Countries*, Vol. VII, p. 229.

分の 1 に減少した軍馬については，1 頭 300 ルピーに換算して軍事奉仕を金納することも可能とされたほか，年間の地税収入がこの額に相当する土地の譲渡も軍事奉仕の代替として認められた。このような代替手段の提供によって，東インド会社は藩王国の軍備縮小を推し進め，パトワルダン家の藩王たちもこれにある程度応じていった。パトワルダン家は実際には南マラーターの政務代理の管轄下にあったので，彼を介してボンベイ政府と軍縮の交渉が行なわれた[48]。さらに藩王国保有の軍隊については，交戦権が剝奪され，いかなる争いにおいても武力の行使が禁止された（第 3 条）[49]。

他方で，秩序を維持するために最低限の軍隊を保有することも定められ，藩王国周辺で騒乱が起きた場合はその軍隊を伴って支援することが求められた。このような出動が軍事奉仕の具体的な形であった。警察の活動については，犯罪人の受け渡しの取り決めや，犯罪人が藩王国領内に侵入した場合の捜査協力

47　エルフィンストンは同年の書簡で，パトワルダン家の下に大規模な軍隊が集結することを望ましくないという見解を示し，さらに東インド会社への直接の軍事奉仕に対してサングリー家のチンターマンラーオなどが抵抗を示していることを述べ，軍事奉仕を金納することを勧めている。深沢宏「十八・十九世紀南マラータ地方における知行領主制――特にパトワルダン家について」，136 頁。E. W. West, *op. cit.*, Appendix F, pp. clxi–clxiii.

48　パトワルダン家の各藩王国の軍備縮小は下記のように進められた。すなわちサングリー藩王国は，取り決めによって 450 頭の軍馬の保有を義務づけられ，その軍馬保有と引き換えに同藩王国の 136 村からなるソーラプール地方を譲渡した。他の藩王国は 1848 年に最終的に保有騎馬数の一部を金納することでボンベイ政府と合意に達した。ミラジ藩王国は 1819 年の取り決めでは 300 騎の軍馬保有を義務づけられたが，1822 年に同藩王国は 4 つに分裂した。70 頭の軍馬保有を義務づけられた第 1 ミラジ分国は 24 頭について金納し，46 頭の保有を決めた。第 2 ミラジ分国については詳細が明らかにならず，1848 年以前に第 3 および第 4 ミラジ分国は併合された。タースガーオン藩王国は 1819 年の取り決めで 150 頭の保有を義務づけられていたが，1848 年にはすでに併合されていた。ジャムカンディー藩王国は 1819 年に 300 頭の保有を義務づけられたが，1821 年に同藩王国から分立したチンツニー藩王国と軍役（軍馬保有）を二分した。前者は 78 頭について金納し，72 頭の軍馬保有を決めた。後者は，1848 年までに併合されていた。クルンドワル藩王国とシェードヴァル藩王国は各々 70 頭の軍馬保有を義務づけられ，ともに 36 頭の軍馬保有について金納し，34 頭の保有を決めた。E. W. West, *op. cit.*, pp. 269, 274, and 278–285.

49　C. U. Aitchison, *A Collection of Treaties, Engagements, and Sanads, relating to the India and Neighbouring Countries*, Vol. VII, pp. 229–230.

に関し規定されており[50]，藩王国周辺における英領の治安維持に対する協力が期待されていたことがわかる。

藩王国の所領経営については領内の秩序維持が求められ，藩王国内のイナーム，ジャーギール，諸手当などの継続も認めることが定められた。内政に関しては藩王に自治が認められていたが，問題が生じて，それが解決されない場合は政務代理が介入することが定められていた。すなわち東インド会社は内政干渉権を得ていたのである。1819 年の協定では 1812 年の交戦権制限の延長として「自由な外交権」の剝奪が規定された[51]。軍事面に関しては，会社軍の駐屯についての条項がない一方，軍事奉仕に関する条項が見られた。すなわち上記の取り決めは軍事保護条約ではなかったが，東インド会社による内政干渉権の掌握および「自由な外交権」の剝奪という他の藩王国と共通する条件がみられた。インド政庁との関係が大きく異なる藩王国間でも，外交権の制限・剝奪が共通の条件として挙がっていることは，藩王国政策にとって外交権の問題が最重要であったとする本書の主張を支持するものである。6 藩王国との取り決めでは共通して上記の条項が定められ，1819 年以降に条約を締結した藩王国がさらに分裂した場合は軍事奉仕の負担は分割されたが（本章註 48 参照），外交や内政に関する条項は分裂した藩王国にも適用された[52]。

③パトワルダン家の所領構造

パトワルダン家の所領構造に関しては植民地期の詳細な報告書があり，これを用いた研究は進んでいる。本項では，先行研究や報告書を参照しながら，宰相政府時代と植民地時代の継続と変化に注目しながらパトワルダン県の所領構造を考察する。

パトワルダン家のジャーギールは，南マラーター地方を中心とする広大な所領として保有された。マラーター同盟下ではこの所領は，主にミラジ地方，タースガーオン地方，クルンドワル地方の所領から成っており，この他にインダプール郡のジャーギール村やコルハープルのマラーター王国内の地片等を

50　*Ibid*., pp. 234–237.
51　*Ibid*., pp. 229–230 and 235–236.
52　E. W. West, *op. cit*., pp. 135–137.

ジャーギールとして保有していた。パトワルダン家が分裂したため，広大な所領は 1819 年の時点で 6 藩王国に分裂したが[53]，総体としてはマラーター同盟下の所領は基本的に植民地支配下で安堵された。ただし，サングリー藩王国は軍事奉仕の代替としてソーラプール地方をボンベイ政府に割譲しており，1819 年の取り決めを結んだ後に多少の領土の変化はあった。各藩王国の領土は，大小の差はあるが 1 つまたは複数の郡（Taluka）から成っており，藩王はこの広大な領域の中心町に居住していた。各藩王国は，主たる領地とは別に数村から十数村のジャーギール村を保有しており，その村落の多くが，パトワルダン家の異なる藩王国内に位置していた。これは，分裂後もその権益が複雑に関わりあっていたことを示している。これに加えて分裂前に保有していたデカン地方での権益は，コルハープル藩王国内やプネー県などの英領県内にほぼ変わらずに存在していた。このことは，デカン地方における飛び地や地片も含めて，パトワルダン家の権益が植民地支配下で安堵されたことを意味している。

広大な主領域を構成する村々からは，英領直轄地や他の藩王国と同様に，地税がパトワルダン家の藩王に支払われた。宰相政府下においても，地税がジャーギールとして宰相政府ではなくパトワルダン家に支払われており，同家の歳入の基本的なあり方に変化はなかった。各藩王国は，税収を集めるためにカマヴィスダールを管轄郡に派遣した。宰相政府の時代に宰相政府領を模して実施された方法が，パトワルダン家の所領が藩王国となった後も継続的に用いられていたのである。宰相政府下の有力武官であったパトワルダン家は，宰相政府に対してきわめて自治性の強い所領経営を行なっており，地税に加えて，営業税，通関税，諸税（Bāje Paṭṭī）に相当する貢納などの徴収や夫役の徴用を実施したほか，所領内の民事・刑事の裁判権も有していた（第 3 章参照）[54]。パトワルダン家によるジャーギールの経営は，土地や取り分のやりくりというよ

53　ミラジ領が分割されてサングリー藩王国とミラジ藩王国が成立し，タースガーオン領が分割されてジャムカンディー藩王国とタースガーオン藩王国が成立し，クルンドワル領が分割されてクルンドワル藩王国とシェードヴァル藩王国が成立した。C. U. Aitchison, *A Collection of Treaties, Engagements, and Sanads, relating to the India and Neighbouring Countries*, Vol. VII, p. 324.

54　深沢宏「十八・十九世紀南マラータ地方における知行領主制——特にパトワルダン家について」，127-132 頁。

りは，宰相政府などの国家経営に近い仕組みをもっていた。植民地支配が始まり，この所領構造は藩王国の国家組織として，ほぼそのまま維持されていった。宰相政府下で得ていたジャーギール（地税）は，そのまま藩王国の地税収入となり，宰相政府下での徴収システムは維持された。営業税や通関税なども藩王国の付加税として引き続き徴収された[55)]。藩王国内，すなわち所領内のイナーム，ジャーギールなどの諸権益も，植民地支配下でそのまま維持された。このことは，1819 年の協定の分析の中で示したとおりである。

宰相政府時代におけるパトワルダン家の諸収入の用途は，所領経営と軍事奉仕に大別された。パトワルダン家は，ジャーギールである所領の経営のために多くの事務役（Kārkūn）を雇い，彼らに給与を支払った。領内の寺院や特定の人物などのためにイナームが施与されていた[56)]ほか，軍事規約（Tainăt Jābtā）の検証から，パトワルダン家の家臣にジャーギールが下封されていたことも明らかになった[57)]。ジャーギールやイナームの施与は，給与支払いや寄付として所領経営に伴う支出に区分できる[58)]。もう一方の軍事奉仕は，パトワルダン家の宰相政府時代における所領経営において最大の支出であり，軍事規約の規定数の通りに軍馬を保持することは大きな負担であったと考えられる。深沢は，実際にパトワルダン家が保持した軍馬数は規約の規定数を大きく下回っていたと指摘し，軍役に用いる兵馬の数は所領の経営状況に合わせて加減する余地があったと述べる[59)]。

植民地時代に入ると，パトワルダン家の収入の構造や所領経営のあり方は継

---

55 James M. Campbell ed., *GBP* Vol. XXIV, Kolhapur District, pp. 354 and 356.

56 深沢宏「十八・十九世紀南マラータ地方における知行領主制——特にパトワルダン家について」，133 頁。

57 E. W. West, *op. cit.*, Appendix A, pp. vi, ix, and xxv. さらにパトワルダン家がジャーギールを与えられた際に，既得権益を有していた人物にはその権益の継続保有が認められていた。*Ibid.*, Appendix A, p. xviii.

58 宰相政府時代の帳簿では，一般的に，収支の部の前にイナームやジャーギールに関する項目が記載されており，帳簿上は収支のどちらの範疇にも入っていなかった，分与した時点で収支の外に置かれたと考えていたようである。ただし，現金・穀物による給与支払いや寄付は支出部に記載された。

59 深沢宏「十八・十九世紀南マラータ地方における知行領主制——特にパトワルダン家について」，125–126 頁。

続した一方で，軍事奉仕の方法は大きく変化した。すなわち，1819 年の取り決めによって軍事奉仕は金納化が可能となったが，その場合は兵馬の調整によって財政を維持することが困難になった[60]。このことは藩王国の財政に大きな負担を与え，実際にパトワルダン家の複数の藩王国はこのために多くの負債を負うこととなりえた[61]。植民地支配が始まり，ジャーギール制が廃止されたことによって軍事体制が大きく変化したが，その影響はジャーギールを主体とした藩王国の経営に明確に見ることができる。本項はパトワルダン家に注目して，宰相政府の有力武官が治める藩王国の成立と構造に注目した。宰相政府下の武官であったために，植民地支配下にあってもインド政庁（実際は，ボンベイ政府）に軍事奉仕の義務を負ったこと，ただしジャーギール制が廃止されたために軍事奉仕のあり方は変わり，藩王国の経営に影響を与えたことは，他の武官が統治する藩王国でも同様であった[62]。宰相政府下の有力武官は自治的なジャーギール経営を行なっていたので，パトワルダン家以外の事例でもジャーギール経営構造がそのまま藩王国の国家組織として維持されたものと考える。

2）マラーター同盟内の要人による藩王国の成立

本項ではマラーター同盟の要であったマラーター王家およびマラーター諸侯が治める藩王国の成立に注目し，前項に引き続いて東インド会社の藩王国政策を考察する。

①マラーター王家

旧マラーター同盟領のインド西部を直接的・間接的に支配することとなった

60　深沢宏「十八・十九世紀南マラータ地方における知行領主制——特にパトワルダン家について」，137 頁。

61　財政状況が最も悪かったタースガーオン藩王国では，所領全体が抵当に入っていた。他の藩王国でも所領の一部が抵当に入っている事例が複数みられた。E. W. West, *op. cit.*, pp. 126 and 147.

62　たとえば宰相政府領南部の有力武官であったゴールパデー家のムドール藩王国でも同様の問題が生じていた。C. U. Aitchison, *A Collection of Treaties, Engagements, and Sanads, relating to the India and Neighbouring Countries*, Vol. VII, p. 248–250.

イギリス東インド会社にとって，マラーター同盟の名目的な支配者であったマラーター王家をどう遇するかがインド西部の政治・社会秩序を維持するうえで非常に重要な問題となった。第 3 次アングロ・マラーター戦争の時点でエルフィンストンらの東インド会社軍はマラーター国王の重要性を認識しており，1818 年 3 月にサタラのマラーター国王を幽閉から解放してその保護下へ置いたのである（第 6 章参照）。サタラのマラーター国王付きの政務代理（駐在官）[63]としてジェームズ・グラント・ダフ（任期：1818〜22 年）が派遣され，1819 年にサタラのマラーター国王と東インド会社の間で条約が結ばれた。

この 1819 年の条約[64]の第 1 条および補遺によってマラーター国王領が明確に定められ，その領有が保障された。宰相政府とマラーター国王プラタプシンが領土問題で争っていたこともあり，この問題を早期に解決し，サタラの国王の権威を保護しようというのがここでの東インド会社の意図であったと考えられる。サタラのマラーター国王の領地を守るために，領内に東インド会社軍を駐屯させること，そしてその費用をマラーター国王が負担することが定められた（第 3 条）。この条項は，1819 年の条約が軍事保護条約であり，マラーター国王領が英領インドの藩王国となったことを意味した。さらに第 6 条は，マラーター国王が他の政治勢力と交流・通信することを禁じており，ハイダラーバードやマイソールの藩王国と異なり，外交権が完全に剥奪されることとなった。インド西部に反植民地の動きが出た場合に，旧来勢力の象徴としてマラーター国王の下に結束する可能性が高かったため，外交権の制限ではなく完全剥奪という厳しい手段を取ったと考えられる。マラーター王国はサタラの領地をイギリスの保護下で保有し，内政に関するすべての問題について政務代理に相談することが定められた（第 2 条）。ただしサタラの領地には，イギリスが 1818

63　18 世紀の東インド会社の史料ではインド諸勢力に派遣したイギリス人について，駐在官（Resident）の語が基本的に用いられたが，18 世紀末にインド勢力を藩王国とする方針も取られるなかで，植民地統治をより意識した政務代理（Political Agent）という語が用いられるようになっていった。ジェームズ・グラント・ダフも政務代理と呼称された。両語の使用は東インド会社とインド諸勢力の力関係を測る重要な尺度となっており，本書では基本的に史料のままに表現するが，東インド会社にとって駐在官と政務代理は役職としては同種であったことを記しておく。

64　C. A. Aitchison, *A Collection of Treaties, Engagements, and Sanads, relating to the India and Neighbouring Countries*, Vol. VII, pp. 391–401.

年に宰相政府領から奪った領域も含まれており，統治は困難であるという建前から，政務代理がマラーター国王の名でサタラの国政を執行することが明記された（第 6 条)。他の藩王国との条約では，東インド会社に内政干渉権を与える規定にとどまったが，本条約では政務代理が行政を代行することが定められたのである。

1819 年の条約は，「友好および同盟の条約（Treaty of Friendship and Alliance)」と題されており，サタラのマラーター王権を尊重し，これと友好同盟を結ぶ東インド会社の姿勢が示されている。しかし，この条約は実質的には軍事保護条約であり，マラーター国王は英領インドの藩王となった。さらに，本条約は外交権の完全剥奪と政務代理による内政代行を規定しており，東インド会社の権限がきわめて強いものであった。インド西部の支配者としてマラーター国王が有する影響力を恐れて，イギリス東インド会社は国王を名目的には保護しながらも，実際には厳しい政策を取ったことがわかる。内政権はジェームズ・グラント・ダフの政務代理の任期終了間際にサタラの藩王に返されたが，これ以後も藩王は内政に関してつねに政務代理を通じて東インド会社に相談しなければならなかった[65]。

コルハープルのマラーター国王サンバージー 3 世は，1812 年にイギリスと友好条約を結んで「自由な外交権」を奪われ，以来コルハープルの王国は実質的に英領インドの藩王国となっており，第 3 次アングロ・マラーター戦争でも同国はイギリス東インド会社を支援した。ただしこの時点で東インド会社は，コルハープルのマラーター王国の内政や軍事面に干渉する権利を有していなかった。1821 年にサンバージー 3 世が死去した後に，1822 年に国王に即位したシャーハジーは失政を繰り返して，時には周辺国へ軍事的圧力をかけたため，イギリス東インド会社は同国の国政に干渉し，1827 年に軍事保護条約を結んだ[66]。この条約で東インド会社は，コルハープルとその周辺の治安維持のために，コルハープルの王国内に会社軍が駐屯することを認めさせた（第 6 条)。さらに東インド会社は同条約で，王国の内大臣の任免権を得て，内大臣を通じて王国の内政に干渉することが可能になった。その後，1829 年にあらためて

65　*Ibid*., p. 347.

66　*Ibid*., pp. 182–183.

1827 年の条約の内容を確認する条約が結ばれた[67]。1812 年という早期に「自由な外交権」が奪われたことからは，藩王国政策にとって外交権の制限が重要だったということだけではなく，マラーター王国の政治的影響力を早いうちに制御しようという東インド会社の意図を見て取ることができる。その後は，1829 年までに会社軍駐屯と内政干渉の権利を東インド会社が獲得するかたちで，ゆるやかにコルハープルの王国の藩王国化が進んでいった。

②マラーター諸侯

名目的にはマラーター王家の臣下として，実質的には宰相政府に従ってマラーター同盟を形成したマラーター諸侯も，東インド会社がインド西部の植民地化を完遂するうえで，きわめて重要な存在であり，宰相政府を滅亡させてその領地を英領直轄地としたのに対し，マラーター諸侯は英領インドの藩王国となった。最後の宰相バージーラーオ 2 世（在位：1796〜1818 年）の治世には，宰相とマラーター諸侯の結束にもほころびが生じており，そのために諸侯によってイギリス東インド会社との関係も異なっていた。

マラーター諸侯の中でいち早くイギリス東インド会社に接近したのはグジャラート地方のガイクワード家で，当主の継承争いのために 1802 年に軍事保護条約を結び，第 2 次アングロ・マラーター戦争を前に東インド会社の保護下に入っていた（第 5 章参照）。1805 年の条約更新でガイクワード家の「自由な外交権」は剝奪されており[68]，同家に自由な交渉権がなかったために，宰相とガイクワード家との争いに東インド会社が介入し，この介入が第 3 次アングロ・マラーター戦争の原因となった（第 6 章参照）。東インド会社はこの戦争によってマラーター同盟を解体した後に，1820 年の附則で同家による治世に対する内政干渉権を得て[69]，ガイクワード家は段階的に英領インドの藩王となっていった。

シンデー家は第 2 次アングロ・マラーター戦争で東インド会社軍と衝突して

---

67 *Ibid*., pp. 198–209.

68 C. U. Aitchison, *A Collection of Treaties, Engagements, and Sanads, relating to the India and Neighbouring Countries*, Vol. VI, p. 126.

69 *Ibid*., p. 142.

敗れた。これを受けて 1804 年に 1803 年条約の更新がなされ，シンデー家の領地と英領の境界地域のイギリス側に会社軍を駐屯させることが決まり，その費用をシンデー家で負担することが規定された。これはシンデー家領内の会社軍駐屯を認めたわけではないという意味で，不完全な軍事保護条約であった。ただし 1804 年の更新条約はシンデー家の「自由な外交権」を剝奪しており，この時点でシンデー家は藩王国としての最も重要な条件である外交権の制限や剝奪を満たしたのである（第 5 章参照）。さらに，この条約に違反してシンデー家が反英勢力と交流をもっていたことを東インド会社は突き止めていたため[70]，1817 年に再び条約を更新し，シンデー家領内に東インド会社軍を駐屯させる正式な軍事保護条約を結び（第 8 条），シンデー家が有していたラジャスターンの諸権益を剝奪した（第 9 条）[71]。1817 年の更新条約によってシンデー家に対する東インド会社の影響力は強大になり，シンデー家が第 3 次アングロ・マラーター戦争において宰相政府の求めに応じてマラーター同盟軍に与することはなかった。1818 年の条約更新では，英領とシンデー家の藩王国（王都にちなんでグワーリヤル藩王国と称された）との領域確定・交換がなされ，シンデー家の領地であったラジャスターンのアジメールが東インド会社に譲渡され，藩王国側は同等の価値をもつ領地を得た[72]。グワーリヤル藩王国では 1843 年に幼少の藩王が即位し，この機に政務代理が後見となり，1844 年の条約更新で東インド会社は同藩王国に対する内政干渉権を得るにいたった[73]。

第 3 次アングロ・マラーター戦争においてガイクワード家とシンデー家はマラーター同盟軍に加わらなかったが，以下に記すホールカル家とナーグプルのボーンスレー家は同戦争において宰相政府に与した。ナーグプルのボーンスレー家は第 2 次アングロ・マラーター戦争でイギリスに敗れて 1803 年に東インド会社と条約を結び，領土の一部を割譲するとともに，他のマラーター諸侯との通信を駐在官に厳しく監視されることとなったが，会社軍の受け入れなど

70　C. U. Aitchison, *A Collection of Treaties, Engagements, and Sanads, relating to the India and Neighbouring Countries*, Vol. IV, pp. 13–14.

71　*Ibid*., pp. 61–66.

72　*Ibid*., p. 14.

73　*Ibid*., p. 142.

の根本的な変化はこの時点でみられなかった（第 5 章参照）。しかし，1803 年の条約を結んだ当主ラゴージー・ボーンスレーが 1816 年に死去すると，その嫡子パソージー・ボーンスレーが継承したが，統治能力に欠けるということでラゴージーの甥マドージー・ボーンスレーが後見役となった。マドージーは自身のボーンスレー家内での立場を強めるために東インド会社に近づき，1816 年に当主の後見として条約を結んだ[74]。この条約は領内に会社軍の駐屯を認めてその費用をボーンスレー家が負担する（第 4 条）という軍事保護条約で，これによってボーンスレー家の「自由な外交権」も剝奪された（第 10 条）[75]。マドージーが会社軍という強大な軍事力を得る代償に，ボーンスレー家は英領インドの藩王となった。1817 年にパソージーが殺害され，マドージーが当主となると，イギリスの支配に反発して，第 3 次アングロ・マラーター戦争でマドージーは宰相政府に与し，ナーグプルで会社軍と衝突したが敗れて逃走した。戦後の 1818 年にラゴージー・ボーンスレーの孫が即位し駐在官が後見となった[76]。1826 年の条約更新[77]によって，駐在官による後見は終了し（第 7 条），ボーンスレー家の親政が認められた。しかし同条約では，軍事保護の条項が確認されるとともに（第 8 条），制限されるにとどまっていた外交権は完全に剝奪され（第 3 条），東インド会社は内政干渉権を得た（第 10 条）。これによりナーグプル藩王国は東インド会社の権限が強い藩王国となった。

ホールカル家は第 2 次アングロ・マラーター戦争における東インド会社の最大のライバルであり，最終的に東インド会社軍に敗北して 1805 年に結んだ条約では領地の一部を割譲したものの，会社軍の駐屯や東インド会社による内政・軍事への介入は一切明記されず，独立の勢力としての地位を保持した（第 5 章参照）。第 3 次アングロ・マラーター戦争において，ホールカル家はその反英姿勢とマラーター勢力の保持のために，宰相政府に与した。しかし，マールワー地方でホールカル家は会社軍に敗れ，1818 年に東インド会社と条約を結

74　C. U. Aitchison, *A Collection of Treaties, Engagements, and Sanads, relating to the India and Neighbouring Countries*, Vol. VIII, p. 494.
75　*Ibid*., pp. 521–526.
76　*Ibid*., pp. 494–495.
77　*Ibid*., pp. 527–533.

ぶにいたった[78]。この条約は，ホールカル家が領内に会社軍を駐屯させ，その費用を同家が支払うという条項を含んだ軍事保護条約であり（第 7 条・第 8 条），さらに同家は「自由な外交権」を剝奪され，外交について事前に会社側に相談することが求められた（第 9 条）。加えて同条約では，駐在官を介した内政干渉の権利が東インド会社に認められた（第 14 条）。そして，ホールカル家が有していたラジャスターンにおける諸権益も東インド会社に譲渡された。1818 年の条約によってホールカル家は英領インドの藩王国となった。

本項で注目したマラーター諸侯 4 家の第 2 次および第 3 次アングロ・マラーター戦争における東インド会社との関係は一通りではなく，会社軍の駐屯，外交権の制限・剝奪，内政干渉を認める時期もそれぞれに異なっており，その程度も一様ではなかった。戦争の勝敗によって藩王国としての条件を一度に満たしたホールカル家と異なり，シンデー家やガイクワード家では藩王国化はゆるやかに進んだ。これに関連してシンデー家やナーグプルのボーンスレー家では第 3 次アングロ・マラーター戦争およびその前の状況において，藩王国の最も重要な規定である外交権の制限が侵される事態が起こり，東インド会社とナーグプル藩王国とは戦争に突入した。しかし，東インド会社は両家を滅ぼすことなく，両家の勢力は英領インドの藩王国であり続けた。19 世紀初頭にマラーター勢力を圧倒することによって，イギリス東インド会社はインド随一の勢力となったが，反英勢力の拡大を危惧する外交・政治的判断により，マラーター諸侯を藩王として留めることを選択したのである。藩王国政策は東インド会社の軍事力を背景に進められたが，戦争での対決・勝敗によって政策のすべてが決まるわけではなく，外交的な手腕が求められた。象徴的な影響力をもつマラーター王家の藩王としての存続は 19 世紀初頭の東インド会社にとって，まさに重要な外交政策であった。そして各藩王との関係も微妙な外交・政治バランスの上に成り立っていたため，藩王に認められる権限も決して一様ではなかった。

ちなみにシンデー家（1817 年）およびホールカル家（1818 年）との条約により，東インド会社は両家からラジャスターンにおける諸国王に対する権益を譲

78　C. U. Aitchison, *A Collection of Treaties, Engagements, and Sanads, relating to the India and Neighbouring Countries*, Vol. IV, pp. 170–174.

り受け，その監督権を得た。これにより，1818 年にシンデー家と領地交換をして英領直轄地となったアジメールを中心とし，ラージプートの諸藩王国によって形成されるラージプターナ特別行政区が形成された。ラージプートの諸王の中で，ジャイプルやアルワールらのラージプートは，第 2 次アングロ・マラーター戦争の時点でイギリスの離間政策に応じて会社軍を受け入れ，藩王国になっていた[79)]。ジョードプルのラージプートのように第 3 次アングロ・マラーター戦争に応じて藩王国となった勢力があった一方で[80)]，1818 年のシンデー家・ホールカル家から東インド会社への権益移譲後にイギリスの藩王国となったラージプート勢力もあった。いずれにせよ，1818 年末には大部分のラージプート勢力が英領インドの藩王国となっていたのである。これにより，インド亜大陸北西部のパンジャーブのシク王国を除くほぼすべての領土が，直接・間接的にイギリスの植民地支配を受けることとなった。そして，少なくともムガル帝国以前にさかのぼる家系が多いラージプート諸勢力を，イギリス東インド会社は取り込むことに成功したのである。シンデー家・ホールカル家の権益を受け継いだ東インド会社は，ラージプターナ特別行政区でラージプート諸王国からマラーター諸侯に代わって貢納金を徴収しており[81)]，この意味でマラーター諸侯の支配の枠組みを用いて，ラージプターナ特別行政区の支配が始められたことがわかる。

本節では，インド西部における藩王国の成立，すなわち植民地政府によるインド西部の間接支配について考察した。宰相政府下の武官との協定締結によって，数多くの藩王国がインド西部に成立した。武官はジャーギール保有者であったが，ジャーギールの所領構造は藩王国の国家組織に引き継がれて存続し，領内で家臣に授与したジャーギールやイナームは継続が認められ，諸権益を内包する構造も維持された。他方で，インド西部における象徴的支配者であった

79　C. A. Aitchison, *A Collection of Treaties, Engagements and Sanads relating to India and Neighbouring Countries*, Vol. III, the Treaties, relating to the States in Rajputana, Calcutta : Superintendent Government Printing, 1909, pp. 89–90 and 315.

80　*Ibid.*, pp. 139–140.

81　*Ibid.*, pp. 1–8.

マラーター王家や，マラーター同盟の一翼を担ったマラーター諸侯も藩王国となった。藩王国化以前の状況に関しては，武官とマラーター王家では政治的影響力や政治・社会秩序内での位置づけにおいて大差があり，そのために軍事奉仕の有無などイギリス東インド会社との関係も異なったゆえに，本来であれば藩王国として一元化できる勢力ではなかった。マラーター同盟の解体の中で藩王国としてラージプート諸国を取り込んだことにより，藩王の出自はより多様になった。他方で外交権の制限・剥奪や内政干渉を受けうることなど，いくつかの特徴は共通しており，社会・政治秩序を維持しようという東インド会社の政策方針は一貫していた。

藩王となった有力ジャーギール保有者は，ジャーギールの所領構造を藩王国組織に継承するかたちで維持した。他方で，マラーター同盟の要人であれ武官であれ，藩王国化以前に領内の村や土地をジャーギールとして家臣に与えている事例は珍しくなく，藩王国成立の時点で国内にはジャーギールが内包されていた。イギリス東インド会社との条約・協定では，軍事ジャーギールであってもその廃止が規定されることはなく[82)]，藩王国の自治の範囲内としてジャーギール制を藩王国内で存続させることも可能であった。すなわち，その所領が藩王国となったジャーギールも含めて，インド西部における英領直轄地の外では，制度的にもジャーギールが存続していたのである。

おわりに

本章では，1818 年の第 3 次アングロ・マラーター戦争以後に英領となった宰相政府領がイギリス東インド会社領に包摂される過程を概観した。デカン特

82　サタラのマラーター国王は王国の大臣らに郡に匹敵する広大な領地をジャーギールとして与えていた。本章で検討した藩王国の条約・協定の中で，サタラ藩王国の条約においてのみ，王国大臣と東インド会社が藩王を介さずに協定を結ぶという条項が加えられた。サタラの王国大臣はサタラの藩王の宗主権を認めながらも，彼らのジャーギール権益を基盤として，英領インド内の半独立勢力（準藩王国）としての地位を新たに与えられた。C. U. Aitchison, *A Collection of Treaties, Engagements, and Sanads, relating to the India and Neighbouring Countries*, Vol. VI, pp. 123–128 and 392.

別行政区の設置には，英領となってまもないデカン地方の社会・政治秩序を乱すことなく植民地支配を開始すること，宰相政府の影響力が強かったデカン地方の行政制度を従来の支配機構を利用しながら再編すること，という二つの意図があった。デカン地方が 1826 年以降にボンベイ管区に編入されたのちも，これら二つの政策意図が，インド西部の植民地統治において重要な役割を果たした。とりわけ後者の意図に基づいて，地方支配においてインド人郡役人（Māmlatdār）が活用されたり，中央において宰相政府の資料庫の再編や書記官などの宰相政府下の文官の再雇用が検討されたりした。ただしこれらの事例は，宰相政府の支配機構がそのまま踏襲されたことを意味しない。1827 年のエルフィンストン法典の成立などによって植民地の新たな支配機構を築いていくなかで，現地の状況に即した旧来の組織や制度の活用が模索されたのである。

社会・政治秩序の維持という前者の意図と，ジャーギールおよび藩王国政策とは密接に結びついていた。宰相政府領内のジャーギールは，その保有者とイギリス東インド会社との関係に応じて，英領直轄地内の既得権益となったジャーギールと，条約・協定が結ばれて藩王国を形成したジャーギールに大別された。植民地支配下におけるこれらのジャーギールはマラーター同盟下では制度的に区別されていなかった。英領直轄地ではジャーギール制が廃止され，既存の軍事ジャーギールは収公が決定したのに対し，藩王国となったジャーギールでは，ジャーギールの所領構造が藩王国の国家組織として存続し，藩王国内ではジャーギール制を継続することができた。インド西部全体で捉えると，宰相政府の下で武官が有したジャーギールの一部は藩王国として制度的に存続したといえる。

19 世紀初頭にジャーギール保有者から自立した有力武官のみならず，マラーター諸侯・マラーター王家やムガル帝国以前からの独立勢力であったラージプート諸国までが英領インドの藩王国となった。この時期に成立したこれら藩王国のみを見ても，それらが政治・社会的に一枚岩ではなく，多様な集団であったことがわかる。他方で，インド西部における藩王国政策は，第 2 次・第 3 次アングロ・マラーター戦争での東インド会社による離間政策と戦後の新たな植民体制の創出の中で進められており，藩王国の外交権の制限・剥奪を最重要視する政策としての一貫性を有していた。18 世紀におけるインド最大の勢力であったマラーター同盟の崩壊後の秩序維持のために，東インド会社が繰り返し行なった勢力間調整や政治的妥協の中で，ボンベイ管区は他管区に比して多くの藩王国を管轄することとなった。このボンベイ管区内で実施されたジャーギールの免税地化から，ラージプート諸藩王国によって構成されたラージプターナ特別行政区における政策に至るまで，本章で検証した諸政策は，マラーター同盟崩壊後の社会・政治秩序の維持という目的のもと連関していたのである。ジャーギール対策と藩王国政策はともにボンベイ管区およびインド政庁の政務省（Political Department）が担当しており，植民地統治機構の面からも本章の諸問題の連関性が見て取れる。おそらくこのような連関が意識されていたがために，ボンベイ管区における一種の免税地と区分された軍事ジャーギールの収公も，インド西部の社会・政治秩序に直結する問題としてきわめて慎重に実施されたのである。インドの植民地統治を考察する際に，政務省が担当した社会・政治秩序の維持のための政策は無視できないのである。

ただし，それと同時に重要であったのがボンベイ政府の財政の維持であり，税収の確保であった。政務省と並ぶ重要機関であった収税省（Revenue Department）がこれを担当し，収税省はジャーギール収公を推進するなど，政務省と収税省の政策はときに相反することがあった。この対立は，宰相政府統治下のインダプール郡において，軍馬育成政策によるジャーギール制の実施と中央集権を目指したカマール制の実施が相反していたのと同様の構造をもっていたといえる。ボンベイ管区の収税省にとっての最重要政策は，新たに編入された宰相政府領への地税徴収制度の導入と実施であった。次章では，ボンベイ管区に実施されることとなるライヤットワーリーの導入と展開を考察する。

第9章
ボンベイ管区における新地税制度の導入と展開

はじめに

本章ではボンベイ管区へのライヤットワーリー制の導入過程を分析することで，インド西部における植民地化のプロセスを解明し，インドの植民地化を近世後期における長期の社会経済変動に位置づけることを目指す。本章では，政策実施者となったイギリス側の視点に立ち，ライヤットワーリー制導入の政策的背景を論じる（第1節）。そのうえで植民地期初期におけるインダプール郡の行政制度を分析し，ライヤットワーリー制が同郡へ試験的に導入された経緯を明らかにする（第2節）。また同節では，植民地期における新地税制度の諸研究に対して本書が果たす意義を示す。最後に，ボンベイ管区におけるライヤットワーリー制の展開を概観して，イギリスによる植民地支配のあり方を考察する（第3節）。

1　ライヤットワーリー制導入の政策的背景

ライヤットワーリー制は，周知のように，イギリス東インド会社がボンベイ管区に導入した植民地制度である。前章までに見たように，1818年の時点でインダプール郡の中間層であった武官の大部分がその勢力を失っており，郷主も宰相政府末期の混乱の中で弱体化していた。しかし，この状況がライヤットワーリー制という英領期の新たな地税制度を生み出したわけではなかった。インド植民地研究は，ほぼ同時代に行なわれた最初期の研究以来，植民地政策の根幹であるライヤットワーリー制などの地税政策の成立過程を検討してきた。本書は現地語史料を用いることで，従来のライヤットワーリー制研究に新たな視点を加えるものであるが，本書の研究史上の意義は次節で同制度導入を扱うなかで明示する。本節では，その準備段階として，ライヤットワーリー制導入に至る政策的背景を従来の研究を踏まえつつ整理する。

1）東インド会社の地税制度——インドにおける政策展開

英領インドがその領域を拡大するなかで，当時の最大の歳入となった地税を確保するために，インド東部でザミンダーリー制，西部・南部でライヤットワーリー制，北部でマールグザーリー制を導入したことは序章で示したとおりである。イギリス東インド会社は，1761 年に終結した第 3 次カーナティック戦争を通じてマドラス周辺の地税徴収権をジャーギールとして獲得し，バクサルの戦い後の条約（1765 年）でインド東部（ベンガル地方，ビハール地方，オリッサ地方）の徴税権（Diwānī）を獲得した（第 5 章参照）。すなわち，ベンガル管区とマドラス管区において東インド会社は 1760 年代に，インド亜大陸で地税を徴収する立場となった。ただし，マドラス管区のジャーギール地域では，1780 年まで地税徴収は請負に出され，東インド会社主導の経営は行なわれていなかった。東インド会社はベンガル管区でも徴税を請負に出して，ベンガル太守の旧来の行政機構を存続させる政策を取った[1)]。ベンガル管区で実施された徴税請負制はザミンダーリー制と呼ばれたが，ここでいうザミンダールはマラーティー語史料中のザミンダール（在地の世襲役人の意）とは若干指し示す対象が異なる。谷口晉吉は，東インドのザミンダールについて，ムガル帝国の侵略に屈した地方支配者が支配機構に組み込まれて，ムガル帝国下でザミンダールと呼ばれるようになったと指摘したうえで，東インドを含むムガル帝国支配下のザミンダールが，ムガル支配以前のヒンドゥー小王国およびアフガン系のムスリム小王国の支配者，荒蕪地開墾の受益者，ベンガル太守下の徴税請負人など，その出自において多様であることを示した[2)]。ここでのザミンダー

1　中里成章「英領インドの形成」，331-332 頁。
2　谷口晉吉「英国植民地支配前夜のザミンダール——所領支配構造を中心にして」『アジ

ルは，マラーティー語史料中のザミンダールと同様にムガル帝国やベンガル太守と村との間の中間層を形成していたが，より多様な集団であったといえる。東インドのザミンダールは軍事提供，地税納入などを条件に政府に帰属しており，軍役を怠った場合に政府はザミンダールの権利を没収して別の者に与えたり，地税が支払えないザミンダールが他者にその権利を売却していたことが上記のザミンダールの構成からも明らかになる。ベンガル管区では，このように多様な層からなるザミンダールに徴税の請負が出されたのである。徴税請負自体は18世紀の後継国家で広く行なわれており，ベンガル管区やマドラス管区での徴税請負の実施は在地システムを採用した結果であるため，この時点で植民地化による徴税制度の大きな変化はなかったといえる。

ベンガル管区での徴税請負は，現地の徴税手段を利用することで，徴税のための新たな負担を東インド会社が負うことなく，地税を効率的に回収できるとして採用された方法であった。18世紀後半はマイソール王国やマラーター同盟との戦争で戦費がかさみ，ボンベイ・マドラスの両管区への財政補塡，対中（広東）貿易費用が東インド会社の財政を圧迫していた。そこで，財政再建のためにベンガル管区での徴税請負額を引き上げていった結果，1793年までにその額はベンガル太守時代の2倍となった。ザミンダールたちは請負額を支払うことが困難となってこれを滞納するようになり，その多くがザミンダールとしての諸権限を抵当に入れて商人や金融業者から借財するにいたった。債権者たちは徴税に介入し，1769〜73年のガンジス川下流域での大飢饉も相まって農村は大いに荒廃した[3)]。このようにザミンダールの財政状況はきわめて不安定となり，ベンガル政府には安定的な収入の確保が求められるようになった。そこでベンガル総督コーンウォリスは，1793年条例Iによって永代ザミンダーリー制を導入して請負額（税額）を永久的に固定することで，安定的な財政確保を可能にした。この新制度の注目すべき点はザミンダールを唯一の土地所有者に認定したことであり，農民やその他の階層には土地を保有し，耕作す

ア研究』25巻1号，1976年，57-58頁。

3　B. Chaudhuri, “Agrarian Relations 2 Eastern India,” in Dharma Kumar and Tapan Raychaudhuri, eds., *The Cambridge Economic History of India*, Vol. II, Cambridge : Cambridge University Press, 2005/2013, pp. 88 and 93-94.

る法的根拠が認められないこととなった。第 2 章および第 4 章で示したように，地税徴収者であるカマヴィスダール以外にも，武官，在地の世襲役人である郷主や村長，ワタンもち農民，兼業職人を含むウパリー農民など，多様な主体の土地に関わる権益が重層的に存在していたのがインド農村社会の一特徴であった。これに対し，インダプール郡の事例で喩えるならばカマヴィスダールにのみ土地の所有権を認めたのが永代ザミンダーリー制であった。同制度の権利関係は徐々に変更されて，ザミンダールと農民の間の中間的な諸関係および農民自身の土地保有権も認められるようになっていったが[4)]，この制度の下では土地保有関係によって農村社会の諸関係が再定義されることとなり，18 世紀の後継国家と同様に徴税請負制を取りながらも，同制度は制度面における支配のあり方に大きな変容をもたらしたといえる。さらに，永久的に固定された請負額はそれ以前よりも高額で[5)]，請負額を支払えないザミンダールの地所は競売にかけられたため，上述した出自をもつザミンダールの多くがその権利を失っており，同制度は実質的にも東インドの農村社会に大きな変化をもたらした。この永代ザミンダーリー制の導入が，1799 年にマドラス管区にも指示された。

マドラス管区への導入を指示したロンドンの東インド会社取締役会は永代ザミンダーリー制を推進したが，同管区では請負額の滞納が続くなどの問題が起こり，マドラス管区徴税局（the Board of Revenue）など現地での担当部局の不満が高まった。マドラス管区では，農民（ライヤット）が納税義務を負う主体となり，政府と農民が直接，地税の取り決めを行なうライヤットワーリー制が考案され，1792 年からバラマハールなどの一部地域で試験的に実施されていた[6)]。バラマハールは 1792 年の第 3 次アングロ・マイソール戦争後にイギリス東インド会社に割譲された地域に含まれ，同地の徴税官となったアレクサンダー・リードとトマス・マンローは，管轄地域で割譲以前に用いられていた徴税方法

4　中里成章「英領インドの形成」，338–339 頁。

5　B. Chaudhuri, “Agrarian Relations 2 Eastern India,” p. 94.

6　水島司「イギリス東インド会社のインド支配」小谷汪之（編）『世界歴史大系南アジア史 2　中世・近世』山川出版社，2007 年，302–303 頁。Dharma Kumar, “Agrarian Relations 2 Eastern India,” in Dharma Kumar and Tapan Raychaudhuri, eds., *op. cit.*, pp. 214–221

を参考にライヤットワーリー制を同地に導入した[7]。すなわちライヤットワーリー制もある程度は，インドの既存の制度を利用したものだったのである。マラーター同盟の内政改革の中でインダプール郡に導入されたカマール制も，宰相政府がカマヴィスダールを通じて地税納税者の耕作地や納税額を把握することを試みたものであり，ライヤットワーリー制の萌芽または類似する制度は後継国家の政策の中に見出すことができる。ただしカマール制の下では，最終成果物として，少なくとも宰相政府の地方役所に地税納入者個々の耕作地および納税額を示す書類が蓄積されたが，徴税プロセス自体は従来通り村長に多くを負っており，郷主の助けも不可欠であった。トマス・マンローは，ライヤットワーリー制はバラマハールやその周辺地域での従来の制度と適合的であることを強調しているが，他方で請負制の併用や政治的混乱の中で現地の抵抗がみられたことが報告されており[8]，在地の制度が参考にされたバラマハールでもライヤットワーリー制はイギリスが新たに持ち込んだ制度であることに変わりはなかったのである。政府と農民が地税取り決めを行なうライヤットワーリー制の最重要点は中間層の排除であり，この点においてこの制度はザミンダーリー制と相反するものであった。マドラス管区では 1798 年に永代ザミンダーリー制が導入され，試験的に一部地域で用いられていたライヤットワーリー制が廃止されてから，両制度のどちらが優れているかがインドおよびロンドンで長く議論され[9]，トマス・マンローはイギリス議会へライヤットワーリー制の有用性を訴えた。結果として 1810 年代から，マドラス管区でライヤットワーリー制が順次導入されることとなった。これはイギリス植民地支配の徴税方法およびその根底にある植民地支配のあり方の大きな転換であった。ボンベイ管区へのライヤットワーリー制導入は，イギリス東インド会社の支配制度の大きな転

7　"Reports, and Extracts of Reports, from Collectors, On the mode of conducting a Ryotwari Settlement ; and explanatory of Surveys and Assessments," in W. K. Firminger ed., *The Fifth Report from the Select Committee of the House of Commons on the Affairs of the East India Company*, Vol. III, Calcutta : R. Cambray & Co., 1918, p. 204.

8　*Ibid*., pp. 204–207.

9　ザミンダーリー制とライヤットワーリー制の議論は下記を参照のこと。W. K. Firminger ed., *The Fifth Report from the Select Committee of the House of Commons on the Affairs of the East India Company*, Vol. I, Calcutta : R. Cambray & Co., 1917.

換の先に位置づけることができるのである。

2) イギリスにおける政治経済思想の影響

前項ではマドラス管区におけるザミンダーリー制からライヤットワーリー制への政策的転換を論じたが，この転換に関して自由主義の広がりなど同時代のイギリスにおける政治経済思想の影響が無視できないことを従来の研究は明らかにしてきた。本項ではボンベイ管区へのライヤットワーリー制導入に際してのイギリスからの政治経済思想の影響を考察する。

不労階級を批判する古典派経済学に裏打ちされたイギリス自由主義が 19 世紀初頭に広まっていくなかで，その不労階級に分類しうるザミンダールへの支持が薄れたことは，ライヤットワーリー制の導入に影響を与えたと考えられる。東インド会社のインド統治に対するイギリスの自由主義的改革は，1813 年に東インド会社の貿易独占権を廃止してインドに自由貿易をもたらしたが，これと時をほぼ同じくしてライヤットワーリー制がマドラス管区で本格的に実施されたのである。マドラス管区知事（任期：1814〜27 年）となって，同管区でのライヤットワーリー制を推進したトマス・マンローも，自由主義の影響を受けていた[10)]。さらにマンローは 18 世紀末から 19 世紀初頭に興隆したロマン主義の影響を受けており，農民に土地保有権を約束し，ヨーロッパ式の支配とは異なるパターナリズムというべき温情的な支配を行なうことを目指しており，それゆえ農民と直接に接触するライヤットワーリー制を導入したと，同政策の思想的な位置づけがなされた[11)]。

マンローに加えて，インド西部の植民地行政の確立において重要な役割を果たしたエルフィンストン，彼の次代のボンベイ管区知事ジョン・マルコム（任期：1827〜30 年），デリーのムガル宮廷やハイダラーバード藩王国などの駐在官を歴任したトマス・メトカーフも，自由主義やロマン主義などイギリスにお

10　Eric Stokes, *The English Utilitarians and India*, Delhi : Oxford University Press, 1959/1989, p. 9.

11　このことは，インド植民地支配の思想的背景を解明するエリック・ストークスの古典的な研究の中ですでに指摘されており，日本には松井透がこれを紹介している。Stokes, *op. cit.*, p. 13. 松井透「イギリスのインド支配の論理――ヨーロッパの自意識とアジア観」『思想』489 号，1965 年，101 頁。

ける19世紀初頭の新たな思想潮流の影響を受けていた。彼らは，コーンウォリスの永代ザミンダーリー制を強引に推し進めたベンガル総督ウェルズリー（任期：1798～1805年）の政策に反対して，インドの諸制度を守ろうとした[12]。彼らの新たな政策は東インド会社の支配方針を修正するものであり[13]，また彼らは東インドのベンガル地方以外の地域で植民地行政を確立する立場にあったことから，インド統治においてベンガル地方と他地方で制度が異なることとなった。このような政策思想の転換や地域的な差異を象徴するのがライヤットワーリー制だったのであり，同制度の導入にはイギリスの思想潮流が少なからず影響していた。

1806年にロンドン郊外に設立された東インド会社の養成学校ヘイリーベリー校は，ヨーロッパの思想・制度の影響を，インド赴任のイギリス人行政官により直接的に与える役割を果たすこととなった。ヘイリーベリー校では，長期にわたってインドに滞在するので現地の風習に染まらないようにと古典学やイギリス史，イギリス法が教えられる一方で，ペルシア語などのインド統治に必要な東洋諸言語に加えて，科学的で実践的な技術が教えられた[14]。そこで科学的・実践的な技術の一つとして教授されたのが古典派経済学であった。古典派経済学の中で議論された地代（地税）設定の問題は，ライヤットワーリー制における徴税方法という実践と直結していたのである。19世紀初頭にデイヴィッド・リカードとT. R. マルサスが地代設定をめぐって論争を繰り返したことはよく知られているが，この論争の期間も含めて，マルサスは同校創立時から1834年までの長期にわたってヘイリーベリー校における歴史と政治経済の教授として経済学を教えていた。他方で，リカードの地代論を支持した功利主義者のジェームズ・ミルは1817年に『英領インド史』を著して，1819年にイギリス東インド会社に徴税関係の通信審査補佐に任命され，1831年に審査

12　Stokes, *op. cit.*, pp. 8-10.

13　松井透は彼らに温情的知印派という名称を与えているが，その思想の前提にはイギリス的専制統治があり，彼らもまた本質的に権威主義的で保守的であったことを指摘している。筆者も松井の指摘に同意することをここに付言しておく。松井透「イギリスのインド支配の論理――ヨーロッパの自意識とアジア観」，101頁。

14　浅田實「東インド会社とヘイリーベリー校」木畑洋一（編）『大英帝国と帝国意識――支配の深層を探る』ミネルヴァ書房，1998年，107頁。

長となった。ミルは 1833 年の東インド会社の特許状改正時に下院インド問題特別委員会に資料を提供するなど，大きな権限をもつにいたった[15)]。ヘイリーベリー校を含めて，東インド会社は，少なくともロンドンにおいては，19 世紀初頭の新思想となった古典派経済学・功利主義の影響を受けていたというよりも，まさにその思想潮流の只中にあったのである。

インダプール郡とその周辺にライヤットワーリー制を導入するための収税官補佐（Assistant Collector）に任命された R. K. プリングルは，ヘイリーベリー校においてマルサスから政治経済を学んだ後に，リカードの差額地代論をインドで実践しようと企て[16)]，1828 年にインダプール郡とその周辺で予備的な調査を行なって，リカードの地代論を実現しうる徴税計画を提出した[17)]。他方でインド政庁の国土省（Territorial Department：徴税等を担当する部属）の長官として，第 2 次アングロ・マラーター戦争でマラーター諸侯から割譲された北インドの徴税政策に尽力したホルト・マケンジーも，ヘイリーベリー校でマルサスから政治経済を学んでおり，地税業務における差額地代論の実現を目指していた。マケンジーは 1819 年に北インドの徴税に関する現地調査の詳細な記録を残し，現地の慣行のために需要と供給の経済理論がつねに妥当するわけではないことを自覚する発言をしていた[18)]。1822 年のベンガル管区条例 7 号で新たな徴税方法を導入したが，それが現地でうまく機能しなかった[19)]ことも，マケンジーの徴税行政に対する態度を慎重にさせたと考えられる。功利主義に基づく地代論の導入を目指す点においてマケンジーの方針はプリングルと同様であったが，マケンジーは現地の慣行に注意を払っていた。他方でプリングルはマラーター時代の徴税方法に関心を払わずに理論を最優先していた[20)]。

ジェームズ・ミルは，プリングルに強い信頼をよせており，1833 年の特許

15　Eric Stokes, *op. cit*., p. 90.

16　Neeraj Hatekar, “Information and incentives : Pringle’s Ricardian experiment in the nineteenth century Deccan countryside,” *Indian Economic Social History Review*, Vol. 33-4, 1996, pp. 437-439.

17　Eric Stokes, *op. cit*., p. 99.

18　*Ibid*., pp. 98-99.

19　*Ibid*., p. 97.

20　*Ibid*., p. 100.

状更新のための下院特別委員会（1831～33年）において，地代論を実現するものとしてプリングルの計画を高く評価していた。1831年にイギリスへ帰国し1832年に監督局の長官となり，ロンドンで大きな発言権を得たマケンジーも，下院特別委員会ではミルと同様にリカードの差額地代論の実現を支持した。しかし，下院特別委員会では差額地代論の強引な適用は認められず，1833年の特許状更新によってベンガル総督からインド総督へ名称が格上げされたベンティング（任期：1828～35年）の一連の改革[21)]の中で，地税徴収のあり方は見直しを迫られることとなった。その結果，ボンベイ管区では，1835年にプリングルによるライヤットワーリー制の査定・徴税方法は無効とされ[22)]，1830年代後半からのウィンゲイトとゴールドスミッドの改革によってプリングルによる査定額は大幅に引き下げられた。マケンジーが担当していた北インドでは，より現状に即して村を徴税単位として，有力者のザミンダールを納税者とするマールグザーリー制，上述したマハール（数村～数十村）を徴税単位とするマハールワーリー制などが導入されるなど，より現地の慣行・状況に即した地税制度が実施されるようになった。

以上のように，1820年代においてイギリスの差額地代論の影響を強く受けた「科学的」な地税の査定方法がインドで試みられており，ボンベイ管区プネー県インダプール郡でライヤットワーリー制を試行したR. K. プリングルは，その影響を強く受けていた。本書第6章で植民地化前夜にライヤットワーリー制の施行を可能とする状況がみられたことを結論づけたが，インド西部の現地状況に即してライヤットワーリー制が制定されたわけではなく，イギリス東インド会社のインド各地における試行錯誤とイギリスの経済思想の影響の上にライヤットワーリー制自体は成り立っていたのである。次節では，R. K. プリングルによるライヤットワーリー制の試行調査までのインダプール郡を検証し，

21　1833年の特許状更新により，イギリス東インド会社は貿易独占を禁止され，商社からインドの統治機関へとその性格を大きく変えることとなった。この方針転換に従って，ベンティングのインド総督在職中に，収税官と司法官の一本化や，4～5県の上に長官（Commissioner）職を置くなどの統治機構の見直しがなされた。地税徴収方法の改革もこの一環と捉えることができる。浜渦哲雄『大英帝国インド総督列伝――イギリスはいかにインドを統治したか』中央公論新社，1999年，90-91頁。

22　Eric Stokes, *op. cit*., p. 103

その導入準備における現地の状況を明らかにする。

2　インダプール郡へのライヤットワーリー制の導入

R. K. プリングルは 1828 年にインダプール郡でライヤットワーリー制の試行調査を行なった。プリングルの試行調査とその問題については，ラヴィンデル・クマールの古典的な研究に始まり，数多くの研究がなされてきた。本書の一つの目的は，インダプール郡で最初の試行調査が行なわれた理由を解き明かすことであり，そのために 18 世紀後半のマラーター同盟宰相政府時代にさかのぼり，インダプール郡が社会経済的および行政的な特殊性を帯びてくるプロセスを植民地支配開始時まで跡づけてきた。そこで本節は，植民地支配が始まる 1818 年からインダプール郡で試行調査が行なわれる 1828 年までの植民地期初期に注目し，ライヤットワーリー制がプリングルによって施行される最終準備の段階を考察する。同制度の目的は政府と農民による直接的な地税取り決めであり，中間層の排除であった。本節では宰相政府下で中間層とみなされたカマヴィスダール（第 1 項），郷主（第 2 項），ジャーギール保有者（第 3 項）の植民地期初期（1818〜28 年）の動向を示すことで，ライヤットワーリー制導入の条件がいかに整ったかを示す。そのうえでプリングルによるインダプール郡への試行過程を概観し，新制度導入の歴史的意義を 18 世紀後半来の展開を踏まえて考察する（第 4 項）。

1）植民地支配下における政府の役人（Kamāvīsdār / Māmlatdār）

植民地化前夜の 1810 年代にインダプール郡の権力を手中に収めていたサダーシヴ・マンケーシュワルは 1817 年に死去し，1818 年の植民地支配の開始時に権力の空白が生じていた（第 6 章参照）。サダーシヴ・マンケーシュワルの死後，養子のラクスマンラーオ・マンケーシュワルが後継者となり，バラーマティ地区のジャーギールおよび私有地，テンブールニ郡のイナーム村，サタラ州（1818 年以降，サタラ藩王国）のカナプール郡の郷主ワタンを継承した[23)]。しかし，彼はサダーシヴ・マンケーシュワルの多岐にわたる権益のごく一部しか継承しておらず，インダプール郡の諸権益を得ていなかった。植民地期初期（1818～28 年）の文書を見る限り，彼はインダプール郡行政に関わっていなかった。

1818 年に英領支配が始まるとインダプール郡はアフマドナガル県に属し，インダプール郡の収税および司法を担当する収税官補佐に J. B. シムソンが任命された。1825 年にアフマドナガル県からプネー県へインダプール郡の所属が変わると，収税官補佐として新たに W. W. マレットが任命された。サダーシヴ・マンケーシュワルにイギリス人行政官である収税官補佐が取って代わったといえる。しかし，行政官補佐は管轄地の状況に不慣れであったから，インド人郡役人（Māmlatdār）が収税官補佐を助けたのは前章で示したとおりである。宰相政府下において政府が派遣した役人はカマヴィスダールと呼称されたのに対し，植民地支配下において各郡に置かれたインド人郡役人は英語でもマラーティー語でもマムラトダール（Māmlatdār）とのみ呼称された。ここで示すように両者はともに郡を管轄する役人であったが，明らかに異なる役職であり，ここでも明確に区別して両者を扱う。

植民地統治の開始までは，マルハール・ムクンドがカマヴィスダールとして名目上はインダプール郡行政を統括していた。しかし，1818 年に新たにインド人郡役人としてマルタドラーオ・アッパージーが任命され，カマヴィスダールの役職廃止とともにマルハール・ムクンドは失職した。ところが，マルタドラーオ・アッパージーがインダプール郡で不正な税徴収を行なっていたことが 1821 年に判明し，収税官はただちに，不正徴収額の 3 倍の罰金をマルタドラーオ・アッパージーに課して彼を罷免した[24)]。J. B. シムソンは 1823 年にトリンバクラーオ・ナーラーヤンを新たなインド人郡役人に任命した[25)]。しかし，1827 年に収税官が「遅鈍で無能である」としてトリンバクラーオ・ナーラーヤンの解任を進言すると，ボンベイ政府はそれを認めて彼を解任し[26)]，新たに

23 Letter no. 705 of 15th June, 1820, Deccan Commissioner's File no. 98, MSAP, and *John Malcom's minutes*, p. 63.

24 Letter no. 903 of 2 January 1821, and Letter no. 911 of 3 January 1821, Deccan Commissioner's File no. 101, MSAP.

25 Robertson to Malet, 13 December 1826, Consultation 21st March 1827, no. 28, IOR/P/369/37, British Library.

アッパージー・ナーラーヤンを同職に任命した。これらの事例は，ボンベイ政府の承認をもって，県の収税官がインド人郡役人を任免できたことを示すと同時に，収税官補佐もインド人郡役人を任命できたことを示している。イギリス人行政官側の記録を見るかぎりでは有能なインド人郡役人を見出せておらず，インド人郡役人の補佐機能はイギリス側が期待するほどに満たされていなかったことがわかる。

①徴税業務

植民地支配が始まっても地税が主税目であることに変わりなかった。郷主はインダプール郡における徴税について県収税官に以下のように報告した。すなわちインダプール郡では 1819 年に「会社政府（Companī Sarkār）」が，宰相政府時代のタンカー査定を参照しながら，実地調査を実施して郡内の各村と地税取り決めを行ない，郡全体としてタンカー査定額を 10,000 ルピーほど引き上げた額の地税を徴収した。そして，全徴収額から郡内の役人・有力者（Hakkdār：権益保持者）への支払いと各村の村の支出（Gāon Kharch）が差し引かれて，残額が政府の収入となった[27]。1807 年以降の 10 年間でインダプール郡の生産性が十分に回復した（第 6 章参照）ことに応じて，タンカー査定額を 10,000 ルピーほど引き上げたことを報告から読み取れる。タンカー査定は 18 世紀前半の徴税方法で，それ以降は郡の行政規模を示す名目的値として用いられていた（第 2 章参照）。植民地支配の開始時にタンカー査定によって郡行政規模を測っている点は，植民地統治下でもまずは宰相政府の行政制度が用いられたことを示している。他方で有力者などへの既得権益と村の支出を差し引いた後の地税の残額はすべて政府に属した。宰相政府時代には，請負額送金後の残額はカマヴィスダールの取り分となっていた。カマヴィスダールは給与を得ている政府の役人としての性格と徴税請負人としての性格を併せもっていたが，インド人郡役人からは徴税請負の要素は植民地支配の開始時にすでに失われており[28]，

26　Robertson to Malet, 13 December 1826, Consultation 21st March 1827, no. 28, and J. A. Dunlop, Secretary to Government to Robertson, 17th March 1827, Consultation 21st March 1827 no. 41, IOR/P/369/37, British Library.

27　Kumpanī Sarkārās, 25 January 1824, Puṇe Jamāv, Rumāl no. 796, MSAP.

彼らは給与のみを得る政府の役人であった。

上記の郷主による報告では，徴税は会社政府によって行なわれたと記載されたが，主体はイギリス人やインド人の地方役人であった。ボールハチェットは，植民地期初期においてデカン地方の収税官が地税取り決めを推進していたと主張し，彼ら自身が管轄地において可能な限り多くの村で政府を代表して取り決めを行ない，管轄地の残りの地域についてはインド人郡役人が取り決めを行なったと推測していた[29]。インダプール郡担当の収税官補佐 J. B. シムソンは，同郡の構成村ごとに村長と政府役人の間で地税取り決めを行なっていることを 1820 年に報告している[30]。この報告は村ごとに地税が取り決め・徴収される村請制が取られていたことを示すとともに，インダプール郡において収税官補佐が地税取り決めを推進していたことを示しており，ボールハチェットの主張と符合する。1822 年にインダプール郡が少雨にみまわれたときは，インド人郡役人が被害状況の調査を行ない，その結果を収税官補佐に報告する[31]というかたちで，イギリス人収税官および収税官補佐が主導する徴税業務を支えていた。

少なくとも 1818〜28 年の 10 年間に関しては，宰相政府時代の主な付加税は継続して徴収されていた。具体的には，通関税はデカン特別行政区の中で徴収されており[32]，植民地期初期において，宰相政府時代と同様に，通関税は地税に次ぐ税収を政府にもたらす税目であった[33]。諸税（Bāje Paṭṭī）もまた継続して徴収されており，郷主のイナーム村，郷書記のイナーム村，ホールカル家の家臣のジャーギール村から徴収されていた。サダーシヴ・マンケーシュワルのジャーギール村（3 村）は植民地支配下では政府村となっており，諸税の課税対象から外れていた。とはいえ，郡内の有力者から徴収するという諸税の意味

28　地誌にも，植民地支配の開始とともに請負による徴税方法が広く廃止されたことが記されている。James M. Campbell ed., *GBP* Vol. XVIII, Poona District, Part 2, p. 311.

29　Kenneth Ballhatchet, *op. cit.*, pp. 116–117.

30　Letter no. 2079 of 16 March 1824, Deccan Commissioner's File no. 116, MSAP.

31　Letter of 31st May 1823, no. 25 of 1823, Revenue Department 10/94 of 1824, MSAM.

32　Kumpanī Sarkārās, 25 January 1824, Puṇe Jamāv Rumāl no. 796, MSAP.

33　R. D. Choksey, *Economic History of the Bombay Deccan and Karnatak (1818–1868)*, Poona : Oriental Watchman Publishing House, 1945, p. 34.

合いは変化していなかった。「査定の際に耕作民が送る品物」と定義される貢物（Nazar Bheṭ）も引き続き，地税取り決めの際に徴収されており，政府村において各村 1 ルピーが徴収された点も宰相政府時代と同様であった。両替手数料（Baṭṭā）も付加税として徴収されており，引き続き複数種のルピーが流通し，徴税・送金業務においてもその交換が必要であったことがわかる。他にインダプール郡内でヒンドゥーの巡礼が行なわれたニルワンギー村における，巡礼箱（Yātra Ḍabī）からの政府の取り分は植民地支配下でも残っていた。司法手数料も付加税として徴収されていた。司法手数料を示す語として，宰相政府時代は一貫して Khanḍfuroī が用いられていたが，1818 年以降は，罰金を意味する Khanḍgunegārī や Khanḍjulmānā のみが用いられた。用語の変化が，同税目の実質的な変化を反映していたのかは明らかにならなかった。

植民地期初期（少なくとも 1818～26 年[34]）のインダプール郡の郡帳簿はマラーティー語で残されているが，帳簿にはタンカー査定額，地税徴収額，および上記の付加税の徴収額が記されており，各税目に付された解説や詳細の簡素化，上記に示した税目表現の変化など，細かな違いはみられるものの，宰相政府下での郡帳簿と構造は同じであり，この時期は宰相政府の地税徴収方法を踏襲しながら徴税業務を進められていたことがわかる。

②司法業務

司法業務に関しては，収税官補佐も，県の収税官が司法官の職務を兼任したように，郡の司法に関わっていた（第 8 章参照）。それに加えて一般的に，植民地期初期においてインド人郡役人も 10 ルピーまでの罰金刑や 2 日間までの禁固刑を課すことができたとされる[35]。少なくとも刑事事件に関しては，収税官補佐とインド人郡役人の双方が重罪を除いて郡での刑事事件に関わっていたと考えられる。彼らが課した罰金は，司法手数料としてインダプール郡の帳簿に記録された。

民事事件の解決方法としては，植民地支配期にあってもパンチャーヤトが機

34　Tāḷeband Pargaṇā Indāpūr Shuhūr 1218, 1220, 1221 and 1223, Puṇe Jamāv Rumāl no. 795 and Tāḷeband Pargaṇā Indāpūr Shuhūr 1224, 1225, and 1226, Puṇe Jamāv Rumāl no. 796, MSAP.

35　Ballhatchet, *op. cit.*, p. 115.

能していた。地誌によるとインド人郡役人が民事事件の申し立てを受け，パンチャーヤトを招集することができた[36]。この点は宰相政府時代のカマヴィスダールと同様であった。初代デカン長官のエルフィンストンはパンチャーヤトを民事事件における主たる裁定機関とする意図を有していた。他方，インダプール郡が 1818 年から 1825 年まで属していたアフマドナガル県の収税官ヘンリー・ポッティンジャーは刑事事件のみならず，民事事件においても会社の裁判所が主たる裁定機関であるとみなしていた。また，1825 年にインダプール郡が移管されたプネー県の収税官 H. D. ロバートソンは，民事事件においてはインド人郡役人を主たる裁定者とすべきと主張していた[37]。このように，インダプール郡に関わったイギリス人行政官の間でも，民事事件の裁定に関する見解は異なっていたのである。植民地期初期のインダプール郡における裁判事例を示す文書は未だ見出されておらず，パンチャーヤトの活動・司法的機能の解明は今後の課題となる。

③軍事業務

軍事業務に関しては，インダプール郡台帳によると少なくとも植民地期初期には郡の警備兵（Shibandī）への給与が支払われていた[38]。その額は年間 2,976 ルピーであり宰相政府時代末期の 2,760 ルピーよりも増額していた。タンカー査定額が増加したために，それに応じて郡の警備兵の規模・給与も増大したと考えられる。郡の警備兵はインダプール郡の治安維持のために同郡に駐屯していた。収税官補佐 J. B. シムソンは 1823 年に，インダプール郡が「基本的に［何人にも］乱されることなく，平和である」ことを報告している[39]。ジャーギール制が宰相政府の滅亡とともに崩壊したことで，インダプール郡の治安維

36　James M. Campbell ed., *GBP* Vol. XVIII, Poona District, Part 2, p. 370, and Ballhatchet, *op. cit.*, p. 197.

37　小谷汪之「「カーストの自治」政策とカースト集団」小谷汪之（編）『西欧近代との出会い』叢書カースト制度と被差別民第 2 巻，明石書店，1994 年，131–134 頁。Ballhatchet, *op. cit.*, p. 193.

38　Tāḷeband Pargaṇā Indāpūr Shuhūr 1218, 1220, 1221 and 1223, Puṇe Jamāv Rumāl no. 795 and Tāḷeband Pargaṇā Indāpūr Shuhūr 1224, 1225, and 1226, Puṇe Jamāv Rumāl no. 796, MSAP.

39　31 May 1823, no. 25 of 1823, Revenue Department 10/94 of 1824, MSAM.

持のために郡の警備兵の重要性はさらに高まっていたと考えられる。

以上のように，植民地支配が始まっても郡行政の業務の多くは宰相政府時代の方法が踏襲されており，インド人郡役人による知識と経験が必要であった。しかし，郡行政の中心はイギリス人行政官の収税官補佐であり，インド人郡役人は植民地政策を実行するうえでイギリス人行政官に対峙しうる中間層ではなかったのである。

2）植民地支配下における郷主

前項では，郷主から県収税官への報告をもとにインダプール郡の地税徴収方法を分析した。このことは植民地支配下にあっても郷主が存続し，宰相政府時代と同様に，政府による郡行政を監視する役割を担っていたことを示している。この報告は郷主代官のクリシュナラーオ・メーグシャンにも写しが送られており，実際は郷主代官がインダプール郡に常駐して任務にあたっていたと考えられる。サタラのマラーター国王は 1818 年に東インド会社の保護下に入り，1819 年に軍事保護条約を結んで英領インドの藩王国となった（第 8 章参照）。この過程で，サタラのマラーター国王はインダプール郡の郷主ワタンを継続して保有することが認められており，植民地期初期において，プラタプシンが宰相政府時代に引き続き，インダプール郡の郷主であった。そして上記報告のやりとりは，郷主代官も引き続き，その任に就いたことを示している。1824 年に子息のバーワンラーオ・メーグシャン（任期：1824〜38 年）が郷主代官ワタンを継承しており[40)]，植民地期においてもワタンの継承が認められた。

①植民地期初期（1818〜28 年）における郷主の職務と権益

植民地期初期の郷主ワタンの帳簿によると[41)]，郷主は宰相政府時代からのイナーム村（2.5 村）を保持し，諸税（Bāje Paṭṭī）を支払っていた。郷主は，イン

40　Inam Commissioner Northern Division to Revenue Department, no. 1021 of 1859 dated 30 June 1859, "Indapur Deshmukh's Watan" (File no. 134), Rumal no. 8, List no. 13, pp. 22 and 29, MSAP.

41　Tāḷeband Deshmukhī Watan Pargaṇā Indāpūr Shuhūr 1221, 1222, and 1227, Puṇe Jamāv Rumāl no. 802, MSAP.

ダプール郡の全村で諸手当（Nemnūk）を徴収しており，諸手当は納入同意手数料（Kabulāyat Paṭṭī），慣習的役得（Hak），貢物（Bheṭ），ダサラ祭での取り分，サンクラーント祭での取り分から成っており，諸手当の構成自体は18世紀後半から変化しなかった。郷主が村長への納入同意書を発行する際に徴収した納入同意手数料や，査定の際に農民が郷主に贈った貢物（Bheṭ）（第2章参照）が含まれていることから，郷主が，宰相政府時代と同じく，地税取り決めを監査し承認していたことがわかる。ダサラ祭やサンクラーント祭における全村からの慣習的役得の受け取りは，郷主の在地への影響力が存続したことを示している。さらに郷主は，通関税収入における，有力者による受け取り分も保持していた。災害後の混乱が続いていた宰相政府時代の末期には徴収を取りやめていた従者・傭兵への支払い（Masālā）も，郷主ワタンの帳簿に再びみられるようになっており，従者・傭兵による徴収が再開されていたことがわかる。手当やイナーム村の地税相当の受け取りなど，収入の大部分を占める主たる収入項目は維持され，郷主ワタンの権益は存続していたのである。

他方で郷主ワタンの帳簿によると，植民地期初期において郷主は司法手数料を徴収していなかった。郡帳簿では司法手数料が付加税として徴収されていたため，18世紀後半と異なり，政府の司法手数料に対して郷主が全く取り分を有していなかったこととなる。また，先述の通り，ニルワンギー村でのヒンドゥーの巡礼で設置された巡礼箱（Yātra Ḍabī）において政府は取り分を保持していたのに対し，郷主はその取り分を失っていた。さらに，郷主はダサラ祭での取り分は維持したものの，同祭での山羊の取り分を徴収することはなかった。加えて，18世紀後半に，郷主はインダプール郡における定期市開催に際してビンロウの実に相当する現金を徴収していたが，災害後はこの権益が失われており，植民地期も権益は回復しなかった。郷主は，この定期市での権益を政府の命令によって復活させることをボンベイ政府に1823年に求めており，この嘆願はインド人郡役人へ送られた[42]。失われた諸権益は，基本的に郷主の在地の長としての機能に対する特権であり，権益の喪失は，郷主が在地の長としての影響力を減じて，政府の役人が代表する国家原理と郷主が代表する在地の原

42　Yādī Pargaṇā Indāpūr Yethīl Deshmukhī ani Kasbā wa Paṭīlkīche Watan, Puṇe Jamāv Rumāl no. 802, MSAP.

理の均衡が，災害以来崩れたままであったことを示している。そして，植民地期に入り，郷主は中間層として存続したものの，その勢力はますます弱体化し，ボンベイ政府に自らの権益の回復を願い出る事態となったのである。

郷主代官は引き続きインダプール郡に居住し，イナーム村を保有していた。さらにインダプール郡全村から慣習的役得を郷主代官ワタンの権益として受け取っており[43]，郷主は郷主代官に手当を支払っていた[44]。郷主代官ワタンおよび郷主からの手当ては保持され，その額は 18 世紀後半の標準額まで回復したが，災害以降，失われていたインダプール郡内のジャーギール村は，ジャーギール制の崩壊にともなって喪失した。

②郷主ワタンの存続をめぐるイギリス人行政官の論争

1802～03 年の災害後に郷主と郷主代官の関係は悪化し，これを契機として郷主・郷主代官はインダプール郡における影響力を減じ，植民地期にその勢力はさらに弱体化した。ボールハチェットが指摘した[45]，政府の役人に郷主・郷書記などの世襲役人が凌駕された典型例が，インダプール郡であったといえる。郷主らの弱体化は，彼らの地位と職務・権益の継続についてイギリス人行政官が議論し，干渉することを容易にした。初代デカン長官のエルフィンストンは，郷主など世襲の郡役人の弱体化を指摘し，彼らのかつての地位を回復させるべきと主張した。アフマドナガル県収税官のヘンリー・ポッティンジャーなど，エルフィンストンの主張に反対する収税官が存在した一方で，プネー県収税官のロバートソンは世襲の郡役人を有用な集団とみなし，エルフィンストンを支持した[46]。イナームやジャーギールなどの既得権益に対する政策と同様に，行政官の間で意見は異なっていたのである。インダプール郡では，アフマドナガル県収税官が，同郡郷主であるサタラ藩王と，同藩王国付きの政務代理（Political Agent）を介して，同郡の郷主の諸手当徴収に関して取り決めを行なうため

43　Kumpanī Sarkārās Kaifiyat Fuslī 1231, Puṇe Jamāv Rumāl no. 802, MSAP.

44　Tāḷeband Watan Deshmukhī Pargaṇā Indāpūr, shuhūr 1221, 1222, 1227, Puṇe Jamāv Rumāl no. 802, MSAP.

45　Ballhatchet, *op. cit.*, p. 121.

46　*Ibid.*, pp. 121–123.

に交渉をもちかけていた[47)]。収税官のねらいは，郷主から郡での影響力を奪い，定額の年金を受け取る名目的な有力者へと変えることであった。ボンベイ政府もまた，世襲の郡役人から在地の実効支配力を奪い，彼らの土地，慣習的役得，付加徴収，儀礼的受け取りから成る多様な権益を現金受け取りに単純化しようと企図しており[48)]，同収税官を支持したと考えられる。これに対して，インダプール郡の収税官補佐となったW. W. マレットは1824年にアフマドナガル県収税官への書簡で郷主について以下のように述べた。

政府の役人である郷主と郷書記は，概して無用であるとみなされてきたが，これらの問題［本書簡では，地税取り決めの問題］を解決するために，インド人郡役人を補佐するきわめて有益な存在であると私は考える。現在，郷主と郷書記は自らが我々［すなわち，イギリス人行政官］によってどのように評価されているかを知らないために，彼らの業務とされていることを実行してよいかどうかについて確信がもてないのである[49)]。

インダプール郡で行政を執行する収税官補佐は，地税取り決めをはじめとして，在地での問題解決のために郷主の経験と知識が有用であると判断していたことがわかる。引用末文は，収税官補佐は郷主の有用性を理解していながら，少なくとも県収税官に書簡を送った段階では，郷主や郷主代官に自らの見解を伝えるほどには十分に意思疎通がはかれていなかったことを示している。この時期において，インダプール郡の郷主・郷主代官はボンベイ政府と在地で対峙しうるような勢力ではなかったが，インド人郡役人とは異なる在地の世襲役人としてその経験や知識に期待が寄せられていたことが見て取れる。

3）植民地支配下でのジャーギール保有者

1818年の郡帳簿によると，インダプール郡には7村のジャーギール村が存在した[50)]。第3次アングロ・マラーター戦争以後，ジャーギール村は29村か

47　Letter no. 1176 of 1st December 1821, Deccan Commissioner's File no. 105, MSAP.

48　Ballhatchet, *op. cit*., p. 123, and Sumit Guha, "Society and Economy in the Deccan, 1818–1850," p. 213.

49　Letter no. 2079 of 16th March 1824, Deccan Commissioner's File no. 116, MSAP.

表 9-1　植民地支配下におけるインダプール郡のジャーギール村

ジャーギール村名	ジャーギール保有者名
タヌ村	マーダヴラーオ・ガンガーダル・パトワルダン
ニンブサーカル村	ラクシュマンラーオ・トリンバク
ワルクーテ小村	ラクシュマンラーオ・トリンバク
ワデプリー村	ヴィスワススラーオ・アムリテシュワール
ワナガリー村	シャームラーオ・ゴーヴィンド・ピングレー
パデワディー村	ガナパト・アーナンドラーオ・メヘンドレ
ギルウィー村	カンドー・シヴデーオ・パンシー

出典）Tāḷeband Pargaṇā Indāpūr shuhūr 1218, Puṇe Jamāv Rumāl no. 794, MSAP.

ら激減して，ビマ川およびニラ川沿いに存在したジャーギール村はすべて収公されていた（第 6 章参照）。すでに見たように，植民地支配開始時にジャーギール制は崩壊したのである。第 3 次アングロ・マラーター戦争を生き延びたジャーギール村（7 村）はインダプール郡の既得権益として存続することになった。7 村のジャーギール村名とその保有者名は表 9-1 の通りである。

タヌ村をジャーギールとして保有していたマーダヴラーオ・ガンガーダル・パトワルダンはパトワルダン家に属し，宰相政府時代末期のジャーギール保有者で，サングリー藩王となったチンターマンラーオの従弟であった[51]。チンターマンラーオが東インド会社と 1818 年に締結した軍事保護条約第 8 条で，旧宰相政府領，すなわち会社領内のジャーギールやイナームの保持が認められ[52]，タヌ村はサングリー藩王国に属することとなった。その後，パトワルダン家の諸藩王国がさらに分裂し，本保有者が 1845 年に小ミラジ藩王国を興し，タヌ村は同藩王国に属した[53]。パトワルダン家の諸藩王国が成立するなかで，タヌ村はボンベイ管区にありながら，藩王国の領域に組み込まれることとなった。

ニンブサーカル村とワルクーテ小村のジャーギールはラクシュマンラーオ・

50　Tāḷeband Pargaṇā Indāpūr Shuhūr 1218, Puṇe Jamāv Rumāl no. 794, MSAP.

51　*John Malcom's minutes*, pp. 88-89.

52　C. U. Aitchison, *A Collection of Treaties, Engagements, and Sanads, relating to the India and Neighbouring Countries*, Vol. VII, p. 230.

53　E. W. West, *op. cit.*, p. 236.

トリンバクに属していた。この人物は宰相政府時代にこれらの村落を有していたヴィサージー・シャームラーオの孫であり[54)]，彼もまたホールカル家の家臣であった。インダプール郡の村リストに，これら 2 村は「ホールカルの下にある」と表記されたとおり，家臣のラクシュマンラーオ・トリンバクを介して，インダプール郡内の同 2 村はホールカル家の勢力下にあり続けた[55)]。ホールカル家が東インド会社と 1818 年に結んだ軍事保護条約第 6 条によると，ホールカル家はカーンデーシュ県以南，すなわちボンベイ管区内のすべての権益を東インド会社に譲渡することが定められていた[56)]。そのため，ホールカル家は自身の権益を保持することは認められなかったが，家臣の権益を利用してボンベイ管区内にもその勢力を保持していた。村リストは，インダプール郡庁が作成した行政文書であったから，政府はホールカル家の勢力の実態を把握していたことになるが，インド西部における治安維持のために藩王国の権益を保護する意図がホールカル家の事例にも見て取れる。これら 2 村のジャーギール保有に対して諸税（Bāje Paṭṭī）が引き続き課されていたことは，同 2 村がホールカル家の勢力下にあり，他と異なるジャーギールであったことを示している。

その他の 4 村のジャーギール村に関しては，ジャーギール保有者に関する断片的な情報が得られた。ワデプリー村とワナガリー村では宰相政府時代における最後のジャーギール保有者の親族がジャーギールを継承しており，パデワディー村とギルウィー村では宰相政府時代末期の保有者が植民地期も引き続いてジャーギールを保持していた[57)]。4 村に関してどのような政治的力学が働いたかは明らかにならなかったが，宰相政府時代末期のジャーギール保有が継続されていたことがわかる。タヌ村は藩王国の一部として，ニンブサーカル村とワルクーテ小村は藩王国の勢力範囲としてジャーギールが維持され，残り 4 村はボンベイ管区内の既得権益であり，法制上は免税地としてジャーギールが存続し，いずれも政務省の管轄下に入った。第 8 章で示したように，藩王国政策

54　Dehe Jhādā Parganā Indāpūr Shuhūr 1221, Puṇe Jamāv Rumāl no. 795, MSAP.

55　Dehe Jhādā Parganā Indāpūr Shuhūr 1227, Puṇe Jamāv Rumāl no. 796, MSAP.

56　C. U. Aitchison, *A Collection of Treaties, Engagements, and Sanads, relating to the India and Neighbouring Countries*, Vol. IV, p. 171.

57　Dehe Jhādā Parganā Indāpūr Shuhūr 1221, Puṇe Jamāv Rumāl no. 795, MSAP.

とボンベイ管区内の既得権益政策が同じ問題を扱っていることをインダプール郡の事例は如実に示している。

藩王国の勢力は在地の有力者として植民地支配に抵抗しうる存在であった。ニンブサーカル村とワルクーテ小村の帳簿が示す限りでは[58)]，ジャーギール収入のほとんどが送金されており，ラクシュマンラーオ・トリンバクがインダプール郡に不在であったことがわかる。注目すべきは，ジャーギール保有者が不在でありながら，これら 2 村では彼の軍馬が保持されており，軍馬保持のための部下に給与も支払われていた点である。エルフィンストンが軍事ジャーギールの廃止を宣言し，ジャーギールを年金支払いに切り替えようと努めていたが，植民地期の初期段階では，軍事ジャーギールを含め第 3 次アングロ・マラーター戦争を生き延びたジャーギールのほとんどが保持されていたことをボールハチェットは指摘していた。ラクシュマンラーオ・トリンバクの事例は，ジャーギール保有者が名目的な年金受給者ではなく，少なくとも植民地期初期には軍事力を保持しており，インド政庁およびボンベイ政府は慎重に政策を遂行する必要があったことを示している。ただしラクシュマンラーオ・トリンバクも，あるいはタヌ村のジャーギール保有者であったマーダヴラーオ・ガンガーダル・パトワルダンも，インダプール郡には不在であり，同郡の行政に干渉する影響力は有していなかった。彼らは政府と地税納入者の間に介在する中間層ではあったが，ボンベイ政府が対決すべき相手ではなく，例外として彼らの権益を除外（Alienate）しえた。

ジャーギールとともに英領直轄地の除外地に分類されたイナーム地の状況について付言する。インダプール郡には 5.5 村のイナーム村が宰相政府支配下に存在した。上述した郷主のイナーム村（2.5 村）と郷主代官のイナーム村（1 村）に加えて，郷書記のイナーム村（1 村）も存続した。ナルシングプール村では，バラモン集団がイナーム保有者として村の経営を続けた。アフマドナガル県収税官ヘンリー・ポッティンジャーはインド人郡役人に新たな証書（Sanad）の発行を 1818～19 年に命じており[59)]，植民地支配下でもイナームの継続

58　Tāḷeband Nimbsākhar wa Warkute Budhruk Pargaṇā Indāpūr Shuhūr 1227, Puṇe Jamāv Rumāl no. 796, MSAP.

59　Dehe Jhādā Shuhūr 1221, Puṇe Jamāv Rumāl no. 795, MSAP.

保有が保障されていたことがわかる。インダプール郡において1818年の植民地支配開始時に存在したイナームもジャーギールも，ともに存続が認められたのである。

4）インダプール郡におけるライヤットワーリー制とその歴史的意義

①インダプール郡へのライヤットワーリー制の試験的導入

R. K. プリングルは1825年に，新地税制度導入のための調査を任務とするプネー県収税官補佐に任命され，1828〜30年[60]にプネー県インダプール郡，ジュンナル郡，パブール郡で調査を行ない，インダプール郡で新たな地税査定法を試験的に実施した[61]。新たな査定法では，土地の肥沃度に応じて土壌を黒土，赤土，砂礫に大別し，さらに3種の土質を3等級に区分した9段階で分けて，地税の査定が行なわれた[62]。そのうえで市場との距離や雨量などの付加価値が考慮されて，地税の取り決めがなされた。農民の経営努力が利潤として農民に還元された点に，リカードの差額地代論の影響を見ることができる。1830年代後半にプリングルの査定額を改定したウィンゲイトによると，プリングルは生産物価値から資本・労働に関する費用を差し引いた価値である純生産物（Net Produce）概念と，純生産物から農民の利潤を除いた地代（Rent）概念を混同して，前者に基づいて地税額を設定したために，農民の利潤が保証されずに地味の悪い土地で耕作放棄を導いたのであった[63]。プリングルの試験的な地税査定は実験的とされ，ウィンゲイトとゴールドスミッドの改定査定法に基づいた1836年の地税取り決めが正式な取り決めとして政策上は認識され，1836年のインダプール郡での新地税取り決めをもって，ボンベイ管区にライヤット

60　プネー県の3郡にわたる予備調査に関する文書は，プネー文書館の調査部門（Paimaush Daftar）に保管されており，時系列で調査資料が整理されている。同部門の目録によると1828〜30年にかけて，プリングルによる予備調査が行なわれたことがわかる。

61　Alexander Rogers, *The Land Revenue of Bombay : A History of Its Administration, Rise and Progress*, Vol. II, Delhi, 1892/1993, pp. 107–108.

62　今田秀作『パクス・ブリタニカと植民地インド——イギリス・インド経済史の《相関把握》』京都大学学術出版会，2000年，195頁。

63　ライヤットワーリー制の導入過程とその影響に関する先行研究を今田は簡潔にまとめている。今田秀作『パクス・ブリタニカと植民地インド——イギリス・インド経済史の《相関把握》』，194–198頁。

ワーリー制が導入されたこととなっている。そのため，ライヤットワーリー制に基づく地税取り決めは 30 年ごとに更新されたが，1828 年のプリングル査定ではなく，1836 年のウィンゲイト査定が基準になり，1866 年にインダプール郡の地税取り決めの更新が行なわれた。

このような地税取り決めが，地税納入者とみなされた農民（ライヤット）ごとに行なわれ，土地の査定は 1 名の農民が耕作する土地にしたがってより詳細に実施された。中間層を排除して，政府と農民が直接的に地税取り決めを行なうことがライヤットワーリー制の基本原則の一つであった。中間層は国家と農村社会の間に介在した，カマヴィスダール，郷主・郷主代官，武官といった本書がその盛衰に注目してきた階層であった。プリングル査定やウィンゲイト査定などインダプール郡へのライヤットワーリー制の導入に関して，これまで様々な研究がなされてきたが，そこではこれら中間層は注目されてこなかった。チャールズワースは，デカン地方の社会経済的特徴が中間層の排除を原則とするライヤットワーリー制に適合的な環境であったと説明したが[64)]，本書は，動的な変動の帰結として生じた有力中間層の不在によってライヤットワーリー制に適合的な条件が整ったことを明らかにした。18 世紀後半のインダプール郡におけるジャーギール制の発展，すなわち中間層の勢力拡大は中間層権力の空白化にとって必要な前提であり，宰相政府下での中間層の成長こそが重要であったのであり，宰相政府の支配権が強かったということのみでは，植民地化前夜の有力中間層の不在は十分に説明できない。これが本書の主要な成果であり，動的な政治・経済・社会変動の帰結によって，デカン地方の中でもとりわけインダプール郡においてライヤットワーリー制が導入されたことが説明可能となるのである。

②ライヤットワーリー制研究の再考

本書と先行研究の大きな違いは，植民地化以前からインダプール郡の変化を考察しようとする視点と，それを可能にした膨大なマラーティー語史料の援用にある。先行研究は，プリングルやウィンゲイトなどライヤットワーリー制導

64　Neil Charlesworth, *op. cit.*, pp. 19–20.

入を担当した行政官をはじめとして，エルフィンストンなど初期の行政官の報告書等を史料としており，イギリス人行政官による 19 世紀前半の観察と見解がその研究成果に反映されることとなった。チャップリンやエルフィンストンの報告書では，前章第 2 節で示したようにイナームやジャーギールは除外地または除外しうる権利として扱われており，第 2 章・第 3 章で論じたように地方行政に直接的に影響しうる制度として報告されていなかった。さらに，プリングルによるライヤットワーリー制の試行調査をまとめた報告書では，新開地・既耕地・荒蕪地等の境界をインド人郡役人の監視の下で村役人が管理することを規定する文脈でインド人郡役人が言及されたのみで[65]，郷主やインド人郡役人のプリングルの査定における役割が記されることはなかった。本書で議論してきたように宰相政府時代来の中間層の勢力が不在であるか，郷主のようにその権力がきわめて弱体化したために，イギリス人行政官が彼らを地方行政において注目すべき存在とみなさなかった結果，ライヤットワーリー制に関する報告書に記述されず，ジャーギールは「除外しうる」制度として別項目で記された。宰相政府時代の中間層の存在が記述されず，研究も十分になされてこなかったこと自体が，植民地時代のインダプール郡における有力な中間層の不在を如実に示しているのである。ライヤットワーリー制導入に関する史料・研究において宰相政府時代来の中間層が分析されていないことの意味を，本書は動的結果としての「有力な中間層の不在」によって示しており，中間層をめぐる変化によって前植民地期と植民地期の社会経済・政治をあわせて考察する視野を提供している。

さらにイギリス人行政官による植民地の現状把握の問題にも，行政官の見解を考える際にあわせて注目する必要がある。ボールハチェットが紹介しているように，アフマドナガル県収税官のヘンリー・ポッティンジャーは村の帳簿など信頼できる資料が手に入らないことへの不満を 1818 年にデカン長官のエルフィンストンに述べていた。マラーター国王に代わってサタラ藩王国の行政を執行していた政務代理のグラント・ダフも帳簿およびその管理人に関する情報

65　*Revision of the Rates of Assessment on the Expiration of the First Settlement in the Old Indapur, Bhimthari, Pabal, and Haveli Talukas of the Poona Collectorate*, SRBG, New Series, no. 151, Bombay : the Government Central Press, 1877, pp. 134–135.

が不十分であることをエルフィンストンに報告しており，これはアフマドナガル県のみの問題ではなかった。収税官らは，徴税を含む行政について村長およびインド人郡役人の助力に頼らざるをえない状況にあった[66]。しかし本節で分析したように，植民地期初期のインダプール郡では，宰相政府時代と同様の項目を多く有する郡帳簿が作成され，冒頭には「マルタドラーオ・アッパージーの監督の下で」[67]というかたちで，インド人郡役人個人の名前とともに，同役人の監督下で帳簿が作成されたことが明記された。この点から，カマヴィスダールが宰相政府時代に郡帳簿の作成を監督したのと同様の作業プロセスで帳簿が郡庁に収められたことがわかる。少なくとも，イギリス人収税官ポッティンジャーとインド人郡役人のマルタドラーオ・アッパージーの間には，情報の乖離があったのである。本節第 2 項で示したように，マルタドラーオ・アッパージーは不正な税徴収を行なっており，イギリス人行政官の無知を利用して意図的に情報を与えずに，私腹を肥やしていたと考えられる。すなわち，イギリス人行政官は中間層の後継といえるインド人郡役人の業務，そして郷主の業務を十分に理解しておらず，彼らに対する知識が不十分な報告書をもとにした研究もまた，中間層に関する分析を欠くこととなった。

以上の考察から，有力な中間層はインダプール郡に不在であり，現地に関する情報も不十分であったため，イギリス人行政官による文書に中間層の存在が現れることはなく，ライヤットワーリー制導入に関する先行研究で中間層が注目されることもなかったことがわかる。他方で，本書では考察していないが，村レベルの中間層である村役人は，インダプール郡内の各村でその勢力を保持しており，村落共同体も機能していたと考えられる。

ライヤットワーリー制における，もう一つの基本原則は，地税納入者となった農民に土地所有権を与えることであった。地税取り決めは政府と農民の間で行なわれ，地税支払いの義務を政府に対して負うことにより農民は排他的な土地所有権を得ることとなった[68]。宰相政府時代には，農民ワタンの保有者が代々の耕作地を耕しえたのに対し，ウパリー農民は耕作地を長期間にわたって

66　Kenneth Ballhatchet, *op. cit*., pp. 116–117.
67　Tāḷeband Pargaṇā Indāpūr Shuhūr 1218, Puṇe Jamāv Rumāl no. 795, MSAP.
68　Kenneth Ballhatchet, *op. cit*., pp. 113–114.

占有することは可能であってもワタンを得ない限りは共同体から土地の保有を認められることはなかった。さらに宰相政府下では，ワタンを保有した農民の土地からの生産物は，政府のみでなく郷主やバルテー職人なども取り分を有しており，ワタン保有者は農地を排他的に保有していたわけではなかった。様々な人々の権益が重層的に農地，より正確には農民ワタンに関わっており，ワタンのやりとりによらない限り農民は土地を処分できなかったのである。他方でワタンを手放さない限りは農民の耕作権は保障されており，地税は村請であったから，農地の個別的な収量減少があっても，村長による村内の現物・現金の分配調整に応じて個々の税負担も加減しえたのであり，この意味において農民の権利は共同体によって守られていた。ライヤットワーリー制は，農民に土地に対する排他的な所有権を与えて，農地を農民ワタン，ひいては共同体における複雑な授受関係から引き離すことをもう一つの目的とした。同制度の下では，土地は共同体の諸関係と関わりなく，売買可能な物件であり，地税の支払いが困難な場合に土地は売却された[69)]。インダプール郡においても村落共同体は存続していたので，この原則は同郡を構成する村内の社会経済的諸関係に大きな変化を迫るものとなった。プリングル査定は，査定額の高さゆえに農民に大きな負担を強いることとなり，遠くハイダラーバード藩王国まで逃散する者が出たりと[70)]，短期的に高額な査定という量的な問題によってインダプール郡に大きな衝撃を与えたが，長期的にも土地を物権化するという質的な変化を与えるものであった。ボンベイ政府の政策上は 1836 年がライヤットワーリー制の導入年とされるが，同制度は 1828 年の試験的実施の段階で，土地所有権に関する原則の面でインダプール郡の村落に影響を及ぼしていたと考えられ，実質的には 1828 年に同制度がインダプール郡に導入されたといえる。

宰相政府時代は，カマヴィスダール，郷主・郷主代官，武官（ジャーギール保有者）がインダプール郡の中間層であったが，イギリス人行政官の収税官補佐が制度的にこれに取って代わるとともに，郡行政上の権限が弱く補佐的なイ

69　Ravinder Kumar, *Western India in the Nineteenth Century, A Study in the Social History of Maharashtra*, Abingdon : Routledge, 1968/2014, pp. 110–111.

70　*Ibid.*, pp. 102–103.

ンド人郡役人が新たに置かれた。植民地期初期のインダプール郡においてインド人郡役人，郷主・郷主代官，ジャーギール保有者はイギリス人の収税官補佐に対抗しうる勢力ではなく，収税官補佐の下に権力が集中した。こうした宰相政府時代末期よりもいっそう権力が集中した状態で，1828 年にライヤットワーリー制が試験的に導入された。イギリス人行政官は，インダプール郡で動的な帰結として，有力な中間層の不在の状況が生じていたために，同郡をライヤットワーリー制に適合的な地域と判断したのである。さらにマラーティー語史料と英語史料との比較が示すように，旧来の制度に関する情報をイギリス人行政官が得ることが困難な状況にあり，インダプール郡に関するイギリス人行政官の報告でも，あるいはそれを用いた従来の研究でも，中間層は対象とならなかった。ライヤットワーリー制の目的の一つである中間層の排除はインダプール郡ではすでに達成されており，情報伝達の問題も相まって中間層は注目すべき対象として立ち現れてこなかったのである。しかし，ライヤットワーリー制のもう一つの目的である農民の土地所有権の設定と自由な土地売買に関しては，ワタンを介した授受関係がインダプール郡に存在し，在地共同体の原理が働いていたため，ライヤットワーリー制導入に対する村レベルでの抵抗がみられた。同制度の実施は，有力な中間層が不在であったインダプール郡においてさえ，村内の諸関係を大きく変化させることとなった[71)]。この変化は 19 世紀後半の植民地支配の展開の中で論じるべき問題であり，本書ではその詳細に立ち入らないこととする。次節でボンベイ管区におけるライヤットワーリー制の展開を概観するが，村内の土地所有権の問題は議論せずに，中間層の排除の問題に注目する。

3　ボンベイ管区におけるライヤットワーリー制の展開

本節ではインダプール郡からボンベイ管区全土にライヤットワーリー制が拡

71　ラヴィンデル・クマールは，ライヤットワーリー制がインダプール郡に導入されて土地所有権が設定された結果，商人によって土地が集積され，1875 年にデカン農民反乱が起こったとして，その過程を連続的に描いた。Ravinder Kumar, *op. cit.*, pp. 167–181.

大していく過程を概観する（第 1 項）。さらに，同制度の拡大をより広域で捉えるために，周辺藩王国とライヤットワーリー制の拡大との関係を考察する（第 2 項）。

1）ボンベイ管区におけるライヤットワーリー制の展開（1836〜88 年）

ライヤットワーリー制は 1828 年にインダプール郡において試行され，1836 年に査定額の変更とともに本格的に実施された。その後，郡ごとに土地調査と地税額の取り決めが行なわれ，最終的に 19 世紀末にボンベイ管区のほぼ全土でライヤットワーリー制が実施されるにいたった。本項では同制度の拡大過程に関する空間分析を行ない[72]，同制度の拡大パターンや制度への抵抗を俯瞰することで，植民地支配のあり方を考察する。

地税取り決めの更新時期などを勘案すると，ボンベイ政府の政策上は 1836 年がライヤットワーリー制の導入年となる。宰相政府時代の軍馬育成政策とその崩壊，サダーシヴ・マンケーシュワルの台頭などにより，結果として 1818 年の植民地支配開始時に，有力な中間層は不在の状況にあった。植民地期初期に郷主の勢力はさらに減退し，インダプール郡でのライヤットワーリー制は，プリングルによる高額な税収査定にもかかわらず，郡レベルでの抵抗もなく実施された。図 9-1 の薄く網かけされた地域はライヤットワーリー制が導入された地域を示しており，1836 年の導入郡はインダプール郡のみである[73]。

図 9-2 は，1846 年におけるライヤットワーリー制の実施郡を示している。最初の 10 年でプネー県の全域でライヤットワーリー制が実施され，さらに実施地域は南東方向へ伸びていった。プネー県およびその北の一帯はマラーター同盟宰相政府領にあたり，宰相政府，すなわち中央政府の権力が強い地域でいち早くライヤットワーリー制が実施されたことがわかる。実施地域の南東部分は宰相政府領南部にあたり，宰相政府時代には多くの有力武官が存在したが，

72　ライヤットワーリー制は郡ごとに導入された。各郡の導入年に関してはアレクサンドル・ロジャーズによる植民地期の古典的著作によった。Alexander Rogers, *The Land Revenue of Bombay : A History of Its Administration, Rise and Progress*, 2 vols., Delhi : Low Price Publications, 1892/1993.

73　図 9-1 の斜線地域は，ボンベイ管区にありながら最終的にライヤットワーリー制が導入されなかった地域を示す。この地域に関しては本項にて詳述する。

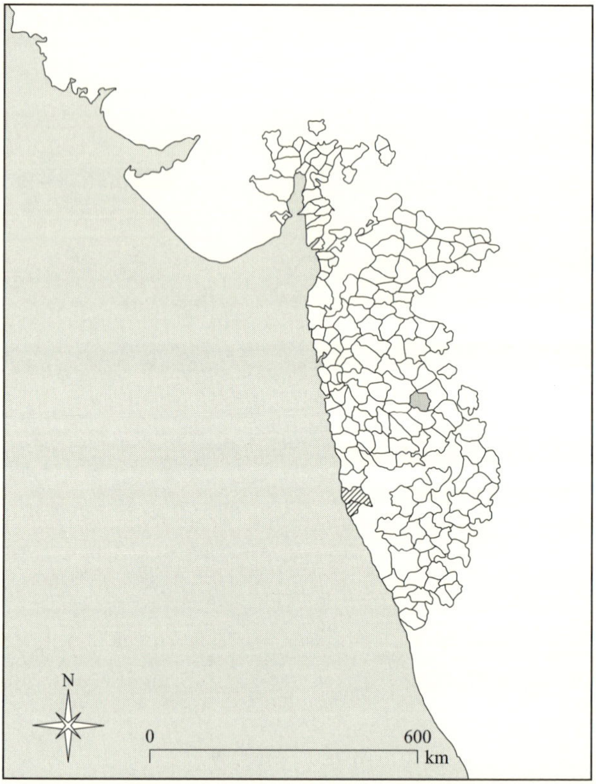

図 9-1　ボンベイ管区におけるライヤットワーリー制の施行地域（1836 年）

出典）Neil Charlesworth, *op. cit.*, xvii–xix より筆者作成。

最有力武官であったパトワルダン家を筆頭に，彼らの所領の多くは藩王国という形で英領直轄地から分離した。そのため最有力の中間層は英領直轄地からは外されており，プネー周辺に次いで中央政府の支配権が及びやすい地域であった[74]。そして，この地域はダールワール県を中心に重要な綿花栽培地域であっ

74　チャールズワースは，ライヤットワーリー制導入に適合的な地域としてデカン地方と南マラーター地方を挙げたが，後者は有力農民が活動している点で前者と異なると指摘している。スミット・グハは南マラーター地方で郷主が宰相政府時代末期に勢力を拡大さ

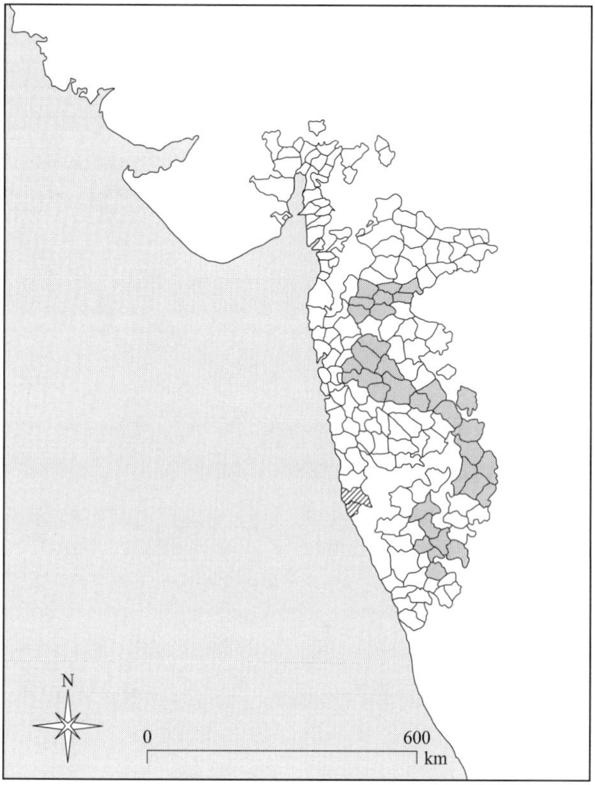

図 9-2　ボンベイ管区におけるライヤットワーリー制の施行地域（1846 年）

出典）図 9-1 に同じ。

た[75]。綿花は 1840 年の時点でボンベイ港の輸出額の 44% を占めており，同港からの主要な輸出品となっていた[76]。ライヤットワーリー制の導入は綿花地帯

せたことを指摘しており，統治権力はプネー周辺ほどは及んでいなかったと考えられる。Neil Charlesworth, *op. cit.*, pp. 19–21 and Sumit Guha, "Society and Economy in the Deccan 1818–1850," p. 193.

75　R. D. Choksey, *op. sit.*, pp. 343–344.

76　*Report of the Commerce of Bombay for the year 1840–41 with tables shewing the extent of trade carried on with each country and state*, Bombay : the Bombay Times and Journal of Commerce

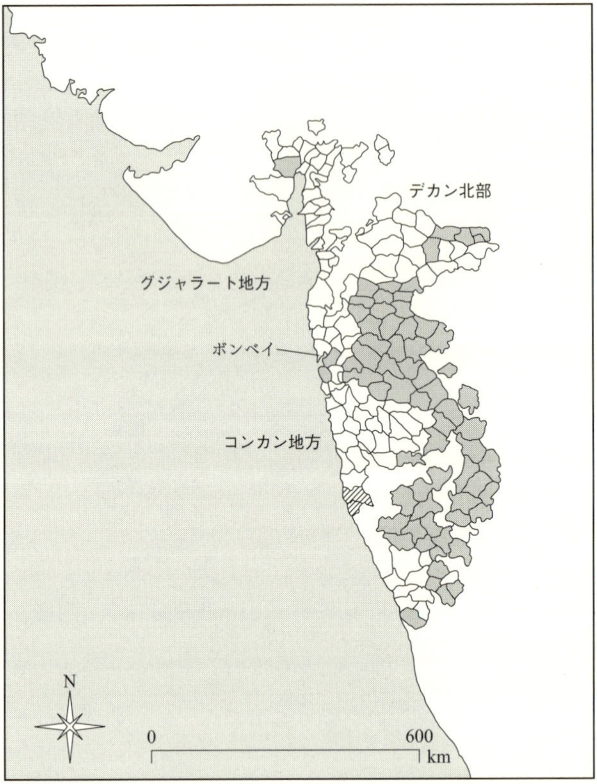

図 9-3　ボンベイ管区におけるライヤットワーリー制の施行地域（1856 年）

出典）図 9-1 に同じ。

の開発と密接に結びついていたと考えられる。

図 9-3 は，1856 年，すなわちインド大反乱（1857〜58 年）直前までにライヤットワーリー制が実施された地域を示している。南東部の綿花地帯，内陸部の旧宰相政府・中央域でライヤットワーリー制が実施されていた。1858 年にイギリス東インド会社は統治の任を解かれるため，図 9-3 は東インド会社の下

Press, 1841, pp. 4 and 8.

で新地税制度を実施しえた地域を表しているといえる。同時期にボンベイ政府が掌握できたのは旧宰相政府領の中央域周辺に限られており，宰相政府の辺境地域にあたるコンカン地方，グジャラート地方，デカン北部でライヤットワーリー制は実施されていなかったことがわかる。本書が対象とする近世後期（18世紀初頭〜19世紀中葉）を通じて，インド西部のプネーを中心とした統治構造は崩れていなかった。すなわち，1818年にインド西部の政治の中心となったボンベイの後背地では，ライヤットワーリー制が十分に展開されていなかった。インド西部における統治のあり方は，19世紀半ばの段階では管区都市ボンベイを中心に再編されてはいなかったのである。

図9-4は，1866年におけるライヤットワーリー制の実施地域を示している。ライヤットワーリー制は30年ごとに土地調査が行なわれることを規則としており，地税額の取り決めが更新された。図中の濃色部分は，1866年にボンベイ管区の中で他郡に先んじて地税取り決めが更新されたインダプール郡を指している。本図からわかるように，1866年の時点でもライヤットワーリー制が導入されてない地域は存在した。マドラス管区から編入された南端部の北カナラ県を除き，地図中に白色で示されたボンベイ管区の北西部[77)]，北部，南西海岸部（図9-4の空白部分）では，ライヤットワーリー制に対する強固な抵抗がみられた。本項では3地域における抵抗を概観し，ボンベイ管区における植民地支配の進展と抵抗を考察する。

①ボンベイ管区北西部

ボンベイ管区北西部のグジャラート地方では，タールクダール（Tālukdār）と分有農民（Bhāgdār または Narwādār）が抵抗勢力となった。マラーター同盟の支配下で，グジャラート地方は宰相政府とガイクワード家が分割して統治し，このうち宰相政府領はバッセイン条約によってデカンより先んじて英領となった。イギリス人行政官は現地調査の中で在地有力者の存在を知り，彼らをター

77　1843年にイギリスはシク王国の領土であったシンド地方（巻頭地図参照）を併合した。同地方はボンベイ管区に編入されたため，ボンベイ管区の北西部はシンド地方を指すことになる。しかし本書において「ボンベイ管区北西部」とは図9-1〜9-4の領域におけるボンベイ管区の北西部という意味で用いる。

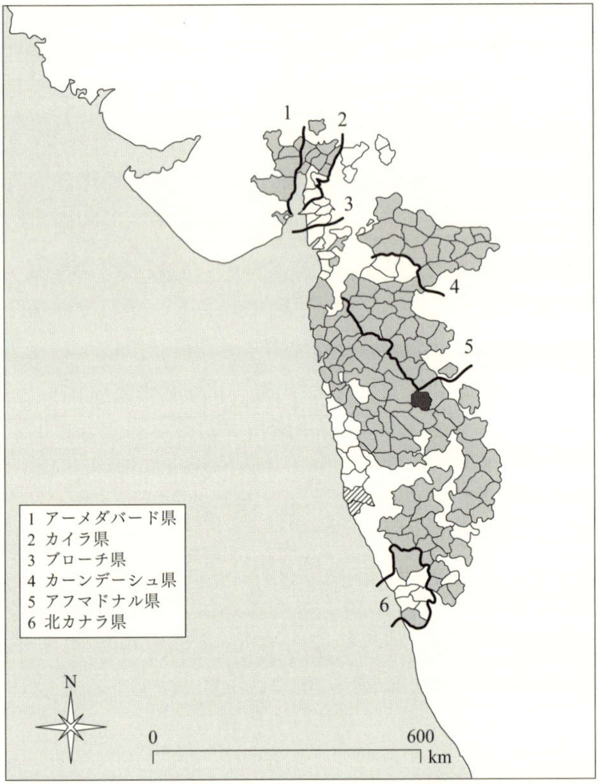

図 9-4　ボンベイ管区におけるライヤットワーリー制の施行地域（1866 年）

出典）図 9-1 に同じ。

ルクダールと命名した。タールクダールは，14 世紀初頭のグジャラート地方へのムスリム侵入以前のヒンドゥー勢力やその後に定着したムスリム貴族などからなり，前者の支配村はグラーシャー村などと呼ばれ，後者はマーリキー村と呼ばれた[78]。1572 年以降のムガル帝国の支配下で彼らはザミンダールと呼

78　グラーシャーは「生計のために与えられた土地（Grās）」の保有者，マーリキーはアラビア語の「王（Mālīk）」から転じて有力者による保有を意味する。深沢宏「十九世紀英領グジャラートにおける大土地所有」深沢宏『インド社会経済史研究』東洋経済新報社，

ばれ[79]，彼らの出自がムスリム侵入以前の有力者に遡りうることを考慮すると，彼らは本書で分析したデカンの郷主に比する存在であったと考えられる。タールクダールの実態に関する深沢の先駆的な研究によると，少なくとも 19 世紀初頭においてタールクダールは自身の軍隊を保有して在地の警察・司法権力を掌握し，世襲的な土地財産[80]を有して上位権力へは貢納金を支払うにすぎなかった[81]。インダプール郡の郷主も軍事力を有して，警察・司法権力を部分的に掌握していたが，タールクダールの権力はインダプール郡の郷主よりもはるかに強力であったと考えられる。アンドレ・ウィンクは，マラーター同盟内の郷主などの在地の世襲役人（ザミンダール）について論じるなかで，グジャラート地方には自立性の強い世襲役人が存在し，彼らは宰相政府へ貢納金を払うのみであったと述べている[82]。さらに，彼らがマーリキー村を保有していたと指摘していることから，彼らは植民地期のタールクダールであったと考えられる。宰相政府の勢力増大とともに貢納金の額が増加したことにウィンクは言及しているが，宰相政府領の辺境にあって，後のタールクダールはその自立性を保っていたのである。

ボンベイ政府は 1810 年代以降，タールクダールが有する人身的政治的支配権と経済的収奪権を奪う政策を展開したが[83]，タールクダールと政府のせめぎ合いは長期化し，ライヤットワーリー制の導入がグジャラート地方で遅れる一因となった。1857 年にインド大反乱が起こると，グジャラート地方でもこれに呼応した武装反乱が起こり，タールクダールもこれに参加した。グジャラートの反乱は 1859 年に鎮圧されて首謀者は処刑され，同地方では武装解除が徹底された。軍事力の剥奪を進めながら[84]，タールクダールとの交渉はインド大

1972 年，355 頁。

79　深沢宏「十九世紀英領グジャラートにおける大土地所有」，351–356 頁。

80　深沢宏「十九世紀英領グジャラートにおける大土地所有」，361 頁。

81　深沢宏「十九世紀英領グジャラートにおける大土地所有」，360–361，369 頁。

82　Andre Wink, *op. cit.*, pp. 350–351.

83　深沢は，軍事力を背景にタールクダールが掌握していた在地の警察・司法権力を人身的政治的支配権，彼らが有していた地所または地税徴収権を経済的収奪権とまとめて，タールクダールとボンベイ政府との交渉を分析した。本書も，深沢の定義にしたがって，両語を用いる。

84　深沢宏「十九世紀英領グジャラートにおける大土地所有」，397–398 頁。

反乱後も続けられた。

村の開墾者など，一部の有力農民が村の全耕作地を分割し，他の農民を小作民の地位に置きつつ村を経営した事例が，グジャラート地方のカイラ県やブローチ県（図 9-4 参照）に多くみられる。このような村落は分有村落と呼ばれ，有力農民は分有農民と呼ばれた[85)]。本書の議論に当てはめるならば，分有村落はインダプール郡の政府村に相当するが，村内の耕作地の配分に特徴があったゆえに中間層を生み出していた。小谷が指摘するように[86)]，開発のある段階や条件において分有村落の形態は近世インドでつねに生じうるもので，そして分割相続等でこの関係は容易に崩壊しうるものであった。植民地期初期にグジャラート地方で確認された分有村落は古くから存在したわけではないと考えられ，この形態自体は宰相政府時代やそれ以前から繰り返されていたと筆者は推察する。ただし，グジャラート地方の分有農民が免税地や村の共有地に減税地を有していただけでなく[87)]，小作民から宅地料や無償労働を徴用していた点に特徴がある[88)]。こうした複雑なシステムを有する分有農民および分有村落の状況把握や彼らとの交渉に時間を要し，ライヤットワーリー制の導入は遅延した[89)]。チャールズワースはこの分割制度をライヤットワーリー制の敵と位置づけており，イギリス人行政官がその廃止を意図していたと指摘している[90)]。

②ボンベイ管区北部

ボンベイ管区北部の空白地帯はアフマドナガル県北部の丘陵地帯であり，隣接するカーンデーシュ県西部にかけてビール族の居住地域となっていた。アフマドナガル県では 1847 年に平野部のライヤットワーリー制導入が完了したが，丘陵部について同制度による地税取り決めが行なわれたのは 1860 年のことであり[91)]，大きな時間差が生じていた。1818 年に東インド会社が宰相政府領を

85　深沢宏「十九世紀英領グジャラートにおける大土地所有」，405–407 頁。
86　小谷汪之「十七・十八世紀グジャラートの政治経済」松井透・山崎利男『インド史における土地制度と権力構造』東京大学出版会，1969 年，221–222 頁。
87　深沢宏「十九世紀英領グジャラートにおける大土地所有」，414–415 頁。
88　深沢宏「十九世紀英領グジャラートにおける大土地所有」，421–422 頁。
89　深沢宏「十九世紀英領グジャラートにおける大土地所有」，427 頁。
90　Neil Charlesworth, *op. cit.*, p. 63.

併合した際にこの地域も英領となり，1820年代にイギリス人行政官がアフマドナガル県周辺の丘陵・森林地域にビール族が広範に居住したことを報告した[92)]。ビール族は首長の下で複数の集団にまとまって独自の勢力を形成し，武力を有していた。首長は丘陵・森林地域での治安維持と安全な通行の確保を名目として，同地域を通過する商品や旅人に一種の通関税を課しており[93)]，除外地に分類しうる特権的な土地保有を行なっていた[94)]。ボンベイ政府は1825年にビール族の部隊（The Bhil Corps）を編成することで早期に彼らを植民地下の治安維持機構に加えるとともに，ビール族代理（The Bhil Agent）を設置して，森林・丘陵地の開発のために，彼らに農耕を奨励した[95)]。カーンデーシュ県側では，1854～66年にライヤットワーリー制の導入が完了し，上記の特権的通関税も廃止された[96)]。しかしボンベイ政府の諸政策に対してビール族は全くの無抵抗ではなかった。アフマドナガル県では，インド大反乱に呼応して植民地支配に対する反乱が起こり，ビール族もその一角を担い，1860年までビール族による抵抗が続いた[97)]。丘陵地域における地税査定に関する方法論の議論とともに，ビール族の反乱鎮圧とその後の処理のために多くの時間を要し，1860年に至るまで丘陵部にライヤットワーリー制は導入されず，1866年の時点で同制度の試行はアフマドナガル県北部において未完了であった。

マラーター同盟宰相政府がビール族居住地を支配し始めたのは1740年代であったとスミット・グハは指摘する。ビール族は武力を有して，独立した存在として特権的徴収権を行使していた。宰相政府は彼らの伝統的な権限を縮小させ，他の地域と同様に種々の課税を試みた。しかし，ビール族の居住地域への宰相政府の勢力拡大は，19世紀初頭のマラーター同盟内の内紛のために頓挫

91　James M. Campbell ed., *GBP* Vol. XVI, Nasik District, Bombay : the Government Central Press, 1883, pp. 243–244.

92　Sumit Guha, *Environment and Ethnicity in India 1200–1991*, Cambridge : Cambridge University Press, 1999/2006, pp. 130–133.

93　Kenneth Ballhatchet, *op. cit.*, p. 126.

94　Sumit Guha, *op. cit.*, pp. 97–98.

95　N. Benjamin and B. B. Mohanty, “Imperial Solution of a Colonial Problem : Bhils of Khandesh up to c. 1850,” *Modern Asian Studies*, Vol. 41–2, 2007, pp. 348–358.

96　Sumit Guha, *op. cit.*, pp. 179–181.

97　James M. Campbell ed., *GBP* Vol. XVI, Nasik District, pp. 202–204.

し，混乱の中でビール族は勢力を伸張させた。やがてイギリス東インド会社と宰相政府の対立がビール族内にもちこまれ，1818 年の植民地化前夜にはビール族内に親英派と親宰相派が生じていた。スミット・グハは，ビール族が外界と隔絶されて丘陵・森林地域内に居住していたわけではなく，マラーター同盟内の政治経済とビール族の活動は深く関わっていたと指摘している[98)]。宰相政府時代末期の政治経済状況の延長として，ライヤットワーリー制度への包摂も捉えるべきであることがわかる。

③ボンベイ管区南西海岸部

図 9-4 の南西海岸部のコンカン地方は 1818 年に英領となり，1820 年代から本格的な調査が行なわれたが，その際にイギリス人行政官はコートと呼ばれる村の世襲徴税請負人が存在することを知った。コートは村内に地税が減免された地所を有するほか，村の農民を小作人として用いたり，付加徴収を行なったり，無償労働を徴用するなど，人身的支配を行使していた[99)]。図 9-4 の空白部分にあたるラトナーギリー県には特に多くのコートが居住し，同県の郷主・郷書記の多くをコートが兼ねており[100)]，彼らもまた在地の中間層であった。彼らの職務と権益はコート・ワタンとしてワタン化しており，コートの起源は 16 世紀に遡るとされる。

18 世紀後半に宰相政府はコンカン地方に進出したが，そこではコルハープルのマラーター王家に仕える大臣（Pratinidhi）が勢力を有していた。宰相政府はその人物と協定を結び，地税収入を折半したうえで，1770 年以降に徐々に支配圏を拡大したが[101)]，依然としてコンカン地方は宰相政府の影響力が及びにくい辺境地域であった。宰相政府はコート・ワタンを承認した一方で，コー

98　Sumit Guha, *op. cit.*, pp. 110–121.

99　小川道大「イギリス東インド会社とジャーギールダールの地税徴収権の分割——19 世紀前半ボンベイ管区ラトナーギリー郡の「二重支配」を事例にして」『社会経済史学』74 巻 3 号，2008 年，50–51 頁。

100　深沢宏「西部インドにおける村役人・領主・地主の一類型——前近代コンカン地方のコート制に関する覚書」深沢宏『インド農村社会経済史の研究』東洋経済新報社，1987 年，111–112 頁。

101　小川道大「イギリス東インド会社とジャーギールダールの地税徴収権の分割——19 世紀前半ボンベイ管区ラトナーギリー郡の「二重支配」を事例にして」，55 頁。

ト村内にイナーム地を設置したり，地税調査を行なったりとコートによる領主的な支配を認めたわけではなかった[102]。しかし，宰相政府時代の末期に同政府の影響力が低下したために，コートは村内への影響力を強めたと深沢は推察し[103]，さらにチャールズワースは，彼らはイギリス人が現地の事情を理解していないことを利用し，いっそうその権力を拡大させたと指摘した[104]。アンドレ・ウィンクは，徴税請負の形を取りながら，その権限が世襲化されているワタンもちコートを，マラーター同盟下の中間層の中でも特殊な存在[105]と位置づけていた[106]。管轄地で永続的に強い権限を享受しうる特殊性ゆえに，コートは政権交代の混乱期にその権益を大きく拡大して，19世紀半ばにボンベイ政府に対抗する三大勢力の一つとなったと考えられる。地税取り決めに関しては，コルハープルのマラーター王家（コルハープル藩王国）の大臣と東インド会社の領域確定をめぐるせめぎあいが1840年代の半ばまで続き[107]，他方でコートに関する状況把握に時間を要したり，インド大反乱後の政策転換によって地税取り決め調査の強行が控えられたために，1866年になってもコンカン地方南部ではライヤットワーリー制導入のための地税調査が行なわれることがなかった[108]。

以上のように，1860年代半ばのボンベイ管区の3地域において，ライヤットワーリー制ひいてはイギリスによる植民地支配に抵抗する現地勢力が存在していた。これらの勢力は村や郡など異なる行政レベル，または行政支配の外で勢力を有していたが，ライヤットワーリー制が排除を目的とする現地の中間層に位置づけることができる存在であった。注目すべきは，これら3地域が宰相

102　深沢宏「西部インドにおける村役人・領主・地主の一類型——前近代コンカン地方のコート制に関する覚書」，131-136頁。

103　深沢宏「西部インドにおける村役人・領主・地主の一類型——前近代コンカン地方のコート制に関する覚書」，151-152頁。

104　Neil Charlesworth, *op. cit.*, p. 33.

105　地税納入が行なわれている限りにおいて，その職の遂行が認められたカマヴィスダールと，職務遂行の期間においてコートは対照的な存在であった。

106　Andre Wink, *op. cit.*, p. 374.

107　小川道大「イギリス東インド会社とジャーギールダールの地税徴収権の分割——19世紀前半ボンベイ管区ラトナーギリー郡の「二重支配」を事例にして」，58-61頁。

108　Neil Charlesworth, *op. cit.*, p. 56.

政府領の辺境に位置し，同政府の支配下で彼らが，ある程度独立した勢力を保っていた点である。そして宰相政府末期の混乱が，辺境にあっては中間層の勢力拡大に作用し，この機会を得て成長した中間層が植民地支配に対する抵抗勢力となったのである。この点は，植民地支配を，インダプール郡とは異なる経路を取った宰相政府の支配の延長で考えるべきことを示唆している。そして彼らの抵抗が，インド大反乱に呼応するかたちで 1850 年代末に高まったことも無視することができない特徴である。ボンベイ管区の支配から見るインド大反乱に関しては，次項で若干の考察を試みる。

図 9-5 は 1876 年におけるライヤットワーリー制の施行地域を示している。1860 年代のボンベイ政府では大反乱以前よりも慎重にライヤットワーリー制の導入が進められた。導入進度は鈍化したが，中間層との交渉が放棄されることはなかった。結果，アフマドナガル県北部のビール族の居住地域でライヤットワーリー制による地税取り決めが 1869 年に完了し，内陸部のほぼ全域に同制度が導入された。アフマドナガル県北側（1869 年にナーシク県として分離）の平野部は早期にライヤットワーリー制が導入され，1876 年には地税取り決めの更新が終わっていた。図 9-5 のパターンの違いは，丘陵部と平野部の地勢的な違いを反映している。

グジャラート地方のタールクダールに対する政策は，インド大反乱後，彼らの武力を奪うかわりに彼らを保護する方針に転換していた。アーメダバード県で 1862 年に施行されたボンベイ法律 6 号はその妥協の成果であり，ボンベイ政府は同法を通じて負債整理を援助しタールクダールを保護するかわりに，土地調査を実施してライヤットワーリー制導入を準備した。ただしタールクダールには地所の所有が認められ，それらの土地はライヤットワーリー制施行地域内の減税地と設定された[109]。最終的にタールクダールは司法・警察権（人身的政治的支配権）を失うかわりに地所の所有（経済的収奪権）を保障され，特殊地域としてその支配地はライヤットワーリー制に内包された。1862 年法律 6 号の後にアーメダバード県でライヤットワーリー制が実施され（図 9-4 参照），その後 1871 年にブローチ県，1877 年にカイラ県で同様の法律が制定さ

109　深沢宏「十九世紀英領グジャラートにおける大土地所有」，376-377 頁。

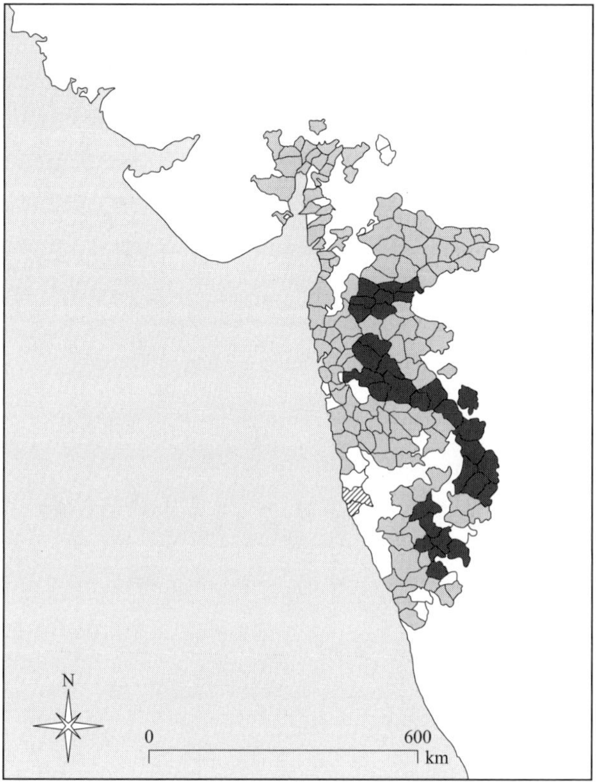

図 9–5　ボンベイ管区におけるライヤットワーリー制の施行地域（1876 年）

出典）図 9–1 に同じ。

れ[110]，ライヤットワーリー制はグジャラート地方のタールクダール支配域に広く導入された。1860 年代後半にはブローチ県やカイラ県の分有農民が地税納税者たる農民に認定された一方で，彼らの特権的減税地は除外地として保有の継続が認められた[111]。小作人からの無償労働の徴用など，人身的影響力も部分的に存続が認められるなど[112]，分有農民に対しても一定の妥協がなされ

110　深沢宏「十九世紀英領グジャラートにおける大土地所有」，377 頁。
111　深沢宏「十九世紀英領グジャラートにおける大土地所有」，454–455 頁。

た。

コンカン地方南部ラトナーギリー県でもライヤットワーリー制の導入が進められたが，コートは激しく抵抗して地税調査に対する反対運動を繰り広げた。新たに査定された地税額を受け入れないコートや，1876 年までに地税取り決めが完了していた地域でも地税支払いをボイコットするコートが現れ，彼らは訴訟などの法的手段に訴えたために問題は長期化した。ラトナーギリー県からの地税収入は査定時の見込みよりも大きく減少し，ボンベイ政府はコートとの妥協点を見出さざるをえない状況となった[113]。グジャラート地方においては 1876 年までに，大きな譲歩をしながらもライヤットワーリー制による地税取り決めがほぼ完了したのに対し，コンカン地方ではコートからの頑強な抵抗にあい，ラトナーギリー県の空白の 2 郡に加えて，1866 年以降に地税取り決めが行なわれた郡も，同制度が導入されたとは断言できない状況にあった。

図 9-6 は，1888 年におけるライヤットワーリー制の施行地域を示している。この時点でボンベイ管区の全土にライヤットワーリー制が施行されたこととなっている。実に半世紀以上の時間を費やして，同制度が導入されたことは，ボンベイ管区の植民地支配が一様ではなかったことを示している。最後まで抵抗が続いたコンカン地方では，コートは既得権益を保持するために司法に訴えるのみならず，コートの主体であるバラモンのネットワークを用いて抵抗を繰り広げた。1880 年にコート制度法が制定され，コートは地所および村の共有地の管理権を得るかわりに村の地税納入責任者となり，小作人の占有権をボンベイ政府が保護することが規定された[114]。こうしてコートの支配村はようやく，特殊地域としてライヤットワーリー制の施行地域に組み込まれることとなった。ただし，彼らの抵抗運動は 1890 年代も続き[115]，ラトナーギリー県南端部（斜線部分）には，ライヤットワーリー制が導入されなかった。

112　深沢宏「十九世紀英領グジャラートにおける大土地所有」，436 頁。

113　Neil Charlesworth, *op. cit.*, pp. 56–58.

114　深沢宏「西部インドにおける村役人・領主・地主の一類型——前近代コンカン地方のコート制に関する覚書」，113 頁。

115　Neil Charlesworth, *op. cit.*, p. 59.

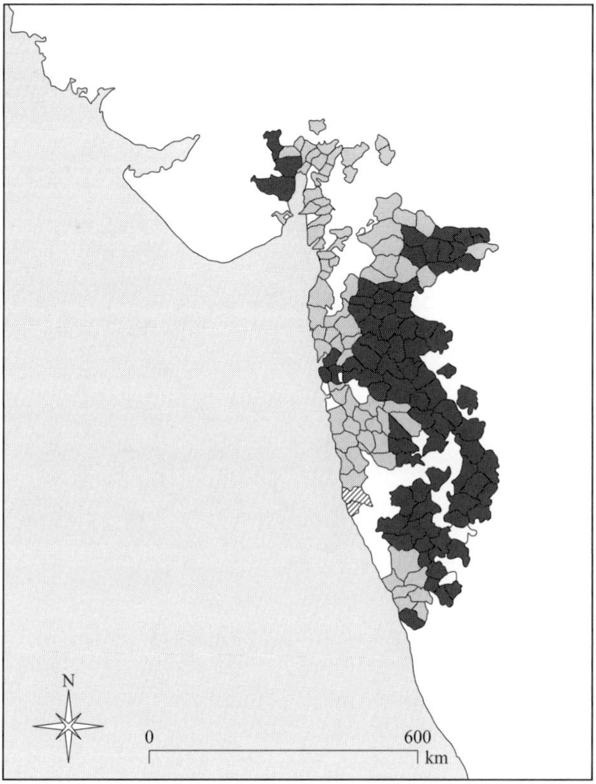

図 9-6　ボンベイ管区におけるライヤットワーリー制の施行地域（1888 年）

出典）図 9-1 に同じ。

1866 年の時点でライヤットワーリー制の導入に抵抗していたボンベイ管区内の 3 地域の勢力と，ボンベイ政府は交渉を進め，時には彼らの権限を大きく剝奪し，時には彼らに譲歩して，19 世紀末にようやくライヤットワーリー制をインド西部に広く施行するにいたった。19 世紀末になってボンベイ政府はインド西部の実効的な支配を達成したと捉えることができる。19 世紀半ばまでのライヤットワーリー制の導入地域が，宰相政府領の中央地域と領域的に重なっており，イギリスの植民地支配が領域の面からいって，マラーター同盟宰相政府の支配の上に成り立っていたことがわかる。他方で図 9-4 の白色地帯はマラーター同盟宰相政府領の辺境地域であり，独自の勢力が存在していた。19 世紀後半に植民地支配は宰相政府時代の辺境地域にまで及び，同世紀末にこの地域が実効支配域に組み込まれた。このことは，19 世紀末までにインド西部における支配のあり方が再編されたことを意味する。ただし再編された支配地域も，タールクダールやコートなどが保持する特殊地域を内包しており，同制度の基盤となる支配理念が貫徹し，中間層が完全に排除されたわけではないのである。本項では中間層に注目して郡レベルでのライヤットワーリー制の展開をたどり，中間層の排除の実現状況を概観した。他方でライヤットワーリー制には，土地所有権の設定というもう一つの原則があり，これは同制度の施行村において在地共同体の原理と衝突したと考えられる。本書は中間層の問題を議論することを目的とし，土地所有権の設定による村内の諸関係の変化については考察しないが，そのような諸変化がライヤットワーリー制の施行地域で起こっていたことをあらためて指摘しておく。

2）19 世紀における藩王国・ジャーギール政策の転換

19 世紀末までにライヤットワーリー制の実施地域はボンベイ管区のほぼ全域へ拡大していったが，それと同時に本来の実施地域を越えて同制度は拡大していった。ライヤットワーリー制の外部への拡大としては，藩王国に関わる拡大と，ジャーギール地などの除外地に関わる拡大がみられたため，本項では各々について項目を立てて考察し，ボンベイ管区の英領直轄地とその周辺部へのライヤットワーリー制の拡大を俯瞰する。

①藩王国に関わるライヤットワーリー制の拡大

前項で示したライヤットワーリー制導入の過程を示す一連の図のうち，図 9-3（1856 年）と図 9-4（1866 年）を比較すると，内陸中央部でこの時期に同制度が広まったことがわかる。この地域はサタラ藩王国の領域であったが，1849 年に同藩王国が英領に編入されてサタラ県として行政再編された後，1863 年にサタラ県の新たな地税取り決めが完了した[116]。すなわち藩王国併合による英領直轄地の拡大が，ライヤットワーリー制の施行地域の外延的拡大をもたらしたことを2枚の地図が如実に示している。ここで問題となるのが，藩王国がなぜ併合されたのかという点である。本項前半部ではこの点に注目しながら，ライヤットワーリー制の施行地域の拡大を考える。

1818年の第3次アングロ・マラーター戦争の終結後，1820年代前半までにボンベイ管区周辺に数多くの藩王国が成立した（第8章参照）。藩王国は内政自治を得ていたが，イギリスによる植民地支配から全く自由であったわけではなく，ボンベイ政府やインド政庁は，藩王国に対して様々な政策を展開し，時には英領インドの政策が藩王国の統治に影響を与えることもあった[117)]。藩王国に対する政策の中で，藩王国に最大の影響を与えたのが失権ドクトリン（Doctrine of Lapse）による藩王国の併合であった。失権ドクトリンとは，藩王に嫡子がない場合に養子相続を認めず，その藩王の死にともなって藩王国を併合する政策であった。藩王国との軍事保護条約では，外交権または「自由な外交権」の剝奪がしばしば最重要条項として規定され，この条項に違反した場合は藩王国が併合される旨が明記されていたケースもあったが，藩王の嫡子なき死亡とその後の藩王国併合に関しては軍事保護条約に明確な記載はなく，失権ドクトリンは既存の藩王国に新たに適用される政策として現れた。

1820年代にはすでに失権ドクトリンは政策として実施されており，たとえばパトワルダン家の諸藩王国にも適用されている。本項では同家への適用事例から，この政策による植民地支配のあり方を論じる。最初に注目すべき事例はパトワルダン家のジャムカンディー藩王国に関するもので，同藩王国は，治世が良好であったために1826年の藩王の死亡時に養子相続が認められ併合を免れていた[118)]。すなわち失権ドクトリンの原則はつねに徹底していたわけではなかったのである。他方で治世に問題があると判断された藩王は失権ドクトリ

116　James M. Campbell ed., *GBP* Vol. XIX, Satara District, pp. 350–383.

117　たとえば，1838年法律1号によって英領インド全土における通関税が廃止された。同法は英領インドを対象として立法されたが，パトワルダン家などのボンベイ管区周辺の藩王国に対しても，ボンベイ政府が補償金を支払うことで同法が適用された。Captain G. Wingate, *Reports on the Revenue Survey Settlement of the Hoobllee, Nuwulgoond, Kode, and Dharwar talookas of the Dharwar Collectorate*, SRBG, New Series, no. 12, Bombay : the Bombay Education Society's Press, 1853, pp. 34–35.

118　E. W. West, *op. cit.*, p. 112.

ンの適用対象となり，藩王国が廃止された後は藩王の寡婦などの親族，一部の家臣に年金が与えられ，その領土は周辺の英領県に編入されることとなった[119]。「参事会における総督」自身が述べていたように，東インド会社が養子相続を認めるか否かは，藩王国の治世が重要な判断材料となっており[120]，失権ドクトリンは併合という脅威をもって，藩王国の内政に干渉する有効な手段であった。英領直轄地周辺部に位置する藩王国の治世は，直轄地，ひいては植民地支配の秩序に影響を与えるものであったため，藩王国の内政への干渉は東インド会社にとって重要であった。タースガーオン藩王国のように，寡婦が他人の子を自分の子と偽って相続させようとする偽装工作が発覚した場合は，治世のあり方に関わりなく藩王国は取りつぶされ，寡婦などへの年金も授与されなかった[121]。他方でパトワルダン家のサングリー藩王国は他藩王国の偽装工作をボンベイ政府に報告したことで同政府に忠誠心があるとされ[122]，1834 年に養子相続が認められていた。これらの事例では東インド会社への忠誠心が，すなわち東インド会社政府と藩王国の主従関係の維持が失権ドクトリンの適用の鍵となっていた。失権ドクトリンは原則通りに適用するのではなく，東インド会社がその適用を調整することにより，内政干渉の手段になるとともに，藩王国に対する支配権を強化する手段となっていた。

しかし，1848 年にインド総督に就任したダルハウジー（任期：1848〜56 年）は失権ドクトリンを積極的に活用し，次々に藩王国を併合していった。パトワルダン家の諸藩王国の中では，1848 年にミラジ藩王国の分国およびタースガーオン藩王国がその在任中に併合された。同じく 1849 年にはマラーター王家のサタラ藩王国が併合された。プラタプシンが東インド会社による藩政への介入に不満をもち，反英的な動きを見せたとして 1839 年に廃位させられたが，彼の弟シャーハジー（在位：1839〜48 年）が即位した。シャーハジーが 1848 年に死去し，ボンベイ政府，インド政庁のみならずロンドンも巻き込んでサタラ

119　*Ibid.*, pp. 105–106 and 123.

120　*Ibid.*, pp. 147–148.

121　*Ibid.*, pp. 128–129.

122　南マラーター地方でネパーニー藩王国が併合を逃れるために寡婦を通じて偽装工作を行なったことを，サングリー藩王がボンベイ政府に知らせている。*Ibid.*, p. 58.

藩王国の存続が議論されたが，最終的には失権ドクトリンが適用されて同藩王国の英領への併合が1849年に決定した[123)]。さらに1853年には旧マラーター諸侯のボーンスレー家のナーグプル藩王国を失権ドクトリンの適用によって英領直轄地に併合した。第8章で示したように，第3次アングロ・マラーター戦争に勝利した東インド会社にとって，サタラのマラーター王家はインド西部の秩序維持に必須の存在であったため，東インド会社は国王を保護して，その勢力を藩王国として存続させた。マラーター諸侯を藩王国として存続させたのも同様の理由からであった。ダルハウジー総督下での，これら有力藩王国への失権ドクトリンの適用は，インド西部における植民地支配の安定を反映している。ただしサタラ藩王国は，プラタプシンによる反英的な動きがあったにもかかわらず即座につぶされず，失権ドクトリン適用でも大きな議論を呼んでおり，その併合は難しい選択であったことがわかる。

失権ドクトリンの適用による藩王国の併合を通じたライヤットワーリー制施行地域の拡大は，地図の比較によって上に示したとおりである。パトワルダン家の藩王国の併合は南部にボンベイ管区の領土を拡大することに寄与し，これによってライヤットワーリー制施行地域も南部へ拡大していった。前項で示した19世紀におけるライヤットワーリー制の拡大は，1818年時点の英領直轄地に同制度が浸透していく過程を示すとともに，1818年以降のボンベイ管区自体の拡大と拡大地への同制度の導入を示していたこととなる。

失権ドクトリンの適用はダルハウジー総督の時代に全インド的に推進され，インド西部以外でも多くの藩王国が英領インドに併合された。マラーター同盟の州長官が東インド会社と条約を結んで成立した中央インドのジャーンシー藩王国（1853年併合）も，同原則の適用対象となった。さらに，治世に問題あり

123　James M. Campbell ed., *GBP* Vol. XIX, Satara District, pp. 313–315. サタラ藩王国の併合後，サタラのマラーター王家を養子のバルワントラーオ・ボーンスレーが継承し，142,470ルピー相当の王家の家財を相続した。この家財に，インダプール郡の郷主ワタンは含まれていなかったようで，1863年のイギリス人の報告によると，同郡の郷主にはデヴラーオ・ビン・バージーラーオ・カテが就いており，ボーンスレー家が郷主でなかったことがわかる。*Ibid*., p. 315–316 and *Papers relating to the Settlement of the Hereditary District Officers' Watans in the Deccan and Gujarat, SRBG*, New Series, no. 174, Bombay : the Government Central Press, 1895, pp. 40–41.

として 1820 年代からインド政庁に改善を求められ，インド政庁の内政干渉を拒否したアワド藩王国（第 8 章参照）も，ダルハウジー総督統治下の 1856 年に取りつぶされ，その領地はベンガル管区に編入された[124)]。1857 年 5 月に北インドのメーラトでインド人傭兵（スィパーヒー）の蜂起によって始まり，瞬く間に北インド・中央インドに広まったインド大反乱において，ジャーンシー藩王国の王妃（ラクシュミ・バーイー）が反乱軍に参加したのはよく知られる話である。このとき，英領に併合されたばかりのアワド地方もインド大反乱の主戦場の一つとなった。失権ドクトリンの適用による藩王国の併合は，インド大反乱を拡大させる要因の一つとなっていた。大反乱終結後のヴィクトリア女王による宣言では，藩王国の存続・維持をイギリスが注意深く行なっていくことが述べられており[125)]，失権ドクトリンは放棄された。これ以後，ボンベイ管区周辺の藩王国は維持され，同管区の領域の大幅な拡大はみられなかった。

インド大反乱後の 1860 年代になると，パトワルダン家のサングリー藩王国でもライヤットワーリー制が採用され，1863 年に同藩王国で最初の地税取り決めのための調査が行なわれた[126)]。他にも，ボンベイ管区の東側の境界に接するハイダラーバード藩王国アウランガバード県でも 1875 年にライヤットワーリー制が導入された。実際は村請の形を取り，マールグザーリー制に近い徴税方法が取られたが，いずれにしても英領直轄地で実施された査定方法が採用されていた[127)]。英領直轄地周辺の藩王国では徐々に，直轄地で実施されている地税取り決め方法が採用されていったという全体的傾向が，帝国地誌でも報告されている[128)]。インド大反乱後の政策転換により，ボンベイ管区自体の

124　C. A. Aitchison, *A Collection of Treaties, Engagements and Sanads relating to India and Neighbouring Countries*, Vol. II, the Treaties, relating to the North-Western Provinces, Oudh, and Nepal, pp. 67–68.

125　Ramsay Muir, *The Making of British India 1756– 1858*, Historical Series no. XXVIII, Manchester : Manchester University Press, 1915, p. 382.

126　James M. Campbell ed., *GBP* Vol. XXIV, Kolhapur, District, p. 354.

127　E. G. Lynn ed., *Gazetteer of Aurangabad*, Bombay : The Times of India Steam Press, 1884, pp. 755 and 773. ただし同県では，ライヤットワーリー制が採用された一方で，徴税請負制やジャーギール制も引き続き用いられるなど，旧来の制度も残されており，英領直轄地とは異なる地税徴収のあり方が確認された。*Ibid.*, pp. 755–758.

128　R. Nathan ed., *op. cit.*, pp. 207–208.

大規模な拡大は収まったが，ライヤットワーリー制またはそれに倣った制度が 1860 年代以降に周辺の藩王国で採用されるようになった。インド大反乱以降は，本節前半部に掲げた一連の地図には記されていないが，ボンベイ管区の領域を越えて，ライヤットワーリー制の藩王国地域への拡大がみられたのである。

②除外地に関わるライヤットワーリー制の拡大

本節前半部に掲げた一連の地図では可視化されていないが，各郡にはイナームやジャーギールのためにライヤットワーリー制度の適用範囲から除外された村や土地が存在した。これらの既得権益を収公し，除外地域を編入することによっても，ライヤットワーリー制の施行地域は拡大しえた。1830 年代後半にウィンゲイトとともにインダプール郡の査定を修正して改革を行なった H. E. ゴールドスミッドは，南マラーター地方にライヤットワーリー制を導入するに際して，同地方の大部分がイナーム地などの除外地域であり，1827 年のエルフィンストン法典の規定（第 8 章第 1 節第 3 項）に反するイナーム地が多く存在することを報告した[129]。規定では保有年数が基準となったため，イナームやジャーギールなどの授与年が重要となった。ゴールドスミッドは，プーナ文庫に収められた諸資料が重要かつ有用であると述べ，これら資料を絶えず参照して入念に調査することが，南マラーター地方では必要であると主張した。そのために彼は，イギリス人行政官と現地の司法役人からなる委員会の発足を求めた[130]。ゴールドスミッドは 1843 年にイナーム調査委員会を発足させ，彼が同委員に任命され，同委員会は 1844 年に南マラーター地方を管轄地として活動を開始した[131]。1852 年法律 11 号によってイナーム調査委員会はイナーム，ジャーギールなどの既得権益の調査・収公を目的とすることが定められ，デカ

129　*Proceedings regarding the Enquiries into Titles to Inam Lands in the Dharwar and Belgaum Collectorate*, Vol. 86/1528 of 1843, Revenue Department, MSAM.

130　*Proceedings regarding the Enquiries into Titles to Inam Lands in the Dharwar and Belgaum Collectorate*, MSAM, and A. T. Etheridge, *Narrative of the Bombay Inam Commission and Supplementary Settlements*, SRBG, New Series no. 132, Bombay : the Government Central Press, 1874, p. 91.

131　A. T. Etheridge, *op. cit.*, pp. 19–20.

ン地方がその活動域に加わった。1836年から1846年の10年間はライヤットワーリー制がプネー県周辺から南部の南マラーター地方へ拡大した時期であったが（図9-2参照），同制度の導入と並行して既得権益の整理がなされ，制度が実施可能な地域の拡大がはかられていたことがわかる。

1852年法律11号附則B[132]では，イナームの存続に関して証書を重視したエルフィンストン法典よりも厳格な基準が設けられた。ジャーギールなど政務省が担当する土地保有様態（Political Tenure）に関しては同法の適用範囲外であることが記され，1842年に政務省で定められたジャーギールの等級に従ってイナーム調査委員会がジャーギールなどの整理・収公を行なった。

政務省の規則ではジャーギールは3等級に分けられた。第1級は1751年以前に与えられたジャーギールであり，この等級には世襲が認められた。第2級は1751年から1796年までに与えられたジャーギールであり，英領となった時点の保有者とその次世代に保有が認められ，その後に収公されて次々世代にはジャーギールの半額にあたる年金が一代限りで支払われた。1796年以降に与えられたジャーギールに関しては英領となった時点の保有者のみに保有が認められて，その死後には収公され，次世代にはジャーギールの半額の年金が一代限りで支払われた[133]。1749年のマラーター国王シャーフーの死後，1750年以降は宰相が名実ともにマラーター同盟の実権を握り（第1章第3節第1項参照），ジャーギール授与も宰相の名の下に行なわれ，軍事規約（Taināt Jābtā）には宰相の名が記された。宰相によってジャーギールを授与された者への世襲を認めないことを第2級の条件が示している。1796年は最後の宰相バージーラーオ2世の即位年であり，同宰相下での授与はさらに条件が厳しくなっていた。同宰相の治世を別に扱った背景には，バージーラーオ2世は東インド会社が直接打倒した宰相であったという理由以外に，混乱の時代にあった同宰相の治世に関して政府の文庫（Huzūr Daftar）（第8章参照）に資料が残されておらず，文書による確認が不十分となるという文書行政上の理由があったと筆者は考える。

132　*Ibid.*, pp. 30–34.

133　*Correspondence exhibiting the results of the scrutiny by the Inam Commission of the lists of Deccan Surinjams prepared in 1844*, pp. 2–3.

イナーム調査委員会は，ダルハウジー総督の治世に，活動域をボンベイ管区デカン地方へ広げて大規模にイナームやジャーギールの収公を進めていたが，1857 年に北インドでインド大反乱が起こると，イナーム調査委員会が活動していた南マラーター地方ベルガウム県周辺でも呼応する蜂起があった[134)]。これを受けた 1858 年のヴィクトリア女王の宣言以降，イナーム調査委員会は事実上，活動停止となった[135)]。インド大反乱の終結後，1858 年にイギリス東インド会社は統治の任を解かれ，イギリスがインドを直接統治することになり，担当機関としてインド省が設置された。同省の政務・機密省長官に就任したジョン・ウィリアム・ケイはダルハウジー総督の政策に対して批判的な立場にたち，1864 年にインド大反乱に関する著書を記し，その中でイナーム調査委員会が恣意的に権限を行使していたと批判した[136)]。インド省の担当長官の意向も強く影響し[137)]，イナーム調査委員会は 1863 年に廃止され，その業務が除外地域局（Alienation Office）に引き継がれた。最後のイナーム調査委員会委員の A. T. エスリッジが同局の役人となって，引き続きプーナ文庫の整理などを行なった[138)]。同局の活動を規定する 1863 年法律 2 号（通称「略式取り決め法（Summary Settlement Act)」）が制定され[139)]，イナームに関しては略式地代（Quit Rent）を支払うことで課税の対象外とすることが定められた。ボンベイ政府は，管区内の既得権益保有者に妥協する方針へ転換したのであり，19 世紀後半に

134　James M. Campbell ed., *GBP* Vol. XXI, Belgaum District, Bombay : the Government Central Press, 1884, pp. 411–412

135　G. S. Sardesai, *Handbook to the Records in the Alienation Office*, p. 4.

136　John William Kaye, *A History of the Sepoy Wars in India 1857–1858*, Vol. I, London and New York : Longmans, Green and Co., 1864/1896, pp. 175–177.

137　1852 年法律 11 号の制定時に「参事会における総督」の法律参事であったチャールズ・ジャクソンは，1865 年にダルハウジーの政策を擁護する著書を記し，その中で失権ドクトリンを批判しつつも，イナーム調査委員会の活動を擁護した。同委員会の廃止後もその活動の是非をめぐってロンドンでは議論が続いた。Jackson Charles, *A Vindication of the Marquis of Dalhousie's Indian Administration*, Allahabad : Chugh Publications, 1865/1975, pp. 65–71.

138　G. S. Sardesai, *Handbook to the Records in the Alienation Office*, p. 5, and A. T. Etheridge, *op. cit.*, p. 79.

139　*The Bombay Code*, Vol. I, Calcutta : Office of the Superintendent of Government Printing, 1907, pp. 386–393.

はライヤットワーリー制施行地域の中に，イナーム地などの特殊地域が散在することとなった。

本節ではライヤットワーリー制の展開を議論したが，様々な場面でインド大反乱がその転換点となっていた。そこで本節を総括するにあたり，近世史の中で植民地化を考察する本書の視点から，インド大反乱の歴史的意義を検証したい。

インド大反乱は 1857 年 5 月にデリーの北東 60 km にあるメーラト町でインド兵（スィパーヒー）の蜂起によって始まった。彼らはデリーを占領し，イギリス東インド会社の保護下で年金を与えられていたムガル皇帝バハドゥール・シャー（在位：1837〜58 年）を擁立し，デリー政権を立てた。これに呼応して北インドの各地でインド兵が次々に蜂起して大反乱となった[140)]。インド兵によって始められ，拡大していったという経緯こそ，大反乱が「セポイ（スィパーヒー）の乱（Mutiny)」と呼ばれた所以である。しかし研究の進展ともに，この反乱には多様な層の人々が様々な文脈で参加していたことが明らかになり，インド大反乱（The Indian Rebellion）と呼ばれるようになった。インド大反乱の勃発から 150 年が経った 2007 年には，インド内外で同反乱の研究に関する様々な取り組みがなされた。『エコノミック・アンド・ポリティカル・ウィークリー』でもインド大反乱の特集が組まれ，その冒頭論文では，1857 年の集会を契機としてインド兵の反乱に農民などの一般人が加わったことで，反乱の性格が変化したことが指摘された。さらに同論文では，インド大反乱を第 1 次独立運動と捉えるナショナリズムの研究動向を紹介するとともに，低カースト・不可触民・部族民の反乱，女性による反乱，ヒンドゥーとムスリムの共闘，ムスリムによる反乱など様々な要素がインド大反乱に内包されていることを，これまでの研究成果に基づいて示していた[141)]。そして同論文では，旧支配層の反乱としての性格についても若干の言及がなされたが，本書にとってはこの要素がきわめて重要となる。この要素はイギリス保護下で実権を失っていたム

140　中里成章「英領インドの形成」，392-394 頁。

141　Biswamoy Pati, “1857 Introduction : Historians and Historiography Situating 1857,” *Economic and Political Weekly*, Vol. 57-19, 2007, pp. 1686-1691.

ガル皇帝が擁立された点に象徴的に示されている。さらに失権ドクトリンの適用によって併合された藩王国が反乱に加わり，カーンプル近郊に追放された宰相バージーラーオ2世の養子であったナーナー・サーヘブ[142)]が指導的な立場につき，彼に仕えたターティヤ・トーペーも反乱側のリーダーの一人となった。ムガル皇帝やマラーター同盟宰相の子息など，植民地化以前の支配者の参戦によって反乱は求心力を得たが，旧支配層が一体となって連携することなく終わったところに反乱側の限界があった点は，2007年以前にも指摘されていた[143)]。

アワド地方で反乱軍として農民を率いたタールクダールは中間的な支配層であり，本書で注目してきた中間層に該当する。彼らの活動も旧支配層の反乱としての要素に含めることができる。反乱側はマラーターやムガルの為政者によっても凝集性も保ちえなかったのに対し，中間層の蜂起は大反乱の中心地である北インドを越えて拡散し，アワド地方のタールクダールに呼応してボンベイ管区のグジャラート地方でもタールクダールが蜂起した。グジャラート地方のタールクダールの蜂起はライヤットワーリー制への抵抗運動の一環であり，内陸のアフマドナガル県北部でも同制度導入への抵抗として部族民の間にインド大反乱に呼応する動きがあった。イナーム調査委員会の活動域であるベルガウム県の蜂起も，インド大反乱の影響を受けて起こった事件であった。上記のような事例に鑑みると，イギリス東インド会社がライヤットワーリー制などの導入によって排除しようとした中間層の反乱として，インド大反乱を位置づけることができる。すなわち，同反乱は近世期の有力者による反乱としての性格をもっていたわけである。さらに，中間層による反乱が北インドを越えて，ボンベイ管区の諸地域で呼応する蜂起がみられたことは重要である。

1858年にイギリスの勝利によってインド大反乱が終結し，擁立されたムガ

142　ナーナー・サーヘブはインド政庁にバージーラーオ2世の養子と認められたものの，1851年にバージーラーオ2世が死去した際に，その年金の相続が認められず，不満を抱いていた。C. U. Aitchison, *A Collection of Treaties, Engagements, and Sanads, relating to the India and Neighbouring Countries*, Vol. VI, p. 9.

143　A. K. Azad, “Foreword,” in Surendra Nath Sen, *Eighteenth Fifty-Seven*, New Delhi : The Publications Division, Ministry of Information and Broadcasting, Government of India, 1957, pp. xv–xvii.

ル皇帝はイギリスへの反逆の罪を問われて廃位させられた。また，ターティヤ・トーペーは 1859 年に処刑され，ナーナー・サーヘブはインド大反乱末期に行き方知れずとなった。イギリス東インド会社は 1876 年まで存続するものの，1858 年以降，インドはイギリスの直接統治下に入った。ムガル帝国による名目的な統治は 1858 年の皇帝廃位によって完全に終わり，同時に近世的統治を様々な面で継承したイギリス東インド会社の統治が終了したことは，インドにおける近世的な支配が，植民地支配の開始によって近代的な支配と徐々に入れ替わりながら，1858 年に終焉したことを意味している。ライヤットワーリー制が導入されたインド西部のボンベイ管区では，中間層の排除が変化の一つの指標となった。宰相政府滅亡時にインダプール郡ではそれまでの混乱の帰結として中間層権力の不在がすでに起こっており，その後はライヤットワーリー制とともに広域で中間層の排除が進められた。インド西部におけるインド大反乱に呼応する動きは，近代的な植民地政策に対する現地の不平不満の発露であったといえる。インド大反乱後の政策転換は，反乱を起こした近世期の中間層との妥協を意図しており，大反乱を生き延びた近世期の中間層は 19 世紀後半以降も存続することになった。ただし，彼らの諸権益と関係のすべてが保持されたわけではなく，彼らもまたイギリス政府に対して妥協せざるをえなかった。この問題はイギリスの帝国主義的な支配政策と深く関わり，本書の研究枠組みを大きく超えるものであるため，本書ではこの変化を本節第 1 項で概観するにとどめた。

おわりに

本章ではボンベイ管区へのライヤットワーリー制の施行過程を考察することで，植民地化を近世の長期変動の中に位置づけることを試みた。第 1 節では，ライヤットワーリー制の導入を考察するにあたってその政策的背景に焦点を当て，同制度がインダプール郡に適合的に設定されたわけではなく，東インド会社の地税政策であったことをあらためて強調した。マドラス管区およびボンベイ管区でのライヤットワーリー制の採用には，イギリスでの功利主義の興隆が影響しており，インダプール郡で同制度を試験的に実施した R. K. プリングルはイギリスの経済思想の影響を特に強く受けていた。

ライヤットワーリー制は政府と農民の直接の地税取り決めを目的として中間層排除を目指していた。本章第 2 節では，植民地支配開始時に有力な中間層がすでに不在となっていたインダプール郡に注目し，植民地期初期における郡行政を分析した。インダプール郡では，宰相政府時代の中間層であったカマヴィスダールの職が廃止され，郷主・郷主代官はさらに弱体化し，制度の崩壊によってジャーギール保有者が少数の例外的な存在となったため，中央政府への権力集中が進み，イギリス人行政官の収税官補佐が郡行政における権力を掌握した。すでに中間層の排除が達成されているインダプール郡がライヤットワーリー制に適合的として，同制度が最初に導入されたわけであるが，本章ではその状況が 18 世紀後半来の諸変化の結果として生じたことを指摘し，そこに本書の最大の意義があることを示した。他方で，郡行政における多くの業務は宰相政府時代のそれを踏襲していたため，インド人郡役人が収税官補佐の助役として任命されたが，同役人は知り得た郡情報のすべてをイギリス人行政官に共有していたわけではなかった。それゆえに宰相政府時代の中間層の存在も含めて，イギリス人行政官が把握しきれていない事象も多く，情報の乖離が生じていたことを，英語およびマラーティー語史料の比較から明らかにした。植民地期の報告書およびそれらに基づいた研究においてインダプール郡の中間層に関する言及がみられなかった理由を，史料の比較から示したことも本書の意義となる。

本章第 3 節では，ボンベイ管区全土におけるライヤットワーリー制の導入過程を概観した。同制度はインド大反乱直前の 1856 年までに，旧宰相政府領の中央域に広がっていた。このことは，近世後期を通じてプネーを中心としたインド西部の支配構造が崩れていなかったことを示しており，東インド会社による支配は，少なくとも地理的には宰相政府の支配地域の上に成り立っていたことがわかる。1866 年の時点でライヤットワーリー制の導入に抵抗していたグジャラート地方，コンカン地方南部，アフマドナガル県北部は，宰相政府領の辺境であり，同政府の支配が十分に及んでいなかった。19 世紀末までに植民地支配が宰相政府時代の辺境にまで及び，実効支配域に組み込まれたことは，この時期までにインド西部における支配のあり方が領域的に再編されたことを意味する。ライヤットワーリー制度は特殊地域を内包しながら，19 世紀末までにボンベイ管区全土に広まった。

ライヤットワーリー制の施行地域がインド西部の英領直轄地内で拡大した時期は，失権ドクトリンに基づく藩王国の併合や，イナーム調査委員会によるイナームやジャーギールの収公によって直轄地自体が拡大した時期であり，想定以上に広い範囲で同制度は施行されることとなった。東インド会社による領域拡大に対する有力者の不満は，1857 年のインド大反乱を拡大させる要因の一つとなり，ライヤットワーリー制への抵抗と相まって，この反乱がボンベイ管区およびその周辺部に飛び火する状況をつくった。インド大反乱後に始まるイギリスの直接統治によって近世期が完全に終了するとするのが筆者の立場であるが，同反乱後の全インドレベルでの政策の転換は，大反乱を生き延びた近世期の中間層との妥協を意味し，彼らはイギリスの帝国主義的支配の下で存続することとなった。さらに，インド大反乱以降にボンベイ管区周辺の藩王国でもライヤットワーリー制が採用され，同制度は管区の領域を超えてインド西部に浸透していったのである。

終　章

インドからみる植民地化

——近世の長期変動の中で——

1　本書のまとめ

本書の目的はインド近世の長期変動の中にインドの植民地化を位置づけることであり，これによりイギリス史からではなくインド史からの視点で植民地化を再検討することを目指した。本書は，国家と在地社会との関係性の変化を重視して，1550 年代から 1850 年代までを近世と捉える歴史観を採用し，そのうえで，ムガル帝国が衰退を始めるアウラングゼーブ帝の死（1707 年）から帝国滅亡（1858 年）にいたる近世後期，すなわち「長い 18 世紀」における長期変動と植民地化の関係を考察した。この点において「18 世紀問題」の諸研究と本書は共通している。近世後期のインドにおける変化をより詳細に分析するために，18 世紀の現地の最大勢力であったマラーター同盟の根拠地であり，そのためにインドの現地語史料が豊富に残るインド西部に注目し，現地語のマラーティー語史料を用いたのが本書の特徴である。

近世後期の長期変動という枠の中でインド西部の植民地化を考察するにあたり，近世後期の国家にとっての主要な財源であり，在地社会における諸関係を規定しうる地税にまつわる制度，特に植民地期にインド西部に新たに導入されたライヤットワーリー制に焦点を当てた。同制度は，(1)政府と農民の直接的な地税取り決めを目的として中間層の排除を目指すとともに，(2)農民に土地所有権を付与することを目的とした。本書は，特に目的(1)に関して，序章において 2 つの課題を設定した。第 1 の課題は，ライヤットワーリー制がインド西部で最初に施行されたボンベイ管区プネー県インダプール郡において，どのようにして中間層が排除され，ライヤットワーリー制の導入が可能になったかを考察することであった。第2の課題は，ライヤットワーリー制のインダプール郡への導入後に，同制度がボンベイ管区にどのように拡大したかを，中間層との関係に注目して考察することであった。本書では，インドの植民地化を18世紀から連続的に考察するという目的から，第1の課題を重視してインダプール郡に焦点を当て，ライヤットワーリー制導入へ向けた変化の淵源を前植民地期に求めることとした。他方で，第2の課題に関連して，広域の変化も長期変動の中で捉えるために，本書の随所でインド西部の諸変化を考察した。以下，これらの課題を軸に本書で考察した内容を振り返りたい。

まず第I部で，18世紀におけるマラーター同盟による支配体制の確立とその変化に注目した。第1章では，ムガル皇帝のデカン支配に抵抗するかたちで成長したマラーター勢力も皇帝を名目上は上位に置いており，皇帝からデカン支配の勅許を得ていたことを明らかにした。18世紀半ばにマラーター同盟がインド亜大陸の最大勢力となり，ムガル皇帝をマラーター同盟の保護下に置いたときでさえ，ムガル皇帝とマラーター同盟宰相・マラーター国王との主従関係は変わることはなかった。さらに注目すべきことに，マラーター同盟内においても，同盟統合の象徴であったマラーター国王と実質的な盟主であった宰相の間に名目的な主従関係が保たれていた。ここでは実質的な動的変化に並ぶ重要な要素として，名目的な静的関係を挙げ，インドの植民地化を考えるうえでこうした名目的な関係の継続性を無視しえないことを指摘した。

マラーター同盟は，ムガル帝国との名目的な関係を維持しつつ，18世紀前半にその勢力を拡大させ，新たな領地では武官に各々の占領地をジャーギールとして与えた。これにより，軍事的支配から，文官であるカマヴィスダールを中心とする行政統治へと統治機構を整備していった。第2章ではインダプール郡のマラーター同盟宰相政府下での統治機構を考察した。同郡はマラーター同盟宰相政府の都プネーに近く，宰相政府の影響力が強い地域であり，カマヴィスダールが中央から派遣された。彼の主な業務は税徴収と宰相政府への送金であったが，送金後の残額は彼の取り分となり，18世紀インドで広くみられた徴税請負制が取られていた。他方で，カマヴィスダールは司法・軍事業務において政府派遣の役人としての役割を果たしており，そのために給与を得ていた。

カマヴィスダールの私的活動の実態は明らかになっていないため，彼らを18世紀に貿易も含めて多方面で活躍したポートフォリオ資本家（Portfolio Capitalists）と位置づけうるかは断定できないが，従来の研究で示されたポートフォリオ資本家は給与を得る役人としての要素を有しておらず，カマヴィスダールが役人的要素をより強く有したことがわかる。

他方でインダプール郡には，在地の世襲役人として郷主が存在した。彼はその職務と権益がワタンによって規定され，ワタンによる授受関係が重要な役割を果たした在地社会において，長としての役割を担っていた。ただし，インダプール郡はサタラのマラーター国王が郷主を務めたため，郷主代官が同郡に居住して業務を執行し，その職務と権益もまたワタンによって規定されていた。郷主や郷主代官は，ムガル帝国やその後継国家において地方支配を支えたザミンダール層に属し，史料中でもしばしばザミンダールと呼称された。「18世紀問題」の中で地方支配の要として論じられた徴税請負人とザミンダールが，宰相政府下の郡行政において対峙していたこと，そして両者の関係が，一例からではあるが明らかになった。カマヴィスダールも郷主・郷主代官も，国家と農村・村民を結びつける中間層であった。

1761年にパーニーパットでマラーター同盟軍がアフガン勢力に敗北すると，中心都市プネーの防衛の必要から，最寄りの肥沃地帯であるインダプール郡では1760年代後半以降，武官が駐屯するジャーギール村の数が急増した。18世紀前半の支配権の確立とともに，インダプール郡もジャーギール制による統治からカマヴィスダールによる統治に移行していたと考えられるが，防衛上の理由で再びジャーギール制に依存することとなり，これがインダプール郡に特殊性を与えた。第2章がインダプール郡行政の静的構造を示したのに対し，第3章はジャーギール村の経営・郡内の分布を分析しながら18世紀後半における郡内の動的変化を論じた。インダプール郡のビマ川・ニラ川沿いの肥沃な土地はジャーギール村に充てられ，そこに駐屯した武官は軍馬の育成を行なうなど，同郡の生産力は軍事に優先的に振り向けられていた。ニラ川沿いの肥沃な土地の恩恵を受けたバープージー・ナーイクは郡行政にも深く関わっており，彼を筆頭に，インダプール郡に多数駐屯した武官は総体として中間層を形成し，カマヴィスダール，郷主・郷主代官，ジャーギール保有者である武官の間に在地権力をめぐる鼎立関係がみられた。

インダプール郡の構成村および周辺村の職商の活動を，税制史資料を用いて考察したのが第 4 章である。農村社会もまたワタンによる授受関係によって支えられており，特定の職業を専門的に担い，この授受関係の中で報酬を受け取ったバルテー職人は，従来の研究において，農村社会の要とされてきた。税制史資料，特に荒蕪地開発における累増課税の契約から「流し職人」のみならず，正規の職人（ワタンもち職人）でさえ，新開地を耕作して地税を納めていた[1)]ことが明らかになった。すなわちこれは，ワタンもち職人がウパリー農民を兼ねていたことを意味し，農村社会の授受関係を大きく見直す必要性を示している。さらに累増課税の契約書には，外来商人であるグジャールの名がみられ，農業は広く開かれていたことが明らかになった。本書が解明した職商の農業兼業の実態は，1770 年代後半以降に増加する累増課税の契約者から導かれたが，本書は 1770 年代以前に職商が農業を兼業していたことを否定するものではない。1770 年代はジャーギール村の数が急激に増加していた時期にあたり，特に 1770 年代後半から 1780 年代前半にかけて，相対的に地味が悪いインダプール郡内陸部までがジャーギール村に設定され，軍馬の育成が進められた。軍事政策と相まって宰相政府の新開地開発の要求は強まり，他方で 1750 年代以降は在地社会でも開発が進められていた。新開地に優遇的な措置を取る累増課税の契約書が多く発行されて史料のあり方が変化し，そのために職商の活動の一端が新たに解明されたのである。18 世紀後半のジャーギール制拡大による動的な変化は，村落の税制史料のあり方，そして税制自体を変化させていた。

このように第 I 部では，カマヴィスダールと郷主・郷主代官によるインダプール郡行政の静的構造を示し，その一方で中心都市の防備のために同郡に多数のジャーギール村が設置され，多くの武官が駐屯するようになるという動的な変化を示すとともに，その変化に伴う村落の税制史料のあり方の変化から，在地社会の新たな側面を明らかにした。税制史料による郡・村の分析という新

1　実際にはワタンもち職人が村長に，収穫物の一部の現物またはそれに相当する現金を納め，村長が「政府の取り分」としての地税をカマヴィスダールに支払ったことをあらためて強調しておく。ただし累増課税に関する契約は地税分に関してなされており，政府が耕作地の開発に強い関心をもっていたことがわかる。

手法は，インダプール郡において18世紀後半に動的な変化があったことを解明し，カマヴィスダール，郷主・郷主代官，武官という同郡の中間層を析出した。

第II部では19世紀初頭のマラーター同盟宰相政府末期の激動の時代に注目した。第5章では視点を変えてイギリス東インド会社のインド進出を概観し，インド西部では1780年代においてさえ，同会社が内陸部に進出しえなかったことを指摘した。1790年代はマイソール王国やニザーム国を藩王国化し，東インド会社がインド南部で大きく勢力を拡大した時期であった。そして1802年のバッセイン条約により，マラーター同盟宰相政府を藩王国とするに及んで東インド会社軍がプネーに駐屯し，インド西部の勢力図は大きく変化した。第2次アングロ・マラーター戦争後もマラーター諸侯は基本的に独自の勢力として残存したが，北インドの領地とともに，ムガル皇帝の保護権も東インド会社に移った。皇帝保護権の譲渡は，インド亜大陸の覇権の譲渡を象徴するものであったといえる。

第6章では19世紀初頭の政治勢力の大きな変化がインダプール郡に与えた影響を考察した。プネーに東インド会社軍が駐屯したことは，プネー防備のための武官配置と軍馬の育成の政策的意義を失わせた。同郡自体は1802年のホールカル家のプネーおよびその周辺の略奪と1803年の飢饉により荒廃し，1807年の地税取り決め再開時にはジャーギール村が29村に激減して軍馬政策は大きく後退した。ただし，川沿いの比較的肥沃な村は武官に引き続き割り当てられ，ジャーギール制はかろうじて命脈を保っていた。ジャーギール村の減少に伴い，相対的に重要度が増したカマヴィスダールが同郡の再建を進めたが，1810年代に中央官僚のサダーシヴ・マンケーシュワルが事実上，カマヴィスダールに取って代わった。1802〜03年の災害により郷主代官から郷主であるサタラのマラーター国王への送金が困難となったことで軋轢が生じると，宰相政府が仲裁に入って政府優位の状況が生まれ，最終的にサダーシヴ・マンケーシュワルが郷主業務に介入した。郷主不在というインダプール郡の特殊事情が19世紀初頭の混乱の中で郷主の弱体化を招き，18世紀にみられた郷主とカマヴィスダールの均衡は崩れたのである。一部のジャーギール保有者を除き，カマヴィスダールや郷主などの中間層が有した権力は，1810年代にサダーシヴ・

マンケーシュワルに集中していたが，植民地化前夜の 1817 年に彼は死去した。1817〜18 年の第 3 次アングロ・マラーター戦争ではインダプール郡は戦場となり，同郡の武官も加わった宰相政府軍は敗退して大部分のジャーギール村は収公された。ここにジャーギール制は崩壊し，宰相政府末期の混乱の結果，植民地支配開始時の 1818 年にインダプール郡では有力な中間層が不在となった。

第 7 章では混乱期に残された 1811 年の通関税記録からインダプール郡の流通ネットワークを分析し，郡都インダプール町を中心に郡機構と対応する機構をもった流通ネットワークと，タワシ村を中心として，インダプール郡の領域を超え，行政構造と対応しない構造をもつ流通ネットワークという，対照的な 2 つの流通ネットワークが 19 世紀初頭に存在したことを明らかにした。2 つの流通ネットワークを支えた 5 つの交易拠点は 18 世紀後半には存在していたと考えられ，こうした地方経済は 1802〜03 年の災害の影響を一時的に被ったものの，地方行政と異なり早期に回復した。

以上，第 II 部は，宰相政府時代末期の激動の中で宰相政府の軍事体制が変化し，その影響と 1802〜03 年の災害によりインダプール郡が地域経済や行政において大きな変化を経験したことを示した。地域の流通や農業が早期に回復したのに対し，郡行政は大きく変化し，カマヴィスダール，郷主・郷主代官，武官による中間層の鼎立関係が崩壊した結果，植民地支配開始時にはインダプール郡では有力な中間層が不在であったことを明らかにした。

第 III 部では，1818 年以降のインド西部における植民地支配の確立について考察した。第 8 章では収税官や収税官補佐などのイギリス人行政官を要とする収税省の徴税体制を概観した。この体制の下で 1836 年以降にライヤットワーリー制がボンベイ管区で展開されることとなった。ただし第 3 次アングロ・マラーター戦争後，インド西部でただちに植民地支配が確立したわけではなかった。同戦争以降も残存した宰相政府下の武官のジャーギール地は，英領直轄地内の除外地として存続し，イギリスの離間政策に応じて協定を結んだ武官勢力は英領インドの藩王国として存続した。マラーター同盟結束の象徴となっていたマラーター国王やマラーター諸侯，諸侯の権益との関係から東インド会社の支配権に入ったラージプート諸王国は，いずれも英領インドの藩王国となった。このように，諸勢力を存続させることでイギリスはインド西部の支配の安定化をはかったのである。第 8 章では，社会・政治秩序の維持という目的の下でイギリスがジャーギールから藩王国までそれぞれの在地勢力への対応を連関する問題として捉えていたことを指摘し，これを担当した政務省の重要性を示した。

第 9 章では，ライヤットワーリー制が原則とした中間層の排除は，イギリス自由主義の影響を強く受けており，ボンベイ管区への導入が植民地政策の一環であったことをあらためて確認した。ただし同制度の実施にあたっては，植民地支配が開始された 1818 年以来，有力な中間層が不在であったインダプール郡にライヤットワーリー制が最初に導入されたことに示されるように，現地の適合性が重視された。しかしこの適合性は，同郡における 18 世紀後半来の動的変化の結果として生じた状況であり，ライヤットワーリー制導入はインド西部における長期の歴史の中に位置づけられる。さらに，同制度のボンベイ管区諸郡への導入過程を鳥瞰すると，少なくとも東インド会社による統治期には，施行地域は宰相政府領の中央域に限られており，19 世紀半ばまでは近世的な支配が再編されずに継続されていたことが明らかとなった。19 世紀後半には，宰相政府時代に同政府領辺境にあった半独立勢力がライヤットワーリー制導入に対して激しく抵抗したが，19 世紀末には特殊地域として同制度に内包されることとなった。宰相政府領周辺の半独立勢力を取り込むことでインド西部の支配のあり方は変化し，イギリスによる植民地支配が確立した。

第 III 部は本書のテーマである植民地支配下におけるライヤットワーリー制の導入を考察したが，この分析に先立って，宰相政府時代の武官の一部が藩王国や英領直轄地の除外地の保有者となることで同制度から免れたことを示し，収税とは異なる論理で動く，社会・政治秩序の維持政策の重要性を指摘した。ライヤットワーリー制は，中間層権力が不在であったインダプール郡で最初に導入されたことが示すように，同制度に適合的な地域で徐々に導入されることとなり，19 世紀半ばまでは宰相政府の支配域に重なるかたちで広まった。宰相政府時代の半独立勢力の抵抗と対決しながら，植民地支配が近世的支配域を超えていくのは 19 世紀後半のことであった。

第 1 の課題である，インダプール郡にライヤットワーリー制が導入された経緯に関しては，本書全体を通して議論してきた。まず，インダプール郡が宰相政府が置かれたプネー最寄りの肥沃地帯であり，マラーター国王が同郡の郷主であったという地勢的な特殊性が，間接的に同郡への制度導入に影響を及ぼしている。より直接的には，宰相政府の政策によってインダプール郡にジャーギール制が広く展開されたこと，そして 1818 年の宰相政府滅亡時にジャーギール制が崩壊したという動的な変化が，同郡へのライヤットワーリー制導入の基礎となった。これに加えて，1802〜03 年の災害による郷主の弱体化およびサダーシヴ・マンケーシュワルへの権力集中と彼の死によって，インダプール郡に中間層権力が不在である状況が生まれたことが，同制度導入の最大の要因になった。1818〜28 年にかけて，イギリス人行政官の収税官補佐に郡の権力が集まる仕組みが整い，中間層の目立った介入もないまま，ライヤットワーリー制が 1828 年に実験的に施行されたのである。

第 2 の課題であるライヤットワーリー制の広域的な展開に関しては，1818 年のインド西部における植民地支配の開始時点で 2 つの場が設定されていたことに注目する必要がある。第 1 の場は英領直轄地であり，第 2 の場は藩王国や除外地であった。宰相政府時代は，両者はともに少なくとも形式的には宰相政府領を形成していたが，インド西部の安定的な支配という財政確保の前提となる条件のために，1818 年にイギリス東インド会社が併合した宰相政府領から第 2 の場である藩王国・ジャーギール地が分離され，ライヤットワーリー制の適用外とされた。第 1 の英領直轄地に関しては，19 世紀半ばまでは宰相政府の支配領域に沿ってライヤットワーリー制が拡大しており，近世的な支配圏の中で同制度が展開していたことがわかる。第 2 の藩王国やジャーギール地に関しては，治安維持のために当初は除外されていたものの，失権ドクトリンの適用やイナーム調査委員会の活動により徐々に第 2 の地域を第 1 の直轄地に併合する動きがみられた。1857〜58 年のインド大反乱は，直轄地併合の動きについて見直しを迫るものであり，大反乱以降に大規模な併合は確認されなかった。大反乱の後，ライヤットワーリー制に対する抵抗勢力とイギリスは妥協しながら交渉・対決を進め，ライヤットワーリー制施行地域は特殊地域を内包しながらも近世の支配域を超えて拡大した。同制度の拡大過程の中で，19 世紀後半にインド西部の支配域はボンベイを中心に再編されていった。他方で第 2 の地域では，インド大反乱以降にライヤットワーリー制を全面的または部分的に採用する藩王国が登場しており，安定的な支配のために除外した英領周辺の藩王国にも同制度が徐々に浸透していったことが浮き彫りになった。これは，インド大反乱以降に，併合とは異なる方法で植民地支配の影響が藩王国に及んだことを示唆している。

2　植民地化の再考——近世的発展の中の植民地化

本書を締めくくるにあたって，ライヤットワーリー制に注目しながら，インド西部における植民地化を近世後期，すなわち「長い 18 世紀」の中に位置づける。「18 世紀問題」における諸研究の中では，プラッシーの戦い以降にインド東部のベンガル地方で始まる東インド会社による植民地化によって，18 世紀が分断されるか否かが重要な論点となった。換言すれば，東インド会社による植民地支配が 18 世紀の後継国家による支配と異なるか否かが問題となり，政治・経済などの様々な分野からこの問いに対する解答が試みられてきた。序章で紹介した『モダン・エイジアン・スタディーズ』における 2004 年の特集「植民地支配への変遷——南アジアの 1780〜1840 年」は，1780 年から 1840 年までの 60 年間を過渡期と位置づけて植民地支配が確立していく過程に注目し，植民地化による変化を考察した。これらの諸研究を総合すると，イギリス東インド会社の植民地支配が始まった 18 世紀半ばから，その植民地支配がインド亜大陸で確立した 19 世紀半ばまでの期間において，インド亜大陸で起こった植民地化が，それ以前の時代と隔絶するほどにインドを変容させたか否かということが問題になっているのである。

この問いは，植民地化を 18〜19 世紀の変動の中に位置づけることに等しく，インド西部におけるライヤットワーリー制の導入と展開に注目しながら，この問題に答えることが本書の目的である。ここではこの問題を，植民地化を植民地支配の開始と植民地支配の確立に分けたうえで検討することとする。植民地支配の開始はインダプール郡におけるライヤットワーリー制の導入とそこに至る過程をもって考察し，植民地支配の確立についてはボンベイ管区とその周辺部におけるライヤットワーリー制の展開をもって考察する。

上に記したように，インダプール郡にライヤットワーリー制が導入された重要な要因として同郡におけるジャーギール制の発展と崩壊があり，これは，パーニーパットの戦いでの敗北後に宰相政府が実行した内政改革の一環であった。「18 世紀問題」の議論では，1761 年のパーニーパットの戦いと 1757 年のプラッシーの戦い以後，北インドの覇権が変わると同時に，イギリス東インド会社の植民地化が始まるとして，18 世紀後半，特に 1760 年代以降は混乱期と位置づけられた。マラーター同盟は 18 世紀後半にあってもインド西部・中央部でその勢力を保っていたが，1775 年のアングロ・マラーター戦争や 18 世紀末のアングロ・マイソール戦争に参戦するなど 18 世紀後半の混乱と積極的に関わる場面もあり，それゆえプネーの防備政策は 18 世紀後半を通じて行なわれ，インダプール郡のジャーギール村はほぼ 18 世紀後半を通じて増加し続けた。このためにインダプール郡では，ジャーギール村の地税収入が宰相政府ではなく武官に送られ[2)]，また郡内の有力武官は郡行政に介入して，武官らは同郡の中間層を形成した。徴税請負人の性格をもちながらも政府の役人であり続けたカマヴィスダールによる文官統治は後退し，カマヴィスダール，在地共同体を代表する郷主・郷主代官，武官による中間層の鼎立関係がインダプール郡で成立したのも，18 世紀後半におけるインドの混乱と無関係ではなかったのである。

18 世紀後半に始まるインドの植民地化は，インド西部では 1802 年のバッセイン条約によって東インド会社軍がプネーに駐屯することで始動した。インダプール郡では 1818 年の英領化の時点で，サダーシヴ・マンケーシュワルへの

2 「18 世紀問題」の議論では，しばしば軍事財政主義という語が様々な場面で用いられているが，ティルタンカル・ロイが指摘して実践しているように，軍事財政主義の評価を与えるには財政の分析が必要となる。しかし少なくとも宰相政府に関しては，軍事財政の把握がきわめて困難であることを指摘しておく。インダプール郡で展開されたジャーギールに関しては郡帳簿の支出項目に記載されるが，中央財政にはカマヴィスダールによる送金額のみが収入項に記載されるため，地方におけるジャーギール額は，中央の財政上は収入減をもたらすのみで支出として把握されたわけではなかった。ロイが示した宰相政府の収入と軍事支出も，中央財政に基づく研究からの引用であり，地方のジャーギールの軍事支出が反映されていないことを指摘しておく。Tirthankar Roy, “Rethinking the Origins of British India : State Formation and Military-fiscal Undertakings in an Eighteenth Century World Region,” *Modern Asian Studies*, Vol. 47-4, 2013, pp. 1131 and 1139-1141. 本書も包括的な軍事支出に関する分析を行なっていないため，インダプール郡におけるジャーギール額の増加を指摘するにとどめ，軍事財政主義の語を使用することを控える。

一時的な権力集中とジャーギール制崩壊によって中間層権力の空白状況が生まれていた。この空白状況を利用して，権力をイギリス人行政官の収税官補佐に集中させることで，ライヤットワーリー制の試験的実施が 1828 年に可能になり，その後の改良を経て 1836 年に同制度がインダプール郡で正式に実施された。この一連の流れが，ライヤットワーリー制導入に見るインド西部の植民地化である。

筆者は，1802〜18 年にインド西部，特にインダプール郡において大きな変化があり，これがライヤットワーリー制の導入を可能にしたと考える。ただしこの 16 年間をもって，インド西部が 18 世紀後半との断絶を迎え，植民地支配が 1818 年に始まったということは困難であり，18 世紀後半の「混乱の時代」にすでに，変化の遠因，すなわちジャーギール制のインダプール郡における広範な展開は行なわれていたのである。

さらに，断絶の問題と深く関わるとされるのが，一連の変化の内因性と外因性の問題である。「18 世紀問題」の諸議論では，P. J. マーシャルが同問題に関する論文集の序論で「ヨーロッパ勢力の侵攻」[3] という節を設けたことに象徴されるように，便宜的な整理であるとはいえ，イギリスによる侵攻と，インドの後継国家間の抗争は区別され，政策や事象がインドで内在的に起こった問題であるのか，イギリスをはじめとするヨーロッパ勢力がもちこんだ問題であるのかが論点の一つとなった。これに対して，イアン・バロウとダグラス・ヘインズは，外因性と内因性，伝統と近代など，植民地化の問題を二項対立的に捉えるべきではないと批判している[4]。インダプール郡のジャーギール制の展開は宰相政府の内政改革であり，イギリス東インド会社を含めた諸勢力への対抗を企図して進められていた。19 世紀初頭のインダプール郡の展開も，バッセイン条約の影響を強く受けると同時に，1802〜03 年の災害が諸変化の要因となっていた。これらの政策や諸変化について内因性と外因性を明確に区分して論じることは不可能であり，区分自体に大きな意義はないと筆者は考え，バロウとヘインズの批判に賛同する。

3　P. J. Marshall, “Introduction,” pp. 19–28.

4　Ian J. Barrow and Douglas E. Haynes, “The Colonial Transition : South Asia 1780–1840,” p. 477.

このような視座を得て，ライヤットワーリー制導入を考察しなおすとき，あらためて意識しなければならないのが，ライヤットワーリー制自体は功利主義の影響を受けた外因の政策であるということであり，1828 年以前に土地所有権の設定と中間層の排除を目指した地税取り決めはインド西部で実施されていない。ただし，同制度がインダプール郡で最初に導入されたのは，内因・外因を区別できない諸変化の結果として，インダプール郡の中間層が排除されていたことに起因する。ライヤットワーリー制の導入自体は前時代と異なる制度の開始であり，新たな変化をともなう点で断絶であった。しかし断絶を強調して前時代の動向を考慮しなければ，インダプール郡が同制度導入の先駆に決定された理由を説明できない。実際のところ同制度の実質的な運用において継続性はみられ，中間層権力の不在状況も継続していったのである。フランク・パーリンは国家形成と植民地化の継続性を論じるなかで，植民地支配の特徴が前時代に起因しうるものであることと指摘した一方で，植民地支配がヨーロッパ発の，すなわち外因性の変化をもたらしたことを主張しており[5)]，継続と断絶が共存する状況を的確に説明している。これらを総合すると，植民地支配による政策は外因的で，インドに断絶をもたらすものであったが，前植民地期からの継続的な諸変化の結果として適合的な状況が生じていた地域で実施されたのであり，植民地支配は現地の状況に適合するかたちで進められたといえる。ライヤットワーリー制などの諸政策は理念において外因的で断続的なものが多かったが，その実施においては前植民地期との継続をにらんだ選択をイギリス人行政官は迫られており，植民地諸政策を論じる場合でも，前植民地期来の継続性を完全に否定することは不可能なのである。植民地化による前時代との継続と断絶もまた二項対立的に論じることは困難であり，前時代からの継続状況と断続状況は一つの政策をめぐっても共存していた。

ライヤットワーリー制が他郡へ展開した 1830 年代は，「18 世紀問題」を論じる諸論考において，ほぼ共通して植民地支配の確立期と位置づけられており，1680 年から 1830 年の長期の継続を主張する P. J. マーシャルも，1830 年代の支配体制を「新植民地秩序」と名づけ，18 世紀の後継国家とは異なる全イン

5　Frank Perlin, "State Formation Reconsidered," in Frank Perlin, *'The Invisible City' Monetary, Administrative, in Asia and Europe, 1500–1900*, Aldershot : Variorum, 1993, pp. 85 and 89.

ドに及ぶ支配枠組みが築かれたことを指摘した[6]。本書も新たな植民地政策であるライヤットワーリー制の展開を俯瞰したが，その導入は少なくとも19世紀半ばまでは，宰相政府領の中でも中央政府の影響力が強い地域にとどまっており，ライヤットワーリー制に相対的に適合する郡が順に選ばれて同制度が実施されたと考えられる。宰相政府の支配圏の外にあった半独立勢力が植民地権力に取り込まれたのは19世紀末のことであり，これによってイギリスによる帝国支配がインド西部で確立したのである。すなわち1830年代に「新植民地秩序」の支配体制が築かれた後も，実際の政策行使に注目すると，選択的に新秩序の空間が広まっていったことが見て取れる。インド西部での政策の受容に関しては，本書は郡単位で概観して見通しを示したにすぎないため，他郡についても今後，インダプール郡と同様に精緻な分析が必要となる。

インドの植民地化は，以下のように近世期の中に位置づけることができる。ムガル帝国の支配体制が確立した1550年代から東インド会社のインド統治が終了した1850年代までに及ぶ長期の近世期のうち，1707年以降は，後継国家を主体として地方が発展した時代であった。イギリス東インド会社を含めた諸国の抗争による混乱の時代の中で，インド内外の諸要因が複雑に関係しながら植民地化が進んだ。1830年代にイギリス東インド会社がインド亜大陸の覇権を握った後も，近世期において，少なくともインド西部に関しては前植民地期来の諸状況に配慮しながら植民地政策が展開されていた。インド西部で宰相政府の支配圏を超える植民地支配圏が確立され，イギリスによる帝国支配が確立したのは，19世紀後半以降の近代においてであった。宰相政府の支配圏など後継国家の影響力が残存する植民地支配を，筆者は近世的植民地支配と考える。1830年代以降は，インド西部における近世的植民地支配が次代の支配体制に徐々に移行していく時代であったと捉えることができる。

最後に本書の今後の課題を示す。本書は，中間層の排除という点に注目してライヤットワーリー制の導入と展開からインド西部における植民地化を論じた。その際，中間層の活動域であった郡に注目し，従来多くの研究がなされてきた村落共同体に関しては，郡行政との関わりが深い村落税制に関する史資料から

6　P. J. Marshall, “Introduction,” pp. 35–36.

分業に関する新たな解釈を示すにとどめ，植民地化と村落共同体の関係を全面的に論じることはしなかった。ライヤットワーリー制のデカン地方への導入に関しては村落共同体に関する研究が主であったが，前植民地からの状況を継続的に考えるときに，デカン地方にも郡単位で活動した中間層が存在し，特に植民地化直前のインダプール郡において，イギリス人行政官の報告書に詳細に記述されないほどに彼らが弱体化していたことを示した。すなわち，従来の研究の流れとは異なるかたちで，郡の中間層に研究対象を絞ることにより，本書はライヤットワーリー制導入までの，英語史料のみを通しては見えないプロセスを解明することに成功した。本書で注目した中間層である，ジャーギールを保有した武官やカマヴィスダールは，在地共同体とは異なる位相で活動しており，政府と在地共同体との対立のみではライヤットワーリー制の導入は説明できず，政府側ともいえる中間層の没落が，同制度導入の前提に存在したことを示したのである[7)]。

ただし本書の成果は，ライヤットワーリー制研究における村落共同体の重要性を下げるものではない。本書で繰り返し指摘したように，同制度のもう一つの原則である土地所有権の設定と，この原則が村落共同体に与えた影響は考察すべき重要な研究課題である。18 世紀問題の諸研究の中でも，ムガル帝国やその後継国家の下で，ワタンなどの村落・郡を舞台とする在地共同体を支える制度が発展していた点が指摘され，在地共同体の長であるザミンダールが地方支配における要であったことが述べられた[8)]。そしてフランク・パーリンは，東インド会社による植民地支配が，土地所有権に関連してワタン制に打撃を与

7　神田さやこは，ポートフォリオ資本家としてインド東部ベンガル地方で活躍した新興塩商人が商業や金融業から撤退してザミンダール（ザミンダーリー制下の徴税請負人）化し，植民地制度の下で規定された「伝統」を体現する存在になったことを示して，植民地制度下での中間層の質的変化および近世社会の変容を論じた。インド西部においても，インダプール郡などで没落した中間層の「その後」，すなわち植民地支配下でのあり方を解明することが近世社会の近代への転換をより明確に示すために必要であり，これも今後の課題とする。神田さやこ『塩とインド——市場・商人・イギリス東インド会社』，287-288 頁。

8　Burton Stein, “Eighteenth-century India : Another View,” in P. J. Marshall, *op. cit.*, pp. 79-80, and M. Athar Ali, “Recent Theories of Eighteenth-century India,” in P. J. Marshall, *op. cit.*, pp. 93-94.

えたことを述べており[9]，これはライヤットワーリー制の導入のインパクトを指していると考えられる。有力な中間層が不在であったインダプール郡においても村落共同体は存在していたが，ライヤットワーリー制は土地所有権を定め，これら共同体による土地利用を制限・禁止するものとして，インダプール郡の農村社会の諸関係を変化させるものであったと考えられる。水島司は，18 世紀における南インドの経済変動に注目しながら，ワタン体制に比するミーラース体制に依存しない村落リーダーが台頭し，村の有力者としての役割を果たしたことを指摘している[10]。この研究は，ライヤットワーリー制の導入が直面したのが，政府と村落共同体との二者対立ではなかったことを示しており，インド西部に関しても実証的な研究による実態把握が必要となる。インダプール郡とその周辺に関しては，1828 年以降のプリングルのライヤットワーリー制の試行および予備調査の詳細な記録がプネー文書館に収蔵されており，これらを宰相政府時代の税制史料とあわせて用い，ライヤットワーリー制が村落に与えた影響を，1760 年代から 1830 年代までの村落の社会経済変動の中で考察することが今後の課題となる。この課題を解決することにより，ライヤットワーリー制の導入，展開，影響が包括的に分析され，インド西部における植民地化を，前植民地期の諸変化との連続性のもとでより詳細に検討することが可能になるだろう。

9　Frank Perlin, “State Formation Reconsidered,” pp. 88–89.
10　水島司『前近代南インドの社会構造と社会空間』，210–233 頁。

参考文献

I　一次史料

1）未公刊史料

①Maharashtra State Archives, Pune
Marathi Section
Chiṭnīs Daftar, Rumāl no. 63
Ghaḍṇī Rumāl, Rumāl nos. 388, 395, 405, 406, 408, 454, 518, 529, 572
Jakātkaḍīl Hishebī Kāgaḍ, Rumāl nos. 58, 59, 121
Puṇe Jamāv, Rumāl nos. 703, 705–714, 716, 720, 756, 758, 780, 790, 793–802
Prānt Ajmās, Puṇe, Rumāl nos. 16, 58–64, 412, 503, 504, 547, 548
Sanshodhakānī Niwāḍlele Kāgaḍ, Rumāl no. 50
English Section
Records of Mr. Griffith (List no. 13), Rumāl no. 8
Deccan Commissioner's File nos. 98, 101, 105, 116

②Maharashtra State Archives, Kolhapur
Chiṭnīs Rumāl, Rumāl nos. 15, 57, 58

③Maharashtra State Archives, Mumbai
Political Department Diary nos. 170, 438
Revenue Department, Vols. 10/94 of 1824, 22/154A of 1826, 86/1528 of 1843

④National Archives of India, New Delhi
Home Department, Public Branch, Original Consultation
Foreign Department, Political Branch, Original Consultation
Foreign Department, Miscellaneous Records

⑤British Library
India Office Records, P/369/37, P/369/45
Map Collection

2）公刊史料

①マラーティー語

Vad, G. C., ed., *Selections from the Government Records in the Alienation Office, Poona*

Vad, G. C., eds., *Selections from the Satara Rajas' and the Peshwas' Diaries*, Poona : The Poona Deccan Vernacular Translation Society

Vol. V, Bajirav II, 1908

Vol. VI, Sawai Madhavrav Peshwa, Vol. II, 1909

Vol. VII, Peshwa Madhavrao I, Vol. II, 1911

Vol. VIII, Sawai Madhavrao Peeshwa, Vol. III, 1911

Vol. IX, Peshwa Madhavrao I, Vol. I, 1911

Treaties, Agreements, and Sanads, Bombay : Nirnaya Sagar Press, 1914

Kaifiyats, Yadis, & c., Poona : Arya Bhushan Press, 1908

②英　語

Aitchison, C. A., *A Collection of Treaties, Engagements and Sanads relating to India and Neighbouring Countries*, Calcutta : Office of the Superintendent of Government Printing, India

Vol. II, the Treaties, & c., relating to the North Western Provinces, Oudh, and Nepal, 1892.

Vol. III, the Treaties, & c., relating to the States in Rajputana, 1909.

Vol. IV, the Treaties, & c., relating to the Central India Agency, Part 1, 1893.

Vol. VI & VII, the Treaties, & c., relating to the Bombay Presidency, Part 1 & 2, 1892.

Vol. VIII, The Treaties etc., relating to the Madras Presidency including Ceylon, Hyderabad, Mysore and Coorg, 1892.

Chaplin, William, *A report exhibiting a view of the fiscal and judicial system of administration, introduced into the conquered territories above the ghauts under the authority of the Commissioner*, Bombay : Courier Press, 1824.

Charles, Jackson, *A Vindication of the Marquis of Dalhousie's Indian Administration*, Allahabad : Chugh Publications, 1865/1975.

Clarke, R. *The Regulations of the Government of Bombay in Force at the End of 1850 to which are added, the Acts of the Government of India in Force at That Presidency*, London : J & H Cox, 1851.

Elphinstone, Mounstuart, *Report on the Territories Conquered from the Paishwa*, Calcutta : the Government Gazette Press, 1821.

Firminger, W. K., ed., *The Fifth Report from the Select Committee of the House of Commons on the Affairs of the East India Company*, Vol. I & Vol. III, Calcutta : R. Cambray & Co., 1917 & 1918.

Gense, J. H., and D. R. Banaji eds., *The Third English Embassy to Poona Comprising Mostyn's Diary and Mostyn's Letters*, Bombay : D. B. Taraporevala Sons & Co., 1934.

Kaye, John William, *A History of the Sepoy Wars in India 1857–1858*, Vol. I, London and New York : Longmans, Green and Co., 1864/1896.

Muir, Ramsay, *The Making of British India 1756–1858*, Historical Series No. XXVIII, Manchester : Manchester University Press, 1915.

Sardesai, G. S., ed., *Poona Residency Correspondence*, Vol. 12, Poona Affairs. Part I (1811–1815) & Vol. 13, Poona Affairs. Part II (1816–1818), Bombay : Government Central Press, 1950 & 1952.

Sykes, W. E. "Special Report on the Statistics of the Four Collectorates of Dukhun under the British government," *Report on the Seventh Meeting of the British Association for the Advancement of Science*, Vol. VI, London : John Murry, 1838, pp. 217–336.

Report of the Commerce of Bombay for the year 1840–41 with tables shewing the extent of trade carried on with each country and state, Bombay : the Bombay Times and Journal of Commerce Press, 1841.

Selections of Papers from the Records of the East India House relating to the Revenue, Police, Civil and Criminal Justice under the Company's Government in India, Vol. 4, London : J. L. Cox, 1826.

The Bombay Code, Vol. I, Calcutta : Office of the Superintendent of Government Printing, 1907.

Selections from the Records of the Bombay Government, New Series

Etheridge, A. T., *Narrative of the Bombay Inam Commission and Supplementary Settlements*, no. 132, Bombay : the Government Central Press, 1874.

Ogilvy, T., *Memoir on the Satara Territory*, No. 41, Bombay : Bombay Education Society's Press, 1857.

West, E. W., *A Memoir of the States of the Southern Maratha Country*, No. 113, Bombay : The Education Society's Press, 1869.

Wingate, Captain G., *Reports on the Revenue Survey Settlement of the Hoobullee, Nuwulgoond, Kode, and Dharwar talookas of the Dharwar Collectorate*, No. 12, Bombay : the Bombay Education Society's Press, 1853.

Correspondence exhibiting the nature and use of The Poona Duftur and the measures adopted for its preservation and arrangement since the introduction of British rule, No. 30-1, Bombay : Bombay Education Society's Press, 1856.

Correspondence exhibiting the results of the scrutiny by the Inam Commission of the lists of Deccan Surinjams prepared in 1844, No. 31, Bombay : Bombay Education Society's Press, 1856.

Papers relating to the Settlement of the Hereditary District Officers' Watans in the Deccan and Gujarat, No. 174, Bombay : the Government Central Press, 1895.

Revision of the Rates of Assessment on the Expiration of the First Settlement in the Old Indapur, Bhimthari, Pabal, and Haveli Talukas of the Poona Collectorate, No. 151, Bombay : the Government Central Press, 1877.

II　二次史料

①外国語

Alavi, Seema ed., *The Eighteenth Century in India-Debates in Indian History and Society*, New Delhi : Oxford University Press, 2002.

Ali, M. Athar, "Recent Theories of Eighteenth Century," in P. J. Marshall ed., *The Eighteenth Century in Indian History-Evolution or Revolution?*, New Delhi : Oxford University Press, 1986–87/2005, pp. 90–99.

Ali, M. Athar, *The Mughal Nobility under Aurangzeb*, Revised Edition, New Delhi : Oxford University Press, 1997/2001.

Azad, A. K., "Foreword," in Surendra Nath Sen, *Eighteenth Fifty-Seven*, New Delhi : The Publications Division, Ministry of Information and Broadcasting, Government of India, 1957, pp. v–xxi.

Ballhatchet, Kenneth, *Social Policy and Social Change in Western India 1817–1830*, London : Oxford University Press, 1957/1961,

Barrow, Ian J. and Douglas E. Haynes, "The Colonial Transition : South Asia 1780–1840," *Modern Asian Studies*, 38–3, 2004, pp. 469–478.

Bayly, C. A., *Rulers, Townsmen, and Bazaars, North Indian Society in the Age of British Expansion 1770–1870*, New Delhi : Oxford University Press, 1983/2004.

Benjamin, N. and B. B. Mohanty, "Imperial Solution of a Colonial Problem : Bhils of Khandesh up to c. 1850," *Modern Asian Studies*, Vol. 41–2, 2007, pp. 343–367.

Campbell, James M. ed., *Gazetteer of the Bombay Presidency*, Bombay : the Government Central Press

Vol. IX, part 1, Gujarat Population : Hindu, 1901

Vol. XVI, Nasik District, 1883

Vol. XVIII, Poona District, Part 1–3, 1885

Vol. XIX, Satara District, 1885

Vol. XX, Sholapur District, 1884

Vol. XXIV, Kolhapur District, 1886

Chakravorty, U. N., *Anglo-Maratha Relations and Malcom 1798–1830*, New Delhi : Associated Publishing House, 1979.

Chandra, Satish, *Parties and Politics at the Mughal Court, 1707– 1740*, New Delhi : Oxford University Press, 1959/2003.

Charlesworth, Neil, *Peasants and Imperial Rule, Agriculture and Agrarian Society in the Bombay Presidency, 1850–1935*, Cambridge : Cambridge University Press, 1985/2002.

Chaudhuri, B., "Agrarian Relations 2 Eastern India," in Dharma Kumar and Tapan Raychaudhuri eds., *The Cambridge Economic History of India*, Vol. II, Cambridge : Cambridge University Press, 2005/2013, pp. 86–177.

Choksey, R. D., *Economic History of the Bombay Deccan and Karnatak (1818–1868)*, Poona : Oriental Watchman Publishing House, 1945.

Choksey, R. D., *A History of British Diplomacy at the Court of the Peshwa (1786–1818)*, Poona : Israelite Press, 1951.

Cohn, Bernard S., "The Initial British Impact on India : A Case Study of the Banaras Region," in Seema Alavi ed., *The Eighteenth Century in India-Debates in Indian History and Society*, New Delhi : Oxford University Press, 1987/2002, pp. 225–248.

Cunha, J. Gerson Da, *The Origin of Bombay*, New Delhi and Madras : Asian Educational Services, 1900/1993.

Duff, James Grant, *A History of the Mahrattas*, Vols. I & III, London : the Exchange Press, 1826/1863.

Furber, Holden, *Bombay Presidency in the Mid-Eighteenth Century*, London : Asia Publishing House, 1965.

Gommans, J. L., *The Rise of the Indo-Afghan Empire, c. 1710–1780*, Oxford : Oxford University

Press, 1995/1999.

Gordon, Stewart, *Marathas, Marauders, and State Formation in Eighteenth-Century India*, New Delhi : Oxford University Press, 1994/1998.

Gordon, Stewart, *The Marathas 1600–1818, The New Cambridge History of India II–4*, New Delhi : Cambridge University Press, 1998/2005.

Guha, Sumit, "Society and Economy in the Deccan 1818–1850," Burton Stein ed., *The Making of Agrarian Policy in British India 1770–1900*, New Delhi : Oxford University Press, 1992, pp. 187–214.

Guha, Sumit, *Environment and Ethnicity in India 1200–1991*, Cambridge : Cambridge University Press, 1999/2006.

Gune, V. T., *The Judicial System of the Marathas*, Poona : Deccan College Post Graduation and Research Institute, 1953.

Gupta, Pratul C., *Baji Rao II and the East India Company 1796–1818*, Humphrey Milford : Oxford University Press, 1939.

Habib, Irfan, "Agrarian Economy" in Tapan Raychaudhuri and Irfan Habib eds., *The Cambridge Economic History of India*, Vol. I, New Delhi : Cambridge University Press, 1982/2007, pp. 48–76.

Habib, Irfan, *An Atlas of the Mughal Empire : Political and Economic Maps with Detailed Notes, Bibliography and Index*, Delhi : Oxford University Press, 1982.

Habib, Irfan, *The Agrarian System of Mughal India*, the Second revised edition, New Delhi : Oxford University Press, 1999/2010.

Habib, Irfan, "Eighteen Century in Indian Economic History," in P. J. Marshall ed., *The Eighteenth Century in Indian History-Evolution or Revolution?*, New Delhi : Oxford University Press, 1998/2005, 100–119.

Hatekar, Neeraj, "Information and incentives : Pringle's Ricardian experiment in the nineteenth century Deccan countryside," *Indian Economic Social History Review*, Vol. 33–4, 1996, 437–457.

Haynes, Douglas E. and Tirthankar Roy, "Conceiving mobility : Weavers' migrations in pre-colonial and colonial India," *Indian Economic and Social History Review*, 36–1, 1999, pp. 35–67.

Kadam, V. S., *Maratha Confederacy : A Study in Its Origin and Development*, New Delhi : Munshiram Namoharlal Publishers Pvt Ltd, 1993.

Kincaid C. A., and D. B. Prasnis, *Comprehensive History of Maratha Empire*, Vol. III, Delhi : Anmol Publications, 1925/1986.

Kulkarni, A. R., "Source Material for the Study of Village Communities in Maharashtra," in A. R. Kulkarni, *History in Practice, (Historians and Sources of Medieval Deccan-Maratha)*, New Delhi : Books & Books, 1993, pp. 184–201.

Kulkarni, A. R., "The Deshmukhi Watan with Special Reference to Indapur," in A. R. Kulkarni, *Medieval Maharashtra*, Pune : Diamond Publisher, 1996/2008, pp. 190–209.

Kulkarni, A. R., *The Marathas (1600–1848)*, Books & Books, New Delhi, 1996.

Kulkarni, A. R., "Towards a History of Indapur," in A. R. Kulkarni, *Medieval Maratha Country*, Pune : Diamond Publisher, 1996/2008, pp. 201–222.

Kulkarni, A. R., "The Maratha Baluta System," in A. R. Kulkarni, *Maharashtra Society and Culture*, Pune : Diamond Publisher, 2000/2009, pp. 1-51.

Kulkarni, A. R., *Maharashtra in the Age of Shivaji, A Study in Economic History*, Second Revised Edition, Pune : Prabha Prakashan, 2002.

Kulkarni, A. R., "Money and Banking under the Marathas Seventeenth Century to AD 1848," in Amiya Kumar Bagchi ed., *Money & Credit in Indian History from Early Medieval Times*, Tulika Books, New Delhi, 2002, pp. 93-117.

Kulkarni, A. R., *Maratha Historiography (based on Heras Memorial Lectures)*, New Delhi : Manohar, 2006.

Kulkarni, Sumitra, *The Satara Raja (1818-1848) : A Study in History, Administration and Culture*, New Delhi : Mittal Publications, 1995.

Kulkarni, Sumitra, "Qasba (Small Towns) in the Maratha Country," Unpublished Papers, BCUD Project, University of Pune, 2008.

Kumar, Dharma, "Agrarian Relations 2 Eastern India," in Dharma Kumar and Tapan Raychaudhuri, eds., *The Cambridge Economic History of India*, Vol. II, Cambridge : Cambridge University Press, 2005/2013, pp. 207-241.

Kumar, Ravinder, *Western India in the Nineteenth Century, A Study in the Social History of Maharashtra*, Abingdon : Routledge, 1968/2014.

Ludden, David, *Agrarian History of South Asia, The New Cambridge History of India*, IV-4, Cambridge : Cambridge University Press, 1999.

Lynn, E. G. ed., *Gazetteer of Aurangabad*, Bombay : The Times of India Steam Press, 1884.

Mahajan, T. T., *Industry, Trade, and Commerce during Peshwa Period*, Jaipur : Pointer Publisher, 1989.

Mahajan, T. T,, *Maratha Administration in the 18th Century*, New Delhi : Commonwealth Publishers, 1990.

Maheshwari K. K. and Kenneth W. Wiggins, *Maratha Mints and Coinage*, Monograph No. 2, Bombay : Indian Institute of Research in Numismatic Studies, 1989.

Malbari, Phiroze B. M., *Bombay in the Making, Being Mainly a History of the Origin and Growth of Judicial Institutions in the Western Presidency, 1661-1726*, London : T. Fisher Unwin, 1910.

Marshall, P. J., "Introduction," in P. J. Marshall ed., *The Eighteenth Century in Indian History-Evolution or Revolution?*, New Delhi : Oxford University Press, 2003/2005, pp. 1-49.

Meyer, William Stevenson ed., *Imperial Gazetteer of India* Vol. XXVI, Aflas, New (Revised) Edition, Oxford : The Clarendon Press, 1931.

Molesworth, J. T., *A Dictionary, Marathi and English*, Pune : Shubhada-Saraswat Prakashan, 1857/2010.

Nathan, R. ed., *The Imperial Gazetteer of India, The Indian Empire*, Vol. IV, Administration, Oxford : The Clarendon Press, 1907.

Nayeem, M. A., *Mughal Administration of Deccan under Nizamul Mulk Asaf Jah (1720-48)*, Jaico Bombay : Publishing House, 1985.

Ogawa, Michihiro, "Trade Network in Indapur Pargana under the Marathas," in Dusan Deak and Daniel Jasper eds., *Rethinking Western India, The Changing Contexts of Culture, Society and*

Religion, New Delhi : Orient BlackSwan, 2014, pp. 156–174.

Ogawa, Michihiro, "Merchant Communities in a Qasba (Market Town) of Western India in the Late Maratha Period and the Early British Period (1760s–1840s)," in Lin Yu-ju and Medeleine Zelin, *Merchant Communities in Asia, 1600–1980*, London : Pickering & Chattopp, 2015, pp. 141–158 and 229–233.

Ogawa, Michihiro, "Internal Structure of *Qasbā* (Town) in the Marāṭhā Kingdom with Special Reference to Qasbā Indāpūr in Pune Subha (District)," *International Journal of South Asian Studies*, Vol. 7, 2015, 135–158.

Ogawa, Michihiro, "Mapping the Transition of the Land Revenue System in Western India from the Pre-Colonial to the Early Colonial India : Evidence from to Indapur Pargana (1761–1836)," *Journal of Asian Network for GIS-based Historical Studies*, 3, 2015, pp. 12–20.

Pati, Biswamoy, "1857 Introduction : Historians and Historiography Situating 1857," *Economic and Political Weekly*, Vol. 57–19, 2007, pp. 1686–1691.

Perlin, Frank, "State Formation Reconsidered," in Frank Perlin, *'The Invisible City' Monetary, Administrative, in Asia and Europe, 1500–1900*, Aldershot : Variorum, 1993, pp. 15–90.

Ramusack, Barbara N., *The Indian Princes and Their States*, The New Cambridge History of India 3–6, Cambridge : Cambridge University Press, 2004/2005.

Rathod, N. G., *The Great Maratha Mahadaji Scindia*, New Delhi : Sarup & Sons, 1994.

Rogers, Alexander, *The Land Revenue of Bombay : A History of its Administration, Rise and Progress*, 2 vols., Delhi : Low Price Publications, 1892/1993.

Roy, Tirthankar, The *Economic History of India*, 1857–1947, Second Edition, New Delhi : Oxford University Press, 2006/2010.

Roy, Tirthankar, "Rethinking the Origins of British India : State Formation and Military-fiscal Undertakings in an Eighteenth Century World Region," *Modern Asian Studies*, Vol. 47–4, 2013, pp. 1125–1156.

Sardesai G. S. ed., *Handbook to the Records in the Alienation Office, B*ombay : the Government Central Press, 1933.

Sardesai, G. S., *New History of the Marathas*, Vol. II, Bombay : Phoenix Publication, 1948/1958.

Sarkar, Jadunath, *Mughal Administration*, Fourth edition, Calcutta : M. C. Sarkar & Sons Ltd, 1952.

Sarkar, Jagadish Narayan, *Mughal Economy-Organization and Working*, Calcutta : Naya Prokash, 1987.

Sen, Surendra Nath, *Administrative System of the Marathas*, Calcutta : K. P. Bagchi & Company, 1925/2002.

Sen, S. N., *The Military System of the Marathas*, Calcutta : Orient Longman, 1958.

Skinner, G. William, "Marketing and Social Structure in Rural China, Part 1," *The Journal of Asian Studies*, Vol. XXIV, 1964, pp. 3–43.

Stein, Burton, "Eighteenth-century India : Another View," in P. J. Marshall, *The Eighteenth Century in Indian History-Evolution or Revolution?*, New Delhi : Oxford University Press, 1989/2005, pp. 62–89.

Stokes, Eric, *The English Utilitarians and India*, Delhi : Oxford University Press, 1959/1989.

Surahmanyam Sanjay, and C. A. Bayly, "Portfolio Capitalists and the Political Economy of Early

Modern India," *Indian Economic and Social History Review*, 25-4, 1988, pp. 401-424.

Subrahmanyam, Sanjay, *The Political Economy of Commerce Southern India, 1500-1650*, New Delhi : Cambridge University Press, 1990/2004.

Varma, Shanti Prasad, *A Study in Maratha Diplomacy* (*Anglo-Maratha Relations, 1772-1782 A. D.*), Agra : Shiva Lal Agrawala & Co., 1956.

Wilson, H. H., *A Glossary of Judicial and Revenue Terms and of Useful Words Occurring in Official Documents relating to the Administration of the Government of British India*, Munshiram Manoharlal Publishers : New Delhi, 1855/1997.

Wink, Andre, *Land and Sovereignty in India, Agrarian Society and Politics under the Eighteenth-century Maratha Svarājya*, Cambridge : Cambridge University Press, 1986/2008.

②日本語

浅田實「東インド会社とヘイリーベリー校」木畑洋一（編）『大英帝国と帝国意識——支配の深層を探る』ミネルヴァ書房，1998 年，97-121 頁。

今田秀作『パクス・ブリタニカと植民地インド——イギリス・インド経済史の《相関把握》』京都大学学術出版会，2000 年。

小川道大「イギリス東インド会社とジャーギールダールの地税徴収権の分割——19 世紀前半ボンベイ管区ラトナーギリー郡の「二重支配」を事例にして」『社会経済史学』74 巻 3 号，2008 年，107-152 頁。

小川道大「インド西部の植民地化による在地の権益の変化について——19 世紀前半ボンベイ管区インダプール郡のイスラム法官を事例にして」『マハーラーシュトラ』第 12 号，2015 年，1-34 頁。

小川道大「一八世紀インド西部における政治都市の経済発展について——マラーター同盟下のプネーに注目して」古田和子（編）『都市から学ぶアジア経済史』慶應義塾大学出版会（近刊）。

神田さやこ『塩とインド——市場・商人・イギリス東インド会社』名古屋大学出版会，2017 年。

小谷汪之「十七・十八世紀グジャラートの政治経済」松井透・山崎利男『インド史における土地制度と権力構造』東京大学出版会，1969 年，197-226 頁。

小谷汪之『インドの中世社会——村・カースト・領主』岩波書店，1989 年。

小谷汪之「「カーストの自治」政策とカースト集団」小谷汪之（編）『西欧近代との出会い』叢書カースト制度と被差別民第 2 巻，明石書店，1994 年，129-158 頁。

小谷汪之「不可触民の職務と得分——マハール・ワタンをめぐる紛争と論争」小谷汪之（編）『西欧近代との出会い』叢書カースト制度と被差別民第 2 巻，明石書店，1994 年，381-421 頁。

小谷汪之『罪の文化——インド史の底流』東京大学出版会，2005 年。

小谷汪之「マラーターの興隆とムガル帝国の衰退——十七・十八世紀インドの政治状況」小谷汪之（編）『世界歴史大系南アジア史 2　中世・近世』山川出版社，2007 年，199-229 頁。

小谷汪之「イギリス東インド会社によるインド植民地化——イギリス東インド会社のインド進出」小谷汪之（編）『世界歴史大系南アジア史 2　中世・近世』山川出版社，2007 年，

267–292 頁。
小谷汪之『インド社会・文化史論——「伝統」社会から植民地近代へ』明石書店，2010 年。
小谷汪之「土地と自由——「土地神話」を超えて」小谷汪之・山本真鳥・藤田進『土地と人間——現代土地問題への歴史的接近』21 世紀歴史学の創造 3，有志舎，2012 年，1–113 頁。
近藤信彰「補説 13　ナーディル・シャーとアフマド・シャー・ドゥッラーニー」小谷汪之『世界歴史大系南アジア史 2　中世・近世』山川出版社，2007 年，225–229 頁。
佐藤正哲「ムスリム王権の成立と展開」佐藤正哲・中里成章・水島司『世界の歴史 14　ムガル帝国から英領インドへ』中央公論社，1998 年，11–204 頁。
谷口晉吉「英国植民地支配前夜北ベンガル地方のザミンダール——所領支配構造を中心にして」『アジア研究』25 巻 1 号，1976 年，52–86 頁。
中里成章「英領インドの形成」佐藤正哲・中里成章・水島司『世界の歴史 14　ムガル帝国から英領インドへ』1998 年，207–413 頁。
浜渦哲雄『大英帝国インド総督列伝——イギリスはいかにインドを統治したか』中央公論新社，1999 年。
深沢宏「マラータとシク——地域民族国家の成立と崩壊」深沢宏『インド農村社会経済史の研究』東洋経済新報社，1971/1987 年，50–83 頁。
深沢宏「アーディル・シャーヒー王国（西暦 1489–1686）の地方支配に関する一研究」深沢宏『インド社会経済史研究』東洋経済新報社，1972 年，3–92 頁。
深沢宏「十七世紀デカンにおけるムガル帝国の支配——特に官職知行制度とその荒廃」深沢宏『インド社会経済史研究』，1972 年，93–114 頁。
深沢宏「十八・十九世紀南マラータ地方における知行領主制——特にパトワルダン家について」深沢宏『インド社会経済史研究』1972 年，115–139 頁。
深沢宏「十八世紀マラータ王国における農民について」深沢宏『インド社会経済史研究』1972 年，236–259 頁。
深沢宏「十八世紀デカンの村落における傭人について」深沢宏『インド社会経済史研究』1972 年，260–348 頁。
深沢宏「十九世紀英領グジャラートにおける大土地所有」深沢宏『インド社会経済史研究』1972 年，351–402 頁。
深沢宏「西部インドにおける村役人・領主・地主の一類型——前近代コンカン地方のコート制に関する覚書」深沢宏『インド農村社会経済史の研究』1977/1987 年，107–152 頁。
松井透「イギリスのインド支配の論理——ヨーロッパの自意識とアジア観」『思想』489 号，1965 年，99–115 頁。
水島司『18–20 世紀南インド在地社会の研究』東京外国語大学アジア・アフリカ言語文化研究所，1990 年。
水島司「インド近世をどう理解するか」『歴史学研究』821 号，2006 年，49–59 頁。
水島司『前近代南インドの社会構造と社会空間』東京大学出版会，2008 年。
水島司「溶融する都市・農村への視角」水島司・柳澤悠（編）『現代インド 2　溶融する都市・農村』東京大学出版会，2015 年，3–21 頁。
山崎利男「イギリスのインド統治機構の再編成　1858–72 年」中央大学人文科学研究所編『アジア史における法と国家』中央大学出版部，2000 年，369–428 頁。

あとがき

2011年5月，筆者はプネー文書館で，油屋のマハタルジー・テーリーに関する税記録を集めていた。5月はインドの暑季で，デカン高原にあるプネーでも気温は40度を超えた。プネー文書館の閲覧室には吊り下げ式の扇風機があったが，上からの風で文書が傷むのを防ぐため，無風で汗だくになりながら史料を収集した。税帳簿の分析では算出方法を解明するとともに，納税者全員の名前にも目を通していた。インダプール町農村地区の納税者リストには油屋であるマハタルジー・テーリーの名が頻出しており，彼の活動を解明するために，個人納税記録や村の記録，油の取引記録などを，約1ヶ月にわたって収集・分析した。約5,000枚以上の関連文書を読み進めるなかで見出した記録の一つに，第4章第2節第3項で用いた記録2がある。記録2には彼が油屋業を営みながら土地を耕作していたことが確かに記されていた。この記録によって筆者は職人が農業を兼業していたことを確信し，共同体における農民と職人の分業像に疑問をもつにいたった。そして，静的な構造と動的な変化によりインド近世を捉えるという本書の視座を得たのである。

本書の特徴は，一人の油屋の活動に至るまで詳細にインダプール郡を分析し，そこからインド植民地化のダイナミズムを明らかにしたことである。マハタルジー・テーリーなどの職人による農業兼業は，軍馬育成政策のためにインダプール郡の開発を企図した宰相政府による地税の減免契約書から明らかになった。イギリス東インド会社やインド諸勢力と宰相政府との間の緊張関係が同政府に軍馬育成政策を推進させたわけであるが，東インド会社のインド進出は，ヨーロッパ内外での英仏の抗争の中で，アメリカ合衆国が独立し，イギリスがアジアの植民地化を進めていくグローバルな動きの中に位置づけることができる。すなわちインドのある村における職人の活動と，同時期のグローバルな変動は無関係ではなかったのである。グローバルな変動をマクロのみで考察することは，変動の一面を捉えているにすぎない。その変動が一人の人生に与えた影響をミクロで分析することも必要であり，様々な縮尺で人間活動の移り変わりを描き，そのメカニズムを解明することが歴史学の醍醐味である。このような歴史学の面白さが本書から伝われば幸いである。

2002年に東京大学文学部で歴史研究を始めて以来，史料を読み解く面白さを多くの先生から学んだ。インド社会経済史を専門とする水島司先生の下でインド史研究を開始し，史料の分析法を初歩から学んだ。マラーター勢力に関して大量の史資料が残されているという，インド史料の残存状況に関する水島先生の助言は，筆者のフィールド選択に大きな影響を与えたと今にして思う。インド西部の歴史を研究対象に決め，一橋大学附属図書館の深沢文庫で史料収集を行なった際は，一橋大学にいらした谷口晉吉先生から様々な助言をいただいた。深沢文庫はインド西部の社会経済史を専門とされた故深沢宏先生が収集した史資料群で，史料にコメントが付された深沢先生のノートも蔵書として保管されており，筆者はここから多くを学んだ。

卒業論文の執筆では，水島ゼミで，毎週10分間の卒論発表をして水島先生からコメントを得て，20分でゼミを去るという作業を3ヶ月間繰り返した。水島先生は毎回，異なる角度からコメントを下さり，それに応えるために史料に立ちかえって論文を少しずつ修正していく作業は本当に面白く，学問の楽しさを教えられた。水島先生の献身的なご指導に深く感謝している。修士課程に進学後は，現地語であるマラーティー語を，インド西部の社会経済史研究をご専門とする小谷汪之先生から学び，そのご指導の下で同言語による研究書や史料を読解した。また，植民地英語史料の講読を通じて，中里成章先生に英領インドの統治機構について丁寧にご指導いただいた。日本での諸先生からご教授いただいたことが本書の基礎にある。

2007～12年のプネー大学での留学によって，現地で史料を読むことの難しさや楽しさを知った。プネーでは，マラーター史研究の第一人者である故A. R. クルカルニー先生から多くを学び，インダプール郡の歴史的重要性についても教えていただき，本書の基となる博士論文の着想を得た。プネー文書館にはモディ体で書かれた17～19世紀のマラーティー語文書が約1000万通保管されているが，留学当初，筆者はモディ体を解読できなかった。そのため筆者はモディ体から現字体に翻字された文書の読解から始めた。翻字文書は多様な形式を含んでおり，意味を理解することは困難であった。指導教官のスミトラ・クルカルニー先生は読解法を丁寧に指導くださり，何通もの文書を共に講読した。翻字史料の読解を進めるとともに，筆者はクルカルニー先生の指導下でモディ体の学習を始めた。

2009 年からプネー文書館のモディ体文書の史料収集・読解を始めたが，モディ体文書は判読の難しさだけではなく，略字の多用もあり読解は困難を極めた。その際に筆者は文書館の利用者から多くの助けを得た。プネー文書館はイナーム調査委員会が管轄する記録所であり，イナーム地に関する証書（モディ体）が多数所蔵されており，この文書は翻字されて土地保有を示す資料として現在も裁判で用いられている。プネー文書館は所蔵資料が現在も活用されているインドでも珍しい文書館である。裁判用の文書の翻字は，州政府公認の翻字家がこれにあたり，副館長が承認の公印を押した。そのため，文書館には証書を求めるイナーム地保有者の子孫や翻字家が出入りし，祖先の史料を求める郷主などの子孫も現れ，研究者の出入りは少なかったが，つねに多くの利用者がいた。翻字家の多くは公認試験に合格した郷土史家であり，筆者は彼らに質問することが多かった。特に郷土史家の故スディール・カレー氏からは文書読解から文書館の構成にいたるまで多くを学んだ。同氏は，深沢先生がマラーター史を学んだインド歴史研究所（Bhārat Itihās Sanshodhak Manḍaḷ）の故 G. H. カレー氏の甥であり，深沢先生の話をよくしてくれた。先達との研究交流から筆者は大きな恩恵を受けることとなった。

文書の解釈をめぐる郷土史家との議論に，郷主やイナーム保有者の子孫が加わることがあり，史料の登場人物たる人々の子孫と議論できたことは有意義であった。彼らは歴史家ではないが，現地の慣習などに詳しく，筆者は彼らとの議論から多くの着想を得た。彼らと文書の解釈で折り合いがつかないことも多かったが，地域ごとの慣習の違いも見解の不一致の一因であったと考える。この差異を俯瞰するような広域かつ詳細な農村社会経済史研究に着手したいと筆者は考えている。郷土史家の方々，文書館の司書・スタッフの方々，郷主やイナーム保有者の子孫の方々のおかげで，貴重な経験を積むことができた。彼らの助けなしには，冒頭の史料も見出すことはできなかったであろう。

博士論文執筆にあたっては国際マハーラーシュトラ学会で，デュシャン・

デューク氏，プラチ・デーシュパンデー氏などから多くの有益なコメントをいただいた。筆者は留学中に，プネーのアメリカ・インド学研究所（American Institute of Indian studies）言語学部門のスジャータ・マハザン先生からマラーティー語の指導を受け，同語を共に学んだジョン・コイネ氏を交えて3人で言語・社会について様々な議論をした。マハザン先生にはよくご自宅にお招きいただき，公私ともにたいへんお世話になった。

2012年の帰国後，筆者の研究に対して神田さやこ先生，故柳沢悠先生，ティルタンカル・ロイ先生，川村朋貴先生，太田信宏先生，脇村孝平先生，古井龍介氏から多岐にわたるコメントをいただいた。城山智子先生と杉原薫先生には刺激的な事業に誘っていただき，インド社会経済史をより広い視野で捉えることができた。戸石七生先生との日印比較研究は，新たな視点で筆者の研究を見直すきっかけとなった。筆者が「現代インド地域研究」東大拠点の研究員であった際には，拠点長の水島先生に本書に関する有益な助言をいただいた。高橋昭子氏・湯田ミノリ氏からは地理情報システム（GIS）の活用法を教えていただいた。マハーラーシュトラ研究会のメンバーとの学際的挑戦は，筆者の研究手法に大きな影響を与えている。帰国してから様々な研究事業に関わる機会をいただき，筆者の研究に対して多くの有益なコメントをいただいた。紙幅の都合上，すべてのお名前を挙げることはできないが，諸先生からいただいた学恩に本書が少しでも報いることができれば幸いである。

筆者の遅筆により本書の刊行は大きく遅れ，名古屋大学出版会の三木信吾氏には多大なご迷惑をおかけした。辛抱強く原稿を待ってくださった三木氏，そして本書を丁寧に編集くださった山口真幸氏に深く感謝している。本書の刊行は科研費出版助成（平成30年度科学研究費補助金研究成果公開促進費「学術図書」）の助成を受けている。この場を借りて，謝意を申したい。

また筆者の研究生活をいつも支えてくれている妻にも感謝している。諸先生・同僚・学友・家族に深く感謝しながら，今後もインドの現地文書を読み進めて研究を続けていきたい。

2019年1月　金沢にて

小川 道大

初出一覧

本書は2012年9月にプネー大学に提出した博士論文「1761-1828年におけるインダプール郡の社会経済研究（Socio-Economic Study of Indapur Pargana (1761-1828)）」を基に，大幅に加筆修正したものである。

既出論文は本書の各章とは対応しておらず，章の一部であったり，複数の章にまたがってその内容が反映されている。各既出論文が関係する章は下記の通りである。

1 小川道大「イギリス東インド会社とジャーギールダールの地税徴収権の分割——19世紀前半ボンベイ管区ラトナーギリー郡の「二重支配」を事例にして」『社会経済史学』74巻3号，2008年，107-152頁：**序章，第8章第1節，第9章第3節**

2 Ogawa, Michihiro, "Trade Network in Indapur Pargana under the Marathas," in Dusan Deak and Daniel Jasper eds., *Rethinking Western India, The Changing Contexts of Culture, Society and Religion*, New Delhi : Orient BlackSwan, 2014, pp. 156-174：**第7章第2節・第3節**

3 Ogawa, Michihiro, "Merchant Communities in a Qasba (Market Town) of Western India in the Late Maratha Period and the Early British Period (1760s-1840s)," in Lin Yu-ju and Medeleine Zelin, *Merchant Communities in Asia, 1600- 1980*, London : Pickering & Chattopp, 2015, pp. 141-158 and 229-233：**第4章第3節**

4 Ogawa, Michihiro, "Internal Structure of *Qasbā* (Town) in the Marāṭhā Kingdom with Special Reference to Qasbā Indāpūr in Pune Subha (District)," *International Journal of South Asian Studies*, Vol. 7, 2015, 135-158：**第2章，第4章**

5 小川道大「インド西部の植民地化による在地の権益の変化について——19世紀前半ボンベイ管区インダプール郡のイスラム法官を事例にして」『マハーラーシュトラ』第12号，2015年，1-34頁：**第3章第2節，第8章第1節**

6 Michihiro Ogawa, "Mapping the Transition of the Land Revenue System in Western India from the Pre-Colonial to the Early Colonial India : Evidence from to Indapur Pargana (1761–1836)," *Journal of Asian Network for GIS-based Historical Studies*, 3, 2015, pp. 12–20：**第 3 章，第 6 章第 2 節・第 3 節**

7 小川道大「18 世紀後半–19 世紀前半におけるインド西部の職商集団に関する一考察——マラーター同盟宰相政府の税制史資料に注目して」太田信宏（編）『前近代南アジアにおけるまとまりとつながり』東京外国語大学アジア・アフリカ言語文化研究所，2017 年，137–163 頁：**第 4 章**

以上の研究は，JSPS 科研費 JP 25884015・JP 15K16843・JP 18K12521，みずほ国際交流奨学財団アジア留学助成事業，りそなアジア・オセアニア財団調査研究助成による研究成果の一部である。

図表一覧

索　引

ア　行

カ　行

サ　行

タ 行

ナ 行

ハ 行

マ　行

ヤ・ラ・ワ行

《著者略歴》

小川《おがわ》道大《みちひろ》

1981 年生まれ

2005 年　東京大学大学院人文社会系研究科修士課程修了

2013 年　プネー大学（インド）大学院歴史学科博士課程修了

人間文化研究機構「現代インド地域研究」東大拠点研究員，

ジェトロ・アジア経済研究所地域研究センター研究員等を経て

現　在　金沢大学国際基幹教育院准教授

帝国後のインド

2019 年 2 月 28 日　初版第 1 刷発行

定価はカバーに
表示しています

著　者　小　川　道　大

発行者　金　山　弥　平

発行所　一般財団法人　名古屋大学出版会

〒 464-0814　名古屋市千種区不老町 1 名古屋大学構内

電話(052)781-5027 / FAX(052)781-0697

印刷・製本　亜細亜印刷㈱　ISBN978-4-8158-0939-3

乱丁・落丁はお取替えいたします。